绝对成交

[德] 马丁·林贝克（Martin Limbeck）◎ 著　　宋公仆　何潇伊 ◎ 译

Limbeck. Verkaufen.

Das Standardwerk für den Vertrieb

中国经济出版社
CHINA ECONOMIC PUBLISHING HOUSE
北　京

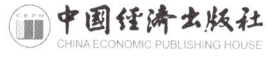

Published in its Original Edition with the title
Limbeck. Verkaufen.: Das Standardwerk für den Vertrieb
Author: Martin Limbeck
By GABAL Verlag GmbH
Copyright © GABAL Verlag GmbH, Offenbach
The simplified Chinese translation rights arranged through Zonesbridge Agency. Email: info@zonesbridge.com
Simplified Chinese Edition Copyright © 2023 by **GRAND CHINA HAPPY CULTURAL COMMUNICATIONS LTD**
All Rights reserved.
No part of this book may be reproduced in any form without the written permission of the original copyrights holder.

本书中文简体字版经 GABAL Verlag GmbH 公司授予，通过 **GRAND CHINA HAPPY CULTURAL COMMUNICATIONS LTD（深圳市中资海派文化传播有限公司）**授权中国经济出版社在中国内地出版并独家发行。未经出版者许可，不得以任何方式抄袭、复制或节录本书中的任何部分内容。

北京版权保护中心引进书版权合同登记号：图字 01-2022-4005 号

图书在版编目（CIP）数据

绝对成交 /（德）马丁·林贝克著；宋公仆，何潇伊译．——北京：中国经济出版社，2023.7
ISBN 978-7-5136-7158-3

Ⅰ.①绝… Ⅱ.①马…②宋…③何… Ⅲ.①销售－方法 Ⅳ.① F713.3

中国版本图书馆 CIP 数据核字（2022）第 210848 号

作　　者：	（德）马丁·林贝克（Martin Limbeck）
译　　者：	宋公朴　何潇伊
策　　划：	中资海派
执行策划：	黄　河　桂　林
责任编辑：	耿　园
特约编辑：	郎　平
责任印制：	马小宾
出版发行：	中国经济出版社
印 刷 者：	深圳市精彩印联合印务有限公司
经 销 者：	各地新华书店
开　　本：	787mm×1092mm　1/16
印　　张：	30
字　　数：	352 千字
版　　次：	2023 年 7 月第 1 版
印　　次：	2023 年 7 月第 1 次
定　　价：	128.00 元

广告经营许可证　　京西工商广字第 8179 号

中国经济出版社　网址 www.economyph.com　社址 北京市东城区安定门外大街 58 号　邮编 100011
本版图书如存在印装质量问题，请与本社销售中心联系调换（联系电话：010-57512564）

版权所有　盗版必究（举报电话：010-57512600）
国家版权局反盗版举报中心　（举报电话：12390）　　服务热线：010-57512564

LIMBECK. VERKAUFEN.

欢迎来到《绝对成交》。

通过购买这本书,您已经成功迈出了成为顶级销售员的第一步。我由衷地欢迎您阅读这本书,同时向您的信赖表达诚挚的谢意。

马丁·林贝克

LIMBECK. VERKAUFEN.

我把这本我生命中最厚重的书献给

这个世界上所有优秀的销售员，他们一直奋勇争先；

我伟大的导师，我从他们那里获益良多；

还有为我的生命带来幸福的四个人：

我的父亲格利和母亲阿洛伊斯，

我的妻子安德烈娅，我的儿子克里斯。

专业推荐

彼得·施瓦布博士（Dr. Peter Schwab）
奥钢联集团董事

　　让产品和服务卖上价，并让客户从你的服务中得到好处，是每一名销售员行事的要义。如何做到这一点，你可以在《绝对成交》这本书中逐步学到。

汤姆·福克斯（Tom Fux）
丰田汽车德国公司总经理

　　销售非常简单！但是很多人会忽视其中的细节。林贝克为我们区分了重要与不重要的事，从而让我们把目光放到那些对销售真正产生影响的事情上。

汉尼斯·阿姆斯雷特（Hannes Ametsreiter）
德国沃达丰公司CEO

　　如果你不能像优步、亚马逊、脸书这样的企业一样去拥抱数字革命，那么你就会错失机会。通过阅读《绝对成交》，每一个人都可以成为数字革命的一分子，并且成为销售专家。

克里斯蒂安·施密茨博士（Dr. Christian Schmitz）
波鸿鲁尔大学教授

  把理论和实践进行有机结合，这是一个人在销售领域获得长期成功的基础。《绝对成交》的出色之处在于它不仅把成功销售的各个方面都呈现了出来，还兼具了系统性和实用性。因此，它是一本为刚入行的销售员打造的教科书，也是一本为有经验的销售员准备的指导手册。本书非常值得推荐！

西蒙尼·莱福（Simone Reif）
行健资本欧洲区董事总经理

  成功的销售并非理所当然，必须兼具才能、勤奋、热情和悟性才能做到。马丁·林贝克知道该如何去做，他把这些知识凝聚在这部无与伦比的《绝对成交》之中。

拉尔夫·亨佩尔（Ralf Hempel）
WISAG设备服务集团总裁

  这本书告诉人们，成功的销售包括很多方面：专业知识、市场知识、沟通力和强大的主动性。马丁·林贝克展示了将这些成功的要素进行系统性提高和整合的方法。《绝对成交》是所有销售专家的必读书！

推荐序
Limbeck. Verkaufen.

价格之外的决胜因素

赫尔曼·西蒙教授（Prof. Hermann Simon）

西蒙顾和[1]创始人、荣誉主席

  有些命题与这个地球一样古老，而人们围绕它们的探讨从未停止。有关人与人或组织与组织之间的物品交换就是其中之一。它涉及人们如何就某件产品或某项服务达成成交。准确而巧妙的价格是决定性的成功因素，可以让一件产品或一项服务具有吸引力，同时让购买行为获得意义和价值。然而仅依靠好的价格，销售员还不足以取得市场成功。

  在市场上，人尤其是制胜因素。销售员必须向客户清楚地展示产品和服务，让客户知道当他根据预算做出购买决策时，他能得到什么附加值。这对销售员而言始终是一项并不轻松的挑战。

  数字化时代的信息技术在实现全球采购的同时也带来了无尽的价格比较。成本和价格变得越发透明，人们为"每一分钱"进行艰难的谈判。这不再只是有关价格的博弈，而是要让销售员在利润上做出更大的让步。

---

[1] 西蒙顾和，Simon-Kucher & Partners，营收管理和定价类咨询服务的全球领导者，比肩麦肯锡的全球战略及市场咨询公司。

采购部门的首选供应商数量已预先做出限制，即便已经签订了框架协议，供应商之间还是经常要进行再次竞价。

客户企业的采购部门的结构更加复杂。大量能对采购过程施加影响、为采购承受压力以及促使部门负责人做出决策的因素共同构成了所谓的采购中心（Buying-Center）。严格的国内和国际准则（Compliance-Regeln）也明显限制了销售员的回旋余地。

今天的企业已经无路可走了吗？并不是！企业一再取得的成功已经证明，它们能够为自己的产品和服务找到合理的价格和利润空间，它们可以在本地乃至世界市场上成为主要供应商，甚至成为隐形冠军（Hidden Champion）。

在这方面，一些像马丁·林贝克一样的销售专家为大家提供了帮助。他们把过去几十年的时间都奉献给销售事业，并从中取得了巨大成功。林贝克的实践经验、他归纳总结的方法及体系让众多销售员掌握了合适的工具，得以更专业地处理今天与未来的工作。纯粹的话术或单纯的业内诀窍在今天已经没有什么实际的价值。能够胜任销售工作的人必须找到一种能将各种销售方法融会贯通的独特方案，只有这样，销售员才能够更好地为市场和客户服务。

马丁·林贝克把这本新书打造成一本内容全面、能够供人们随时查阅的工具书。从第一次与客户接触、前期准备工作、规划销售过程和应对具体情况，一直到签订约束性协议、进行系统性的售后服务，作者为我们呈现了销售的整个流程。此外，林贝克在其中还穿插了大量极具指导性的理论内容和富有实践价值的经验之谈。在林贝克眼中，最关键的一点是，出色的销售不是一种"技巧"，而是一项以正确的心态、强大的自信和对客户的尊重为根基的事业。换言之，做好销售工作须做到以人为本、洞察人性，只有这样才能将客户具体的需求与特定环境统一起来，实现绝对成交。

在《绝对成交》中，几乎所有与销售相关的重要问题都得到了权威的解答。它是一本真正的工具书，这也正是马丁·林贝克写作本书的初衷。希望所有读者都能通过本书受益！

关于作者
Limbeck. Verkaufen.

速度、行动、结果,速度和正确的决策是成功的关键。在这一点上,马丁·林贝克的表现尤其卓越。无论是在演讲、培训,还是在大量的图书出版物中,林贝克都直言不讳。马丁·林贝克擅于为客户提供量身定制的宝贵建议。他的销售和管理培训极富针对性,是"对症下药"的代名词。他的指导清晰、直接、有力且鼓舞人心,并源源不断地输出自己的影响力,对各个领域的人都有所教诲。

从热情的销售员到足迹遍布欧洲的销售专家,马丁·林贝克在大约30个不同的国家进行演讲和培训,在德国电视一台(ARD)的节目《麦士贝尔格访谈》(*Menschen bei Maischberger*)中担任演讲嘉宾,在德国 ProSieben 电视台的节目《伽利略》(*Galileo*)和 RTL 电视台的节目《伟大的报道》(*Die Große Reportage*)中担任专家顾问。

马丁·林贝克还是德国最著名、影响最深远的销售专家之一,在脸书、推特、XING[①]和领英上拥有20万名粉丝,其 YouTube 频道的观看次数超过了100万次。他在各种教学任务中奠定了自己的专家地位,并获得许多奖项,包括"年度培训师"和"年度最佳演讲者"称号。

林贝克出色的示范和有效的企业管理还为他赢得了"中型企业大奖"和"经济磁铁"奖章。此外,他和他的团队累计三次获得"国际德国培训奖"(现为"欧洲培训、咨询和辅导奖")铜牌。

---

① XING 是德国商务社交网站和平台。——译者注

林贝克拥有 30 年的销售经验，并始终紧随未来的发展趋势。作为 Limbeck® 集团的负责人，他始终处于时代的前端，并不断发展着自己和团队。这意味着即使在经济萧条时期，他也可以支持他的客户，为未来的成功销售做好准备。他在 2015 年创立了马丁·林贝克在线学院。这是一种全新的集体学习形式，已经获得多个奖项，现已成为继续教育市场上的综合性学习先驱之一。

除了传统的销售培训，马丁·林贝克还为客户量身定制了学习系统。他创新的 LOOP-Process® 系统为参与者提供了最大的自由度，以便响应个性化的需求和喜好，并确保学员的销售成功率能够持续提高。对于林贝克来说，有一件事是肯定的：为了在今天的世界中生存下去，销售员需要正确的技能和准确的知识，去了解客户对世界的理解以及他们的需要——最好在客户自己知道这些之前就能了解。

尽管马丁·林贝克取得了成功，但他仍然脚踏实地。他视家人为生活中心，喜欢回到自己湖边的房子里，以重新获得力量和自己对新项目的灵感。注意力不集中的时候，他更喜欢钓鱼、跑步以及在遛狗时享受大自然的宁静。马丁·林贝克还定期进行健身和拳击训练。作为忠实的德甲球迷，他几乎每周六都在德国的足球场里与客户见面。

CONTENTS 目 录

第一部分　销售冠军的态度

第 1 章　企业渴求什么样的销售人才?　　4
算法时代的新式销售员　　4
无能的销售员才会抱怨互联网"抢"生意　　9
对业绩起决定作用的是你的观念　　12
优秀销售员的信念　　17
顶级销售员的吸"金"定律　　21

第 2 章　你是什么样的销售员?　　25
对自己真诚，尤其对自己的弱点真诚　　25
找到你的价值观　　29
内心动力成就销售冠军　　34
销售前，先认识自己　　37
猎人与农夫：销售员的两大类型　　41

如何既是农夫又是猎人	45
销售悲剧的三重角色：施暴者、受害者与援助者	47
对企业真诚的销售员更加强大	49
顶级销售员的三大成功要素：勤奋、自律、目标	50
心怀感恩的销售员永远热血澎湃	56
做销售时不能只想着钱	59

第 3 章　满怀激情地拥抱你的客户 …………………………… 63

有诚意的销售员签单签到手软	63
不要让片面看法影响你对客户的认识	65
给客户加分，就是给自己加薪	67

第二部分　顶尖销售员的能力进阶

第 4 章　如何刻意练习自我管理？ ……………………………… 74

缺乏有效的自我管理，将一事无成	74
数据库：让所有资源为销售所用	78
数字化辅助工具：打开与客户交流的全新可能	81

第 5 章　用情感的力量征服客户 ………………………………… 84

你要走进客户的心，因为情感决定购买	84
操控客户的情绪，操控自己的情绪	89

模仿你的客户，然后引导他 91
用启动效应唤醒客户的情感 94
互惠原则：给客户恩惠，他会想尽办法报答你 99
挖掘客户没有说出的需求 101
顶尖销售员的倾听术 106
学会提问，才能拿到订单 111
销售就是会讲故事 119
如何通过社交网络开发你的客户？ 122

第 6 章　为明天做好准备，销售额才会在明天继续增长 126

为什么你要不断进修？ 126
如何着手自我发展？ 127
五人原则：结识比你强的人 129

第三部分　你就是自己的品牌设计师

第 7 章　为什么销售员需要个人品牌？ 134

品牌资产和品牌力 134

第 8 章　一个品牌公式帮你搞定形象定位 138

你的品牌 = 你的目标 × 理想客户的愿望 × 你的性格 138
如何建立你的品牌 142

第 9 章　销售员该如何闪亮登场？　　145

你的每一次交谈都是销售会谈　　145
如何带着品牌走到公众面前？　　148
正确制定你的个人形象打造方案　　153
你的精心打扮，传递出你对客户的尊重　　161
怎样在电话交谈中展现你的人格魅力？　　164
拒绝标准化的公文写作　　167
如何打造你的新名片——网络上的个人信息　　169

第四部分　紧跟市场，接近你的客户

第 10 章　如果明天还想有生意，就要跟上迅速变化的市场　　176

制订正确的计划之前，你要了解正在发生的事　　176
穿上客户的鞋子，感知客户的痛点　　179

第 11 章　金牌销售的获客渠道　　182

登门拜访：非但不过时，还比以前更有效　　182
展销会：短时间内建立大量联系　　185
电话销售：最快、最高效地获取新客户　　187
人际网络：让你不断学习，并随时得到帮助　　188
社交媒体：大规模品牌宣传的高效工具　　189
销售无处不在　　191
打出你的渠道组合拳　　193

目录

第 12 章 攻心之前先读心：了解你的客户　　195

正确解读客户，让签单水到渠成　　195

顶级销售员的"读脸术"　　196

掌握七大购买动机，透视客户的隐藏需求　　199

从客户的常用词中攫取背景信息　　204

判断客户的色彩类型，为优质沟通做好准备　　207

第五部分　业绩之神的销售技巧

第 13 章 高效客户开发训练方案　　216

主动吸引新客户之前，你要锻炼强大的掌控力　　216

陌生电访：用成本最低的工具获取新客户　　219

成功电访工具箱　　223

拿起电话前的速效准备　　232

如何在电话中过关斩将，成功联系决策者？　　234

如何有效开场，拿到获得订单的入场券？　　242

10 个方法让客户无法拒绝你的会面邀请　　248

从性格类型入手，让客户放下戒备心　　254

零阻力敲定会面时间的谈话技巧　　258

潜力分析：预约会面的最后一步　　262

如何在展销会上赢取大订单？　　264

卓越销售员当场成交的秘诀　　272

怎样成为社交媒体的流量 IP，积累潜在客户？　　274

第 14 章　决胜销售会谈　　277

　　充分的准备工作是成功的一半　　277
　　4 项注意带你进入一流的会谈氛围　　284
　　用 BAP® 技巧单刀直入，现场分析客户需求　　294
　　让客户满意的解决方案源于精准的需求分析　　305
　　用强大的利益点论证冲击客户　　314
　　从感官类型到职务特点：吃透客户，在主观层面打动目标客户　　323
　　如何有效处理客户异议，在签单之路上推进关键一步？　　327
　　电梯游说：怎样在 30 秒内征服客户？　　341
　　全流程打造一流的销售演讲　　346
　　价格谈判：不打价格战的销售员才不可替代　　360
　　谈判后跟进后续工作同样重要　　380

第 15 章　绝对成交谈判技巧　　384

　　成功的准备工作带来胜利的谈判结果　　384
　　找准客户的色彩类型，为谈判赋能　　393
　　如何在高难度谈判中拿下采购中心？　　397
　　成功的报价就是让客户找到被重视的感觉　　404
　　收尾技巧：让客户不知不觉跨过终点线　　409

第 16 章　怎样走出销售会谈中的"死胡同"？　　423

　　如何寻找继续谈判的机会？　　423
　　没有结果的谈判，并不意味着业务关系的结束　　425

第 17 章　如何挽回客户，并把他留在身边？　　　**426**

长期的客户关系是持续签单的基础　　　426

正确处理失误和投诉为你赢得忠实客户　　　433

请用尽全力，让别人推荐你　　　442

后　记　R-A-U-S-S® 销售力自测　　　457

第一部分 销售冠军的态度

互联网时代,一名优秀的销售员比过去更有价值。成为一名出色的销售员并且保持下去,变得更加重要。现在的客户更精明、更成熟,你必须通过专业的销售行为更好地引导客户,这样他们才会选择你,采纳你的报价,接受你的服务。

LIMBECK. VERKAUFEN.

销售冠军的态度

LIMBECK. VERKAUFEN.

什么是销售？

在经济全球化的今天，商业行为几乎不再有秘密可言，几乎一切交易都可以在互联网上进行，那么销售还存在吗？我们的世界已经发生了巨大的改变，但是有一点例外：优秀的销售员依然不可或缺。我们需要优秀的销售员，这种需求甚至比过去还要强烈。

一名优秀的销售员，互联网可以让他如虎添翼。尽管环境出现了很多变化，但时至今日仍有一条不变的准则：作为一名销售员，正确的观念决定着销售行为的成败。如果你想获得成功，就必须首先为自己确立明确的信念，率先解决信念上的问题，将对你大有助益。

你是什么样的销售员？

认清自我是成为一名成功销售员的第一步。你每天都应该扪心自问，你今天是否努力让自己变得更加出色？如果你没有做到，那么你只会越来越差。你知道吗？当你对自己的价值拥有清晰的认知，你身为销售员的价值也会提升。

除此之外，积极工作也是你成为超级销售员的先决条件。这股力量必须发自你的内心——也就是发自内心地愿意去工作。如果你能够搞清楚你的性格类型，对你的工作也将很有帮助，因为性格类型会让你更清楚地认识你自己。性格类型不能决定一个人的命运，但是它可以指引勤奋的人找到更多的机会。

一名优秀的销售员还需要懂得，当身陷无利可图的僵局时如何全身而退。他也要明白，对自己的企业真诚是本职工作。他要把力量用在那些可以真正为他带来发展的领域。在这方面，有两项基本的内在标准可以帮助他做出判断。

珍视你的客户

从长远来看，为什么对客户真诚相待总是正确的？为什么不带任何偏见可以让你取得更好的销售业绩？对于一名优秀的销售员而言，每一位客户究竟意味着什么？

第 1 章
企业渴求什么样的销售人才？

算法时代的新式销售员

销售？在当今这个时代？跨国生意不是已经变得再平常不过了吗？互联网不是已经包办了一切吗？数字化、流程优化、超级高效：这个社会还需要销售吗？或者说，销售还行之有效吗？

没有什么事物像销售行为或者销售员那样在过去的 50 年中发生了如此巨大的改变。时至今日，有相当多的商品，人们只在互联网上购买它们。在买这些东西时，甚至都没有人会想是否应该去一家实体店里看看。因此没有人还需要销售员。谁来给消费者介绍产品呢？YouTube 短片足以代劳。如何看到竞品的优缺点呢？产品比较网站可以胜任。体验测评数据呢？消费者可以在线给产品打分和评价。

这种趋势还在继续，你在网上购买 100 克熏肠，一小时之后快递员就会把它送到你的手中。

当然，有些东西人们还会到商店购买。在某些极度复杂的情况下销售员变得比以前更重要了：如果你卖的是专业机床或特种楼梯，顾客会比过去更需要一名销售员，一名新式的销售员，他的营销风格与之前截然不同。企业也会苦苦寻找这样的销售员。这样的销售员能与互联网共存，业务也会更成功。

销售员在未来是必需的人才，甚至是急需的人才，我对此深信不疑。当然，我必须在这里加一个前提——企业需要的是优秀的销售员。他们需要树立正确的观念、具备合格的能力、具有正确的策略和恰当的方法。那些普通的或较差的销售员可能只是在心里把自己当成一名分销人员或顾问，所以他们在就业市场上毫无竞争力可言。

对于企业而言，一名优秀的销售员将会比过去更有价值：他将保障一家企业能够继续存活下去，特别是在数字化时代。企业想要生存下去，就必须将它的销售工作安排得井井有条。它要派出优秀的销售队伍，否则它会在这个日益全球化的市场上陷入无情的价格战，然后走向衰败。这里既存在着无差别的标准产品：客户仅仅根据价格做出判断；也存在着高级的优质产品：它们可以获得客户的情感认同。是什么决定了这两种产品的差异？是销售员！

现在的客户更精明、更成熟，你必须通过销售行为更好地引导他们，这样你的客户才会选择你，采纳你的报价，接受你的服务。

为了能够成为一名优秀的销售员并一路走下去，销售员必须在某些方面较过去有所改变，要做得更好或做得更多。

网页和办公室都是你的外在形象

很久以前，当我还是一名普通销售员的时候，我会把刚刚上市的银色翻盖摩托罗拉 RAZA 手机装在行李箱里去见客户。这就是那个时代的销售工作，好像我要交给他什么机密物件似的。那时候没有互联网，所以客户不知道这个新鲜玩意儿长什么样、该如何操作。如果今天我想给一位客户推荐一款新手机，他也许在我拜访他之前就已看过有关这款产品的视频、读过 128 条用户评价，对这款手机的技术数据了如指掌。如果还有疑问，他就会逐条列出问题，而且会比以前探究得更深，他希望得到内行的权威回答。

如果还有什么我可以低声告诉他的秘密，差不多还没等我走出大门，他就会通过搜索引擎，看看我说的是否属实。也就是说，客户真的比 10 年前更精明、更成熟了。因此，准备工作的意义也就比过去更加重大。你千万不要做一个毫不专业的傻子，跟客户胡说八道。作为销售员，你今天所需的基础知识远多于前人。销售员和建筑工程师有共同点吗？有。你们都要从地基着手。工程师需要砖或水泥，销售员需要的是扎实的专业知识。客户也许无法第一眼就看清你的实力，但是如果你没有打好地基，他早晚会发现。

你给客户留下的第一印象就是你的外在形象，既包括你工作的环境，也包括你本人的形象。在环境方面，客户会留意房间的布局、卫生整洁程度。在个人形象方面，客户会看你的着装风格和行为方式。这种印象无论在过去还是将来都不会变化，因此你会在本书中找到一名优秀的销售员在个人观念、个人风格和个人定位方面的很多建议。

只有当你直接面对客户的时候，他才会看到这些外在形象。但是今天在很多产品营销和服务中你不再需要直接面对客户，或者至少在最初接触时不需要与客户见面。客户对你的第一印象是通过网站获得的。网页是你放在最前面的名片，至少和你真正的名片同样重要。

寻找灵活的销售风格

除需求之外，客户对速度的要求也发生了变化。过去是什么样的？你要先开车去客户那里，做一份需求分析，再开车回来，把这件事交到专业部门手里，最后通过邮局的平信发出你的报价。整个流程下来需要几天甚至几周的时间，这还是在不横生枝节的前提下。

如果某位客户发出一份询价单，其实他希望当天就能拿到报价。人们希望事情能够尽可能同步，即便在同事之间也是如此：我有一个熟人，也是一名培训师，周一给我发了一封简短的、有关合作意向的邮件。然后紧跟着周四就发来了一封斥责的邮件，说我是一个自大狂，质问我为什么两天过去了，还没有给他答复。

工作节奏的加快让销售员更难去设置优先等级并保证不出差错。如今你已经完全不可能把每匹马都骑一遍，因为马实在是太多了。这意味着你现在必须用更多的精力去衡量哪些询价是确实有意义的。

也就是说，你不可以再墨守成规。你要好好思考一下，采取哪一种策略才能取得长期成功，如"团队销售"（Team Selling）。对于这种策略，确实有过很多尝试，但是并不成功，因为会出现很多问题，比如嫉妒，又如佣金分配引发的争执。但是这种情况将会改变！很多行业将不再遇到这些问题，因为产品变得越来越复杂，在很多情况下，你只有与其他人合作才可以取得理想的销售效果，因为专业化正在成为必然，团队合作要比单打独斗能解决更多问题。

例如，我从事的营销培训行业已经发生了彻底的改变：尽管培训项目变得越来越庞大，但登记流程却被大大缩短。"混合式教学课程"外加附带课程已经替代了经典的两天制课程。我们现在也把大量精力放在了咨询和项目临时管理方面。

但万变不离其宗，身为销售员的你最终需要与客户签订合同。我敢保证，多年以后，人们还是会把合同总金额和差价作为衡量你销售成绩的标准。为了达成成交，你的销售风格需要更加多变。

"顾问式营销"和"关键客户管理"正在扮演着越来越重要的角色。

不久之前，我遇到了一家客户。在我此前整个销售员生涯中，我还从来没有为获得一份合同而倾注如此多的心血。这是一家控股式的大型企业。在这种企业集团中，总经理手下有将近30位下属公司的经理，他们也被称为地区负责人。集团事务不是由总经理一人决定，而是由所有经理共同表决。因此，信任在这种企业中是一个极其重要的元素。可以设想一下，当你面对一个30人的管理团队时，做一切事情都需要时间。

如果我是一名新入行的强硬派销售员，遇到类似的项目我一定会失去耐心。如今，我知道，做这样的项目就是要有耐心。我得到了一种全新的认识：如果你以结果为导向，就不会忘记客户需要什么。

客户，销售员最重要的资产

始终聚焦于客户越来越难，因为数字化把所有人卷入其中。令人惊讶的是，很多企业关心的只有内部流程，而不是客户。只有那些做好客户需求分析的企业，才可能成功。

这是我给所有人的建议：你要关注最重要的东西——客户。作为销售员，你必须比以前更了解客户的需求。客户希望你知道什么是适合他的。也就是说，只有借助出色的需求分析能力，你才能一如既往地获得销售成功。根据我的经验，很多销售员正是因为没有做好这一点才遭到失败。

需求分析对于"银发冲浪手"这样的老年消费者也同样有效吗？50岁以上

人群是一个被低估了的消费者群体。老年消费者并不想要老年人特价和半份菜半价这样的优惠。他们与其他目标人群一样，想得到的是理解。这正是你作为销售员所要面对的挑战。

在互联网时代更要无懈可击

像需求分析一样，传统的销售员美德也要保留，比如勤奋。

冷藏车司机要在下午5点卸货，而他的客户还在上班，家里根本没有人。他不得不停下来等待，但是等待无法带给他收益。

针对目标消费群体的广告宣传来来去去，但恰是在这个领域，全新的挑战出现了。人们不愿再等待。趋势非常明显："我喜欢享乐。立刻！"

当大型供货商开始以闪送作为特色时，其他商家也必须紧随其后。在法兰克福、慕尼黑或汉堡这些大城市里，闪送模式还能运转无忧，但如果想在布克斯特胡德和克莱因－克莱克斯多夫这样的小地方也做到同样好，对于很多企业来说是一项巨大的挑战。

你不仅会直接感受到节奏加快带来的冲击，还会间接受到它的影响：客户也感受到了越来越大的时间压力，因此他们希望在见面前就更清楚地知道为什么要与你这样的销售员见面。过去，人们会直接约在咖啡厅见面，但现在这样的机会已经越来越少了。这意味着，为一次约好的见面做好充分准备，变得越来越重要。

此外，互联网还让挑战变得更加严峻：永远不要让工作留有瑕疵！如今每天都有新的测评门户网站出现，比如Kununu、Jameda、Tripadvisor、Yelp。它们发布有关企业、服务、雇主等方面的测评信息，让你的工作前所未有地暴露在客户面前。如果你的工作不够完美，那么对你不利的信息就会被发布到网上，而且传播速度更快、影响范围更广。当然，这些技术手段也可以为你所用：如果你的工作非常出色，你就可以心平气和地对客户说："我很高兴，您可以在谷歌上给我一个评价。"如果你的销售工作无懈可击，你就应该借助其他人帮你宣传出去！

销售员也要与时俱进

事情的节奏正变得越来越快，这发生在所有领域，视而不见的后果很严重！

我是一名高转速的销售员，但我看到保持与时俱进让很多人力不从心、备受折磨。

我有一家从事电器批发生意的企业客户，它的网站上发布了大量程序应用和解决方案。这家企业的老板对我说："刚刚又有一名50岁的销售员向我递交了辞职信。他对我说，现在的业务对他而言太超前了，工作中有太多创新。"在我看来，这与年龄无关，更多的是观念问题：我认识不少60岁出头的销售员，仍在全新的事物中找到了兴趣。

如何在飞速变化的时代让自己的观念和意愿与时俱进，是实现个人销售成功的关键。当我四处推销灯具的时候，我就已经是这样的一个人了。

今天的营销已经与过去大不一样，而且还在不断变化。当你真正掌握了销售这门艺术，就可以取得比过去更大的成功。因为世界上只有两种销售员：优秀的销售员和平庸的销售员。优秀的会生存下来，平庸的会被淘汰。你要让自己成为优秀的那一类！这本书要告诉你的，就是如何去做。

- 未来需要更多优秀的销售员，但不再需要平庸的销售员。
- 数字化时代，对销售员的个人素质、反应速度、产品价值塑造等方面提出了新要求。
- 新的销售模式和渠道的出现，提高了条理明晰的准备工作、用户需求分析和品牌建设的价值。

无能的销售员才会抱怨互联网"抢"生意

平庸的销售员唯一能做的事就是抱怨。

互联网时代许多平庸的销售员还是紧抓着价格不放，而且会找到一个完美的借口：这都是互联网的错，客户总是可以在网上就同一款产品找到更低的价格。

被互联网主宰的价格对比

这样的情景在销售中随处可见：客户拿着手机向销售员展示，一双鞋在网上的售价比在商店中便宜 100 欧元。销售员只能耸耸肩，因为他无法给出折扣价。因此，销售员实际上经受了比过去更强的挫折感。

与此同时，客户是否会选择在网上购买，还直接与产品或服务本身有关。

一个典型的例子：我买了一艘钓鱼用的小船。船体为圆形，可以让你 360 度垂钓；船身采用合成材料制成，自带多层抽屉、一个座位和一台马达。

网络上的产品视频已经给我提供了充分的信息，因此我直接在网上订购了一艘。越来越多的客户像我一样，如果产品的测评还不错，他们会直接从亚马逊上的墨西哥商家或者阿里巴巴上的中国供应商那里购买东西。

一张 PPT 就能帮你完成产品筛选

与此相反，有些人并不从网上购物。比如，如果一名采购员需要车削件，那么他在互联网上能做的最多就是调查、了解谁是他正在寻找的供应商。他不会在网上寻找产品，至少现在还不会。

针对新领域的购物网站如雨后春笋般涌现：订购机票的网站、订餐网站、约会网站、家政服务网站等。几乎每天都有新网站加入，可能很快也会有销售加工零件和电梯的网站。

服务提供商过去通过交谈来进行销售，现在也越来越经常地使用网络公告平台发布文字性服务信息。

这种情况甚至也发生在我们的培训课程中：企业的人力资源部门不再从一开始就直接与培训师接触。他们需要的是培训师做成演示文稿（PPT）的课程提纲，在与培训师见面之前，就已经预先通过 PPT 完成了筛选。

要么与众不同，要么走向平庸

在过去，销售员经常会在"客户关系"方面有所疏忽。现在越来越多的互联网企业在这方面做得不错。我的妻子曾经对此做过测试：她在一家女装供应商那里进行了电话登记。蒂娜是她的私人形象顾问，为她做了需求分析，然后提出了一份有针对性的服务套餐。在这份套餐中，有一张手写的卡片："致亲爱的安德烈娅，来自蒂娜的衷心问候。这份套餐是不是你的心仪之选？如果可以，我很愿意听到你的想法。如果你还有其他需要，直接联系我。"真是太完美了。

当被问到对未来是抱有积极还是消极的看法时，我只能回答："这并不是有关积极或者消极的问题。这个问题实际要问的是：我未来要成为什么样的人？"不管怎样，未来都在飞速到来。它早已变得难以预见。

如果你相信专家的话，那么5年之后所有人都将戴上谷歌智能眼镜，10年之后我们都将佩戴相应的智能隐形眼镜。我们能说这种未来是好还是不好吗？也许两者都不是：它只不过是现实罢了。

但有一点是肯定的：放到互联网上之后，廉价货和优质品之间的差别只会越来越大。你和你的产品要么与众不同，要么走向平庸。一旦你不能被清晰地认定为优质品，你就已经出局了。因为在广阔的网络世界，总有人比你报价更低。优质品对我而言就是：它能让我与众不同。也就是说，你的产品要有特点，同时你是它的销售员！

优秀的销售员不打价格战

不久前我拜访了一家瑞士的大型航空企业，企业老板在介绍会上对我说："林贝克先生，在我们这儿，一名航空技师的工资是120欧元/小时。而在印度，一名工程师的工资是30美元/小时。"全球化和世界市场带来了这样的价格差别。想必你已经非常明确为什么客户仍愿意把他的直升机交给瑞士企业维修，而不是交给印度工程师。

即使价格扮演了重要角色，优秀的销售员也可以发挥作用。换句话说，销售员并不是通过价格出售产品。当然，这并不简单。如果轻易就可以做到，企业就不需要销售员了，只要一台接收订单的机器就足够了。销售员要做的就是，让客户了解产品或服务的实际价值，让他们愿意掏钱。销售员关心的不是客户的一次性消费，而是要让人们一再购买。

举一个例子，从中你可以思考一种巧妙的混合渠道策略。谷歌主管商业部门的高级副总裁斯里德哈·拉玛斯瓦米（Sridhar Ramaswamy）曾说：移动和固定之间、线上和线下之间的界线正日益模糊，关键是要把自己和产品在这两方面按正确的比例混合在一起。当今世界日新月异，互联网也总是在变化之中。网络和它的访问路径总是在不断变化：使用笔记本电脑或台式电脑登录互联网的用户比例在持续下降，而移动用户的占比则屡创新高。年轻人引领了潮流，通过一部智能手机就可以在网络上掌控一切。越来越多的人将会追随这一趋势。

也就是说，如果哪家企业今天还没有"响应式设计"的网页，或采用这种设计方案的网页在电脑端和移动端没有拥有理想的外观并实现其功能，这家企业就无法坚称它真正存在于互联网。这是好事！因为当你与时俱进的时候，就已经把很多竞争对手甩在了身后，他们不可能再跟上你的脚步。

互联网是销售员的朋友

互联网充满了机遇！对于那些想要做得更好的优秀销售员来说，更是如此。因为互联网并不是单向的：不只是你在向世界展示你最美丽的一面，客户也在做同样的事情，因此你可以切实地为迎接你的客户做出更好的准备。还有一件事并没有发生改变：十次营销失败里有九次是因为缺少准备。关于这一点，海因茨·戈德曼（Heinz Goldmann）在20世纪50年代就已经明确指出，在今天依然有效。而且今天存在更多可能性，人们比过去更容易疏忽大意、缺少准备。

基于这些原因，优秀的销售员应该将互联网视作朋友，而不是敌人。

- 互联网改变了游戏法则，但并非销售杀手。
- 当你和你的产品都与众不同时，你就取得了成功。
- 互联网为你在形象和事前准备方面提供了机遇，你要抓住这些机遇。

对业绩起决定作用的是你的观念

在销售过程中决定成功与否的能力是什么？坚持？激情？热忱？勤奋？提问技巧？毫无疑问，这些都是重要的因素，是它们共同将一次销售谈判带向签约的终点。但对你的成功具有决定性影响的，既不是你学过的技巧，也不是你个人品质上的优点。起决定作用的是你的观念。

在你拿起电话听筒之前，为了拉到生意，你会想些什么？"我很期待"还是"希望这件事赶快过去"？如果你的态度不是要全力以赴，那么我敢保证，无论你见多少次客户，最终都将无功而返。如果你没有底气，就根本不需要打出那通电话。你的犹豫不决会影响通话的效果，即便打了电话也是浪费时间。

思想铸就现实

为什么会这样？因为思想铸就现实。对一些人而言，这个说法也许太"唯心主义"，但这已经被科学所证实。我们的大脑无法在真实与想象之间做出分辨。这意味着，我们的想法会自动变成我们的现实！

你的大脑会相信这样的话："我做不到！""这个客户实在太难搞了"或"他还从来没有买过我们的东西"。同样，它也会相信这样的话："拿下这个客户实在是太容易了""我保证，谈判会一帆风顺"或"没问题，这对我而言易如反掌"。大脑相信了，然后就会进行转化，转化的过程其实就是大脑控制你的行为去实现想法的过程。社会学家罗伯特·K.默顿（Robert K. Merton）把这种机制称为自我实现预言。具体来说就是：你的想法决定着你的成果。

> 消极想法——负面成果；
> 积极想法——正面成果；
> 没有想法——没有成果。

这一原理适用于销售，也适用于生活。当你合上笔记本电脑或走出汽车，正式结束一天的工作时，你的思维并不会停止。

我最近乘坐过一次飞机。当我刚刚坐好时，有一位严重超重的乘客在我前面三排开外的地方猛地站了起来，就像被塔兰图拉毒蛛咬了一口一样，要求更换座位。"为什么这里的安全带这么短？！"他愤怒地说，声音很大，半架飞机都能听到。好吧，如果我的体重有150公斤，我肯定不会提这样的问题，因为安全带到处都这么短。他期待整个世界都配合他的身材，从这种观念出发，这个男人的一生都将是一种煎熬。

13

这个原理同样适用在销售工作中：你的想法决定着你的成果。如果你想得到丰厚的报酬、热情的客户和克里斯蒂安·罗纳尔多那样的自信，那么你就要先留意你的想法。你要为自己的成功编好程序！

成功者的思维

就像你每天早晚都会刷牙，或者会有规律地锻炼以保持健壮身材那样，你也需要对你的观念进行训练：你需要思想上的练习。每一天都要做。

对此，我的态度是严肃的：为你的成功思维编程是你作为销售员的必修课。你的思维是由你过去的种种经验铸就的。如果这些经验不完全是积极正面的，就会对你的思维产生消极的影响。

为什么？因为人类大脑保存负面经历要比保存正面经历更容易。当你提出的高价被你的心仪客户断然拒绝时，你就重新回到了起点，而你的大脑就会把你之前的努力一笔勾销。然后限定性思维会被激活，内心会传出一个批评的声音——"这种价格是根本不可能的"，或者"没有人会掏这么多钱"，或者"小子，你得量力而行"。

如果你不能养成每天都进行思维训练的习惯，不能让一些新想法为你打开成功之门，那么平庸的、负面的想法就会接管主导权。你的必修课是，从以下两种仪式中至少选出一种，然后每天练习一次。

早间仪式。客户的情况其实并不重要。重要的是销售员自身的状态。如何才能进入良好的状态，开启成功的一天呢？答案是通过正面的自我暗示。你要为自己找到真正能激励到自己的一句话，让你相信今天将会是了不起的一天！这句话可能是这样的：

> 今天我胜券在握！
> 我有市场上最好的产品，今天我要让客户感到惊喜。
> 我轻松快乐地赢得了新客户！

最好你能找到自己的口号。它会比借用来的句子效果更好。

第一部分　**销售冠军的态度**

早间仪式

振作精神，准备就绪！

大声而坚定地把你的口号说出来！

向着注定不平凡的一天出发。

现在我给自己打气的口号是："我是市场上最小的那个数字，也就是 1！我凭什么这么说？就凭我的实力！"

这样说也许会让人觉得有些过分，或者傲慢甚至狂妄自大。但当你在客户面前介绍自己时，当然不会说："在能把第二好的产品卖到最高价的销售员中，我排名倒数第三。"所以为什么要喊让自己泄气的口号？你要对自己说些能够让自己振奋起来的话！我们的目的并不是喊口号：只有当你相信它，它才能够成真。

当这些口号对你有帮助时，你就会记住：喊口号不是为了自吹自擂，而是为了将你带入一种情绪。你对自己施加积极正面的影响，然后就会达到最佳状态。你变得如此优秀，就像你想象的那样。也就是说：你将美梦成真！

晚间仪式。每天晚上你都会回家吗？有什么会被你记挂在心头？一位没有购买东西的客户？一次不遂人愿的会面？尽管你在白天获得了很多成功，但这些事还是在不断折磨着你，让你在整晚都愤愤不已。

为了跳出这个无解的循环，当你结束了白天的工作，你就可以为自己当天的表现做一个正面的回顾。买一个笔记本，每天晚上都把白天的事情梳理一遍。唯一的原则是：只把积极正面的情况记录下来。自我反省是其他时间要做的事，而晚间仪式只有一个目的：让你清楚地认识到，一切进展得都还不错。

晚间仪式

每天晚上都要写下 7 件正面的事情。如果你认为一天里没有这么多好事发生，就从下面的例子中找找灵感吧。先通览每一个要点，然后以第三者的角度来看待这一天。几天之后你就能熟练掌握了。请你记录：

15

- 你今天或者其他时间取得的成功；
- 你特别擅长做的事情；
- 让你保持良好状态的事情；
- 使你感到振奋的事情；
- 让你从中学习并有所收获的事情；
- 让你留恋万分的事情；
- 让你感到骄傲的事情；
- 让你心怀感激的事情；
- 让你今年还想再次经历的事情；
- 让你今年还想再次致电问候的客户。

诸如此类的条目还有很多。你只需要写出7件就足够了。重要的是关注积极正面的事情！你可以自己重新调整这份备忘录。

通过训练，每天晚上你都会保持良好的状态。这会让你拥有更好的睡眠，每天早上起床时都精力充沛，充满干劲地迎接崭新的一天。

自选项目

现在我要告诉你我的职业窍门。在有规律地进行早间仪式和晚间仪式之后，你要进入下一个环节：抓住每一个机会去留意你的思维。

无论你是在去见客户的路上还是在忙着购物，是在与女朋友约会还是在给潜在客户打电话，是在和你的上司交谈还是在和你的儿子徒步旅行，你都要不断在思想上退后一步，反思：

我关注的是什么？
我如何与自己进行内心的交流？
我如何与另外一个人交谈？
我用的是消极负面的语言还是积极正面的语言？

然后你就会记起马丁·林贝克说过的话：你当下想的是什么并不重要，重要的是，你要让自己保持一个积极正面的状态！

- 在营销中取得成功的重要前提是你的观念。
- 你要进行积极正面的思考！每天都要如此！
- 你要在每一次销售会谈之前对自己进行成功导向的编程！

优秀销售员的信念

客户是否签约，你能否在电话里说服陌生人和你会面，这些都与你的观念关系密切。成功与否取决于你的信念，也许在当时你根本就没有意识到这些信念的存在。与听众握手或者踏进客户的房门时，销售员脑海中浮现出的典型话语是什么？

> 好吧，搞定这个客户有难度。
> 他还从来没有向我们买过东西！
> 我很清楚，价格太高了。
> 这个市场确实变小了。
> 在我的销售辖区里我的产品确实不好卖。
> 我的客户只在互联网上买东西。
> 与大型康采恩企业谈生意总是不顺利。
> 我就是不擅长打电话谈生意。
> 竞争对手的产品比我们的更好。
> 我无法设圈套引诱新客户。
> 钱不会使人快乐。
> 确实有个问题，我必须把它找出来。
> 希望决定来得恰是时候。

如果我运气好，我就可以让别人来做这项工作。

也许这是可行的，但无疑它很难。

客户在心里早就盘算好了，他想货比三家。

这些话听起来像是不容置疑的真理，但事实并非如此。以上这些消极负面的想法会扭曲现实，因为它们单方面强调某一状况下负面的东西。当它们被搜罗到一起再共同呈现出来时，就会让人感觉它们好像就是不可更改的现实。

这些信念会阻碍销售员取得成功，使销售员不再把精力投向自己的目标，而成为客户的维护者。销售员不再描绘美好的未来，这原本是他们的工作，但在他们的思想里，过去那些消极负面的经验再次复活了。

换句话说：你在会面之前就已经判定客户不会订货。随后你的大脑就只会产出这样的想法和信念，为即将到来的失败辩护。这样你永远不会成功！

你如果要成为一名优秀的销售员，就要找到你消极负面的信念，然后把它们彻底丢弃。那你要怎么做呢？

追问消极信念

自我检查一下，你什么时候会对一位客户、一项工作，对成功或对财富产生负面的想法？抓住它，把这个负面信念记录下来。比如："与大型康采恩企业谈生意总是不顺利。"

你要马上对此进行思考：这种想法符合真实情况吗？这种情况真的"总是"出现吗？有件事我可以向你保证：没有任何信念是100%对的。这些信念只不过是源于个人经验，然后被拿来放之于四海。它们无法反映现实。

你只要提几个问题，就可以检验出限制性信念的真伪：

真的没有例外吗？

有没有信念不准的情况呢？

其他人也持有同样的看法吗？

在那个关于大型康采恩企业的例子中，你问一下自己："我与大型企业打交道不顺利的情况有多频繁？"这样你就会迫使自己去数一下，然后你就会得到一个更真实的结果："我与大型企业接触时，有 3 次进展不顺利。" 3 次就是所谓的"总是"吗？负面信念立刻变得无效，你又重新回到一个强有力的状态。抓住你的限制性信念，然后追问。这样你就可以战胜负面信念，重新给自己力量。

为成功编程

优秀的销售员拥有积极的信念。这并不是说他们要粉饰失败，或者对所有事情都只看好的一面。它要表达的只是正向思考，也就是想法要符合实际。的确，拥有积极世界观的人总是客观看待事物，不会只看好的一面也不会只看坏的一面，不会美化它也不会贬低它，而是把其中的风险和机会统一到一起，把悲惨的层面和美丽的层面统一到一起，把失望和快乐统一到一起。但他们会有意识地做决定，把自己的关注点放到积极的方面，因为这对他们是有益的。

你是现实乐观主义者，还是现实悲观主义者，由你决定。你可以问问大家，看看这两类人，哪一类会成为更好的销售员。这两类人之所以不同，得益于他们建立起的整套信念。当你选择了乐观的类型，你就需要积极的信念，也可以说是积极的人生态度，这将对你大有帮助。

销售员的积极信念

我勇气十足。

我对自己的认识全面客观。

我有充分的自信和恰如其分的执行力。

我能发现小小的成功并享受它们。

我的生活和我的工作都意义非凡。

批评不能击倒我，因为我相信自己，并且时刻准备着不断提升自己。

与客户的关系走入了死胡同？我最好的选择就是抽身离去。

我能感受到别人对我的表扬，并愿意接受它。

对未来感到恐惧？我不会，因为我对自己的能力有信心。

我接受别人的意见，即便它与我的观点相左。

我要走在前面。

我不找问题，而是找解决方案。

与其事后弥补，我更愿意事先做好预案。

我看到的不是困难，而是机遇。

你的信念是什么？你认为怎样才是积极正面的？当你想成功时，要想象今后的你会比现在做得更好！

构建积极信念

为成功编程的另外一种办法是，用积极的想法代替负面的想法。消极图景与负面信念的影响力相当。

通常我们会把寻找新客户看作最令人心烦的事情。你可以有这样的想法：寻找新客户是件费力而且要碰运气的事情；又或者，你也可以看清现实，从中描绘出一幅具有吸引力的蓝图。这不是说你要对自己撒谎，而是你要依据现实构建起自己的蓝图。

我在研讨课上一再向参加培训的学生发问：

"你要打多少通电话，才能发展一个客户？"

销售员："10通。"

"有多少人愿意和你找个时间认真谈谈？"

销售员："1个。"

"你要和这个人见几次面，他才会向你下订单？"

销售员："4次！"

"那么通常你与客户签订的订单价值多少？"

销售员："10 000欧元。"

"好的。你在电话上听到的每一个'不'，都价值1 000欧元；每一次会面，即便客户没有下订单，也都值2 500欧元。"

所有的学生都会目瞪口呆。我只不过用了最简单的数学而已。你需要做的只不过是把订单总额分摊到你的付出上，寻找新客户就呈现出了完全不同的一幅图景，变成了一件可预见的、富有成效的、有利可图的事情。

作为优秀的销售员，你要积极描绘这种有激励作用的蓝图。当你发现自己情绪变差，甚至不再相信自己的时候，你要稍微停一下，换上一个积极正面的想法。

"三星餐厅"策略

为了让自己在与客户会面之前进入良好状态，你可以做什么呢？设想一下，你的客户已经下过订单了。他多次使用过你的产品或者服务，并且非常满意。现在你们一同坐在一家三星餐厅里，是他专门设宴感谢你，因为你的配合让他感觉到当初的决策是英明的。他要感谢什么呢？自从他购买了你的产品或者采用了你的服务，他的生活发生了怎样的改变呢？请你用最绚丽的色彩想象一下，这几个小时里大菜是如何一道接着一道地被端上来，而且一道比一道精美。你的客户始终神采飞扬，因为他确实因为你的产品而高兴。

设想下，在吃最后一道甜点的时候，他是如何再次举杯为你们的签约敬酒，以及向你表达谢意的。你把这个积极的场景在心中描绘得越细致，你的情绪就会越好，你对会谈进程就会越有把握。你要尽可能去尝试！记住：客户的状态并不重要，重要的是你的状态！只有当你充分自信，客户才会对你有信心。

- 负面的信念反映出的是扭曲的现实。
- 你要面对现实：你要想积极的一面！
- 你脑中消极的信念和想法必须被积极的信念和想法取代。

顶级销售员的吸"金"定律

"这位林贝克现在能闭嘴就好了。"当我准备讲述"心灵"这个主题的时候，总会一再听到参加培训课的学生这样窃窃私语。我更愿意把自己看作精神上的守旧派：很多事我都不相信，比如我们都有前世，或者我们的家庭会受到神的庇佑。说句真心话：哪怕这些都是真的，我也不会听天由命。

吸引力法则

生活经验和职业经验教会我：在天与地之间，有些事情就是它们本来的那个样子，"吸引力法则"也在其列。

如果你愿意，你可以读一下《秘密》（The Secret）这本书。它的内容和我想说的并不完全一样，但是"吸引力法则"非常准确地概括了我的观察结果，那就是每一个人都会得到他应得的东西：

> 对生活付出，就有美好的生活；
> 为伴侣付出，就有甜蜜的伴侣；
> 为家庭付出，就有温馨的家庭；
> 为事业付出，就会收获成功；
> 为老板效力，就会得到老板的信任；
> 为客户服务，就会得到客户。

你有哪些客户？他们是你期望的客户吗？还是你希望有其他客户？

吸引力法则

"吸引力法则"，也被称为"共振法则"，描述了相同事物之间彼此吸引的现象，特别表现为内心想象与外界生活环境的相互契合。它假设这两个世界会互相影响，因此一个人观念的刻意改变也会导致周围世界发生相应的变化。

这个概念是神秘学者海伦娜·佩特洛夫娃·波拉瓦茨基（Helena Petrovna Blavatsky）在1877年出版的一本书中提出的。在19世纪末普林提斯·马尔福德（Prentice Mulford）和拉尔夫·沃尔多·特莱因（Ralph Waldo Trine）引入"新思潮运动"（New Thought Movement），以及2006年剧作者和制品人朗达·拜恩（Rhonda Byrne）推出《秘密》一书和同名纪录片之后，这一概念产生了广泛影响。

也许你有很多愿望，但是很长时间过去了，这些愿望一个也没有实现。很多人不再相信这一法则并抱怨"吸引力法则"完全没用。事实就是这样，即使你减少向宇宙发送的愿望，它也不会应验。现在我来谈谈这一法则的要点：你必须变得积极主动并为实现愿望争取机会。先坐下来，然后将你的愿望形象化：你要让愿望变得准确、具体，让你觉得自己马上就能走近这个愿望，然后朝着这个愿望规划你的行动。

你要坚持，让愿望变成现实：朝着这个目标前进，为此工作；在向着这个目标一步步积累的时候，要时刻想着这个愿景。你要在思想上进入这个愿景的世界，用手触碰它的方方面面，闻着这个想象的世界散发出的芬芳。

与每个客户的相遇都有意义

基于"吸引力法则"，我还在精神上对其他事情做出了确认：我坚信生命中的每次相遇都有意义。哪怕有人令我紧张或惹我发怒，对我而言也有好的一面：我可以从中学到对我有益的东西。我可以怀着对它的感激走完这一生。

此外我相信，世界上的每个人都要完成他的使命。只有当他发现并领受了这项使命，他才可以掌控、充盈自己的生命。

我的使命就是使销售员变得精力充沛。你的使命是什么呢？

这些你可以相信

你在生命中得到的就是你为之付出的。
把未来愿景描绘得足够清晰然后付诸行动，愿景就会成为现实。
生命中的每一次遇见都有它的意义。
每一个人都要在生命中完成他的使命。

这样看来，心灵是保证你销售成功的坚实基础。因此，你要坚信你相信的东西。当你拥有了某种值得你相信的东西，它就会让你变得更加强大，这样你就可以在销售工作中获得更大的成功。

- 当你看问题更全面的时候，你的销售业绩会更好。
- "吸引力法则"并不是指愿望和等待，而是想象然后行动。
- 找到你所做之事的意义，这样你不仅会喜欢这件事，还会把它做得更好。

第 2 章
你是什么样的销售员？

对自己真诚，尤其对自己的弱点真诚

问一问自己：你是自己想成为的那个销售员吗？那个拥有娴熟的销售技巧、满意的客户和高额订单的优秀销售员吗？如果今天你能发自内心地回答"是的"，那么我会恭喜你并且会要求你明天再问自己一次，后天再问一次。如果这个问题让你觉得莫名其妙，那是因为你还没理解对优秀的销售员来说最重要的两项基本准则。

第一项准则，你需要一个目标。目标是销售成功的三大因素之一。第二项准则，追问你自己。我认为这项更重要，因为它更难被遵守。如果你不知道你身处何地，你又怎么能够知道你要到哪儿去，以及应该如何去呢？

为什么每天都要追问自己？因为这个世界每天都在变动。也许你今天觉得自己作为销售员没有弱点，因为无论是你能做的还是你要做的，一切都很成功，但到了明天可能就都不一样了。弱点在晚上也会源源不断地出现。你的竞争者在变化，你的客户在变化，你本人也在变化。当你停止追问自己在哪方面可以再做得更好时，你自然就落后了。

真诚源自何处？

有一点我深信不疑：如果你没有发自内心的真诚，那么你永远无法成为一名像样的销售员。依我看来，真诚是销售员的价值所在。真诚的出发点不是外在的：不是为了公司或者客户。恰恰相反，真诚很明显地源自内在：就是你自己。一旦你开始对自己的需求视而不见或者欺骗自己，那么你就不会成长为一名优秀的销售员。因此你一定要首先对自己真诚！

销售员的自我分析

作为销售员，你可以使用各种各样的模型对自己的素质和行为进行分析与测评。你采用哪种模型无关紧要，可以选用你喜欢的任何一种分析模型，真正重要的是开始进行分析和评估。我倾向于基础性的自我分析：**价值分析、心理类型分析、销售类型分析**。

如果你在一位客户那里感到不自在，你应该密切留意自己的人际关系模型，因为你在毫无意识的情况下陷入了一种不利的境况。

我认为，首先你应该采用以下方法对自己做一个全面检查。这项检查包括了很多不同的方面，也包括了你在别人眼中的形象。此外，你还可以在这个表格中随时记录你的目标，从而知道你现在最需要改进的方面。另外，你应该反复对自己进行检查。不必每天或每周都做，但可以每个季度或每半年，至少每年进行一次。把测试的日期确定下来，记到你的日历上。

销售员素质测评

1. 浏览第 1 列中的所有要点，针对每个要点为自己打分，分值从 1 到 10（1 = 完全不相符，10 = 完全符合），分数写在第 2 列中。

2. 把调查表格交给一个你信赖的人，你在他的心目中必须是一名销售员。你选择的这个人既要是热情的，也要能对你提出批评。他要尽可能针对所有要点对你做出评估（第 3 列）。

3. 在第 4 列中，标记出每一个要点对你而言的重要性（1 = 非常重要，10 = 完全不重要）。

4. 在第 5 列中，标记出在哪些方面你应该做出改进。你总共只能列出 3 个有待改进的要点，如果标记太多反而失去了排序的价值。

把你的测试记录保存好，这样你可以与下一次的测试结果进行比较，进而对自己的进步产生更清晰的认识。

表 2-1 销售员素质测评表

素质/行为	自评得分	他评得分	你的目标	改进方法
我行事果断				
我做事坚定				
我做事主动				
我充满自信				
我目标明确				
我喜欢成功				
我工作有条理				
我工作有效率				
我具有权威性				
我有很好的口才				
我真诚面对自己				
我做事充满热情				
我坚持既定目标				
我了解自己的优势				
我会进行正面思考				
我了解自己的劣势				
我对客户真诚相待				
我对公司真诚相待				
我对成功非常热切				

（续表）

素质/行为	自评得分	他评得分	你的目标	改进方法
我对客户善解人意				
像企业家一样行事				
我对自己有长远规划				
对客户而言我值得信赖				
我的工作与价值观一致				
为了成功我时刻准备着				
对客户而言我讲求实际、解决问题				
在通向目标的道路上有风险意识				
为了达成交易我有坚决的行动力				
在各种情况下都能很快做出反应				
测试日期：		他评人：		

如果无法消灭弱点，就接受它

"强者恒强，弱者恒弱"这句话始终是不变的真理。它说明：你要抓住优势，寻找机会让它变得更强，同时尽一切可能让自己不再被弱点拖后腿。

根据我的经验，每个人身上都会存在一些弱点。你必须承认它确实存在。而且我不相信你能够消除所有弱点。你如果不能消除某个弱点，那么就应该正视并接受它，只是你要在这一基础上做到最好，同时找到一个能够尽量利用这一弱点的办法。

举例来说，如果你是自主经营，你可以把不擅长的事交给别人去做。如果这不行，你就要对这些自己不擅长的事情做出安排，会有数以千计的解决方案。

真正危险的是，你把弱点当作挡箭牌，而忽视了真正要做的工作。比如，你不善于写信或电子邮件，在这上面花费了很多时间，导致你没有时间打电话去发掘潜在客户。在这种情况下，你应该做的是为自己准备一个收录了各种词句样本的文库；这样你就可以更快地完成带有个人风格的信件，然后顺利地把工作转回到与客户会面上。

坦诚的自我分析会让你暴露出一些弱点。也许这些弱点你无法消除，但是你始终可以找到办法来顺利地解决这个问题。

- 作为销售员，你每天都要扪心自问！
- 只有通过真诚的追问你才能有所进步，否则只会不进则退。
- 并非所有的弱点都能被你战胜：只要你能基于现实把事情做到最好，弱点就不是什么问题。

找到你的价值观

有些销售大师宣称，如果销售员了解客户的价值观，他就会成为合格的销售员，因为他可以更容易地去说服客户。也许事实就是这样，但是在我看来，仅仅了解客户的价值观是不够的。我认为，作为销售员，清楚地认识自己的价值观更重要。这样一来，你不只会更乐意而且会更容易地把东西卖出去，你的客户也会更愿意在你这里买东西。为什么会这样呢？现在让我来给你解释。

鱼和熊掌不可兼得

作为销售员，一方面，你在工作中享有很大的自主性，工作环境格外自由；另一方面，你又会遇到来自各方面的种种要求：

> 你应该创造销售额，为了让老板满意，也为了保住你的工作。
> 你应该做足差价，为了更好地生活和养家。

你应该为客户提供最大的效益，毕竟他是为你带来收入的人。

你应该顾及个人生活，因为它让你变得完整。

雄心勃勃的销售员会把这些要求都担在身上，同时也把外部和内部的压力都扛在了肩上。当你试图满足所有条件的时候，它往往会变成一个不可能完成的任务，因为这些要求是相互关联的：

为了创造足够的销售额，往往要放弃一部分差价。

你想赚取足够的差价，但更常见的情况是，你的报价不是最高价格而是对方可以接受的价格。

满足客户的最大利益，就会损失部分销售额、差价或自由。

把时间留给家庭和朋友，可能意味着一份本会到手的订单告吹。

在某个方面多做一点，就势必在另一个方面少做一点。我希望你不会这么倒霉！一旦你面对这样的困境，你就成了身不由己的傀儡。之所以会这样，原因其实很简单：你没有清楚地认识到自己的价值观。

认识价值观

一个人的价值观就像一个指南针：无论在何种情况下，它都会指向正确的方向。每一个向你提出要求的人，都想把你拖拽到他的方向上。

如果你对自己的前进方向一无所知，那么你一不小心就会偏离自己的方向，最终身处一个自己根本不想去的地方。如果你了解自己的价值观，你不仅可以更好地利用别人提出的要求，更酷的是，你还可以改变他们的要求。一旦你为自己找到了清晰的价值观并在生活中践行它，你就会马上吸引其他人。

"吸引力法则"在人际关系中同样有效：你会吸引那些与你和你的价值观相符的人。

当然，作为优秀的销售员，你也可以向那些与你价值观完全不同的人出售产品。这样做没有什么问题，但不会为你带来太多快乐。

同性相吸

我认识一些整天只会抱怨的销售员，抱怨客户总是不签合同，抱怨客户不付款，抱怨客户完全不守规则。我只能建议他们，别再抱怨了。他们首先要做的是，搞清楚自己在生命中认同哪些价值。解决了这个问题后，他们接触到的客户也会随之发生改变。

如果你与客户价值观相符，你们之间的关系会更好，后面的事情也就水到渠成了。你拥有的这种客户越多，你的蛋糕就越大。这完全由你的价值观所决定。

客户拥有良好的鉴别能力，可以判断身为销售员的你拥有何种价值观，因而大张旗鼓地向客户展示你的价值观完全没有必要：如果你拥有清晰的价值观，他自然会知道。

谨慎选择你的价值观

你一直都没有认真考虑过自己的价值观吗？那么现在正是时候。即便你思考过，现在也需要再思考一次。我可以把我的经验告诉你：在人的一生中，价值观也在不断变化。如果我把我今天的价值观与25年前的进行比较，就会发现：过去，我认为能赚钱就是成功，这是我当时很重要的价值观之一；但是现在，我认为赚钱已经不重要了，让别人获得成功对我而言更加重要。我意识到这一点并且成功做到了"拥有价值观并在生活中践行价值观"。这是一件永远值得去做的事情。因为通过别人的成功，我也变得更加成功。

在我身上，有一种价值观始终被放在首要位置——真诚，而且是全方位的真诚：对我自己、对我的客户、对我的公司，因此本书中有很多内容都与真诚有关。因为我相信，从长远来看，这种价值观会让销售员取得最大的成功，不只是我，而是每一名销售员！

现在，你该如何去寻找那些对你而言真正重要的价值观呢？这种价值观是你早起的动力，能让你进入最高效的工作状态，能让你在面对自己和世界时变得真实纯粹。

我整理了一个列表，列出了众多可能的价值观选项，只是它还算不上完备。

如果你想到了更多的价值观，你也可以直接把它们添加到列表中。这些价值观听起来绝大多数都是正面的，因此它具有很强的诱导性，人们轻易就会勾选出其中一半的选项。一下子要在这么多的选项中做出选择，确实会让你感到无所适从。那么你可以马上进行这样的练习：只挑选 5 项最重要的价值观！这样你才能够深刻领会，对你来说，到底哪些价值观才是真正重要的。你要慎重选择自己的价值观。我推崇的一个价值观是"有付出，必有回报"，因此在选择价值观时，你要保证自己得到的回报是好的。

此外，如果你还想更准确地了解自己，你需要把价值观的数量减少到 3 项，这样就能更好地把握自己。你需要写下自己勾选的价值观，并经常回头查看这些选项。特别是在你遇到困难的情况下，这些价值观会大有助益，它们会让你时刻牢记自己的方向。

你的价值观是什么？

请你从以下概念中选出 5 项（或者 3 项）最重要的价值观。请先通览一遍所有选项，然后勾选出你的价值观。你要留出充分的思考时间，以找到真正核心的价值观。

爱玩	爱心	保健	保密	保守
财务独立	沉静	成就	诚恳	持久
冲动	出众	创新	创意	聪明
胆量	独特	多变	规范	富有
感恩	个性	公正	共情能力	好奇
好胜	好学	合作	和谐	幻想
活跃	机敏	积极	积极性	激情
自律	家庭	坚定	坚毅	健康
善于交际	节俭	谨慎	精明	决策
开放	慷慨	可靠	快乐	宽容
乐观	冷静	礼貌	理想主义	灵感

灵活	灵性	冒险	美丽	魅力
敏锐	耐心	平和	平静	谦卑
亲近	勤奋	青春	轻松	热情
容忍	审美	声望	实力	实用主义
适应性	守时	熟练	坦率	体贴
同情心	头脑清晰	团队精神	顽强	稳定
细心	现实主义	享受	效果	效率
协调	信念	幸运	性感	迅速
一丝不苟	殷勤	勇敢	勇气	幽默
在场	赞许	责任	真诚	整洁
正直	支配	知名	知足	执行力
直觉	秩序观念	中立	忠诚	忠实
助人	专心	专业	专注	准确
自信	自由	自知	组织性	尊敬

价值观的价格

有一点我还想再提醒一下：一旦你找到了自己的价值观，你作为销售员的价值也会随之提高。你不再顶着价格的压力进行销售，人们会为你的价值观支付真金白银。不相信我吗？那么你可以试着做一下：

1. 现在，请你回答以下问题：你对你的产品价格的承受边界在哪里？
2. 把这个价格记下来！
3. 马上找出你的 5 项最重要的价值观，然后在未来一周内有意识地用它们来指导你的行动。
4. 一周后，再次问自己这个价格问题，你会发现你的承受边界在提高。
5. 重复这样做。再过一周，你的承受边界会更高。

你越是经常这样做，你受到的价格压力就越小，因为价值决定价格。

- 当你认识到自己的价值观后，你可以更好地回应别人向你提出的要求。
- 当你自觉地在生活中践行你的价值观，你就会吸引那些与你拥有相同价值观的人，从而建立起更好的客户关系。
- 你对价值观的追求会提升你作为销售员的价值。

内心动力成就销售冠军

世界排名 200 左右的职业网球运动员与大满贯冠军的区别是什么？所有研究都告诉我们：是内心的动力。对运动员有效的道理，对销售员双倍有效：销售员不仅要鼓舞自己，还要激励客户，然后才能获得成功。如果你能与客户碰撞出火花，就可以把普通的产品和服务卖得更好，超出平均水准。如果你无法与客户产生化学反应，即便你销售的是顶级产品，也绝不可能取得良好的市场效果。尽管在销售中热情并不代表一切，但是没有热情只会一事无成。

只有当你燃烧起来时，你才可以把这份热情传播出去。对无数销售员和他们的销售业绩所做的洞察分析显示，拥有强烈动机的销售员才是更成功的销售员。你要找到到底是什么让你在销售工作中热血沸腾。要想成功，你需要的绝不只是技巧，同样需要这种让你热血沸腾的东西。

内在激励比金钱的吸引力更强大

积极的动机总是源自一个"为什么"。史蒂夫·贝佐斯（Steve Bezos）之所以把亚马逊越做越大，是因为需要很多钱为自己的太空之旅做准备。有一点你必须同意：贝佐斯正是凭借这种巨大的动力取得了巨大的成功。

很多销售员说，是钱在激励着他们。而我的经验是：钱的效果并不大，因为它只是一种外在的动因。内在的动因才更强有力。正如心理学家所说——满足感与行为同步，而并非源自结果。内在的推动力并不意味着把钱完全排除在外，钱可以作为实现目标的手段：比如，你的目标是实现自由，如果你有充足的财富，自然更容易实现这一目标。当你认识到自己真实的动机时，你就会走得更快更远。

我也是过了很多年才了解到自己的动机：我曾经嘲笑过"在我离开这个世界的时候，我要让它比我初遇时更美好"之类的说法。直到某次讨论课后，一位学员对我说："喔，林贝克先生，这种说法真是太了不起了。"有人在给我的信中写道："感谢您，我的销售额已经翻番了。"我才发现其实这才是我走到今天最大的动力。它不断推动我继续前进。我因此成为一名企业家并且坚持了下来。我和我的团队从事销售和管理培训工作，让更多的人可以从我们的经验中获益。

积极的人才能把东西卖出去

尽管你还不能准确说出你的动机，但这并不代表着你没有动机。当你了解了自己的动机后，你会从中得到很多帮助。你要知道你早上起床的动力是什么。我希望你起床的原因并不只是要上厕所。这是一个起点，你可以从它出发去梳理你的动机。我还要问你一些其他问题，它们会带给你正确的思路。

什么在激励你？

准备好纸和笔，然后认真思考下面的问题。

- 什么促使我成为销售员？
- 在工作中，我非常擅长什么？
- 在哪种情况下销售会进行得非常顺利？
- 在工作中，什么带给我快乐？
- 什么时候我对自己非常满意？
- 在工作中，什么让我感到骄傲？
- 我认为什么是有价值的？
- 我能够回馈给世界什么？

请你记下自己的答案。最终，从你的答案中选出3个最重要的动机。你一定要把筛选出来的3个动机手写下来，即便你不是一个习惯用笔写字的人：亲自动笔写下你的动机，你会对它产生更深的印象。

精神训练：对抗低潮期的秘密武器

每个人都会有低潮期。对此，我的说法是："有些时候我感觉不错。有些时候我感觉更好。"如果你清楚自己的动机，就可以笑对那些不如意的时光，因为你知道自己的方向在哪里。我们通常会反思："只有靠施压才能得到这份订单吗？"我会强迫自己想："如果我时刻牢记自己的动力，就会有更好的控制力。"

如此一来，你既不需要对客户施压，也不需要对他们进行"敲打"，你要做的只是让他们由衷地信服你。你的动机可以让你更好地呈现产品的性价比，如此一来，客户自然会说："喔，好的，我要买。"

你的动机不会一直停留在眼前。为了让它留在你的视野里，你需要做些训练，并且每天都要做。可以制定一套自己专属的精神训练方案，或试一下这套我的朋友亚历山大·哈特曼（Alexander Hartmann）推荐的"5分钟心理激励体操"。你如何去做无所谓，重要的是记住自己为了什么而热血沸腾。

亚历山大·哈特曼的"5分钟心理激励体操"

1~3分钟：请你坐直，准备好纸和笔，深呼吸。把你勾选的3个动机逐条写下来。总共写4遍！平静而顺畅地书写，尽可能不要停顿。

4~5分钟：从这3个动机中选出1个。闭上双眼。想象一下你刚刚实现了自己梦想的时刻。想象那个场景，闻它的气味，品尝它的味道，寻找在这个情景中你的感觉。沉浸在这种体验中。当你开始一天的工作时，带着这种感觉进入工作。

此外，还有一样东西支撑着你的动机：感恩。你可以在本书后面的部分中更详细地了解到。

- 拥有内在动机的人，销售业绩会更好。
- 了解自己动机的人，为取得更大的成功，会有意识地运用动机。
- 你要让你自己的动机明确清晰，利用它、保持它。

销售前，先认识自己

大多数销售员都认同，能对客户做出评估是一件好事。但是很少有人知道，销售员也应该对自己进行评估。真是太遗憾了！如果你知道自己的类型，就能理解为什么有些事你做起来很轻松，而另一些事却并非如此。这不是因为你比别人笨或者比别人懒，而是因为你不属于那个类型。在某些领域，你必须付出更多努力才能做得更好。

把一切都准备得面面俱到是不可能的，因为你根本承担不了，即便预先做过准备，也不会对你有什么帮助。因此我相信，每一名销售员都应该清楚了解自己的类型，最好能借助一套分析工具，如 INSIGHTS MDI®。当你认识到自己所属的类型，你就会对自己更加满意。

四种颜色揭示你的潜能

早在 2 500 年前，一位叫希波克拉底（Hippokrates）的希腊人首先提出了关于人有不同类型的观点。当时他已经发现，不同类型的人有不同的行为方式。从那以后，这类观点在人类历史中就再也没有消失过。

今天市面上有不计其数的性格类型分析工具。我个人最喜欢 INSIGHTS MDI®，因为它让我感觉到我是一个实实在在的人，无论是在生活还是在事业上。我能感受到，在我扮演的职业角色中，我是什么样的。它对纯粹的性格刻画进行了扩展，增加了价值观内容，我认为这一点非常重要。

INSIGHTS MDI® 作为潜能分析工具被应用于很多领域，例如项目团队的招募和组织，以及领导力评估。在客户管理方面，它也具有重要意义。它是经过德国工业标准 DIN EN ISO 9126 认证的一项测试。

概括地说，分析心理学奠基人卡尔·荣格（C. G. Jung）和美国心理学家威廉·马斯顿（W. M. Marston）的学术成果构成了潜能分析的基础。马斯顿的类型学说同时也是 DISG 模型（DISG-Model）的依据。这种基础的价值观模型——个人的趣味、观念和价值可追溯到哲学家、教育学家和心理学家爱德华·斯普朗格（Eduard Spranger）的研究。

DISG 模型

DISG（在美式英语中被写作 DISC）模型基于威廉·马斯顿提出的类型学说。约翰·G. 盖尔（John G. Geier）对马斯顿的学说做了拓展，将其变成一种对自己进行性格刻画的测试。它极富启发性，能揭示出一个人面对不同的生存状态会产生何种感受并做出何种反应。这个模型由 4 种基本行为倾向组成，一般来讲，这 4 种倾向在每个人身上的比例是不同的。

- 支配型；
- 主动型；
- 稳定型；
- 谨慎型。

这 4 种倾向的首字母组合在一起就是这个模型的名字。这一模型后来又向多个方面做了发展，INSIGHTS MDI® 就是在它的基础上产生的。

INSIGHTS MDI® 的主要开发者是比尔·J. 布兰德施泰特（Bill J. Brandstetter）。根据现有的测试结果，这套模型可以有效地检测：

人们的行为；
他人自然的行为倾向；
他人做过调整后的行为倾向；
他人的动机和价值观；
他人性格上的推动系统。

在 INSIGHTS MDI® 模型中有 4 种基本性格类型，可以用不同的颜色表示：蓝色、红色、绿色和黄色。这些基本类型按照一定的规则进行排列，被放置在四象限中。

第一部分　销售冠军的态度

理性

蓝色类型

优点：
- 小心谨慎
- 精准认真
- 深思熟虑
- 探究背景
- 注重程序
- 专业老练
- 富有个性

缺点：
- 个性复杂
- 容易在细节中迷失
- 在首次接触时，表现拘谨
- 爱提批评性问题，不顾别人感受

红色类型

优点：
- 勇于挑战
- 坚决果断
- 意志坚强
- 讲求实际
- 工作高效
- 喜欢挑战
- 坚毅的气质
- 自我意识强烈
- 喜欢新生事物
- 目标明确坚定
- 对其他人有好的影响

缺点：
- 傲慢狂妄
- 不善于倾听、喜欢催促
- 不重视反馈意见

内向 ←—————————————————→ 外向

优点：
- 值得信赖
- 鼓舞人心
- 有同情心
- 有耐心
- 和缓放松
- 有倾听的天赋
- 需要时间建立关系，一旦建立，关系就会深厚长久

缺点：
- 适应能力差
- 怀疑新鲜事物
- 较少表达情感
- 不善于团队协作

优点：
- 善于交际
- 热情踊跃
- 令人信服
- 口才出众
- 坦率合群
- 富有想象力
- 很快建立关系
- 很强的适应能力
- 展示能力非常突出

缺点：
- 分不清主次
- 缺少大局观
- 容易跑题

绿色类型　　　　　　　　　**黄色类型**

情感

图 2-1　INSIGHTS MDI® 基本性格类型象限

39

纵向来看，纵轴左侧是蓝色和绿色——它们属于较为内向的类型。这种类型的人表现得更安静、观察、专注、深刻、避世、深沉、矜持、慎重，总之就是更指向内心。纵轴右侧是红色和黄色，它们是更加外向的类型。这种类型的人表现得更健谈、热情、合群、兴趣广泛、坦率、富有表现力、善于交际、有胆量，所有都指向外界。

横向来看，横轴以上是蓝色和红色：这是更加客观的类型。绿色和黄色在横轴以下，更加偏向情感，更多地与心理相关。每一种类型都对应着具体的性格，都有长处和短处。理想的销售员类型是不存在的。

此外，几乎没有人只对应一种色彩。在 INSIGHTS MDI® 测试中，除了每个人的性格之外，个人的价值系统也会同时得到测定。也就是说，即使两个人性格类型完全一致，他们的实际表现也依然可能不同。

很明显，性格中红色比例高的销售员更容易在没有事先约定的前提下通过打电话去获得客户，黄色比例高的则更容易激励他的客户。但这并不是说，他们从此可以在这些方面高枕无忧。这仅仅代表，他们找到了一个合理的解释，为什么他们在某些方面做得不错。其实这个模型可以告诉我们很多：你会了解到自己在哪些方面还能做得更好。

你的类型透露了你的短板

能了解自己的性格特点，在我看来是一件很棒的事：你由此可以知道哪些是你能够继续深造的学习领域，而哪些不是。在所有你的水平达到或超过50%的项目上，你都有进一步提高的可能。但其他方面可能就不行了。

INSIGHTS MDI® 测试之所以吸引人，不仅是因为它能揭示出你的基本行为，还因为它可以揭示出你的适应性行为，即你将自己的基本行为模式向前发展了多少，以及在哪些方面还可以继续提高。

比如，我的性格中红色、黄色占比很高，而绿色和蓝色占比都很低，说明等待不是我的强项。但我也意识到，我在绿色和蓝色方面具有很大潜力。我利用这个知识，从多年以前开始练习，直到今天，我拥有一个性格完全是绿色的客户。他做事不紧不慢，好像拥有世界上所有的时间。为了签一份合同，仅在准备阶段我们就进行了多轮会谈，这是我从未经历过的。我在这个过程中也收获了一个重要经验，那就是要坚持到底。

当你知道了自己的类型，比如你的 INSIGHTS MDI® 类型显示不提前预约就打电话是你的学习领域，那么你就更容易接受这个挑战，同时还能对此做出改进。认识你的性格类型，意味着你可以由此明确你的学习领域。但是应该注意一点：性格类型不能成为你的托词。如果你给客户推销产品但是没有成功，却把原因归结为客户与你的性格类型不同，那就不对了。

同样地，也不能说只有相同色彩的人才能互相理解。相反，当两个红色类型的人相遇时，他们可能会爆发争执，因为他们都想向对方证明自己才是老大。但如果你得知自己和客户都是红色类型的人，你可以主动把胜利者的光环让给客户。是的，他应该是老大——对你而言，你做成了这笔生意！如果你找到了你的学习领域，你就可以从中获得好处。

如果分析结果表明，在你的职业生涯中，你的基本行为完全得不到充分发展，那么你就明白你不幸的根源所在。你还可以知道，怎样做才能改变你的工作，取得最终的成功。

- 每一名销售员都应该知道他属于哪一种类型。这样他就可以更轻松地接受自己并找到学习领域。
- INSIGHTS MDI® 被证明是可靠的分析工具。

猎人与农夫：销售员的两大类型

很多人试图建立有关销售员的类型学。在不同的分类方法中，销售员类型的多寡也存在不同。

在马修·迪克森（Matthew Dixon）和布伦特·亚当森（Brent Adamson）撰写的《挑战式销售》（*Challenger Sales*）中，销售员被分成5种类型：工人、狼、解决问题的人、维护关系的人和挑战者。

英国科学家丽奈特·瑞尔斯（Lynette Ryals）和伊恩·戴维斯（Iain Davis）则把销售员分为7种类型：专家、猎人、顾问、讲故事的人、朗读者、搭档和挑衅者。

我认为可以将销售员分为两种基本类型。此前我把这两种类型称为狩猎者和采集者。现在我把它们称为猎人和农夫，这样表述更为准确。

猎人型的销售员在思考之前，就已经开始跑起来了。他动作快，做事果断，就像威猛的兰博（Rambo）。他一直在寻找新的客户，始终准备着一跃而上俘获对方。与新客户联系是他最热衷的工作，因为他愿意给新客户写信。他更像是一个沉迷冒险活动的人，享受命悬一线的刺激时刻。只是抓住已有的客户，让他感到无聊。他特别痛恨那些会占用大量时间的事情：一封长长的电子邮件、长周期的展示活动、长时间的准备工作、漫长的销售过程。所有不能一蹴而就的事，都会让他感到厌倦。他最大的禀赋就是擅于接近别人，工作特点是极强的目标导向。

纯粹的农夫型销售员总是能敞开心扉倾听他的客户甚至他的同事说话，是真正急人之所急的人。维护已有客户，并在此基础上交叉销售和追加销售是他最喜欢的工作。为了和客户建立长期联系，他非常乐于为客户解决困难。与客户维持良好的关系对他而言是重要的；如果没有做到这一点，他会非常痛苦。

但是，农夫型销售员并不擅长获取新客户。哪怕是简单地去接近陌生人，对他而言都是一件难事。他会表现得非常紧张，并且很快会发现自己正陷于这种不自然的状态中。因此在他心里会越来越抵触去寻找新客户。他突出的才能是传递给客户家人般的温暖，让客户感到备受重视。

我们不能说到底哪种类型更好，因为无论哪种类型都有自己的优势。这些优势可以也应该被利用起来。如果你能够了解自己所属的类型，将非常有益。首先，你需要做下面的测试！

你是猎人还是农夫？

阅读下面的问题并选出最符合你的销售风格的选项，在每一个问题后的空格里填上自己的分数。最后统计所得分值。

第一部分　销售冠军的态度

表 2-2　猎人与农夫类型测试

题目	猎人分值	农夫分值
你会随账单一起，给客户寄去一盒印有公司标志的坚果巧克力，还在上面亲手写下了问候语。 • 是的，我一直以来就是这样做的。（农夫 3 分） • 还没有这样做，但是这是个好点子。（农夫 1 分） • 不，为什么要这样？签字就是签字。（猎人 3 分）		
你会给所有客户寄送圣诞卡片。 • 当然会。（农夫 3 分） • 只寄给那些去年下过订单的人。（农夫 1 分） • 不，圣诞节是私事。（猎人 3 分）		
你会在客户生日当天给他打电话祝贺。 • 是这样的。（农夫 3 分） • 如果我有时间，我愿意这样做。（农夫 1 分） • 不，我更愿意利用这时间给潜在客户打电话。（猎人 3 分）		
在签下订单之后，你会向客户致谢，感谢他的信任。 • 当然，我会给他打电话，亲口告诉他我的谢意。（农夫 3 分） • 我会在合同确认函上写下一句致谢的话。（农夫 1 分） • 我为什么要这样做？他本来就该信任我。（猎人 3 分）		
在获取新客户方面，你更愿意马上着手去做。 • 正是，最好能够见到机会就主动出击。（猎人 3 分） • 也许吧。我时常顺带着在网上搜寻客户。（猎人 1 分） • 如果没有充足准备，我绝不展开寻找新客户的工作。（农夫 3 分）		
你会用多长时间来考虑与客户见面时的开场白？ • 根本不需要准备。（猎人 3 分） • 我会考虑一下，但是到时候会即兴说其他内容。（猎人 1 分） • 我会认真准备，并且花时间来进行练习。（农夫 3 分）		
你会为获取客户的谈话准备多久？ • 最多 30 秒。（猎人 3 分） • 1~2 分钟。（猎人 1 分） • 针对每个客户，最少 10~15 分钟。（农夫 3 分）		

43

（续表）

题目	猎人分值	农夫分值
你为了获得客户： · 在紧要关头会不顾一切。（猎人 3 分） · 会调整策略。（猎人 1 分） · 会长期经营与客户之间的关系。（农夫 3 分）		
作为销售员，你在客户面前： · 总是鼓足干劲。（猎人 3 分） · 一开始会给足油门，但也会适当踩下刹车。（猎人 1 分） · 会预先做好万全的准备。（农夫 3 分）		
在与新客户见面时，你最喜欢的开场白是： · "客户先生，在我希望接洽的客户名单上，您在最前面。"（猎人 3 分） · "我们应该共同寻找能让我们长期合作的出发点。"（农夫 3 分）		
作为销售员，你最大的愿望是 · 成为销售冠军。（猎人 3 分） · 让客户长期满意。（农夫 3 分）		
你的目标联赛是 · 欧洲冠军联赛——你可以试试到底可以走多远。（猎人 3 分） · 德国甲级联赛——排名保持稳定，成绩能上浮就更好了。（农夫 3 分）		
总分		

猎人分值：

0～14 分：获得潜在客户是你最大的挑战——准备迎战吧。

15～29 分：你有天资，需要的只是更多练习。

30～39 分：祝贺你，你是出色的猎人。你的农夫特质跟得上吗？

农夫分值：

0～14 分：你的农夫特质还有很大的提升空间。

15～29 分：已经不错了，但是还可以做得更好。

30～39 分：你是一个带有鲜明农夫特质的天才。但猎人特质在哪儿呢？

一名优秀的销售员不应该，也绝不可以因为他已经取得的成绩而沾沾自喜，尤其是在这个极速变化的时代。我深信，每一名销售员都不可能仅属于猎人或者农夫。无论你属于哪类，你都能够扩展自己的能力，更灵活、独立地运用你的销售策略。这将对你大有帮助。

- 销售员分为两种基本类型：猎人和农夫。
- 猎人型擅长获得潜在客户，但是不擅长维护客户关系。
- 农夫型擅长同客户保持密切关系，但是在获得新客户时有很大困难。

如何既是农夫又是猎人

猎人和农夫这两种类型各具优势，但是没有理由就此止步不前。我的信条是：每一种类型都可以从对方身上学到有益的东西。如果不这样做，你就会一直停留在自己的学习领域之外。

不断提升自己也是一个恰当的理由：无论是对哪一种类型来说，多学一些东西都是有好处的。如果你能够成功把两种类型混合在一起，那么你在销售工作中就会无往而不利。当你的农夫特质已经无法让你从现有客户获得新订单时，兼有猎人特质就可以去赢取新客户。同样，作为猎人型的你，也可以长期经营客户关系并有所收获。

事实上，百分之百的猎人永远也不可能变成纯粹的农夫，反之亦然。但这并不是说，一点改变都不能发生。进一步说，每种类型都可以从对方那里学到些东西。比如，我曾经是典型的猎人。我的座右铭在很长一段时间里都是"新客户、新客户、新客户"。这是我从实践中学到的。在多年工作中我发现自己其实做得不错——我一直能找到新的客户。但这是一件成本很高的事情，这让我意识到，我也应该向农夫学习。现在，我身上兼具猎人和农夫两种特质，猎人始终保持70%的比例，农夫占30%。这种混合特质为我带来了成功。我从中懂得，学习另一种特质是完全可行的。

根据我的观察，猎人学习耕种比农夫学习打猎更容易——但是这也只是我的个人看法。就像勤奋可以战胜天赋一样，固定的类型也会被积极的态度击败。

对于农夫而言，学习的主要内容是树立起以结果为导向的原则，这是最大的挑战。另外，要对企业，而不是客户抱有无条件的忠诚。正因为与客户的良好关系对于农夫来说意义重大，他总是会落入陷阱，让自己被人利用。这暂时很难让他成为猎人。

即便这样，农夫也懂得该出手时就出手的道理，有时候也能够独立完成某些工作，而不是仅在别人拖回来的猎物上进行加工。这让他对狩猎的难度有了更深的了解。也许农夫永远都不可能成为真正的猎人，但是他可以学习如何更多地进行交叉销售和追加销售。

对于猎人而言，学习的主要内容是耐心。当客户需要时间重新考虑的时候，猎人必须保持冷静，一定不要表现得咄咄逼人。

猎人天生就是有主见的类型，但也需要控制自己。正像他要学的，他要在销售谈判中做到克制自我、倾听客户，做好再次提交文案的工作，与客户保持电话沟通，等等。

这样一来，他可以建立起更好的客户关系，没有必要为了得到一份新订单去付出巨大的成本。因为当客户有什么新的需要时，他们就会主动给销售员打电话。在本书中你还可以找到很多东西，值得你不断学习：

表2-3　猎人和农夫的学习领域

猎人要学习的内容	农夫要学习的内容
结构化的组织（见第4章） • 让自己喜欢上数据库 • 销售员的自我管理 • 数字化的辅助工具	成功寻获潜在客户（见第13章） • 获得新客户的原则 • 电话寻获客户的原则 • 约定见面会谈 • 在展销会上寻获客户 • 成功的商业关系网络 • 利用社交媒体寻获新客户

（续表）

猎人要学习的内容	农夫要学习的内容
面对客户（见第5章） • 编织关系网、闲聊、建立信任 • 提高情商 • 与客户同步并引导他们 • 事先准备 • 互惠原则 • 语言的元模型 • 倾听的能力 • 提问的能力	激励新客户（见第14章） • 首次见面——准备 • 销售会谈 • 处理反对意见 • 需求分析/价值定位 • 符合性格类型的主张 • 触觉性销售 • 电梯游说/快速会面 • 价格会谈 • 销售简报
培养客户关系（见第17章） • 长期的客户关系 • 投诉与差错 • 问候客户	以结果为导向（见第15章） • 谈判技巧 • 价格谈判/与采购中心谈判 • 报价管理 • 签约技巧

- 无论是猎人还是农夫，都可以从对方身上学到有用的东西。
- 拥有更多样的能力可以获得更多的销售机会。
- 农夫的主要学习内容是寻获潜在客户，以及以结果为导向；猎人的主要学习内容是耐心和倾听。

销售悲剧的三重角色：施暴者、受害者与援助者

作为销售员，你会面对不同的客户，甚至会同时面对多位客户。只有了解了自己与每位客户之间的关系，你才能够应对多位客户同时出现的复杂局面，从而决定自己要站在什么位置、扮演什么角色，以及不要站在哪个位置。你要做一名知道自己角色的销售员，而不是一名随波逐流的销售员。在这里，我要向你介绍戏剧三角。需要注意的是，在这个案例中，身为销售员的你是无法取得成功的。

戏剧三角

以下案例呈现了经典的戏剧三角的角色布局：你有一位好朋友，可是你的妻子不喜欢这位朋友，你只好不再邀请这位朋友到家里来参加派对，但是他很希望能够再次参加。有一天，你带他来到家里喝酒，但是你内心忐忑不安。在这个时候，你觉得自己是受害者，你的妻子是施暴者（因为她对你态度很差），而你的朋友扮演了援助者的角色。

第二天一早，你向妻子讲述了这一切。她气愤地冲着你大叫："啊哈！他这么轻易就把你说服了。你根本不明白，你与我本可以度过幸福的一晚，而他却连个陪自己喝酒的人都没有！"现在发生了什么？你的朋友从此前的援助者变成了施暴者，因为他从你妻子那里偷走了愉快的夜晚；你的妻子变成了受害者；而你必须挽回这个局面。也就是说，在这个三角关系中，所有的角色都明显地发生了转换，但几乎没有人可以从中获得好的结果。在这样复杂的人物关系中，每一个人都只有失败而没有成功。

戏剧三角

戏剧三角描述了一个破坏性的关系模型，由受害者、施暴者和援助者三类角色构成。这个社会模型是由史蒂芬·卡普曼（Stephen Karpman）于1968年引入沟通分析领域的。在这个模型中，参与者会服从他们各自的期待，而这些期待与他们的角色联系在一起。他们从自身出发评判彼此扮演的角色。当一系列事件在无意中发生时，他们无法跳脱出这些事件。

这种情况同样可能在你与客户的关系中出现。我与我的第一个大客户接触时就碰到过这样的事：那家企业的两位负责人同时与我沟通这单生意，但人事部主管一直没有参加谈判过程，这让她觉得她是受害者。可以猜一下她会冲谁出气呢？她寻找每个机会，要把这单生意搅黄。

作为销售员，你根本无法从这种复杂的关系中全身而退，因为当这一天行将结束的时候，那家企业总会选择去维护自己人，而不是你这个外来者的利益。为此你需要做到两点：一是认清形势，二是立刻抽身！

看穿一个戏剧性布局，你需要专注力和辨别力。哪怕是细微的可疑迹象，都可以让你认清形势。你要变得耳聪目明。当你的业务联系人不再给你回电话，或者对你所说的事情要"再考虑一下"，或者要求重新商议价格，你就要看清：哪些人已经开始玩受害者—施暴者—援助者的游戏了，他们是否正打算给你安排一个角色。

一旦你认清了形势，你就应该保持清醒，拒绝参与其中，拒绝接受角色。实际上，你要对形势进行非常准确的观察，把所有参与者都拉到一条船上。一旦有某人留在船外，闹剧就会重新开始。

你要留心这样的角色故事和关系模型，这有助于你更好、更自觉地察觉你和你的行为，并且尽可能地去改变局势，让作为销售员的你不再从中有所失，而是有所得。

- 身处戏剧三角这样的危险关系中，销售员将一无所获。
- 为避免扮演一个你不希望参与的角色，你要时刻保持警惕。
- 最好的办法是把所有可以对你生意指手画脚的人都拉到一条船上。

对企业真诚的销售员更加强大

我遇到过一些销售员，他们并没有真诚地对待他们的企业。我要说的不是他们欺骗或偷窃，这不是不真诚，而是犯罪。在我看来，销售员如果没有和他们的雇主站在一起，就是不真诚。仅因为没有更佳的选择或工作条件不错才做这项工作，同时还在寻找其他机会，也是不真诚的表现。他们舒适地倚靠在办公椅上，说："我在这里20年了，为什么我还要冲锋陷阵呢？公司如果要让我走人，就必须付出高昂的代价。"

这就是我说的不真诚。我认为销售员还有两种类型的行为也属于不真诚。

一种销售员会悄悄接近客户，对客户说："亲爱的客户，作为销售员，我拿着第二差的产品报价，为行业第三差的企业服务。"这样做就是不忠诚。这种人或许还会认为他们的企业总体上不错，然后把好处拿出去送给客户；或许还会觉得企业一无是处，正认真寻找一份新的工作。

另一种销售员非常胆小，不敢把客户的诉求如实地在企业内部进行反馈。在问题爆发进而威胁到整单生意之前，他们都选择守口如瓶。现实情况是企业只能从销售员那里获取很少的信息。销售员不愿意把来自市场的反馈传递给企业，也是一种不真诚，因为这会导致企业丧失继续发展的机会——从长远来看，销售员这么做也是在切断自己的后路。如果你的企业可以从你这里得到市场信息，它就可以在生产和服务方面做得更好，你的销售工作也会变得更加轻松。

真诚的人会带着自重自爱做事；躲闪的人，只会让自己矮化；矮化自己的人，内心也会变得狭小。为了能够真诚地面对一切，你要让自己的内心变得强大。在这方面可以帮到你的是价值观、目标以及对自己的真诚。

你如果一直对企业抱有真诚之心，那么通过练习可以让自己变得更加强大。你要经常把备忘录拿在手中去进行自我检测，你对你的企业是真诚的吗？

你要对你的企业真诚

我每天都以最好的状态投入销售工作。

我全心全意维护我的产品和我的企业。

我会把来自市场的反馈在内部做建设性的转达。

- 你要与你的企业立场一致。
- 你要内心真诚，即便有时候这让你痛苦。
- 你肩负的责任不只是保证你个人的发展，还有保证企业的发展。

顶级销售员的三大成功要素：勤奋、自律、目标

在销售工作中，一切都在发生变化，只有一件事没有变：成为顶级销售员的成功因素。自我从事销售工作以来，这些因素就从未改变。很长时间以来，我见

过的能够保持成功的销售员，都掌握了这 3 个要素：勤奋、自律和目标。

也许仅靠这 3 个要素中的某一个或者单纯靠运气，你也能快速成功，但是请记住，这种成功来得快，去得也快。如果你想在销售工作中获得不止一次的成功，而是真正的成功，那么你应该在做事的时候完全依靠这三大要素。没有人天生就是销售员，就像没有人天生是诺贝尔奖得主、银行董事或者奥运会冠军。

我们都清楚，顶尖运动员或者优秀的工匠之所以能够取得成功，并不单单是因为他们有天赋，而是因为他们投入了大量时间去训练。这对销售员来说也一样，并不会因为一个人有些才华，成功就在他掌控之中。

勤 奋

丹尼尔·科伊尔（Daniel Coyle）在他的著作《一万小时天才理论》（*Die-Talentlüge*）中很清晰地阐述道：长期来看，勤奋的人都会超越天才。哪些钢琴老师能够带出最好的学生呢？是当学生在第三乐段出现一个错误时，不让学生重新弹奏这个乐段，而毫不宽容地让学生重新弹奏整首乐曲的那些老师。在这种环境下，学生仍然坚持着，他们展现出勤奋，最终获得成功。

当你 3 岁的时候，你的天赋就已经形成了。你今天掌握的技能有 50% 源自天赋，剩下的 50% 技能源自后天适应性的行为，即通过学习才掌握的行为。要成为专家，你需要 1 万小时的练习——美国心理学家安德斯·埃里克森（Anders Ericsson）如是说。无论在哪一个行业，仅仅依靠天赋是不可能走到最顶端的。

当然，在某方面如果你有天赋，做起来就会容易一些。我认识一些销售员，他们完全没有这方面的天赋，但是仍然成为行业翘楚。原因很简单——他们都超级勤奋。他们每天都开足马力，把油门踩到底。他们在足球赛场上会坚持踢满 90 分钟，而不会在第 85 分钟停下来。因为他们知道，在结束之前停下来的人，就算失败也没什么好抱怨的。他们认真完成训练，每场比赛之后都会进行分析，在哪些方面他们还必须再加把劲儿。

在销售工作中如何开足马力呢？很简单：跑更多的路。以我的观点来看，一名优秀的销售员只需要去两个地方：客户那里，以及去见客户的路上。他不需要做得更多，就可以获得新的客户，一切都顺理成章，每天都有收获。

在销售工作中，大企业不会吃掉小企业，但是动作快的会吃掉动作慢的，勤快的会吃掉懒惰的。此外，勤奋并不仅仅是做得更多和越做越多。勤奋还包括制订一套科学的计划，并且很好地进行组织。勤奋意味着要越来越好。比如说，你每天有多少小时待在汽车里？很多时间。难道不是吗？很好！这样你就有很多时间来训练自己：你可以通过有声书来提高你的销售推广技巧、学习词汇、练习声调等。

"你永远也做不到足够好！"这种说法估计大家都很难接受。总有你能够继续提高的地方，如果不想让别人超越你，就要保持勤奋。

自　律

自律意味着为了日后得到更好的，现在需要放弃某些东西。自律关系到一个人的成功。奥地利裔美籍人格心理学家沃尔特·米歇尔（Walter Mischel）在 20 世纪 60 年代已经证实了这一点：他把 4 岁的孩子单独留在房间里，让他坐在一张桌子前。桌子上放着一个棉花糖。米歇尔交代孩子："如果你在 15 分钟之内没有吃这个棉花糖，你就会得到两个棉花糖。"在视频网站 YouTube 上有大量与之相关的、令人震惊的影像资料，影片中记录了孩子是如何应对这项任务的。只有很少的孩子做到了。

20 年后，米歇尔和他的团队又重新走访了那些当初参与实验的孩子，并对他们进行了比较。结果一目了然：当初没有动棉花糖的那些孩子，后来的生活全都一帆风顺。他们以优异的成绩完成了大学学业，有更好的工作，生活也更幸福。其他孩子呢？情况基本一致：心里都有一种挫败感。

自律是一种才能。不要找理由说："我不想受自律的束缚，因为它让我什么都不能做。"就像其他天赋一样：勤学苦练的人迟早会超越那些单纯只拥有天赋的人。自律也是可以练习的。

在销售工作中，自律与坚持不懈的工作态度密切相关。在一些行业里，只有 2% 的合同是在第一次会谈之后就签订了的。如果你想得到客户，你就必须坚持不懈，到全国各地去跑。为了达成一项交易，会出现第三次、第四次甚至第十次谈判。

平时总会有很多让我们分心的事情出现：电话、邮件、微信、微博、信函、同事、领导、自己的想法等。自律意味着对抗所有让人分心的东西：每两小时才看一次电子邮箱、中午的时候才听一下电话语音信箱、把客户的会面安排到上午等。自律还包括更多的事情，比如每周一早上起床的时候，要兴奋地握紧双拳说："呀！终于到星期一了。"然后鼓足干劲儿，投入工作。

你要通过自律实现平稳飞跃：给自己安排发掘潜在客户的会面。当下一次销售会谈的准备工作已经出现在日程表上时，不要找借口拖延。当报价单需要修改、返工的时候，压制内心的反对声音。把恰当的名言警句放在手机里。

自律就是：说做就做。不抱怨，放手干。每一天、每一个早晨都是如此。没有自律你就无法前进。因为既有你愿意销售的产品，也有你不怎么喜欢销售的产品；既有你愿意张开双臂去拥抱的客户，也有你不待见的客户。不要说，你只是想把爱好作为职业，因为这样你就不必谋生了。这种话就是一派胡言。我爱我的职业，我也以此为生。是的，在艰辛的工作之后我也经常会心生倦意。我喜欢法兰克福足球队和钓鱼——但没有人会因此给我发钱。

核心要点是：你是否有坚定的意志让自己一直前进，支撑你每天早上投入工作？产生这种意志只有一个确定的前提：你有目标，愿意为了实现它而拼搏。因此，目标是成功三大要素中的最后一项。

目　标

大多数销售员都会从公司得到预先确定的目标。再进一步，如果你想在工作中取得成功，就必须能够把这个目标与个人目标结合起来。只有你自己的目标才可以让你充满干劲儿，别人的目标是不会的。如果你看不清自己的目标，就先唤醒心中对成功的渴望。

当你没有自己的目标时，你就会自动为别人的目标而工作，但如果你只是满足于眼前的目标，就永远不可能实现自己的宏愿：因为你不可能一夜之间就实现长远的目标。现在，要取得大的成功并不容易。读两本书、听一节课、今天下决心然后明天埋头去做（Tschakka-Tschakka-Time），这些都远远不够。我认识的那些成功人士，大多数都要花费数年才能真正取得事业的突破。为了长时间地坚持下去，你眼前要有明确的大目标。它必须非常具体并尽可能直白。根据 SMART 公式来总结自己的目标是一个好方法：

具体：尽量把自己的目标写得明确而具体。

可量化：给出可衡量的标准，通过这些标准来衡量你的成功。

可接受：你的目标必须让人感觉确实不错。

切实可行：你必须能够看到实现目标的机会。

有期限：要为目标的达成设置一个时间点。

你要认真制定目标，否则它就是无效的。你要想象它实现之后的样子，让自己沉浸其中，感受日后将要取得的成功。

针对这些目标，你可以预先制订计划，设计一条通向目标的路线：今天，你就站在它的起点，要达成的目标就是它的终点。然后沿着这条路走下去，每天早上为它而起，因为你是以目标为导向的销售员；不略过任何一步，因为你是勤奋的销售员；不允许任何借口出现，因为你是自律的销售员。

而且你知道，宏大的目标不是一蹴而就的，哪怕有些事情并不顺利，你也会善待自己。你要做的是坚持自己的目标，坚信自己的道路。你每年至少要抽出一次机会去具体思考自己的目标，充满信心地坚持下去。

具体目标背后的根本动力

在所有具体的目标之上，还有一些目标。它们埋得更深，也更加重要。你为此艰辛努力，它们的分量必须与这份付出旗鼓相当。没有付出就没有回报。但是这并不是事实的全部，因为没有回报就没有努力。如果你在工作上非常勤奋，你的时间就不能用于生活中的其他事情。那些时间原本是给你的伴侣、孩子、运动、睡觉的。这会对你的家庭和健康造成影响。勤奋需要付出代价。你所做的事情必须与你付出的代价相匹配，只有这样才值得去做。宏大的目标与个人原因有关。是这些个人原因在鞭策你去实现那些被描绘的具体目标。你是出于什么原因要实现这些目标呢？是什么对你如此重要，让你不遗余力地去达成它们呢？

对原因发问

你的宏大目标是从个人原因中产生的。你可以通过下面的问题找到主要动机：

- 是什么让你每天早上醒来？
- 你现在做的事情有意义吗？
- 如果没有，那什么会让你获得意义？
- 你想在这个世界上实现什么？
- 你想为它留下什么？
- 你今天为此已经做了什么？

找时间来认真思考这些问题。不要只回答一次，而要一再重温。

这些问题让你看得更远。你需要这样的宏大目标，无论是在私人生活里、在工作上，还是在社会生活中。同时你要对自己真诚，这样你才会真正与你自己的原因相遇。

预防职业倦怠症

如果你在工作中勤奋而自律，通常来讲你的工作就会很多。这是走向成功的前提。但同时，"很多工作"会导致职业倦怠症。

实际上，倦怠症是个很严肃的事情。我不相信过度的勤奋和严格的自律是倦怠的原因。工作量大并不会让人忧郁，只有当你不知道所做的一切是为了什么，你才会感到倦怠。

这就是说，目标是预防倦怠症的最好方法。它可以赋予意义。当你感到自己身处正确的位置时，你不是在打工而是拥有一份职业时，你就会拥有完全自发的勤奋、主动的自律，自愿地集中精力，不需要强迫就会身在岗位、忙于工作。如果你现在的工作不能让你早上满怀热忱地起床，那你就不要抱怨是你的领导、客户或同事把你推向了精疲力尽。

你要为自己找到一份事业，它会让你找到更多兴趣。你会为它鼓足干劲儿，努力工作。成功是自愿的。每个人都可以选择。

- 成功要素的第一点是勤奋，从长远来看勤奋总能战胜天赋。
- 成功要素的第二点是自律，因为销售工作也被称作坚持。
- 成功要素的第三点是目标：目标要足够大，你才能满怀激动；目标要足够有吸引力，这样你才能被点燃。每一天都是这样。

心怀感恩的销售员永远热血澎湃

我认识一些销售员，他们每天早上起床之前都会问自己：我真的可以激励自己吗？我为什么要起床？我今天要如何充满干劲儿地拨打电话、发掘潜在客户？我昨天在电话上一单生意也没谈成，前天也没有，大前天也没有。

如果你继续这样提问，用不了多久就会踩灭仅存的、能够激励自己的小火星。因为当你的思想一直绕着你的失败打转时，你只会觉得自己是一个失败者，然后怀疑自己是否真的在做对的工作。

你遭遇的挫折或者缺乏的才能真的是让你毫无斗志的原因吗？我认为两者都不是。根据我的观察，让人丧失信心的头号原因是这种着魔般的固执：执拗地紧盯着缺点和不足。

你最好能激发出你的斗志，有很多办法可以让你热血澎湃。对于不同的人有不同的方法。但是有一个办法对所有人都有效而且还非常简单，那就是感恩。

也许你会对此提出异议，说根本就没有什么值得让你感激的。但我不同意你这样说。值得我们去感激的事情不计其数。我每天早上睁开双眼、呼吸、没有病痛，我就已经在感激自己了。这些对我而言都不是理所当然的，而是一种幸运。我感激这份幸运。

你现在想一想，有哪些事情值得你去感恩？比如，已经放在包里的签好的合同，去年或者上个月你取得的成功，建立起来的客户关系，自己的进步。你也可以感恩那些你什么都没做或者不必肩负重担的事情：你的伴侣，客户为你冲泡的美味意式咖啡，昨天中午服务员脸上的真诚微笑，第一缕阳光，清早通勤的畅通无阻，在超市排队结账时别人让你站到前面……

这同样得到了科学的证实：感恩让人快乐。感激的情绪会促进幸福荷尔蒙的分泌，这点已经得到大量调查研究证明。心怀感恩的人情绪更不容易低落、承受的精神压力更小，对自己的生活更满意，整体感觉更愉快。

这种对生活普遍的幸福感和满意度也会让感恩的人更好地处理危机、焦虑及其诱因。对他们来说，"今天还没有做成一单生意"这样的想法并不意味着灾难性的失败或招致对自身的毁灭式批判。他们只会把这件事看作一个事实——而且是众多积极正面的事实中的一个。

感恩会让你在面对负面想法时变得更加强大并且免受其影响。那么总是怀抱感激之情会不会让人不思进取呢？懂得感恩的销售员会不会更容易因自己的工作成果而自满呢？

我的经验是：完全不会。当我每天记录自己为何而感恩的时候，我对于成功的认识也发生了改变。我认识到，我陷入了竞争思维。我曾经认为自己必须是第一名，务必代替了意愿。直到我看到所有目标已经实现，它们变成了本子上的白纸黑字，我才意识到我应该为此感恩，不必再强迫自己冲得更高、更快、更远。那一刻，我意识到，我想要这样去做。当你被逼迫做事的时候，你就不得不厮杀搏斗，忍受折磨烦恼。而当你出于内心的激励而做事的时候，你就会有轻松的心态。

你要懂得感恩！你不会因此丧失动力，反而会因此获得更强大的动力，因为意愿比强迫更有力。你获得成功的概率会因此被提高，通往成功的道路也更加令人愉快。你会为一些小额订单而快乐。你会懂得，每一份订单的实际价值是相同的，因为它们都代表了客户对你的信任。它会增强你的自信，让你相信自己和自己的能力可以战胜一切困境。

如果你要培养工作的动力，你就要拥有感恩的意识。你要感恩的并不是偶然发生的事情。感恩这件事与殷勤周到和训练有很大关系，因此你要形成一套自己的标准。请拿出笔和纸，做个自我检测：写下你认为应该感恩的所有事情。你需要回忆一遍，记录下每一个细节。你要记住，值得你去感恩的事，没有一件是无意义的，所以你的感恩必须是真实的，你记录下来的事情只能是那些让你真正快乐的事情，而不是那些"我可以感恩"或"我应该感恩"的事情。

同样地，不要忘记那些细节之上的大事情。你当然可以为自己职业生涯中的巨大成功而感恩：你最终拿下了职业道路上至今最难搞定的客户，你先后成功签下了3份合约，你事业的成长速度提高了一倍，等等。

如果你现在内心动力不足，你可以一直进行这种练习。最好每天都做，它也有预防性效果。刚开始的时候，你可能还不习惯，需要一再提醒自己进行练习。但是当你坚持3～4周后，心怀感恩就会成为一种习惯。你会自然而然地关注那些更加积极的事情，它们每天都会在你身边发生，你看到它们的时候会更加高兴，也会获得更好的心情。

你还可以准备一本感恩日记。这会有双倍的好处，因为这不仅仅让你把当下的感激之情记在了脑子里，还让你能清晰地回忆起曾让你感恩的事情。你可以看到，这些值得感恩的事情是如何越变越多的。

此外，如果你在入睡之前把目光放在生命/销售中的各种美好之事上，就可以获得更好的睡眠。请把感恩作为你最有效的内在动力发动机。

感恩日记

买个漂亮的记事本，写下你的感恩日记。预设一个感恩事件的最低数目：不应该少于10件。这听起来很多，但当你认真思考，一定会有更多值得感恩的事浮现在你的脑海中。

今天我对这些事情心怀感激：

1. _____
2. _____
3. _____
4. _____
5. _____

6. _____
7. _____
8. _____
9. _____
10. _____
11. _____

- 在销售工作中，感恩是一种被人们低估了的成功关键因素。
- 通过写感恩日记，你会变得更快乐、更自信。
- 你的感恩情绪越强烈，你内心的动力就越强大。

做销售时不能只想着钱

钱并非一切，我一直听人这样说。生命中有很多事情比钱更重要，比如快乐、健康、与家人在一起的美好时光等。

对此我的态度是：赞同！钱既不能吃也不能穿。然而，如果没有钱，你就不能和家人一起去旅行，也不能去野外露营；你不能邀请生意伙伴聚餐，也不能在经济上帮衬任何人。我们心知肚明：如果银行存款充裕，我们更容易保持健康。

谁应该听这些话呢？是你，销售员。因为你们选择了以佣金为基本报酬形式的销售工作，你们中的每一个人都渴望得到不错的收入。对销售员而言，最想要的不是威严、不是权力、不是别人的欢呼喝彩。销售员最想做的是成为行业中的佼佼者，通过工作负担自己的生活，最好是能够活得不错。

简单来说，如果有人不想挣大钱，他从一开始就不会选择销售这项工作。同样的道理，既然你选择了销售这项工作，你一定很想从中赚取财富。只是很多销售员没能做到这一点。

通常来说，这不只是销售能力的问题。有一块坚硬的石头在前行的路上阻碍了你，它是你对金钱、富有或者财富所持有的心态。

想赚更多的钱，就要从心态入手

你怎么看待金钱？你怎么看待有钱人？你怎么看待百万富翁和亿万富翁？我之所以这样问你，是因为你有关金钱和财富的信念将决定你工资条上的数字。

还记得内心观念的力量吗？我们的大脑并不能真正对头脑里的想法和生活中的现实做出区分。后果就是，你所想的就会成为你的现实。

如果你对金钱抱着负面的看法，那么钱财就会远离你。如果你对金钱抱有正面的观念，你就会吸引钱财。

还有一个出自《圣经》的观点："施比受更有福。"这种想法不错，但很危险！如果你曾经赚到过钱，那么你确实可以选择给予，比如为了美好的目标而投入资金。但是如果你一开始就相信施恩比受惠更有福，那你就永远不会拥有第一桶金，也就不可能为了美好的目标去投入资金。

那种认为"钱可有可无"的想法依然流行，在我看来这简直不值一提。

让我们看看每逢周末数以百万计的德国人都在做什么吧。他们都在玩彩票！也许，金钱是一种"卫生因素"。不同的人会对卫生提出不同的需求。有的人一天洗2次手，有的人洗10次或20次。

如果一个人不会因为收入太少而抱怨，那就没有什么问题。但是如果一个人过于注重卫生，洗了太多次手，他就会招来异样的目光。

请注意！我并没有说你要只想着钱。如果你想获得比目前更多的金钱，你要注意先从心态入手！

你对钱的观念

你要敢于赚钱，为自己树立一套积极看待金钱和财富的心态，收集那些对钱财持赞同态度的观点，比如：

- 是的，我可以富裕地生活。
- 是的，我可以赚钱。
- 是的，我相信钱财也可以用于美好的目的。
- 是的，我能够为我的财富而高兴。

- 是的，我赚了很多钱，我这样做理所应当。

……

你要把自己对钱的看法补充到这个列表中。

别把精力放在佣金上

赚钱并非错事反而很重要。你希望过富裕、奢华的生活，也完全不是问题。希望你一切如愿。但是在一种情况下，你最好不要想着金钱，那就是正在进行销售的时候。如果你的焦点只在钱上，那你绝不可能成为一名顶级销售员。如果你在与客户会谈时已经在脑子里核算了自己的那份佣金，那么你就不会再考虑客户的利益，而这可能会让整个合同泡汤。

一名优秀的销售员不会把精力放在佣金上面，尽管他的收入与此息息相关。这是一个矛盾，每一名顶级销售员都曾学习过处理这个矛盾。因为他知道赚钱只不过是一个"结果"。赚钱不是事情的开始，而是结束。销售员的工作业绩是做成生意，他要帮助客户做出判断并得到客户的认可。只有把生意做成了，你才可能赚钱，因此你应该把目光聚焦到做成生意上面。如果你做得足够好，就会一直拥有足够的收入，比之前心中盘算的数额还要大。

无论是销售还是赚钱，都要让所有人都心情愉悦。换句话说，你通过何种手段达成了交易，这点事关重大，对此我深信不疑。

当我在自己的第一个销售区域全力以赴开拓市场的时候，我突然发现，我在那里什么也得不到。这是因为前同事在离开公司之前，对所有客户发动过一轮系统性攻势，并使他们全部就范。所有握有实权的人都与他签订了为期3年的合同。我明白：在销售员离职之前，他会对自己的区域再狠狠地压榨一遍，根本不考虑后果，只是努力把事情做到极致，最后赚一笔高额佣金。对他而言，这样做毫无问题。

但这种一次性销售行为对我来说是行不通的。它会造成什么后果呢？你对你的客户发动了偷袭，采用强势的销售技巧把他们根本不需要的产品推销给他们。你确实在当下赚了一笔佣金，但这些客户以后还会为你的公司花钱吗？可能性微乎其微。这种行为不是基于一种长线思维，最后会自食其果。一段时间后，他将一无所得，而他根本无须惊讶。贪财的心理驱使他破坏了客户关系和彼此之间的信任，最终还会让自己名声扫地，而名声对一名优秀的销售员来说是至关重要的。

好的销售行为建立在可持续性的基础上，即要与客户保持长期合作。它维护了持续的给予与获取之间的平衡。优秀的销售员在工作中会开诚布公，思想的中心始终是客户的需要与需求。优秀销售员的目标始终只有一个：签订合同，让他和客户双赢。合同可以为客户提供最好的解决方案，同时建立起长期的客户关系。你给予什么，就会得到什么。那些只索取不给予的人，永远不会成功。

- 决定你有多少钱的，不是你的老板，而是你的心态。
- 你要形成对钱和财富的正确观念。
- 只有好的销售行为才能产生良性的收益：要把客户，而不是佣金放在首要关注点上。

第 3 章
满怀激情地拥抱你的客户

有诚意的销售员签单签到手软

销售员总会面对不断出现的捷径，通向成功的绿色通道也确实很有吸引力：当下小小的付出，立刻就有巨大的回报。

只是，还有一个问题有待解答："然后呢？"

随着从业时间的增长，问题的答案在我的头脑中变得越发清晰："然后？然后你要付出更大的代价！"从长远来看，在通向糟糕的旅程中，你拿下的订单会让你的损失远远大于它为你带来的收益。因此我的建议是，宁可没有订单，也不要一个糟糕的订单。

只销售客户有需求的产品

有人认为糟糕的订单只有一种，即报价被客户压到极低的订单。我认为还有一种订单也很糟糕，即你诱导客户买下他根本不需要的产品的订单。

即便你不是有意为之，这也仍然很糟：在签订合同的时候，也许你确实相信客户需要你的产品，你的本意是好的。只是"相信"并不是"知道"。作为优秀的销售员，你有义务把情况了解清楚。你可以通过对客户进行清晰的需求分析来做到这一点，然后你就能切实知道他需要什么，想象或猜测他想要什么。

无论是有意还是无意，把客户并不需要的东西销售给他，都不符合销售的真诚原则。你应该销售那些客户真正需要的产品：产品的性价比合理，同时还有不错的利润空间——如果做不到这些，不如什么都不卖。

如果你的客户很高兴，但是你从中什么也得不到，那么这种订单同样索然无味。一份好的订单应该是你和客户都可以从中获利，因为我们的工作不只是回馈世界或证实人际关系建立在互惠原则之上。互惠互利是世界上所有事物坚实的基础。

互联网时代，一次不真诚足以制造灾难

如果心怀真诚，那么不只是今天你会一帆风顺，明天也会如此，因为你的客户不会只给你一份订单，还会源源不断给你新的订单。

当你把产品销售出去，虽然对客户而言，只满足了单次需求，但每一位客户都有亲属、朋友、邻居、同事等。他如果对产品满意，就会把这次经历告诉认识的人。如果不满意，他同样会告诉别人。这就是说，在每一位客户身后还有更多的潜在客户。只有当你怀着善意和诚意与客户打交道，你才有可能从他那里得到新的客户。

现有客户身后的潜在客户数量在过去几年发生了爆炸式的增长，社交媒体和测评网站极大地扩展了个人体验的传播范围，产生了前所未有的透明度。此外，不满意的客户更愿意把他们的失望大声、积极地表达出来，这样一来，哪怕你只有一次不够真诚，也足以为你带来灾难。你以为做错一次不会有影响？我劝你不要在诚意方面有差池，它会造成难以收拾的局面。

你在销售工作中带有的真诚早已不是一种内心的平静：每天晚上你都可以面对镜子直视自己的双眼，因为你问心无愧。它本身就具有价值：长期来看，能够真诚待人的销售员永远都是更成功的销售员。

越权威，越真诚

就像你在面对客户时通过行为和思想所表达的诚意那样，你应该把同样的真诚展示出来。客户渴望的是真诚，而不是拍马屁。他想要信任，没有什么比你对他不够真诚的那种感觉更能破坏信任。

第一部分　销售冠军的态度

　　这种信任应该在你的言语中找到：清晰的观点、真诚的回答、直接的表达。如果你的内心是直率而真诚的，你也应该这样表达出来，客户会为此而感激你。还有一件事，为什么不应该在与客户交流时拐弯抹角呢？因为你表现得越权威，你就显得越真诚。成功的人对自己忠诚，也对他人真诚。

待人真诚的销售员要做到的 3 点

　　1. 在对待客户时，我的内心和我的行为都是真诚的。

　　2. 我只把客户真正需要的东西卖给他。

　　3. 我会做一份清晰的需求分析，从而知道他需要什么。

- 有诚意的生意是那种可以让客户和你都得利的生意。
- 你对客户的需求进行彻底的分析，这也是真诚的表现。
- 通过互联网，做事无诚意的坏名声会比过去传播得更快更广。

不要让片面看法影响你对客户的认识

　　你的看法或者说偏见有两种形式：你听信了别人对某人的评价，或者把自己对人的经验套用到了其他人身上。这两种形式对销售工作的负面影响极大。

　　因为这两种方式都会蒙蔽你。你之所以认为你已经很了解这个客户了，仅仅是因为你对他进行了分类。依据这种方法，你对所有接收到的信息进行了过滤：适合这种分类的信息会强化你的观点，这个客户"一直就是这样的"，而所有其他信息在你看来都"微不足道"。但是，我们不能把客户归入一个又一个类型，在销售工作中，对客户分类这一行为会不断把你引向歧路。

在客户身上寻找好感

　　即便某种类型的人一再给你留下不好的印象，你也不能仅仅因为下一位客户"看上去很像"这种类型的人就对他产生偏见，他与你经验中的人不可能一模一样。

65

当一位客户在你心中留下了偏见，这更多是你的问题，而不是客户的问题。你应该仔细观察并找到客户刺激你形成糟糕印象的时刻。偏见到底是从哪里来的？这个问题令人不快，但只有当你准备好对自己进行剖析的时候，你才可能继续前进，才有机会学到如何避免偏见的出现。

在这种情况下，有意识地认识诱因将为你打开解决之门：当一位客户的某些特征会激怒你，你应该主动将注意力转移到客户的其他特征上，转移到那些会令你产生好感的特征上。这样你就不会再把他归入一种负面的类型，你也不会平白丧失一些销售机会。

还有一点，不带偏见地与人打交道，是尊重之道，是一种绝对的价值，每一个人在一开始就应该享有它。有价值的销售员要遵守这种规则，同时也将因此而获益。

对客户的认识需要自己获取

我不想谈论社会、种族或者政治偏见，你作为销售员不应该受到这些方面的影响：你最终是向个人出售产品，用总体来评判个体是错误的。

当然也存在针对个体的偏见，这些偏见也会传到你这里：比如，你的前任销售员会介绍客户的情况。对此你要小心对待。即便他是充满善意地介绍，但每一个人所讲的有关另一个人的每一条信息，其实都是主观的。

当他对你说，某个客户"很难打交道"或者是个"守财奴"时，又或者他像父亲一样拍着你的肩膀说："不要对某个客户抱有奢望，年轻人，因为你什么也得不到。"你应该把这些都记下来，向他道谢，然后走出去获取你自己对这些客户的认识。你要始终保持独立思考，永远不要依靠别人做出评判。

- 偏见会严重影响你对客户的认识能力。
- 无论是外界造成的偏见还是自身产生的偏见，都无法在销售工作中对你产生帮助。
- 你要针对每一位客户建立起自己的看法，而不要依靠他人所做的评价。

给客户加分，就是给自己加薪

客户意味着什么？你可以给出一个简单的答案：客户意味着销售额。销售额意味着漂亮的数字和大把的钞票。人们会把这种结果看作成功，但这并不是真正的成功。特别是在回答"客户意味着什么"时，它就更不代表成功了。金钱作为"卫生因素"是重要的。如果赚不到钱，那才是糟糕的。但如果赚了很多钱，也并不意味着一切都做得不错。这就是说，如果客户"只能"给你带来钱财，你就浪费了很多潜在的成功机会。在这点上，成功的销售员是不会允许任何浪费的。

潜在的成功机会就藏在那些让大多数销售员咬牙切齿的客户那里，也就是那些所谓很难搞的客户。你做的事情在他们眼中没有一件是对的。他们尽管有需要但什么都不想买。他们会把价格压到无限低。

诚恳地说，根本就没有难搞的客户。与他们打交道很困难只是你自己的想象。如果改变思路，就可以解决这种困难。实际上，这些客户将对你大有帮助。没有他们你就无法进步。他们为你提供了绝佳的机会，你应该对他们致以谢意。

只有当你不再为"难搞的"客户生气，而是把他们作为学习良机时，你才会变得更加独立。这种感恩的情绪会让你彻底发生改变，无论是对自己还是对其他人，你都将用一种与此前完全不同的态度来对待。

对优秀的销售员而言，每一位客户都是有价值的，他们或者是一次销售良机，或者是让自己获得提升的机会。有两重障碍让我们很难认清并利用第二种机会。当然你也是能够克服这些困难的。

以客户理想的样子对待他们

当你开始与客户进行销售会谈时，这里有一些始终有效的准则：带着积极的态度投入会谈，对待客户要坦率、友好、不卑不亢。既不要卑躬屈膝，也不要趾高气扬，更不能带有偏见。

第一种困难是，在面对客户时你不可以随心所欲，也不可以表现出丝毫情绪上的不快；造成这些问题的都是你自己心中预设的程序。你感觉不爽，这并不是客户的错，而是你自己的原因。如果你现在进入会谈，无论是仪态上还是行为上，只要客户认为你不友善，你就已经失败了。只有一个办法能够克服这个问题——及时意识到问题，然后抛开自己预设的程式。

在这种情况下，还有一种辅助性方法——在心里为客户打分，注意发现他的加分项。

加分项目表

销售员更愿意与那些令他心生好感的人做生意。如果一开始你并不喜欢这位客户，那么你应该主动把注意力转移到他的加分项上——因为每一个人都有一些讨人喜欢的地方。进一步讲，某种东西能否让你产生好感，也与你个人对它的理解有很大关系，因此你应该考虑是否可以对并非出自客户本意的负面表达做出正面的解释。

你要在这里列出的条目下进一步补充例子，为你的负面感受找到更多的正面解释。

表 3-1 加分项目表

负面的感受	转换成加分项
客户表现得狂妄自大	这位客户非常谨慎。他需要时间去建立信任
客户不愿意倾听	集中精力也许对这位客户有困难，他需要另外的交流方式
客户不断打断你	这位客户承受着时间压力，你们的谈话需要集中在要点上
……	……

就像歌德说的那样："当你与人打交道的时候，如果你以他们本来的样子对待他们，他们会变得很难相处。如果你以他们理想的样子对待他们，他们会更容易相处。"当你为客户加分的时候，其实就是在给他们机会，让他们变得更容易相处，从而你也就不再情绪不佳。

第二种困难是，你的客户为人不够正派。有一些应对措施，但是除了终止业务往来和寻找新客户之外，其他手段都于事无补。为了避免发生冲突，你可以在暗中不动声色地做这些事情。这样你就悄悄地绕过了这个难题，而你所损失的只不过是没能从中获益而已。你已经躲过了难题。

你也可以在这种和谐的局面之上更进一步，围绕整件事向其他人征询意见。这样你就依然坐在驾驶员的位置把控全局，而不是自愿滑到副驾驶或者后排乘客的位置。你从中学到的是不受冲突的干扰，这对下一单生意将是非常宝贵的经验。

就像生命中所有事情一样，你也可以针对这些困难展开训练：超越困难——当不再有困难出现时，你就在朝着销售成功前进。

- 每位客户的出现并不只是一个销售良机，也是学习良机。
- 你要一直看到这两方面的机会。
- 在那些"难搞"的客户身上，往往可以学到最多。

第二部分 顶尖销售员的能力进阶

作为销售员，你如果你没有良好的组织安排，就不可能取得成功，而这一切都要从自身做起。

目标、策略、计划和自律是你熟练进行自我管理的四大支柱，客户数据库是不可或缺的成功要素，正确的观念则是你取得成功的前提条件。而新的数字设备则为你提供了与客户交流的全新可能。

LIMBECK. VERKAUFEN.

顶尖销售员的能力进阶

LIMBECK. VERKAUFEN.

如何进行自我管理？

作为销售员，你如果没有良好的组织安排，就不可能取得成功，而这一切都要从自身做起。目标、策略、计划和自律是你熟练进行自我管理的四大支柱，而自律是其中最重要的一点。

对一名优秀的销售员而言，数据库也是一个不可或缺的要素，而正确的观念则是取得成功的前提条件。此外，新的数字设备为你提供了与客户交流的全新可能。

如何与客户交流？

购物是一个情感过程，你要运用熟练的交流技巧在各种感官层面唤醒客户的情感，因此交流能力的基础是你的情商。销售行为是指动员客户去消费，在此过程中你要对客户施加正面的影响。你所运用的技巧包括调整节奏与引导、激发。从中你也能认识到，互惠原则在你与客户的交流中有着何其重要的意义。

从语言的交流角度来看，语言的原模型会告诉你，面对某种客户使用何种方式更为有效。在这里，不仅掌握提问技巧是一种语言能力，懂得倾听也是一种语言能力。对于每一名销售员，会讲故事都是必须拥有的能力。提到的所有这些能力都对你有好处，可以让你成为一位成功的沟通者。

如何继续发展？ 一名今天仍在沿用昨天做法的销售员，最晚会在明天出局。如果你想拥抱一个成功的未来，那么你需要认真阅读第6章。

第4章
如何刻意练习自我管理？

缺乏有效的自我管理，将一事无成

优秀的销售员是始终能进行有效自我管理的人。这是这类人最重要的特征。如果你想在此基础上再成功一点儿，你还可以做些锦上添花的事情。

今天，如果你不能理性地进行自我管理，那么也许除了抱怨和沉沦，你会一事无成，因为不只是企业对你的要求提高了，客户对你的要求也明显提高了。人们把迅速反应看作理所当然的先决条件，而这种速度在过去是没有人敢奢望的。只有当你真正被很好地组织起来了，你才可以实现这样一种速度，你才可以条理清晰、快速、系统化地工作，你才可以实现更高的签约成功率，并且获得高满意度的长期客户。

如果你将自我管理白白消耗在混乱的目标、单据和任务中，那么即使你再努力也无法取得成功。因为紧迫的时间、各种期限的压力、仓促而忙碌的行动，都会导致你精神紧张。你将无法集中精力，不断出错，造成不良后果。你的不满在增加，你的积极性被削弱。所有事情聚集在一起，形成了一个向下的螺旋。

最后你不得不利用紧张的时间去建立起自我管理。自我管理也是可以学到并训练的，如果你还做不到，你也会从中学到该怎么做。

自我管理的训练总是很辛苦，但这样做是值得的。通过训练你会提高效率，因为你做的是正确的事情，也会提升你的效果，因为你在用正确的方法做事。让更多的重要任务在更短的时间内完成，尽管我不能对此百分之百保证，但为了实现这个目标付出努力也还是值得的！

成功配方：自我管理

良好的自我管理让我：

- 有效率，因为我做的是正确的事。
- 有效果，因为我做事的方法是正确的。
- 成功，因为我针对明确的目标运用我的资源。

效率 × 效果 ＝ 成功。

自我管理不只是涉及方法和技术的应用，在很大程度上也与观念和经典的成功要素（如目标、勤奋、自律）有很深的关系。

自我管理的四大支柱

良好的自我管理以 4 个方面为基础：

1. 有意识选定的目标；
2. 从目标推导出来的策略；
3. 从目标得出的执行方案，以每月、每周或每天为单位进行规划；
4. 让方案得以贯彻实施的自律。

制定目标和相应的策略是一名优秀的销售员所要具备的基本素质。聪明的猎人早就不再追赶兔子。他在动手之前已经认真思考过，哪一种兔子值得他辛苦付出，以及他要怎样准确地猎杀那只兔子。你如果已经理顺了你的目标和战略，自然就会按照优先级逐日安排好你的行动。

我认为制订每天的计划是必不可少的。根据销售员的类型和销售方式制订每周或每月的计划也意义重大。你应该找出哪种计划方案最适合你和你的任务。

无论是哪种方案，最重要的是，你每天晚上都要坚持坐下来，为第二天的工作制订详尽的计划：

> 哪些事情需要处理？
> 各项任务的优先级该如何安排？
> 哪种顺序安排是最佳选择？
> 是否存在你应该注意的外部情况？

比如，你可以通过错峰出行避开交通堵塞吗？你最好在什么时间段拜访客户？你能把那些非常耗费时间的事情集中在一起处理吗？我从原则上建议你，每天查收邮箱不要超过两次：中午一次、晚上一次，不要更频繁了。

你制订的计划必须切实可行，例如，它要给你预留下为会谈做准备的所有时间，甚至要包括会谈前深呼吸的时间；还要兼顾会谈之后的后续工作所需的时间。你要把你一天的工作流程详尽地写下来，然后所要做的就是把这套计划牢记于心。你可以按照自己的习惯制订计划：记在智能手机上、平板电脑上，或者风格老派地用笔记在记事本上。但是你一定要做这件事！

然后你就来到了自我管理的第四方面：为了执行计划，你需要遵守自律。自我管理的成败全系于此，这并非一件简单的任务……

分心：效率杀手

分心是高效工作的头号杀手。每一次打断都在破坏我们精力集中的状态，而集中精力是做好工作的前提，轻易为别的事情分心是愚蠢的。我们已经有很多让人分心的东西，互联网和手机让这种情况变得更加严峻。可以吸引你的东西无时不有、无处不在：随时更新的新闻、邮件、游戏、添加好友的请求、聊天应用的消息等。社交网络引发了特别的连锁反应：我们在这边看一眼脸书的留言，在那边补充一下领英上的用户信息，然后看一看推特上的最新消息。在这种情况下我们的思想早已消失得无影无踪。如果你要重新回到工作思路中，还要花点儿时间收心。很快，你又会被收到新消息的"叮咚"声所打扰。

那些总在不断查收邮件、回复短消息或者聊天信息的人无法在工作中集中精力。此外，还有很多非数字化的原因让人分心，比如，你的同事叫你一起吃午餐。社会交际当然非常重要。但如果你不加过滤地把所有信息照单全收，那么你就不可能实现自我管理。你应该把社交活动，无论是数字化还是传统形式的社交，也纳入每天的工作计划，为它们预留时间，这样你就可以坚决地将那些会让你分心的情况摒除在工作之外。当你把使用聊天应用、脸书等社交媒体的时间也包含在每天的计划中，你就更容易让自己的头脑在其他时间段不受它们的影响。

工具、工具、工具

如果计划改变了，你要保持目标清晰并且遵照新的计划，同时尽可能调整此前做过的准备工作，将它们用于新的计划，这样你就有了一套备用计划。在计划执行的过程中出现意外情况，并不严重。重要的是，你应该在事后进行分析，意外是如何发生的。你还应该从中学到，在你的下一份计划中，哪些地方你能够做得更好。通过这种方式，你不仅可以持续不断地完善自我管理，还可以更高效地工作，从而更迅速地对最新变化做出反应。

关于自我管理，我们可以选择的传统和数字化的工具非常多。每个人都有合适的选择，但并不是每款工具对所有人都有效，因此你只能自己去寻找适合你的工具。你可以尝试多种工具，然后选择让你感觉舒适的。它们在你的日常工作中使用起来越简便，就代表它们越适合你。

你是否会在工作中长期使用一个辅助工具，简便程度至关重要。在自我管理工具的选择中，简便是最高原则。简便优于复杂。它的操作越简单，人们使用它的自律性越会明显增强。只有你真正运用了它，你才能够从中真正受益。

- 通过自我管理，你提高了你的工作效益和效率。
- 只有能够做好自我管理的销售员，才可能在今天仍然取得成功。
- 要每天针对目标制订计划，同时保证在执行过程中不受其他事情影响。

数据库：让所有资源为销售所用

很多销售员对客户关系管理系统（CRM System）持有一种矛盾的态度：从理论上讲，他们很清楚这套系统对他们很有帮助，但是在实践中，他们又对这套系统敬而远之，因为：

使用这种系统需要耗费很多时间。

这种系统迫使他们进行系统性的结构化工作。

这种系统让他们的工作变得透明。

基于此，销售员很少及时维护自己的数据库。虽然数据库能够为他们提供很多帮助，但是他们却长期无法获得那些帮助。为了让自己更加成功，一名优秀的销售员应该把他能够争取到的所有宝贵资源都为己所用，而客户关系管理系统正好可以帮助他实现目标。在今天，一套维护良好的数据库是最重要的辅助工具之一。结构清晰的海量信息是施展高超销售技巧的完美前提。

数据库无法取代，也不应该取代销售员。销售员的能力实际上是不可替代的，但是数据库可以为销售员提供巨大的帮助。借助数据库，一名优秀的销售员可以集中精力把他最擅长的事情——销售，做到最好。

销售员的三大成功要素：目标、自律和勤奋，可以帮助销售员完美地运用客户关系管理系统。与此同时，这套系统也可以协助销售员将这3个要素更好地运用于销售工作中。

目　标

你可以在数据库中存储无穷的信息。这是一件令人喜忧参半的事情：如果你清楚自己要找什么，你就可以从中找到所有你想要的东西；如果你没有目标，你就会迷失在信息里。如果你没有制订计划，只是不加选择地把信息塞到数据库里，那么你就会忘记提取对计划有意义的信息。

作为一名优秀的销售员，你需要自己制订工作计划。比如，你要知道自己需要为客户提供极具针对性的产品和报价。你需要完全清楚客户现在要买什么和不买什么，以及他们这样做的原因。

然后，你要准确地收集这些数据。当你通过掌握的数据，发现有一位客户一直以来只订购有机产品，如果你更多地向他推荐有机产品，减少提供传统产品，你成交的概率就会大大提高。或者，你发现一位客户突然只订购 LED 灯具，那么你就应该更多地为他提供这个领域的新消息，同时减少向他推送有关卤素灯具的信息。

在使用数据库的过程中，最重要的一项任务就是收集、过滤和分析客户的关键信息。客户关系和信息管理是整个销售行业在未来都会面临的挑战。你的数据库越有效，你就越能够针对目标人群和客户的需求提供更优的产品和报价。如果一套数据库一直被及时维护并得当运用，它将有助于销售策略的实施。因此，你要清楚你想借助它实现什么样的目标，这一点很重要。

自　律

为了保证你的数据库始终运转良好，你需要自律的约束。你要事先更新信息才可以在以后的工作中运用到。比如，你在第一次会谈时就会发现，你的潜在客户正在使用哪些机器，他对什么不满意，他希望在哪方面有进一步的改进。你要把这些信息记录下来，作为进行客户需求分析的最初依据。或者你的长期客户会顺便提到，他的企业下一年会搬家，他正考虑重新装修办公室。或者你得知了客户的生日：你要把这些记下来！这样你就有了更多联系客户的机会！

这一切都要求切实的自律。按照自律，我们马上要做的不是把笔记本翻到下一页，而是立刻记录下新的信息——把那些你认为有价值的都记下来。这项自律的价值在于你不会再遗漏任何信息：无论是新客户还是老客户，与他们业务有关的每一个连接都会被你牢牢把握。从这些信息中，你可以推导出下一步所要采取的行动：祝贺生日的电话、进一步了解装修办公室的产品需求等。你最好能够马上确定这些行动的时间。

通过及时更新信息，你也提高了自己的自律性：依据最新的信息制订计划才有价值，也会带来更多乐趣，因为它能保证更大的成功。自律让很多事情都变得更加简单，你的数据库使用起来也会更加简便，用于销售目的时更是如此。精明的企业都很重视选择和建立一套规范性的标准。其实你作为销售员也可以为自己建立这样的准则，从而让你的记录尽可能简洁，同时保证细节的准确。这样一来，数据库就成了高效工作的有力保证。

为了实现高效，现在很多数据库都提供了一些有用的功能，便利了你的生活：你经常可以在客户关系管理系统中直接对外拨打电话，节省了你查找、输入电话号码的时间。

你现在通常也可以通过移动端数据库随时输入信息，缩短了你坐在写字台前的时间，或直接帮你省掉了写字台。你很清楚我的座右铭：一名优秀的销售员只需要两把椅子——一把用来面对客户，可能在客户那里或在视频通话或网络电话的屏幕前面；另外一把在你的汽车里。有一条原则现在依然有效：如果想取得更高的销售额，你需要与客户产生更多的交往联系。

勤　奋

为了保证良好的数据维护，除了自律之外，你还要具有销售员的第三种美德：勤奋。最好的客户关系管理系统必须拥有完好有效的数据，但是数据与人类有一个共同点：衰老。数据过时的速度要比我们快得多。然而，这里有一个好消息：良好的维护可以让你的数据一直安全、健康和有效。

要做到这一点，就需要你稍微勤奋一些。一家生产起重机的中型企业老板前不久对我说："在我们的数据库中有6 000位客户的信息。但是根本没人知道他们是否还活着，更不用说他们是否还要购买起重机了。"

除了勤于维护数据、保证系统秩序，其他事情都于事无补。你可以不定期地收发邮件，并对退回的信件进行整理归档。你也可以对照数据库中的名单拨出很长时间都没有拨过的电话号码，以确定这些号码是否有效。如此，你就能淘汰掉无效的号码，同时与客户重新建立起联系。

对于数据库而言，清理数据就像给健康的牙齿刷牙一样。你渴望取得成功，而数据库可以帮你实现成功，同时带来乐趣。在客户关系管理系统中，如果数据的状态是可靠的，你就可以借助它获得机会、节省时间。

如何成功使用客户关系管理系统？

你要知道自己需要追寻的目标、需要哪些数据才能实现目标。

你要在自律的约束下去更新数据。

你要在数据维护中展现出足够的勤奋。

最关键的是目标、自律、勤奋。你对此已经有所认识了吗？

- 在使用客户关系管理系统时，你的目标应当与你的策略相一致。
- 在数据更新时要依靠自律的约束，这对你的成功至关重要。
- 要勤于维护数据，这样做是值得的。

数字化辅助工具：打开与客户交流的全新可能

过去几年，你与客户进行交流的方式已经增加到了令人难以置信的程度。这种变化是如此不可想象，以至于很多销售员都感到恐慌：他们担心会被新的交流方式取代。

对于不称职的销售员来说，这种担心是合情合理的：如果他无法比电子设备做得更好，他就会被取代。

优秀的销售员不会遭遇这样的命运，因为他们把个性与才干运用到了销售过程中。个性与才干是机器取代不了的。

优秀的销售员会运用数字时代为他提供的最新辅助工具，借助它们成功完成各种销售会谈，无论是线下的、线上的，还是在任何可能的地方进行的会谈。因为每天都有新的可能性出现，我建议你应该培养兴趣，去尝试所有选择。我将在这里介绍一些已经出现的事例。

在产品展示中使用平板电脑已经得到了广泛认可。这样做的好处不只在于你可以向客户就产品进行全方位展示，或通过视频介绍产品，你的客户也可以自己把平板电脑拿在手上，亲自控制整个展示过程，这样他就可以主动了解你的产品，而不是被动地听你讲述。平板电脑可以有效地把客户带入销售会谈，这将提高你的签约概率，在这方面也有研究可以佐证。

过去，介绍产品需要通过耗资巨大的路演来进行，现在，你通过在线展示就可以更容易、更快速地把产品介绍给客户。这样做的优点很明显，无论是你还是客户，都不必再把时间和金钱投在路上。

在线展示并不是指把预先准备好的演示文稿和短视频播放一遍。互动才是整个展示工作中最吸引人的地方，因为客户可以与你展开交流。

参与者应该把你看作可以对话的销售员，否则他们很快就会退出在线展示。正因如此，我始终认为销售员不会被这些工具取代，他们只是利用这些工具去实现自己的目标。

与你在网上交谈过的客户，之后你仍然可以通过网络联系他们，把有关产品使用的系列短片发送给客户。这样做能比传统的简报获得更多的注意力。要勇于尝试这些可能性并对它们进行测试，从而发现最适合你的方法。

在线讲座或研讨会也经常被人提到，主要是因为它们与实际问题有关。比如你可以针对一些客户不清楚的内容直接做出解答，或者询问客户在实际操作中遇到的困难。这样你就与客户建立起了一座沟通之桥，且不用亲自拜访每位参与者。

很多领域将出现混合式交流，这是虚拟接触和直接接触的交叉性发展。我与我的团队就在这样做。我们通过在网络学院上提供视频短片及在线授课，对参加课程的人进行培训。对我的客户而言，这种混合授课方式是最有效的。

对销售工作而言，线上方式和线下方式的巧妙嫁接蕴藏着巨大的潜力。你该检查下，有哪些可能性是适合你的。

全新的可能性一直在涌现，数字辅助工具将更好地让你与客户进行交流。前一段时间出现了所谓的"信标技术"，成了商店导购的辅助工具。当顾客走进商店时，微小的数据发射器就会通过合适的手机应用在顾客的手机屏幕上显示相关信息，例如某款产品是否已经售空，或者今天的特惠商品在哪里。

汹涌而来的物联网大潮也将为我们打开更多的安全交流路径，比如智能化冰箱可以把你关于健康的购物建议传递给你的客户。

在销售领域会出现很多新的东西，你不必紧跟所有潮流，但你应该了解所有趋势，只有这样你才会清楚，你应该顺应哪一种趋势。发展始终是激动人心的。你应该始终留意！

- 数字辅助工具一直在为你打开与客户进行交流的全新可能。
- 你要抱着开放的心态去发现哪一些新工具适合你，哪一些不适合。
- 让自己始终充满好奇！

第5章
用情感的力量征服客户

你要走进客户的心，因为情感决定购买

是否购买某物，百分之百是由情感决定的，之后人们才会用理性为这个决定做出解释。大量神经科学研究已经清楚地证实了这种观点。即使客户还在与你磋商，他也已经在潜意识中做出了决定：赞同你，或者反对你。如果你清楚这一点，你就会知道，为什么你与客户只在理性层面进行交流是远远不够的，因为这样做你就无法唤起他在做决定时的快乐。就像火车需要两条轨道，如果在"理智"之外没有"情感"这条轨道，那么任何事情都无法前行。

正因如此，在销售行为中，"情商"这个概念如此重要。

情 商

1990 年，美国心理学家约翰·D. 梅尔（John D. Mayer）和彼得·萨沃伊（Peter Salovey）提出了"情商"的概念。这个概念是以教育学家霍华德·加德纳（Howard Gardner）的多元智力理论（Theorie der multiplen Intelligenzen）为基础发展出来的。

该理论认为，传统的智商测试只是对人类才智的一小部分做出评估，而除此之外，人类还有其他才能可以用于解决问题，其中"情商"涉及以下能力：

- 洞察自己的情绪，准确地发现他人的情绪；
- 理解这些情绪；
- 影响这些情绪。

就像上文所显示的，情商不只意味着理解客户和引导客户，重要之处在于，首先要洞察、理解和影响自己的感受。情商实际上在内外两个方面都有影响。你越出色地掌控这两个方面，就越能在这两个方面取得成功。

你要对"情商"这个概念非常了解。它有助于你认识自己的情绪以及客户的情绪。这会提升销售成功的机会。顺便说一下，与情商有关的才华与其他才华一样，如何进行训练以及之后的行为才是更重要的。当你有意识地与其他人进行交流的时候，就是你的情商发挥作用的时候。而销售情境恰好就是这样一种情况。

洞察情绪

如果你想在工作中施展情商的威力，你必须先了解自己的情绪。如果你只是凭着冲动行事，那么你就无法针对形势判断自己是否可以采取其他处理方式，以及采取何种处理方式。你做事情要超脱情绪，战胜情绪。这样你就将成为能够改变自己行为的独特的人。做到这一点的前提是，洞察你的情绪，而不要让自己坠入情绪。这种洞察力可以通过训练得到强化。在开始阶段，我建议你想办法让自己的注意力变得敏锐，这样你就可以在事后重新思考你所进行的会谈。

训练计划：情商——第一部分

请准备一张白纸，将其划分成两栏。

1. 抽出一周的时间，每天晚上都坐下来，在纸上的第一栏列出你在当天所做过的会谈。
2. 在头脑中回顾这些会谈，反思在交谈中经历了哪些情绪。
3. 把这些情绪写在第二栏中。

你可以洞察自己的情绪，这不过是向前迈出的一小步，你还要学会了解客户的情感变化。这种能力也是可以培养的。通过训练，你会设身处地地进行思考，掌握移情的能力：你会看得越来越清楚，与你谈话的人的情绪是如何变化的。做到这一点的前提是倾听，真正的倾听。

训练计划：情商——第二部分

请准备一张白纸，这一次把纸面分成三栏。

1. 抽出一周时间，每天晚上都坐下来，在纸上的第一栏列出你在当天所做的会谈。
2. 在头脑中回顾这些会谈，反思在交谈中经历了哪些情绪。
3. 把你的这些情绪写在第二栏中。
4. 把思路指向你的会谈对象，反思你从他身上感受到了哪些情绪。
5. 把他的那些情绪写在第三栏中。

如果你完成了全部训练计划，你就已经为下一步做好了准备：在会谈中，无论是你的情绪还是对方的情绪，你都已经了如指掌。有时候，你可能会因为一时激动而忘了关注情绪。为了避免出现这种情况，你可以在记事本上画下一个小小的符号。过段时间你就不再需要这种提示，因为留意情绪已经成为你的习惯。

理解情绪

捕捉到情绪的变化只是一个开始。理解情绪、接受情绪是我们要做到的第二步。当大家情绪都不错时，达成交易对你而言并不困难，但是当大家都充满负面情感时，事情的发展就大不一样了。

当带着愤怒、烦躁和恐惧这样的情感时，你的订单很可能要泡汤；如果你采取攻击性的、无礼的或威胁的方式去回应客户，你签约的机会就会大幅下降。

只有当你在回应之前就洞察了这种情感并接受了它，你才有可能改变自己的回应方式。当你认识到这一点时，选择另一种行为方式才会成为可能。

如果你能找到情感变化的诱因，那么你也会获得益处。当你认识到是什么激发了你的情绪，你就能更好地理解自己，如此一来就能更好地对各种情况做出预估，并在内心进行逆向调控。为此，你应该把你的注意力聚焦到那些诱因上。

训练计划：情商——第三部分

请你再准备一张白纸，这一次还是把纸面分成三栏。

1. 用一周时间，每天晚上都坐下来，在纸上的第一栏列出你在当天所做的会谈。
2. 在头脑中回顾这些会谈，反思自己在交谈中经历了哪些情绪。
3. 把这些情绪写在第二栏中。
4. 思考你感到新情绪出现的瞬间，导致情感变化的诱因是什么。
5. 把这种诱因写在第三栏中。

因为你的客户也会对诱因做出反应，所以掌握他们的反应方式也是提高情商的内容之一。你要训练这种能够领会他们反应方式的能力，还需要练习敏锐的感知能力：哪一位客户会对哪一种刺激做出什么样的反应？

训练计划：情商——第四部分

请你再准备一张白纸，把纸面分成三栏。

1. 抽出一周时间，每天晚上都坐下来，在纸上的第一栏列出你在当天所做的会谈。
2. 在头脑中回顾这些会谈，反思自己从会谈对象身上察觉到哪些情绪。
3. 把这些情绪写在第二栏中。
4. 思考你在会谈对象身上察觉到新情绪的瞬间，引起这种情绪变化的诱因是什么。
5. 把这种诱因写在第三栏中。

引导情绪

当你知道了自己察觉到的情绪因何而来，并且接受了这些情绪后，你就可以坐上驾驭者的位置：你知道应该如何利用你和客户的情绪，并控制这些情绪。

有关这一方面，你可以在本书中获得很多启发，其中既包括驾驭你自己情绪的内容，也包括引导客户情绪的部分。

要发挥情商的作用，就要用到敏锐的感知能力和移情能力。如此，客户就会对你敞开心扉，出于信赖向你交底。这是移情式沟通的高超技艺。

这方面的最好例子就是阿尔弗雷德·比欧莱克（Alfred Biolek）。他作为访谈节目主持人，可以通过简单的一句话就把来宾带入话题："我这么说是为了你好。"采用这种方式，来宾对他充满信任，哪怕是一些让人尴尬的话题，来宾也会畅所欲言。

你也可以通过下面这种方法发现客户的需求：你可以留意客户在什么时候对你采用什么样的交流方式，并分析一下，为什么他会觉得这样做能在你那里得到妥善的对待。

此外，在交流过程中添加一些幽默也会对你大有帮助。你要给你的谈话对象带去笑声。笑的那个人，就是买的那个人。

同理心强过同情心

无论你在私底下是否真的对一位客户抱有同情，都很难对他产生影响。在这方面，你可以有针对性地训练你的移情式交流能力。

如果你恰巧不是那种"人见人爱"的类型，我的建议是：你应该一直坚持提高你的移情能力。我本人也不是擅于表达同情的天才。

为了在这方面有所补救，我努力培养自己的移情能力和感知能力。这样做很有效，因为在会谈中你可以通过运用你的同理心，让同情心油然而生。

如果没有同理心，那么与之对应的同情心也会很快熄灭。

- 情商之所以如此重要，是因为它代表了能够洞察情绪、理解情绪、影响情绪的能力——这种能力不仅适用于自己，还可以用于他人。
- 这些能力对提高自己的销售业绩至关重要，因为在很大程度上，客户购买与否是由情感决定的。
- 就像锻炼其他能力一样，你也可以锻炼你的情商：勤奋战胜天赋，这句话在这里同样适用。

操控客户的情绪，操控自己的情绪

"操控"的名声不好，因为在某人没有觉察的情况下去影响他是不道德的。但是真的是这样吗？举个例子，你买了一把锋利的鱼刀，这是否构成问题呢？这把刀可能只是被用来刮掉鱼身上的鳞片，也可能被用来伤害别人。

显然"操控"只是一个工具，在销售工作中表现为对客户无法真诚相待，因为你想要动员他购买对他没有价值的东西。根据我的经验，这样做只会损害你的长远利益。就像那把鱼刀，你可以采用操控手段为一个正当的目的服务：当你对客户具有影响力时，你可以引导他购买对他有益的东西。从这种意义上讲，你通过对他的操控达成了良好的结果。

实际上，每个人每天都有意或无意地对其他人进行着操控。这些是在下意识中施加的影响，而且运转得非常好。举个例子，当你的狗乖乖地坐在餐桌旁边，用恳求的目光看着你时，这其实也是一种操控：它希望你能给它一节香肠。当你在客户面前表达感激之情时，当你怀着同理心倾听他讲话时，都是对他的某种形式的操控：你对他施加影响，为了赢得他的信赖。

对我而言，正向的操控就是动员别人去做正面的事情。比如，动员客户下决心去买对他有利的东西。

无论是有意还是无意，你都会在销售过程中操控客户。如果你很了解你的操控策略，那么你就能更加目标明确并准确地运用这套策略。

销售中的操控渠道

一个人所感知到的一切都会对他施加影响。换言之，所有渠道都可以被正向操控所利用。在销售中，这些渠道首先是指那些你可以用于直接交流的渠道，包括了语言的和非语言的路径，也包括了系统性的规则。我在这里介绍的这些有效原则，通常都会在多条渠道而不只是通过单一渠道运作：

> 你不仅可以在口头表达层面和肢体语言层面，还可以在系统层面使用启动效应。借助同步与引导的方法，你可以在不同层面施加影响。通过交互原则，你可以从所有层面针对特定方向对客户进行动员。
>
> 即便是在倾听和提问的时候，我们也可以找到不止一个口头表达层面的操控因素。

无论你是否在自觉地使用操控，操控无处不在。这里仅举一个语言操控的小例子。当你对客户说："我们在交货问题上，无论如何都不会陷入超期的困境。"然后关键词"超期""困境"就会一直在客户头脑中回响。也许此前他根本没有设想过会有延期交货的可能，是你的措辞让他大吃一惊，你控制着他朝负面的情绪走去。如果你的说法是："我们会按时交货。"这就是正向操控。你的客户听到了"按时"，他当然会满意。

走向顶尖销售的自我操控

在我看来，销售中最强大的操控是你对自己施加的影响：你在内心树立起了目标，你设想客户看到你的产品时会有多么欣喜，你不断推动自己向前，这些都是对自己的思想进行操控的做法。

在工作中树立起良好的观念，在与他人的交往中呈现出正面的形象，寻找合适的阅读或听力材料继续学习，记录感恩日记，以及很多其他点子，都是本书要教给你的。牢记它们，然后你就可以操控自己走向成功。

你可以把这种做法称为精神锻炼或自我操控。不论怎么称呼，它都将在你的能力范围内帮助你成为最出色的销售员。

- 人类彼此之间相互操控。在销售中也是这样。关键在于你要有正向意愿。
- 可以借助所有感官渠道进行操控：语言的和非语言的渠道，思想的和系统的渠道。
- 让你在销售中大获成功的操控手段也可以将你带向积极的心境。

模仿你的客户，然后引导他

实际上，我们所有人都想实现这一点：当我们与某人打交道时，都希望与他相处会让我们心情愉悦。其实在每一个人的心灵深处都隐藏着对和谐的渴望。这对那些想要买东西的人也是非常适用的。

整体状况感觉越和谐，人们就越容易做出购买的决定。如果你能够打下某种基础，让你与客户之间产生和谐的感受，那么你就有更多的机会获得成功。原因在于，你马上就能实现这样一种状态：当你在销售过程中引导客户时，他非常乐意跟着你。

要达到和谐的局面，其实有很多种方法。在各种经过验证的方法之中，有一种叫作"同步与引导法"。

定义：同步与引导法

同步与引导法与通信技术有关，被看作神经语言程式学（NLP）的一部分。通过有意识地对行为做出适应，行为人会在对话者那里建立信任。紧接着，行为人会转向一个对他的目标有利的行为，而对话者会在无意识中追随他的引导。

这种方法之所以有效，是因为人是社会动物，要适应群体间的合作。如果一个人想与其他人一起做些事情，他就要配合那个人的行为，以表示他已经做好了合作的准备。

这一切完全是在无意识中发生的：比如，人们会在交谈中适应另一个人的讲话方式和音量；会模仿另一个人的体态；当与另一个人同向而行的时候，会调整行走的速度。这是一种自然的同步。达成同步的渠道多种多样，比如：

- 肢体语言；
- 声音；
- 面部表情；
- 口头语言。

同步是一个相互的过程：交流双方达成一致后，其中一方转到新的方向，另一方极有可能会紧随其后。这样同步就变成了引导。把这种情况套用到销售中，就是通过有意识地迁就客户，为后面的跟随创造前提。

实践中的同步

如果你能准确观察客户并了解他的表达方式，你就可以有意识地去适应他，与他的步伐保持相同的速度。这样你们就会建立起心理上的一致。你的客户会认为你已经跨入他的世界，且与他形成了默契。

你需要充分的时间去实现与客户的同步，只有这样你才可以建立起稳固的互相协调的基础。在同步的过程中，你要有一点儿敏锐的感知能力：如果你试图完全模仿客户，反而很容易脱靶。

举个例子，如果你的客户在讲话时习惯激烈地挥动手臂，而你也突然这样做，他肯定会觉得你是在取笑他。或者，如果他习惯讲一种你并不擅长的方言，而你却尝试模仿，那么一定会适得其反。你应该怎么做呢，请继续往下看。

实践中的引导

当你与客户达到一个良好的同步水平时，你会从模仿阶段过渡到引导阶段。

你可以通过一种更加自信的肢体语言，把还有一些犹豫的客户带向一种更果断的态度；或者你可以用语言改变客户对产品功能的看法，让他从怀疑者变成好评者。而这一切不需要长时间的论证或者给对方施压，只要改变客户的情感就可以实现。

原则上讲，人们会利用每一种感官去实现同步与引导。你会发现全部的

"带宽"都将为你所用。在这里我会在"备忘便条"上给你举一些例子。当你开始学习这种技巧的时候,你可以对照这些例子逐项测试自己的能力。你要一再把目光投向这多种多样的可能性,它们会在你的工作中发挥作用。随着不断地尝试,你也会发现更多备选项。

表 5-1　备忘便条:同步与引导法工具

语言	语言的	词汇、句子结构、句子长度、语言风格、音量、语速、音调
	非语言的	体态、动作、呼吸频率、手势、表情
身份		自我形象(比如通过以"我是……"为开头的句子来描述)、世界的形象
类型		感知类型(视觉的、听觉的)、色彩类型

练习、练习、再练习

为了找到同步的感觉,一开始你可以独自练习。

你可以站到一面大镜子前面,注视着镜中的自己,然后闭上双眼,回忆你最近的谈判对象:他以什么姿势坐在你的对面?他的面部表情是什么样子?他如何做手势?他怎么说话?继续紧闭双眼,同时根据你观察到的一切去模仿他。你要浸入这种"陌生的"表达。现在,你睁开眼,感受一下现在的状态,然后慢慢改变自己的举止行为,让自己在假想的会谈中变得自如。

你要一再进行这个游戏,不只是针对这一种情况,还要针对更多的场合。当你觉得有把握了,先在家庭和朋友的范围里进行实景测试,然后再在客户那里进行实践。要有意识地尝试各种工具,只有这样你才会制定出一份能提供多种选择的备选方案。

坚持真实自我还是顺应客户?

作为销售员,你应该始终保持真实的自己——这毫无问题,哪怕这听起来与"你要适应客户"有很大出入。事实并非如此,因为在你的真实态度下面，还拥有很大的回旋余地。过去我对这方面也没有清晰的认识：我在客户面前总是尽可能舒适地坐在椅子上，无所顾忌地伸展着我的腿。后来我才意识到，这样做并不太好。当我的客户在这一点上对我提出明确的告诫之后，我依然保持着真实的自我，但是我会非常规矩地坐在椅子上。

与客户同步需要勇气

你在调整步调上应尽量与客户一致，在这个过程中，你会暂时产生一种自己走"过"了的感觉。这是可能的。你要随着感觉进入这个情境，同时相信自己。

如果你的客户是一个喜欢下达命令同时自信心爆棚的人，那么你们之间的谈判将非常有挑战性。

如果他在第三轮报价的时候还想把一切都推倒重来，你绝对不能让他得逞。你要明确地告诉他："你要相信我！"也许他会立刻反唇相讥："相信你？一个销售员？"你要保持冷静，简短地回一句"很遗憾"。足够了，不用再做任何事。两天后他会亲自上门找你，然后完全接受你的报价。这种可能性非常大，因为你与他坚决果断的做事风格"同步"了，所以他接受了你的引导。

- 同步与引导的技巧之所以有效，是因为它符合人们的基本需要，人们会为了能与其他人更好地合作而去适应那个人。
- 通过有意模仿客户的行为方式，你会在他那里提升信任感。
- 当你建立起信任的基础之后，客户会愿意一直跟随你，追随着你各种变化的行为，直到决定购买。

用启动效应唤醒客户的情感

准备好了吗？这听起来像《星际迷航》（*Star Trek-Saga*）的台词。在日常的销售工作中，这是让你取得成功的重要工具之一。

启动效应

启动效应这个概念源自心理学，有时也会被翻译成"促进效应"。它描述了这样一种现象：在对某一刺激进行处理时，人们会受到此前同一刺激内容的影响。这种激活是在无意识中发生的，而对它的后果，也就是发生改变的后续刺激，人们也是无意识的。

想象开辟道路

对外来刺激的每一次处理都是非常耗费精力和时间的事情。要处理源源不断地作用于我们的刺激，是一件消耗极大的事情，因为这需要持续的全新而复杂的处理过程。我们的大脑为了摆脱这种烦琐的工作采用了另外一种方式：基于以前的经验对各种刺激进行预先处理。每一个刺激会与一种印象相关联。这种印象会引发对即将发生的事情的期待，同时对这件事情的好坏做出判断。紧随而来的刺激会被自动预先做出评价。

这一切完全是在无意识中发生的，但是它得到了科学的明确证实，甚至在某种情况下，总是一再让我们为自己的这种反应而惊讶。

美国心理学教授约翰·A. 巴格（John A. Bargh）曾经做过一个实验。他给两组大学生布置任务，让他们用特定的单词组成句子。第一组使用的单词让人联想到老年人：皱纹、健忘、秃顶等。第二组用到的则全是中性词。当学生离开实验室的时候，巴格悄悄观测他们的行走速度。令人吃惊的是：第一组使用与"老年人"相关的词语造句的学生，步伐明显比第二组学生慢。第二组学生在离开实验室时仍然能保持正常速度。这足以证明，当人们使用有关"老年人"的单词时，他们的自我感受和行为方式也"变老"了。

同样的情况当然也在积极正面的方向上起作用：仅仅是在脑子里想到做运动就会让你更健康。人们在科学上定义出多种启动效应的类型。

启动效应类型

语义启动效应：通过单词以及整个词汇场产生联想。

反应启动效应：通过快速、连续不断的问答链导向特定的答案。

情绪启动效应：通过图像、音乐、气味、味道唤起"强烈的"情感。

媒介启动效应：通过媒体如报纸、广播、电视对经常被消费的主题赋予某种预期态度，如悲剧、灾难、犯罪。

启动效应的力量到底有多强大，你可以简单地做一个自我测试。

自我测试：启动效应

请你尽可能快地阅读下面的问题并立刻做出回答。

问：雪是什么颜色？
答：_____。
问：墙是什么颜色？
答：_____。
问：云是什么颜色？
答：_____。
问：牛喝什么饮料？
答：_____。

你可能答错了。因为你一直用"白色"作答并且形成了启动效应，在最后一题中，你的潜意识已经准备好根据由奶牛首先联想到的白色饮料做出不假思索地回答。

正确答案是牛奶。

启动效应随时随地发生在我们身边。作为销售员，你可以利用这种效应：有意识地设置心理刺激，通过联想让客户产生美好的印象。然后你就能为后续的刺激提供一个有利的基础：你在感知上对会谈对象产生了影响力。在这方面你有无数的选择。我在这里为你介绍几种。你也可以发挥自己的想象力，畅想你如何在客户那里通过启动效应使你们达成一致并取得引导地位。

语义启动效应

通过斟酌字句你就可以与客户建立起信任关系。正确的用词取决于若干方面，比如客户有哪些需求。

对此你可能在准备过程中运用已有经验：你的客户是来自创新产业中的一家新奇的初创公司，还是来自一家传统的家族企业？在哪种情况下他会感觉更受用？如果你在此之前已经深思熟虑拟出了一张关键词表单，表单上的用词会让这位客户产生正面的联想，由此驱动他做出有利于你的决定，那么你这样做就是值得的。你要把这些词语运用到你的会谈中。

假设你面对的是"安全型"采购者，而你想要对他施加影响，那你使用诸如"可靠"和"稳定"等词语会比使用"无风险"和"创新"等取得更好的效果。

此外，让你的生意伙伴对你产生成功、信任、忠诚这样的联想，绝对是于你有利的。如果你经常使用这些词或者相关概念，那么这种联想几乎会自动发生。其他人会在潜意识里把你同这些正面的品质联系在一起，进而信任你并且期待从你那里有所收获。

当你进入会谈时，要重新考虑你的设想。现实情况与你在需求分析中得出的结论一致吗？客户自己使用了哪些概念？你要逐字逐句地采用他所使用的正面概念。要很好地达到语义启动效用的效果，你就不要只对别人说，要首先做到倾听别人——这绝对是销售员的美德。

为了让你的信息得到正面强化，你就要不断重复正面信息。如果你一再使用某一个词或某一个句子，你就能够让你的信息获得三倍的效果，让它深植到人们的意识之中。

广告很早就了解这种效应的原理。你要一再重新审视自己是否确实知道下面这个问题的答案："他们到底想要什么？"

注意：启动效应不只对正面信息有效，对负面信息也同样有效。因此你要小心，不要重复你的负面信息，而是要让它转向正面。如果你的客户说："我现在没有时间。"你不要回答说："啊，你现在没有时间通电话吗？这真是太遗憾了。"你要说："你现在要处理重要的事情吗？这很好。那今天什么时候我们还可以具体谈一下 X 这款产品呢？"

反应启动效应

如果在会谈中你用反应启动效应的方式提问，那你的客户可能会一直给予肯定和正面的回答。

通过这种方式你为你的客户构建了一条说"是"的链条。他对你的好感以及内心的意愿都在增强，面对你的下个问题，他会做出肯定的回答。

销售员："你想要让你的新暖气操作简便。这对你很重要是吗？"

客户："是的，正是这样。"

销售员："只需两个按钮就可以重新设定日间温度。这符合你的要求吗？"

客户："非常好。"

销售员："你还可以通过手机来控制暖气，这样你就不用再去地下室了。这可以吗？"

客户："是，这很必要。"

销售员："如果你使用我们的智能加热系统，最终就能完全控制取暖的费用。你对此是什么感觉呢？"

情绪启动效应

启动效应的教父约翰·A.巴格不只做过那个学生"变老"的开创性实验。他还证实了，当人们手中捧着热饮的时候，他们会更有同理心并更加热情地回应其他人。如此简单就有效创造出了正面的印象。

我认为这是非常有创造性的想法，可以立刻把它用于现实：当我们在办公室接待客户时，不再问他们是要矿泉水还是咖啡。我们提供各种茶饮或咖啡。传统的带把手的杯子全部淘汰。取而代之的是造型优美的无柄咖啡杯。我们把杯子直接放到客人手中，杯身绕着一圈用毛毡制作的杯套，其上印有我们公司的标志。这种设计非常适合人们从侧面抓握。

当客户握着这个温暖的杯子时，拿铁咖啡的柔和芳香扑鼻而来。我们看着他，舒适、放松、亲切的感觉充满他的全身，同时我们的办公室和我们自己也被这种积极正面的海浪拥抱着。

- 在启动效应中，对第一个刺激的情感联想会影响对第二个刺激的感知。
- 作为销售员，如果你有意识地在客户那里植入一个正面的初始刺激，那么你就创造了一个好的开始，让他对你的下一个行为也抱有正面的态度。
- 你可对你的客户采用语义启动效应、反应启动效应和/或情绪启动效应。

互惠原则：给客户恩惠，他会想尽办法报答你

有一次，为了参加一个研究课程，我到福尔达附近某地的一个小旅馆投宿。当我走进房间的时候，我看到桌子上有一篮新鲜的草莓，旁边还放了一封短信：

您好，林贝克先生！

在此我想向您做个简短的自我介绍。我是这家旅馆的经理，希望您在我们这里住宿愉快。在工作之外，休闲时间同样重要。您可以拨打电话111找到我。此外，如果您感兴趣，请容许我们为您提供一次免费的按摩服务。

下面是他的签名——不是印在纸上的，而是亲手写在上面的。这真的让我哑口无言。我想："哇，这种做法就是互惠原则。"

互惠原则

这个概念源自社会学，指的是当人们得到某些东西时，他们会产生一种报答的冲动。他们感觉有义务这样去做。根据民族学的研究，这种现象在世界上所有文化中都可以找到，而且它经常会被视为一种社会准则。

很简单，当你从别人那里得到某种馈赠，你会觉得对他有所亏欠。你想补偿这种"亏欠"。这就是互惠原则。

这种原则在销售活动中被无数次使用，比如，想想那个在市场上递给你一小

块手工羊奶酪让你品尝的摊主。你吃了那块奶酪，然后你觉得有义务向她再买一些。或者，想想友好的餐馆服务员送来账单之前端上来的梅子酒。大量研究显示，如果店家没有这些小小的表示，他们收到小费的机会要少很多。

而且它并非一定是以实物的形式构成你对别人的义务。你想一下，自己更愿意邀请谁参加你的下一次派对？是那个自从上一次聚会后你就再也没有得到她消息的人，还是那个在聚会第二天就给你打电话致谢的人？

在互惠原则中人们的交互行为其实与礼物的大小无关，只与行为本身有关。而正是这些小礼物经常决定着事情的成败。这一法则对于销售工作格外重要。它们意味着一切！

销售中的互惠

除了让客户感觉有义务向你致谢以外，世界上几乎没有更好用，且让人担负起义务的工具了。当看到只有如此少的销售员能够富有创造性地运用这一原则时，我就更吃惊了。

在这方面有无穷多的可能性，而且绝大多数并不需要巨额花费。比如，在下一次与客户见面时，你不要带常见的饼干作为礼物，而带上三种精选的坚果或者摆放精美的水果。这并不用花多少钱，但会实际上引起客户更多的注意。

又如，你也可以在达成协议之后直接给你的客户打电话，并问他是否对协议满意或者你是否能够在某些方面为他提供协助。在我们这儿，每一位客户在研讨课程之后都会收到我的一封信甚至一通电话。不少人会为之欣喜，因为他们很少从其他生意伙伴那里得到这样的礼遇。

"负面的"互惠

如果你能让这种收获与给予的互惠关系得到很好的运转，那么你与客户双方都会获得良好的感受。如果恰恰相反，在你的印象里生意伙伴只有索取没有给予，那么很快你就会被一种糟糕的感觉所占据。

想象一下，你与太太到一家高档餐厅用餐。那里有精致的食物、典雅的环境，以及不菲的价格。然后你在菜单的最下面看到一行提示："如果改变菜式搭配，将加收 1.5 欧元服务费。"你就会想："什么？价格已经很高了，怎么还要多收 1.5 欧元？"这种不满并不是来自加收的金钱数额巨大，只是因为这种做法让人心情不悦。哪怕你没有额外的要求，这种不佳的印象依然会保留。你会认为今后你没有义务再次光临这家餐厅。

在进行价格谈判时，互惠原则也同样有效：如果你首先给客户设定一个高价位，然后在会谈中逐项做出让步，这样在客户那里就会形成某种义务。这与你从一开始就设定一个较低的价位所产生的效果是不同的。

- 互惠原则描绘出人性中最深层的要求：当受惠于某人时，就会想回馈他。
- 在销售工作中，这种内心的责任感会提高签约的成功率。
- 那些看上去不起眼的小礼物特别容易在你与客户的交往中制造出"欠了你人情债"的感觉。

挖掘客户没有说出的需求

你理解的客户所讲的内容，往往并不是客户真正要表达的意思。这就造成了销售工作中的困难，因为如果你对客户的需求无法理解或者理解错误，你就不能为他提供可以满足其需求的产品或服务。

不仅在销售工作中，在所有人类的交流沟通中，都会频繁地出现误解。检定语言模式提供了一种很好的解释。此外，它还给出了销售员应该如何解决这个问题的公式。

语言的表层结构和深层结构

检定语言模式是由神经语言程式学的创立者理查德·班德勒（Richard Bandler）和约翰·格林德（John Grinder）共同提出的。他们认为语言拥有表层结构和深层结构。一个人所讲的话对应着表层结构，他所要表达的意思对应着深层结构。一个人会通过以下3种机制来转换要表达的意思，导致其他人很难根据其说出来的话去推断他的本意。这样就总是会产生误解，给人们的交流带来困难。

- 删减；
- 类推；
- 扭曲。

检定语言模式的基础是美国语言学家诺姆·乔姆斯基（Noam Chomsky）提出的转换语法理论和波兰语言哲学家阿尔弗雷德·柯日布斯基（Alfred Korzybski）做出的有关假设。

语言塑造感知

每一个人都用自己的方式方法来认识外部世界，外部世界也因此带上了他的经验、观念、感知等方面的烙印。他也以同样的方式表达自己，以他的视角来讲述这个世界。在此过程中，他对真实的世界进行删减、类推、扭曲。所谓的元程序支配着一个人和他的语言。现实中有多种多样的元程序，这里只举3个例子：

一个人的动机到底是走还是留？他是要努力达到某个目标还是要远离他不喜欢的某种东西？

一个人的理念是源自内部的还是外部的？他是依靠自己的标准，还是根据别人的标准做出判断和决定的？

他是追求完美，还是志在完善？

一个人在接受他所听到的内容时，也要经过元程序的过滤，以自己的方式对内容进行整理、阐释和评价。这种对现实的扭曲完全是在无意识中发生的，因此在交谈中，对话双方很可能会在不故意或者不知情的情况下产生误解。如果最终误解被表现出来，那么双方缺乏理解的情况就很严重了。

举一个简单的例子。你的同事讲述度假的情况时说:"那段时间的天气都超级棒。"你理解的"超级棒"的天气是明媚的阳光和 28 摄氏度的气温。后来你看到,他度假的区域在那段时间一直是风高浪急,然后你就会想,你的同事对你撒谎了。但是他其实是一个极限帆船运动爱好者,很享受强风带来的挑战。

给出一条内容丰富的信息非常耗费时间,这也增加了潜在的误解。而且,我们还会对信息做进一步的总结、类推、扭曲。

通常这一过程中诞生的信息足以满足我们的日常交流需要,大多数情况下粗略大致的理解足够让交流继续进行,只有当迫切需要真正地理解时,问题才会出现。例如,你想要切实了解是什么在激励你的客户,而你却根本不知道该如何去理解他,因为客户所指的并不是你所认为的。

破除误解魔咒的第一步

最基本的前提永远是,作为销售员的你要认真倾听。不懂得倾听,一切都无从谈起。只有当你意识到了误解,你才有可能去避开它们。

在此之上你还应该不断追问,直到真的做到了充分理解,一定不要半途而废。很多销售员在这件事上留下了遗憾:他们过早地满足了。他们认为,差不多理解了就已经足够了,继续追问只不过是在轻松签约的路上浪费时间。因此他们在成功的半路止步不前,不理解客户到底想要什么,同时客户也不清楚自己到底需要什么。

因此,你需要通过不断追问让客户认识到他始终没有意识到的东西——他的真正需求,这对你的成功至关重要。每一个人都深陷在自己的世界中,在一定程度上已经无法认清可以让他从根本上进行思考的东西,而销售员的提问有可能会给他提供一个新的视角。

你如何才能正确地提问?在这方面检定语言模式可以提供一些有益的提示。

哪个字眼提示了客户的深层观念?找到它!

检定语言模式把语言区分为表层结构(字面上所说的)和深层结构(讲话人真正想要表达的)。

作为成功的销售员,你必须通过提问从语言的表层进入到深层,以便真正了解客户的所思、所想、所感,然后为他提供称心如意的商品或服务。根据具体的语言结构,你会发现相对应的元程序,找到你应该设置问题的地方。这些提示你何时应该发问的范本被归纳为机制,正是机制将人们在深层结构中表达的含义转变为表层结构的语句。

认识了机制后,你就会知道你应该以什么方式在什么地方进行发问。请牢记这些范本,这样你就能很快认出它们。

转换机制的语言范本

删减:非特定的陈述、省略、名词化。

- "我不喜欢。"
- "这很贵。"
- "我坚持真诚。"

类推:句子中带有绝对性词汇,如"永不""总是""每个""全部"。

- "我们已经试过了,但是始终无效。"
- "销售员总是骗人钱财。"
- "我根本就不买这种东西。"

扭曲:猜测或宣称存在因果关系,以及预先做出的假设。

- "我不会再受销售员的欺骗,从他们那儿购买任何东西。"
- "如果你这样宣传你的产品,就太不道德了。"
- "白桌子太刺眼。"

如何发问，才能让客户暴露不为人知的信念？

你如何发问才能有范本的意义呢？在这里我针对每种机制都举出一个例子。

缺少重要信息是典型的删减机制：或者是因为信息被省略了，或者是因为信息没有被明确表述。你的任务是查漏补缺，追问缺少的信息。例如，如果你的客户说："我已经受够了糟糕的服务。"那么很明显他至少有过一次不愉快的经历。这里缺少的信息是，他认为什么是"糟糕的服务"。你要了解的信息是，他怎么理解服务的优劣。你要问他："在你看来什么是出色的服务？"让客户尽可能具体地为你描述他的期待。

类推机制的范本会产生论断性的结论。为了在论断之后还可以延续话题，你要引领客户一起回溯那些让他得出结论的具体事件。如果他对你说："我们在技术方面所做的尝试从未成功过。"这就是他把个别性经验普遍化了。在他的认知中不存在例外情况。你要让他重返最初的体验，从而让类推的普遍性变成相对性。你要问他："啊，有意思。那么你做了多少次尝试呢？"

扭曲机制也可能转变成下意识的指责，这种指责源于某种特定的态度。例如，如果你的客户说："你可以对我长篇大论。"这表明他抱有一种受害者的心态。很明显，以前他曾经在一名销售员的劝诱下做过一件令他后悔的事情，现在他把这笔账算在了所有销售员的头上。他沉浸在受害者的角色里，丧失了自我和自由。你要引导客户重新获得一种积极的态度。你要质疑他的预先假设："你怎么会觉得，我非要劝你买下它呢？这是一个很棒的产品，我可以给你介绍一下它的细节。你可以慢慢去核实我所说的是否属实，然后再决定是否购买。"

你不仅会在客户身上发现范本，还会通过范本发现客户对现实怀有敌意，这种情况会一再出现。尽管他对此毫无意识，但是这会对他产生负面影响并对他的行为产生限制。感知不会在表层结构发生改变，但是会在深层结构发生变化。优秀的销售员会自觉地去影响客户的深层结构。

在交谈中，每个客户都在展示他的语言范本和世界观，因此要认真倾听他使用了哪些词句。这些词句公开了他潜意识中的信念，也就是他的元程序，正是这些潜意识中的东西在控制着他。你的对话者在表达时带着他的深层特征，可以从他的视角出发去阐释和理解他的话语。努力让自己和客户都头脑清醒。

根据检定语言模式，你要通过有针对性的提问让你和客户双方都认清他的需求，同时确认他对你的信任，以及他对你做出委托的基础。

- 检定语言模式表明，客户所说的话在元程序的作用下，通过删减、类推和扭曲这三个环节，最终使我们无法再识别出这句话的真实意思。
- 通过适当的提问技巧，你可以搞清楚客户表达的是什么意思。
- 你将因此对客户的需求有了更好的理解，无论是他对你的需求还是他对自己的需求。

顶尖销售员的倾听术

一个人如果没有听到客户对他讲的话，就无法知道客户的需求是什么，就会错失把对的产品销售给客户的机会。因此，倾听是一名出色的销售员最重要的能力之一。

我非常认真地说一遍，在这里我讲的不是"聆听"，而是"倾听"。聆听强调的是"闭合性"——它并不强调真正听到了什么。如果只是聆听，你会记下另一个人所讲的话。这些词句马上进入由你的信念、经验和记忆组成的内心评价系统。这些词语从这个系统出来后，你得到的是你期待的东西，而不是客户真正表达的东西。这对你的销售工作毫无帮助。

要做到真正的倾听就必须有开放的心态。这是把他人所说的话听进去的基本前提。只有这样，你才能够从词句中发现是什么从内外两方面对客户产生影响，然后你就可以充分认识他的思想和感觉、观念和信仰、需求和恐惧。

为什么倾听会带来订单？

一个人如果听的比说的多，就会得到更多合约，就是这样。如果你不仅进行了恰当、持续的发问，还在客户回答你时认真倾听，那么你的客户需求分析能力就会明显提高几个等级。如果你认真倾听和追问，你就有机会进入客户话语的深层结构，就可以发掘出客户的根本愿望和忧虑。

只有在你认为自己已经预先知道客户的需求时，你才特别需要集中精力去倾听，否则在这种情况下你的思维很容易从客户身上跑到产品上面。这是销售工作的头号杀手。

不仅是你对客户的更多了解让你获得了更好的销售机会，当你倾听客户时，客户会从你身上得到一种完全不同的感觉，会感觉到你对他的敬重。正是你的倾听让他意识到他才是主角。这让他产生良好的情绪，而这种情绪是做出购买决定的最佳前提。

你把客户所说的话记录下来，然后返给他确认，这也是一种倾听的行为，客户从中也同样会觉得自己被人理解。当一个人感觉到自己被人理解，他就会心生信任，就会决定购买。

还有一点，如果你认真倾听，就会知道什么时候应该闭嘴，特别是当客户已经做出了签约决定的时候。从这一刻起，你所讲的话只会破坏他的决定。如果你现在还在滔滔不绝地为客户讲解产品或服务的更多细节，就只会促使他重新进行考虑。因为这些他完全没有必要知道的信息不会让他对产品或服务更有把握，只会让他觉得心里不踏实。

倾听的技巧

倾听听起来并不复杂，但实际上大多数人已经丧失了这种习惯，虽然在听，但你已经走神儿了，或在想完全不相干的事情。在这种状态下是无法做到倾听的，要做到倾听，你需要在很大程度上保持精力集中。

也就是说，尽可能排除干扰因素，无论是外在的还是内心的。这是实现倾听的最好前提。正在响铃的手机或电话、顺道来访的同事、嘈杂的周边环境等都属于外部的干扰因素。你要尽可能地创造一个安静的、不易被打扰的交谈环境。

内在的干扰因素更为强大：疲劳、紧张、糟糕的心情、愤怒等都会对倾听产生巨大的消极影响。在与客户会谈之前，如果你让自己处于一个良好的精神状态，你就为倾听做出了有效的准备。其实，专注力也是可以训练的，就像我在本书中介绍的其他助你取得成功的要素一样。在销售工作中，倾听的基本原则并不复杂：突出客户，而不是你自己。你要把他放在焦点位置。

很多销售员认为，他们应该给客户留下深刻印象：通过他们的产品知识、语言能力和长篇大论。但是这个游戏应该反过来：当客户能够让你印象深刻时，他才会感觉不错。

还有一条基本原则：在倾听时，你要对所有外来评价保持开放的心态。你与客户的意见是否一致，并不重要，重要的是，你要接受他的意见。你是否在第一时间就对他抱有好感，也不重要，重要的是，你要向他表达出其应得的尊敬。为此，你甚至要主动让他去说话。

如果你感觉到客户此时此刻想要一个人讲，那么你就要让他讲下去，而你只要倾听就可以。

客户讲得越多，对你越有利：他感觉自己成了被关注的焦点，你从中获得了更多信息。不要去引导他，不要打断他，即使过程让你感到痛苦。

发出你在倾听的信号

客户能够认识到也应该认识到，你确实在倾听。你应该给他发出信号，既可以是你的体态、手势和表情，也可以是简短的确认性回答如"是"和"啊"。你的眼睛一直看着他，你的身体完全朝向他。

如果你把你听到的用自己的话又复述出来，那么你会给他留下你在全神贯注地倾听的印象。当你向他发问"我对你的理解准确吗？"的时候，也就相当于你对他所说的内容做出了一次确认。

如果他回答"是"，你就知道你始终在线，他也同样知道这一点。如果他回答"不"并且纠正你，那么你要让自己继续在线，因为客户欣赏你的关注——哪怕你的第一次尝试并未完全符合他的期待！

当你圆满地做到了倾听，你不仅会在客户那里留下印象，而且会通过真心的、有针对性的追问加深你的理解，从而避免误解、查漏补缺、对真正的需求了如指掌；当然，追问的目的也可以很简单：你只是想表明你已经理解。

对于销售员而言，使用纯粹的移情信号提问法往往是困难的，因为这种方法并不以获取信息为目的。但是你可以练习这种提问的技巧。也就是说，提问能力也属于倾听能力的一部分。

移情信号提问法

你向你的交谈对象展示出，你不只在事务方面理解他，在情感方面也能理解他。要做到这一点，你需要对他的负面话语进行正面重复。

比如，

客户："你们上一次的服务让我感到很不愉快。"

销售员："我们应该如何整改，才能够重新让你完全满意呢？"

又如，

客户："为什么我们永远做不到集思广益？"

销售员："你会为其他同事的工作贡献你的想法，我的理解对吗？"

你也可以对客户正面的话语做出真心的正面反馈，从而在客户那里强化正面的情绪。

你要对谈话做笔记，但是要尽可能在交谈之后记录，否则在倾听时你会一再打断自己的注意力，而你的客户会感觉到，你无法跟上他的思路。对不同要点的倾听，加上细致的观察，共同构成了销售工作中的成功因素。

倾听要点是非常重要的，你应该多加练习：在最开始的时候，你要在每一次交谈中都带入一个要点，将它作为训练的重点，然后有意识地运用它。你要用这种方式对以下每个要点逐项进行练习，这样就能够对每一个要点都了如指掌。

倾听要点

全神贯注地面对客户；

除了语言，还要考虑客户的手势、表情、体态、行动、音调、音量变化等；

不要走神儿；

不要抱有偏见；

即便抛开话语，也要在内心无条件地接受交谈对象；

不要受到对方表述缺陷或语言特点的干扰；

当客户还在讲话时，不要开始考虑自己的答案；

倾听也可以通过体态、表情和手势表现出来；

用自己的语言对交谈进行记录，这样就体现了理解；

不断追问，直到一切都明明白白。

倾听与理解

你其实有四只"耳朵"，至少在著名的传播学家弗里德曼·舒尔茨·冯·图恩（Friedemann Schulz von Thun）的理论中是这样的。他认为，你的交谈对象说的每一句话都可能有四个层次的含义。在潜意识中你会把其中某一层次的含义放在最优先的地位。根据不同的情况，同一句话在你那里会表达出不同的意思，而且它经常并不是你的交谈者所要表达的意思。如果你清楚自己正在用哪一只"耳朵"听，就更容易做到准确倾听。

我们都有哪四只"耳朵"？

这是一种形象的说法，本意是指每个人都可以把接收到的交流性信息放到四个层次上进行阐释：

- 事情本身的层次；
- 自我表现的层次；
- 关系的层次；
- 警告的层次。

听者利用"耳朵"来听取话语，但是却能够明显地偏离讲话者的本意，从而产生误解。因为听者通常并不知道他正在用哪一只"耳朵"来听，所以就会犯错，而这个错误与讲话者完全无关。

例如，你的客户说："你的那辆黑色的车在吗？"

如果你用就事论事的"耳朵"去听，那么你的理解是，客户只是单纯地想知道，你是否可以给他展示一下那辆黑色喷漆的汽车；

如果你用自我表现的"耳朵"去听，那就是客户对某个产品有一种特别的期待；

如果你用关系的"耳朵"听，你会认为客户对你很失望，因为你没有从他的角度出发，给他展示一辆刷着他最喜欢的颜色的汽车；

如果你用警告的"耳朵"听，那么效果就是："你马上给我弄一辆黑色的汽车。快！赶快！"

如果你使用了一只错误的"耳朵"，那么你就会发现，一个简单的问题里也可以放置大量能够引起冲突的内容。

只有当你首先了解了这些不同的"耳朵"，你才能够避免误解的发生。因此你可以主动进行测试，检测你正在用哪一只"耳朵"以及它是否真正合适。同时你也可以把精力都集中到在销售工作中最有用的那只"耳朵"上面：自我表现的"耳朵"。客户说的每一句话都包含着很多超越价格和与价格无关的内容，如果你有一只开放的"耳朵"，你就可以听出这些话的意义。

因此，打开客户的话匣子是一件非常重要的事：他在事情本身的层次所讲的东西很重要，更重要的是，他会讲到他自己、他的愿望和需求。这些你都要认真倾听……

- 与倾听相对的是聆听，倾听的意思是要对客户所讲的话敞开心扉。
- 倾听意味着销售上更大的成功，因为你更了解客户，而他对你怀有更多信任。
- 倾听能力也可以通过训练来提高。

学会提问，才能拿到订单

"不会提问的人，永远拿不到合同。"

这句话之后，还有一句话："懂得提问的人，才有主导权。"

这些话都很对，但是又说得太笼统。我认为："目标决定提出的问题。"这就是说，你只有提问才能走向成功，但当然要进行目的明确的提问：你要很清楚地知道，你的提问应该指向哪一个方向。这一点非常重要。

因此，你要为会谈确定自己的目标，这是你准备工作中最重要的一部分。因为你一旦认清了目标，也就知道了要在什么时候提出哪些问题，但是你至少要拥有必要的提问能力。

相信你已经清楚，倾听能力是成功的必备条件。但在得到回答之前，无论是上帝还是优秀的销售员，都要先提出正确的问题。

借助正确的提问，你可以得到你需要的一切：

> 你会得到关于客户当前情况的信息、他的未来计划、他面对的挑战、他的期待和他的想法。这是你做出需求分析的重要前提，也是继续维护客户关系的基础。
>
> 你会让客户更集中精力，因为回答问题的人的思路不会偏离主题。
>
> 你先确定主题，你的客户再进行思考。
>
> 你增进了好感。客户会把好的问题看作一种尊重。
>
> 你赢得了时间。在客户做出回答的时候，你可以调整战术、方法和技巧，选择合适的理由。
>
> 你降低了谈话跑题的可能性。如果你真的做到了倾听，你就会对他的想法有准确的了解。
>
> 你削弱了谈话中出现矛盾的危险。因为你始终在引导着与客户进行富有价值又目标明确的交谈。
>
> 你扭转了产生不同意见的趋势。因为提问让情况变得更明朗，不会把谈话引向尖锐对立的立场。

如果你在正确的时间以正确的方式提出了正确的问题，你就可以得到一切，因为客户基本上已经准备把一切都告诉你。

只要你很好地掌握提问的技巧，这一切都是你完全可以得到的。

提问技巧是指：

保持正确的态度；

采取合理的方式；

在合适的条件下；

结合必要的背景知识；

提出一个有根据的问题。

你该如何处理客户的答案？请翻阅前一小节内容：顶尖销售员的倾听术。

提问的态度

"允许我向您提问吗……"如果你以这样的态度开始，那么提问会立即终止。我来告诉你为什么：采用这样的表述，你就等于把自己放在了一个下级对上级、低声下气的位置上。也许你知道我最喜欢的格言："做过一次看门人，终身都是看门人。"如果你一开始就选择了"奴仆"的态度，那么你永远都无法脱离这种身份。那么该如何在开场白中就确立对等的身份呢？

你有一些好东西要给你的客户，也就是你的产品。他有一些好东西要给你，也就是订单。两个旗鼓相当的伙伴走到一起，是为了与对方做成生意。你的刨根问底是为这种目的服务的，而不是为了让客户给你送人情。

你首先要在内心非常明确这一点，当你带着问题出现时，你的形象就会完全不同，得到的结果也不一样。此外，你还要找到正确的表述方式和正确的腔调。

备忘录：提问的态度

你在内心是否已经建立起正确的认识？

你是否已经找到清晰、友好和自信的语调？

你是否在表述中杜绝了"自我矮化"的倾向？

提问的方式

提问并不单纯是提问。世界上有很多提问的方式，所有的提问方式都有它存在的意义，重要的是你可以对某种提问方式做出评估，判断它在哪种情况下是适当的。下面我要谈论这个问题。根据我的观点，所有的提问可以归纳为三种基本方式：封闭性的问题、半开放性的问题和开放性的问题。

封闭性的问题是指客户只能用"是""否"或者"不知道"来作答的问题。这种问题没有什么弹性，答案也普遍简短。

半开放性的问题是指客户可以通过具体的实际信息来作答的问题，比如"你有多少员工？"或"对于这款产品，哪种颜色你最喜欢？"

与上面两种形式不同，开放性的问题要求回答者做出更多的表述。你打开了一片广阔的领域，答案也可以变得很长。

对于提问方式的选择，有5项基本原则，对所有提问情况都适用。它们就像基础知识，你必须掌握它们。

提问的5项基本原则

1. 你的提问要简短。你的问题要切中要害。

如果你给客户的提问是大段的独白和冗长的问题，那么他往往就会不知道你对他的要求和期望是什么。

2. 你的提问要易懂。你要避免提那些客户不了解的概念，比如专业术语和你的企业内部惯用的缩写。

3. 你的提问要准确。你要尽可能让问题具体详细。

4. 你的提问要简单。你要避免提出同时涉及3个主题的混合式问题。客户应该回答你的哪一个问题呢？

5. 你的提问要有根据。如果客户清楚并且理解你提问的原因，他会很愿意回答你。

提问越详细，需求越清晰

你要根据会谈的地点，准确选择提问形式，这样才会对自己有所帮助。每一种提问方式都有特别的效果，可以把你带向你的目标。

就像之前说的，目标确定了你的方向。在销售会谈的开始阶段，你需要了解客户的各种信息。很明显你要使用的提问方式是开放性问题，例如：

"我怎样可以帮到您？"
"您对这项服务有哪些设想？"
"关于这款产品，有什么对您是特别重要的？"

在会谈的开始阶段千万不要使用封闭性的问题，否则你会迅速终结会谈。

在会谈过程中你要一再确保自己能够理解客户，为此你要采用具有澄清性质的提问。

从本质上讲，这类提问实际上是封闭性的问题，在没有得到"是"的回答的时候，这类提问会引出新的对话，比如：

"您希望更低的油耗配合更强大的马力，我的理解对吗？"
"产品的灵活机动性对您非常重要，是这样吗？"
"今后您将只采用数字化的解决方案，我的理解对吗？"

反问也是一种获取更多信息的好方法：

客户："这不是稍微有点贵吗？"
销售员："为您节省时间难道不重要吗？"

但是要注意，反问让会客户很快感到他在遭受质疑，因此他的反应可能具有对抗性和攻击性。既然你的目标是建立信任，只有经过深思熟虑之后你才可以使用反问。

如果你正慢慢在成交的方向上前进，那么面对一个尚未下定决心的客户，选择性的问题可以帮到你。你要让他在较好的和最好的选项中做出选择。例如：

"在我们的顶尖款式中,您喜欢哑光漆面还是亮光漆面的产品?"

"您更喜欢多次供货还是一次性供货?"

"您想要家用版还是办公版的新软件?"

你要把你偏爱的选项放在问题的末尾,因为你最后说的内容会给人留下更深的印象。

距离成交越近,就要越多使用真正的封闭性的问题,因为你要一步步让客户做出确认。你要草拟出客户会尽可能用"是"来回答的问题,因此你要把客户放到一个正面的问答链条中,例如:

"您想要使用我们在供货之前提供的免费清洁服务吗?"

"明晚之前给您发货,您认为可以吗?"

"您说过您非常讲究名贵的装饰。您想要看一下对应的高贵系列吗?"

有些客户自己很难做出明确的决定。你可以通过假定性的提问提醒他们。比如,你说:"您知道我们会给您提供完美的报价,我们是否今天就应该进入良好的合作呢?"客户回答:"我想再考虑一下。"你反驳说:"有什么需要再考虑的呢?"这样你就让客户在毫无决断压力的情况下跨越了内心的坎儿。他引导自己走向了目标。

你看到了,目的使问题得到认可。你要始终思考自己身处销售过程中的哪一个环节,下一步你需要对客户做出何种反应,然后你才会知道,哪一种提问方式是当下正确的方式。这里有一条基本准则:你做事始终要从普遍情况进入具体状况,提问也需要按照这样的步骤去进行。你提出的问题越具体越详细,你对客户以及他的需求的刻画就会越清晰。

这样,在会谈的过程中就产生了一条提问曲线,从一开始的开放性提问,经过半开放性提问,最终走向封闭性提问。而客户除了认同你的报价之外,根本不会做其他选择。

你提问的质量也依赖你的知识水平:如果你在准备阶段已经对客户的最关

键数据进行过调查，你就能够更迅速和更有针对性地为大有希望的重点而努力。尽管你不应该过分夸大准备背景知识的作用，但是毫无准备是完全不行的。

有理有据的提问

只有你的客户清楚你为什么会提出某一问题时，他才会有意愿回答。如果他不清楚你提问的原因，他很快就会觉得你的问题讨厌且麻烦。他需要从你这里得到提问的理由，因此当你不断提问时，要确定他了解提问的意义，这一点非常重要。即便当你提出"合理的问题"时，你也应该稍微怀疑一下你的客户是否理解你提问的动机。你应该将解释放置在问题之前，以此来提出合理的问题，例如：

"为了我们更好地展开沟通，您可以告诉我是什么对您如此重要吗？"

"为了确定我们的企业对您而言是一个合适的合作伙伴……"

"为了让我更准确地理解您……"

借此，你将让客户对你的提问进行分类，接受并答复你的问题。在开放性的提问中，这一点对你尤其有利。你要自己领悟下面两种提问方式的区别：

纯粹的开放性问题："在选择新的合作伙伴时，什么是您所关注的？"

开放性的且有依据的问题："为了我们此时此刻只讨论这个问题，您可以告诉我，什么对您如此重要。在您选择新合作伙伴的过程中，您最重视的是什么？"

在封闭性的提问或选择性的提问中，这种方法的效果非常突出："我们想把资料给您准备好。您只需要这些吗，还是说您要整个采购小组的资料？"

不断练习，直到精通

就像其他技巧一样，提问能力也是可以进行训练的。鉴于提问能力对你的销售成功如此重要，我特别热忱地向你推荐提问训练。最好每天"在工作中"你都能锻炼你的提问技巧。如果你还不敢马上出去做这种练习，那么你可以在这里开始练习，通过这种练习，你会逐渐熟练起来。

练习提问能力

请针对以下类别分别准备 5 个与你日常销售工作和产品相符的问题。写下来进行练习，直到你彻底掌握它们，直到即便有人在半夜 3 点将酒后的你从梦中叫醒时，你仍然知道该问什么问题。

会谈开始时的 5 个开放性问题：

_____
_____
_____
_____
_____

会谈过程中的 5 个解释性问题：

_____
_____
_____
_____
_____

向成交的方向发展时提出的 5 个选择性问题：

_____
_____
_____
_____
_____

为成交提出的 5 个封闭性问题：

_____
_____
_____
_____
_____

为犹豫不决的客户准备的 5 个假定性问题：

_____
_____
_____
_____
_____

- 提问是销售员必备的一种能力。
- 哪一种提问方式合适，取决于会谈进行的时间点，因此你应该全面掌握各种提问方式。
- 提问技巧是可以练习的。

销售就是会讲故事

购买决定是一件情绪化的事情，因此将纯粹事务层面的就事论事作为销售策略是完全不够的。故事可以直接进入人们的情感层面，因此讲故事是销售工作中的一种强大工具。

人人爱故事

人们喜爱故事，无论是口头的、文字的还是图像的。当一个故事在我们心中唤起情感时，我们会变得更专注、更投入、为获取信息做好更充分的准备——也包括故事中包含的信息。客户也被准确地带动起来，思考每一个故事背后隐藏的含义，并把它们同自己的个人生活联系在一起。故事还会在潜意识中产生持续的影响，让人可以一直从中有所领悟。

我不知道，聆听和注释这种古老的学习方式和下意识的动作是否由此而来，但是它确实在每一位客户的身上都会有效。唯一的条件就是，他能感受到故事中的某些东西与自己是相关的。因此并不是每个故事对每个客户都同样有效，各种故事的效果更是各不相同。

在故事中，最有效的对接点就是恐惧和渴望，它们通常是内心最深处无意识的情感冲动。

故事能够准确地到达这些心理层次，并且产生切实的影响。客户甚至无法忽视那种通过一个故事引导出来的图像，这些图像能直接对客户施展作用。而这也就是我所说的故事的力量。

这些图像已经被烙在了客户的精神硬盘上。你作为销售员，能够让客户头脑中的这些图像重新复活，为此，你不需要准备光鲜的手册、视频或者活泼的幻灯片。

在讲故事的时候，往往少即意味着多，因为客户头脑中出现的是他自己原本就有的想象，而不是你预先准备好的图像。唤起客户自己的想象，这正是你的目的。

能够影响客户的好故事是什么样的？

特别有效的故事讲述让产品使用变得可以体验。这样的故事应该展示出其他客户对这款产品的评价：他们都说了什么，又是如何使用该产品的。这些你都可以讲述。你还可以通过视频短片向客户展示故事，包含了故事的说明性影片也有类似的效果。

他人的故事对客户始终适用，这种故事可以为你揭开客户的购买动机。

除了讲述对产品满意的客户的具体案例，你还可以对产品的使用场景进行"假设分析"，把它当成故事来讲述。这样就能引导客户的思路，让他走向你的解决方案。他甚至会在脑海中使用你的产品或服务，并自发地想象其中的优点。

你应当用这样的话开始讲故事："想象一下，客户先生……"你在结束时应当这样询问你的听众："在这次提报的产品中，您看到了何种可能性？"你要把随后的部分交给客户，否则你在客户心里就变成了吹毛求疵的人，会摧毁你在他心目中的形象。

如果你能有目的地调动客户的视觉感官和情绪，就能强化他的体验，增强他记忆的强度。

如果你恰好擅长讲故事，那么通常只讲一个故事就够了，然后把发言权交给客户。最关键的是，你要让交谈对象头脑中的形象活跃起来。

讲故事的 5 项基本准则

1. 故事要引起客户的兴趣。
2. 故事要可信。
3. 故事能够调动的感官越多，效果就越好。
4. 给客户留下空间，让他形成自己的想象，不要给他造成太大的限定。
5. 你要让客户自发接受与他的现实处境相仿的"故事中的道德"。

不同的听众，不同的故事

故事必须与客户的境况相符，这是讲故事的 5 项基本准则中最重要的一条。如果你的客户不是球迷，那么你就不要给他讲与足球有关的故事。面对初创企业的经营者，就不要把联合企业集团主席的经历当作故事讲给他。

如果你能够预先对你的客户有所了解，那么你就可以选择合适的故事类型，这也会对你大有帮助。不同的系统都可以产生辅助性的作用，因此你需要思考，他属于哪一种神经语言程式学类型，或哪一种色彩类型。

如果你在前期接触阶段找到了你与客户的某个共同点，这会是一个非常理想的故事切入点。如果你还没有找到方向，你可以选择一个普遍性的故事。

你要为每个故事都准备一句话，然后重复练习，因为故事的魅力不仅在于你使用了正确的词句、传达了正确的概念，还在于你高超的讲述技巧。

- 出色的故事要在客户的头脑中留下深刻的印象。
- 采用劝导式的词语和引人入胜的例子。
- 强有力的形象不是用很多词句堆出的，而是用少而精的语言创造的。

如何通过社交网络开发你的客户？

过去几年，销售行业围绕各种形式的社交网络进行了很多探讨。社交网络的优势很明显：

> 你可以通过相对简单的方式结识新的面孔。
> 你可以一次认识很多人。
> 你通常所见的是这样一群人：他们在企业中控制资金、拥有威望，也参与决策。

有些人会基于所有的加分项对你说，从今天起，你可以不必通过传统方式去开发潜在客户了，只通过社交网络就可以建立新的联系。我在这里奉劝你，不要听信他们。

实际上，一条获取客户的渠道是远远不够的，你始终都需要各种不同的获取客户的方式。社交网络也许是一个不错的补充，但是它绝不会是一个彻底的替代。我在这里故意使用了"也许"一词，因为社交网络能否把你带向成功，完全取决于你本人、你的产业和产品。

70-20-10 定律

我经常看到这样的错误：人们想要利用社交网络快速满足自己的需要。如果你这样做，那么很快就会被社交网络拒之门外，甚至就在你刚刚开始介绍自己的时候。

你怎样才能做得更好呢？社会媒体专家迈克·桑松尼（Mike Sansone）在多

年前就提出了 70-20-10 定律。这一定律表明，你在网络中与其他人共度的时间要针对不同的要点，按比例做出安排：

你用 70% 的时间向其他人展示你的实力。你聆听、发问，并全力支持。你的实力必须是真实的，而不是吹嘘出来的，因为人们对此非常敏感。

你可以用 20% 的时间向别人展现你的人格。

你只有 10% 的时间可以询问其他人："兄弟，您能帮我一把吗？您有这里或者那里的联系方式吗？"

你不应该在游戏的一开始就打出这张 10% 的时间牌，只有当你真正进入社交网络之后，你才可以把它抽出来。至少要在双方见过两三次面之后。这里的格言是"先有付出，再有收获"，因为在社交网络中，互惠原则同样适用。

在你进入一个社交网络之前，不仅要考虑它可以为你带来什么，还要考虑你能够并且想要为此投入什么。例如，时间：会见所需的时间、参加种种活动所需的时间、介绍自己的时间。

如果你把自己的专业技能和知识投入其中，那么你就能够借此向社交网络展示你的实力，并让人明白：你参与进来并不只是为了索取。如果有人希望马上就能够从一个社交网络中获益，那他将大失所望。在社交网络中建立各种联系也是要花费时间的。

选择适合你的社会网络

你首先要问自己这样两个问题：

社交网络应该为我带来什么？

我的目标人群在什么范围内活动？

这样，你就可以限制社交网络的数量，保留那些对你更有利的网络。然后呢？TOTE 模型可以为你提供帮助。你进入某个社交网络一两次后就要自问："它给我带来了什么收获吗？为此所花的时间值得吗？"如果答案是"是"，你就继续。如果答案是"否"，你就去检测下一个社交网络。

TOTE 模型

这种最初由控制论（Kybernetik）发展出来的模型在 1960 年由美国心理学家和神经科学家乔治·A. 米勒（George A. Miller）、尤金·加兰特（Eugene Galanter）和卡尔·H. 普里布拉姆（Karl H. Pribram）引入心理学领域。它刻画了具有目的性的行为模式。

TOTE 是该行为模式关键词的缩写：**试验（Test）—操作（Operate）—试验（Test）—退出（Exit）**

首先需要把理想状态和现实状态进行比较。如果两者并不相符，就要进行改进，然后对理想状态和现实状态再次进行比较，之后你可能会停止这一行为，或者对它进行修正。

以下日常情景是一个经典案例：

有个男人想要挂一幅画像。

试验：理想状态是"有一枚为了悬挂某物而钉好了的钉子"。现实状态是"墙上还没有钉子"。

操作：这个男人用锤子在墙上钉了一枚钉子。

试验：对理想状态和现实状态进行检测。比如，这枚钉子钉得还不够深，男人会用锤子继续敲打钉子，直到完全钉好。

退出：理想状态与现实状态一致。钉子钉好了，男人不再敲打钉子。

当你采用这种方法测试过 5～6 个社交网络，而其中没有一个值得你花费时间时，你就应该忘掉社交网络的事，把精力集中到其他渠道上面。

马上联系！

你在社交网络上建立起来的联系，其实和所有新建立的联系一样：只联系一次是不够的。

要记得，你在与潜在客户建立联系之后，还要与他继续展开令人愉快的联系。

你要尽快联系那些人，并且最好已经有了一个清晰的想法。在你与那些人沟通之前，你需要知道，自己想要通过联系他们做什么。随后你就可以按照自己的设想与那些人展开联络，因为此时你已经具备了足够的能力。

比如，你在足球比赛中认识了某人，你就可以直接打电话或者当面和他约定一次见面。你也可以采用友好的姿态联系对方，比如送一件小礼物。你也可以简单直接地、不带销售意图地打电话给他。你要利用见面的机会作为建立联系的契机，同时考虑自己能够继续提供什么，从而与对方建立起稳固的关系。

扩展网络的方法

一名优秀的销售员要在各种生活情境中确定彼此的位置、建立新的联系，不断扩展自己的社交网络。

我曾与一位客户闲聊，他刚刚成为一家公司的独立董事。他说："马丁，我必须告辞。我要去参加公司的一个庆典，我与那位总经理成功合作了多年。"

我回答道："太棒了。为什么我还不认识他呢？"

他笑着回答说："这是个好问题。下次我留心一下，我邀请他来家里烧烤，你也一起来。你觉得怎么样？"

这就是纯粹的人际网络。

- 社交网络无法替代传统的获得潜在客户的方法，但是它可以合理补充传统方法。
- 哪种社交网络适合你，与你的个人条件、行业密不可分。在你对某个网络产生疑虑的情况下，始终有效的做法是——进行检验。
- 社交网络的运转与获取客户的方式一样，你并不总是需要一种官方正式的"社交活动"。

第 6 章
为明天做好准备，销售额才会在明天继续增长

"你没有与时俱进？那么你要赶快跟上时代的脚步！"这句古老的格言具有强烈的现实意义，并且适用于销售员。

我拜访过一家水泵制造商。这家企业此前主要生产大型设备，平均每个客户可以带来 250 万欧元的营业额。这是纯粹的项目业务，在这种业务中，销售员也许一周只要在外面工作两天，甚至只要一直待在他们认识的客户那里即可。这完全是农夫的工作方式。

今天，他们每位客户创造的销售额平均只有 2.5 万欧元，过去的那批销售员每天要赴 5 次约去寻找新的客户。在这样的销售团队中，那些没有改变意愿、没有为继续发展做准备的销售员很快就会被时代抛弃。

为什么你要不断进修？

发展的最大抑制因素是"我已经知道一切"这种感觉。当销售员在行业中工作了几年时，他们特别容易产生这样的想法。他们大都忽视了一件事，所有事物每天都在改变。没有事情是一成不变的。今天所知道的，到明天就已经是昨日的见识了。不仅对产品和客户如此，销售渠道和销售技巧也如此。

第二大阻碍因素是"我的销售额还在增长"这一感觉。如果你今天不能为明天做好准备，那么你的销售额在明天就不会继续增长。

根据我的经验，尽管你不重视个人发展，有时候你的销售额依然会增长很快。如果真是这样，这是一个危险的信号，因为你的成功不是建立在牢固的基础之上。个人的成长需要时间，就像一棵树那样。如果树冠以飞快的速度向上长了 30 米，而根系却没有在地面下同步延伸，那么整棵树的稳固性会大大降低。

当你取得快速成功的时候，你要留意你的基础，也就是说，你个人素质的成长要与你事业发展的步调保持一致。

发展实际上与年龄无关：我认识 58 岁的销售员，他们对个人的发展抱有不可思议的热情；我也认识 28 岁的销售员，退休养老的想法已经种在了他们的头脑里。个人发展实际上与一个人的观念密不可分。因此，发展的方程完全把年龄因素排除在外。你每天的必修课应该包括反复记忆这个方程。

发展 = 保持开放 × 保持好奇 × 保持如饥似渴

如何着手自我发展？

专业技能和个人素养都与个人发展有关，两方面缺一不可。如果你定期设置个人发展目标，你就需要考虑，在这个时段里你要设定哪些目标、你要发展的重点是什么、在这个时段结束时你想要达成什么结果。

你为个人发展安排多少时间，是你的个人决定。作为榜样的我可以告诉你：我每年在进修方面大约会投入 4 周的时间。在这段时间里，你会学到大量新的东西，然后经历一遍能力等级模型所揭示的发展过程。我的经验告诉我，这样做是值得的。

能力等级模型

能力等级模型是源自发展心理学的一个模型，描述了从毫无经验到掌握知识的典型发展过程。

在开始阶段，你并未意识到有些事你做不到，比如进行一次良好的销售会谈。也正因为你根本不知道你做不到什么，这种毫无经验的状态也不会让你产生负担。在需要的时候，你会愉快地乱来一通。

在第二阶段，你会意识到自己的不足。你很清楚有些事情并没有掌握，比如进行销售会谈的方法。这是一个关键阶段，因为它很可能会造成极大的失望。这里包括了你作为销售员要取得成功的各种要素，因此你会开始不断练习。

坚持到底的精神和坚持不懈的练习在第三阶段获得了回报。这个阶段是有意识地去获得能力的阶段。你专注地在实践中运用所学的知识，让这些刚刚掌握的技能变得越来越熟练、成效越来越显著。

不经意间，你进入了未意识到自己拥有能力的阶段：你完全不再需要深思熟虑，凭直觉就可以熟练地运用你掌握的各种方法。你的工作高效而可靠，你对它有十足的把握。

你不必参加研讨课程或在现场听报告，因为做这些事情你还要考虑路途上耗费的时间。越来越多的收费的和免费的网络课程提供了继续进修的机会，只要你有意愿就可以随时学习。我们也一直朝着这个方向调整我们的培训计划，让网络培训以最优方式对现场授课进行补充。

哪种进修方式最合适你本人，只能自己去发现：你是否更愿意在 iTunes 或 YouTube 上看视频？你是喜欢阅读博客或书籍，还是听播客或有声书，抑或参加课程或会议？各种各样的选项极多。你可以根据 TOTE 模型进行检验，看看哪些方式适合你。如果能真实面对自己，就能找到与你的特点相符的方式。

高效的发展工具

你应该一再对你自身、你的行为和客户的反应进行思考，这是自我发展的重要组成部分。在任何情况下你都要这样做。

我的建议是，要适度，不要过度进行自我反思。培训师会建议你，每一次会谈之后都进行分析。坦率地说，你只不过是在研究你自己，这种行为要处于正常的限度内。此外，你还不断需要其他人的建议。

五人原则：结识比你强的人

我越来越相信，我们每个人的发展都会受到所处环境的决定性影响。这不是新的见解，这个观点在20世纪末就以"五人原则"的名字被世人所熟知，只是我在过去几年中，才真正理解环境的实际影响。

五人原则

2009年去世的美国励志大师吉姆·罗恩（Jim Rohn）说过："你最常往来的5个人，其平均值就是你。"他明确指出，与一个人关系最密切的环境对他的思想、行为和个人成功起到巨大作用。这种现象在社会学领域也同样众所周知，被称为"同组效应"（Peer-Group-Effekt）。

如果你在一个群体中始终是最优秀的销售员，这意味着你进入了错误的群体。如果你周围都是比你差的人，你就无法再提高自己。

你身处的环境看起来如何？你的同事、朋友、导师还可以促成你的进步吗？你还可以与他们继续进行激烈的思想碰撞吗？如果你确定这里还有更多可能，你应该环顾四周：谁做得比你更好？你可以从他身上学到什么？你如何与他建立更密切的联系？

你要注意自己身边有哪些人，根据目标谨慎地选择这些人。这并不是说，你必须切断所有其他关系，而是要想一想哪5个人与你联系最密切，并且会对你的发展造成深刻的影响。

- 不存在这样的销售员：他不需要继续进修就能保持工作上的成功。
- 你要保持自身的不断进步，尝试不断涌现的新的进修方式。
- 紧密的社会环境会对你的发展产生巨大影响，因此你要寻找合适的人去建立密切的联系。

第三部分　你就是自己的品牌设计师

你认识谁并不重要，谁认识你的品牌才是关键。借助品牌，你将有别于他人，从行业中的无数销售员中脱颖而出。你不再是随便一名推销某种机器的销售员，而是那个可以提供最佳解决方案的销售员。

LIMBECK. VERKAUFEN.

你就是自己的品牌设计师

LIMBECK. VERKAUFEN.

为什么销售员需要个人品牌?	要从无数可以替代的供应商中脱颖而出,你必须与众不同,因此你需要自己的品牌(相关内容请阅读第 7 章)。
一个品牌公式做好你的形象定位	你可以借助一个公式完美地定位自己。这个公式包括了你的目标、你客户的愿望和你的个人素质(具体内容见第 8 章)。

如何闪亮登场？

如果没有人认识，再完美的标志也毫无用处。你要寻找合适的公开场合，以恰当的方式登场。你要持续思考你留下的印象是不是你所希望的，因此你要着手培养标志性的个人魅力和身体姿态，注意你的行为和态度，保证留下的印象恰好符合你的目标和环境。

你还要准确把握对着装、饰品及车辆之类的选择。在打电话时，你只能通过声音和语言传递你的品牌，因此你需要关注声音和语言的影响，你要为此进行准备。

此外，所有写给客户的东西都会留下印象，你要让这些文字准确地传达你的思想。你要特别注意自己在网络上的形象：谷歌不能再清除记录，你的客户会在网上找到你，但愿他看到的只有胜利者里程碑式的脚印。

第 7 章
为什么销售员需要个人品牌？

全球化和互联网在过去几十年中极大地改变了销售员的世界。越来越多的市场玩家涌现出来，每一个人都想分得一块蛋糕。供应商的数量在不断增长，每名销售员都越来越难以吸引客户的目光。大量狭小的领域里上演着激烈的竞争。

想象一下，你一直在集市上销售鸡蛋，几年前你的竞争对手还只是其他鸡蛋摊贩和客户的高胆固醇。今天，你的客户只要点击一下鼠标，就可以在线订购鸡蛋和熏肉，并让超市把它们直接快递到家。

这是多么便利快捷，为什么他们还要不顾天气状况走出家门去你的摊位购买鸡蛋呢？这样做需要更充足的理由。

你的客户同样也看到了总体环境的变化。如今他拥有无限的信息来源，可以比过去更简便、更迅速地挖掘出有关某一产品的真相和用户评价，而他也确实会这样做。因此他不再需要那种仅仅提供产品的技术细节的销售员。

品牌资产和品牌力

各种论坛上的推荐替代了个人化的咨询，产品使用中的各种优缺点也可以在测评网站上收集。

管理咨询企业贝恩公司（Bain & Company）在 2016 年进行的一项调查显示，有 70% 的客户在与销售员进行第一次联系之前就做出了购买决定。

超量信息对客户也有不利的一面。客户会觉得自己正在遭受各种信息、报价和请求的狂轰滥炸。

客户不知道他在网络上搜集到的评价、观点和建议，哪些是有价值的。他不知道谷歌提供给他的1 000种选项中，哪一个真正适合他。他感受到的更多是手足无措而不是踏实可靠。

客户渴望找到明确的方向。在这种混乱之中，他希望找到一个他可以信赖的人。在有所怀疑的情况下，客户会信赖值得信赖的东西，比如那些曾经让他们拥有美好体验的品牌。

因此我认为，把自己打造成品牌，已经成为今天不可避免的趋势。变成一个对客户有益的品牌，让他认得你，然后他就会找到你。

品牌的作用与预售无异：信誉排在产品的前面，为购买决策打好了基础。这同样适用于销售员建立自身的品牌。品牌之所以有效，是因为它：

> 让你与其他销售员有所区别；
> 承诺能实现某种特别的用途，并且推崇这种用途；
> 保证能吸引别人的注意力并使你能被客户再次识别；
> 为你塑造了市场形象；
> 过滤你的目标人群；
> 让你的客户忠实于你。

借助品牌，你将有别于他人，从行业中的无数销售员中脱颖而出。你不再是随便一名推销某种机器的销售员，而是那个可以提供最佳解决方案的销售员。你不再是随便一名推销保险的保险经纪，而是那个可以为客户提供最合理的保险产品的保险经纪。

你的品牌能够表达出你能带来的好处。当你推销高档家具时，客户很清楚，他们可以指望从你这里得到外观突出、质量上乘的产品。当你推销的是最坚固的保险箱时，客户会带着最高的安全需求找到你。当承诺的好处被客户明确感知到时，你的品牌就会得到客户的推崇。

把可分辨性和实用性结合在一起，将让你受人关注并拥有很高的重新辨识度。哪怕一位客户一开始并没有购买，在几年后他想要购买时，他考虑的接洽人选也会是你。

正因为你和你的品牌承诺进入了越来越多的客户的脑海中，你的市场形象也得到了提升。如果你在品牌传播过程中一直表现稳定，那么随着时间的推移你的品牌会越来越有影响力。当你的名字再次出现或者你的商标突然闪现时，客户会马上记起你昨日的成功，并且使你的知名度更高。

一个得到完美塑造和提升的品牌同时也是一个过滤工具，因为它首先吸引的是那些喜欢你的客户。

如果你的目标客户群体是生活富裕的老年网民，那么承受生活重压的中年人和不富裕的大学生就几乎全被排除在外了。

所有这一切共同产生了这样一种结果：当一位客户在你这里得到了良好体验，那么他在下一次购买时一定会记起你。这样就产生了忠实客户。

如果你能够让这种记忆历久弥新，就会产生非常好的效果。

如果你的品牌在客户那里留下了美好的印象，那么哪怕只是一些微小的刺激也能重新唤起客户的记忆。

品牌传播的力量

如果你的客户对你的品牌有很高的评价，那么你做推荐营销[①]的时候就会更加容易。你的客户非常清楚你所代表的价值是什么，还可以把你的价值传递给其他人。其他人对你的正面评价其实是获取新客户最宝贵的工具之一。

总而言之，你认识谁并不重要，谁认识你才是关键！当你在市场上成了像得宝（Tempo）、特斯拉（Tesla）、能多益（Nutella）这样的品牌，你才算成了同行之中的头号销售员。

[①] 推荐营销指企业通过引导客户，让忠诚的客户自发地为企业做营销。——译者注

你不可以退而求其次，因为人们始终都更喜欢购买大品牌、知名度高，以及在市场上大获成功的产品。没有人对第二名感兴趣。

同时，你要对你的品牌充满自信。你应该向你的客户传达这样的信息：你是最好的选择。

- 在商品供应日益丰富的时代，你需要建立品牌，让人们看到你，让自己不可替代。
- 你的品牌会将你的鲜明形象带给客户，他们由此会期待从你这里得到些什么，进而对你产生信赖。
- 品牌由于便于人们互相传递，因此还会让推荐营销变得简单。

第 8 章
一个品牌公式帮你搞定形象定位

品牌是预先保证销售成绩的有力工具。因此，作为销售员，你要建立自己的名声。你不要指望人们会像你那样了解你自己，也不要期待好名声会自动流传开来。伟大的尼古拉斯·P. 恩克尔曼（Nikolaus P. Enkelmann）曾经说过："与其说你的专业能力更不为人知，不如说你树立起来的名声更广为人知，你的声誉走在了你的前面。"从字面上来说，你确实是在为自己"塑造"名声。你要用自己的双手主动去塑造你的品牌。当你的品牌产生作用之后，你的良好声誉自然随之而来。

为了树立品牌，你需要涉及各个方面。

你的品牌 = 你的目标 × 理想客户的愿望 × 你的性格

这里有 3 个变量，通过它们你可以确定你的品牌，就像通过一个公式得出了某个答案。

> 你的品牌 = 你的目标 × 理想客户的愿望 × 你的性格

就像我们要求的那样，一开始你就应确定你的目标。你要明确你和你的品牌所代表的价值是什么，并且去推动实现这些目标。

公式中的第二个变量是理想客户的愿望。你要做出什么样的承诺才能实现这些愿望呢？很明显，你作为一名销售员不应该尝试向北极居民推销快速冷冻设备，或者劝说贝都因人购买美黑仪器，因为这些产品对他们是无用的。即便你通过某些手段做成了这些生意，但是长远来看你无论是作为销售员还是作为一个品牌都无法取得成功。你应该认真地观察和倾听，你理想中的客户拥有哪些真实愿望，无论是他们明确提出的还是他们潜意识中的。

公式中的第三个变量是你的性格，正是它让你的品牌与众不同。你拥有别人无法提供的特质。你是唯一的，这种唯一性让你从销售员中脱颖而出。

你的品牌不可能也没有必要获得地球上所有人的喜爱。只有你和你的客户才能决定标准，因为你的品牌要让你安心，让你的客户认可。因此，推销婚纱的销售员可以抓住每一个机会去讨好他们的女客户，比如，"亲爱的，在这个世界上还从来没有一位新娘披过如此合适的婚纱！你就是玫瑰丛中最娇艳的那一朵！"新郎也许会因为这样的销售风格匆忙离开商店，但是新娘连同她的妈妈和姐妹却会深以为然。树立品牌的目标实现了：品牌的作用就是能让人喜爱、关注和再次被识别。

如何找到自己的品牌

根据这个品牌公式，你要为自己量身打造这3个变量，在每个变量中拟定3个适合自己的最突出的特点。

1. 你的目标。核心问题在于，你想为人所知的是哪种形象？当客户听到你的名字时，他应该想到什么？他应该把哪些东西与你联系在一起？举一个例子，你想得到什么样的名声？是守护者、创新者、解决问题的专家，还是最具个性化的产品的提供者？

目标应该与你的条件相匹配，并可以在市场上为你创造良好的机会。对此你需要具备良好的市场知识。

2. 理想客户的愿望。你必须清楚，谁是你的未来客户。你不要抱着放任自流的态度，而是要有意识地让客户的愿望成为制定的战略的一部分。

你会为品牌设定合适的发展方向，而品牌也只会在这些预设的方向上发挥作用。谁是这些品牌指向的目标，由你来决定。如果你已经知道，哪些人将会是你的客户，那么你就要考虑：

在你能够提供的各种产品中，他们最希望得到什么？
你在日后要与这些客户做生意，那么他们亟待解决的困难是什么？
什么是他们最渴望而你也能够满足他们的东西？

比如，你是一个鸡蛋零售商，想要开发更高端的客户群体，然后你发现，这些客户不想购买普通的鸡蛋，而更愿意购买山地养鸡场喂养的天天做按摩的名贵母鸡所产的蛋，或者鸵鸟蛋和鹌鹑蛋。然后，你的承诺就成了为客户四处挑选质量最高和最非同寻常的蛋类产品。更多相关内容可查阅第17章。

3. 你的性格。 你的品牌与你本人的性格越相符，效果就会越好。因此最核心的问题是：适合你的事物和行为是什么？

正是借助各种事物和行为，你才在自己的个性之上塑造出你的品牌。但是这些事物和行为涉及范围非常广泛，包括：

你穿什么衣服；
你佩戴哪些饰品；
你开什么车；
当你与人进行面对面交流或在网络上沟通时，你都如何表现；
你是如何打电话的。

此外还包括性格和行为方式。你的客户正是通过这些方面来认识你的，如：

恪守时间；　　忠实可靠；　　礼貌待人；
坚毅果敢；　　坚定顽强；　　富有创造力。

你要把所有要点从头到尾梳理一遍。你肯定会想到更多选项。你要把自我形象同别人对你的认识进行比较，因为你已经对自己的很多特征习以为常，但仍有一些特征你根本意识不到。因此你要询问你的伴侣、朋友、同事，你有哪些典型的个性特征。为了建立起自己的品牌，你要在品牌清单中总结出全部要点。

品牌清单

你要梳理每一个要点，尝试找到 3 个最准确的答案。你做的概括必须能够发展出你的品牌并为所有的生活情境所用。

我的目标：我要展示给别人什么形象？

1._____
2._____
3._____

理想客户的愿望：哪些承诺最吸引他们？

1._____
2._____
3._____

我的性格：我想突出哪些性格特征？

1._____
2._____
3._____

简要来说，我的品牌描述为：

_____

当你找到了这些答案，也就塑造了稳固的销售员品牌。最后，你还要通过下面这 3 个问题做最终的品牌检查：

你的品牌是不可替代的吗？它是否具有足够的独特性，保证你可以从所有销售员中脱颖而出？不可替代的品牌同时也是别人无法抄袭的：每一个想要抄袭的人，最终只能做到拙劣地模仿。

你的品牌能够一再被人辨认出来吗？那些出色的特性能够长期保存在人们的记忆中吗？富含情感的认知比客观信息更具有持久性。你要设法让你的品牌激起人们的情感。

你的品牌能够给客户提供具有吸引力的承诺吗？你要始终留意你的客户何时开始两眼放光的。

只有当一个品牌具有独一无二的特性时，才称得上是好的品牌。要建立完美的销售员品牌，就只有一种方法：你要让它体现你的价值，让自己化身为品牌。

没有瑕疵的品牌不是好品牌

客户更喜欢与真实的人打交道，而不是与人偶做生意，因此你的销售员品牌需要并且应该符合人性。也就是说，你的品牌一定包括了那些每个人都会有的小毛病。你根本不必试图打造完美的流线，反而要展示出你的棱角。你要保留你的一些小弱点，它们会让你显得更有人情味，也更真实。

是的，你还必须通过生活让你的品牌变得丰满，并且把它带到属于它的地方，也就是你的客户那里。

如何建立你的品牌

当你的品牌在市场上，尤其是在客户的意识里生根发芽时，它才真正被树立起来了。这不是一朝一夕的事情，而是经年累月才能实现的。因此，无论何时开始着手建设品牌，都不算早。在建立品牌的道路上，最关键的是，要尽可能集中和全面地展示你和你的品牌，至少要展示出它的价值。

建立品牌的方法可以是各种社交媒体渠道，或者是传统的专业期刊、内部通讯、赞助广告、团体集会等。在后面的章节中，你会看到有关每种渠道的更多内容。你也可以环顾现实，根据 TOTE 模型检验不断涌现出的可能性。记住，试验—操作—试验—退出。

如今的渠道太多，你根本无法一次用遍它们，当然你也没有必要这样做。你的选择方式要巧妙。选择的标准很简单：你要和你的客户使用相同的渠道。这就是说，场合决定正确与否。

此外，品牌展示的效果也与展示的频繁程度有关。就像水滴石穿一样，你也可以通过类似的方法给别人留下深刻的印象，因此你需要定期让客户看到你的品牌。

想要保持品牌的影响力，你就要恪守勤奋和自律的准则。

在你寻找新客户的时候，尽管你在对话开始时只说了："我是汉斯·施密特，就是那个做销售的汉斯·施密特。"其实你也已经找到了新客户。你的交谈对象的目光中不会带有疑问，他反而会因为清楚你的身份而点头。

保持忠实可信

一个品牌的生存要依靠持久的维护，因此你要非常重视遵守承诺。你的承诺赋予了品牌价值。

如果你承诺要成为豪华运动汽车销售商之王，那么你就只能在橱窗里展示高档汽车。如果客户总是在你那里看到家用面包车或者二手微型车，他们会感到困惑：你代表的到底是高档的豪华汽车还是无聊的普通汽车？

这样做会让漂亮的品牌破产。我经常看到这种错误。一个品牌能否生存，关键在于客户能否清楚地知道你能够为他兑现承诺。如果你给客户发出的信息与你的承诺不相符，他就会一头雾水并且不再信任你。你要让你的品牌真实可信，否则它就毫无作用。

这不是说，你要把你的品牌束之高阁，让它永恒不变：品牌同你一样，也需要发展。你可以并且应该让它在多年时间里发生改变。唯一的条件在于，无论怎么改变，你都要持之以恒地兑现承诺。

那些大品牌的所有者做出了良好的示范：连锁超市 REWE 在过去数年中把它的品牌从"物美价廉"变成了"只卖新鲜产品"。或者你也可以研究一下可口可乐，它会定期对自己的品牌做出某些调整。

这种做法同样适用于打造成功的个人品牌。麦当娜就是个典型的例子，她在几十年的时间里始终保持着个人品牌的发展。Lady Gaga 也是如此，变化本身就是她的品牌。

你要保持品牌与时俱进，同时还要保证它是无可替代的，并能够被再次识别。

- 你的完美品牌是你的目标、理想客户的愿望和你的性格三者的产物。
- 你要有意识地选择品牌的特点和品牌的展示场合。
- 你要在你做的所有事务中都保持品牌真实可信。

第 9 章
销售员该如何闪亮登场？

你的每一次交谈都是销售会谈

每天上班打卡后，不称职或者平庸的销售员就会穿上他们的职业套装，下班的时候再把那身衣服脱下来。这当然是他们的权利。只是如果他们无法获得成功，他们也无须怨天尤人。他们被日新月异的销售工作最终抛弃，也算是咎由自取。

优秀的销售员完全不会这样做，因为销售员的身份已经融入他们的血液。他们从来不会褪下这种身份。

当优秀的销售员听到我说"你的每一次交谈都是一次销售会谈"时，他们不会感到这是一种压力，而是会认为这给他们带来了巨大的惊喜。

给予与收获

销售会谈其实与两个人之间的交谈是一回事儿。一个人要给另一个人某样东西，然后另一个人接受了这个东西。

如此看来，所有人每天都在进行大量的销售会谈，哪怕他们对此毫无意识。《圣经》中记录了人类所谓的第一次销售会谈：蛇把苹果卖给了亚当和夏娃。

从长期来看，这不是一单好生意，因为蛇的行为带有恶意，而这并不符合一名优秀销售员的道德。最终这单生意被宣告撤销。但是这次销售会谈其实还是成功的。

要在日常生活中找到那些实际上是销售会谈的交谈：

你有和人事部的女主管谈起那个新职位吗？那么你要尽可能地推销你的能力和知识。

你有向上司要求加薪吗？那么你就要适当地提醒他，你的工作做得多么出色。

你在酒店前台善意地向那个年轻人解释，为什么他应该给你这样的老主顾把客房升级到套房。

你是第一次见到隔壁那位颇有魅力的女人吗？但愿你向她发出了令她难以拒绝的邀请。

步入婚姻殿堂之前，你一定是成功地把自己推销给了你心仪的女士，而她也接受了你。

当另一个人认可了你的报价，他就会做出购买行为，而你也很好地进行了销售，无论是刻意还是无意为之。因为销售行为本质上就是动员其他人采取行动。

从实践中获取销售会谈的技巧

只有当你能够引导客户做出有利于他同时也有利于你的决断时，这次销售会谈才算出色。

你越是有意识地进行谈话，交谈双方就越有可能取得良好的成果。无论是和潜在的客户、人事部女主管、酒店接待员还是和你的恋人交谈，最关键的是制定一个恰如其分的目标。对于一名优秀的销售员而言，他绝对不会哄骗或者强迫另一个人，他追求的始终是一种双赢的局面。

你要相信，只要愿意付出努力，普通的交谈也会成为有价值的销售会谈。根据我的经验，每一次交谈中都确实隐藏了取得美好收获的可能性。

德国足协杯决赛，法兰克福对阵多特蒙德。上半场比分 1∶1，中场休息快要结束，比赛马上继续。所有人都热血沸腾。正当我在看台一路飞快地拾级而上，有一个人抓住了我的胳膊，大喊："嗨，朋友，我在电视上见过你。我们正在寻找一名销售培训师。我们可以谈一下吗？"

实际上，此时我很想尽快跑回我的位置：这场比赛我一分钟都不想错过。而我当时说了什么呢？"当然，太好了。这是我的名片。您可以给我一张您的名片吗？我们下周初就可以联系，看看能否定个面谈的时间。您有多少位员工要进行培训？"

这次偶然的相识竟然建立起令人欣喜的生意往来。随着彼此交往的加深，我们最后成了朋友。

你会发现，实际上每一次交谈都是一次销售会谈。它不只为你提供了获得新客户的机会，还为你提供了锻炼的机会。你可以有意识地去磨炼你的能力，让它得到提高。因此你要尽可能多地利用这些机会。

一万小时原则

一万小时原则出自瑞典心理学家K.安德斯·埃里克森（K. Anders Ericsson)。他通过观察发现，行业能手之所以会在他们的专业领域成为专家，并不是因为他们拥有良好的天赋和促进他们发展的环境，而是因为他们做好了准备，为需要的训练投入了大量时间。他还认为，只有当人们自觉地完成了所需的训练之后，这项训练才会发挥作用。你不应顺便或者偶尔地去学习，而要带着明确的决心刻意地去学习。

如果你现在开始思考有多少日常交谈可以被视作销售会谈，并且可以被用来进行训练，你就会知道你到底具有多少潜能。当你有意识地把每一次交谈都视为一次销售会谈，你的训练机会就会迅速增加，从而取得训练的成功。

专注：练习谈判的先决条件

如果你要进行训练，就必须满足一个先决条件：专注。你要专注于日常生活，然后在进行（销售）会谈时辨别每一种环境。你要怀抱正确的态度去抓住会谈的时机，这样你也就把握住了随后而来的锻炼机会。

下面这条简短的主线会帮助你，让你的思维跟随那些最重要的元素走。

日常生活中的销售会谈

1. 在日常生活中保持专注；
2. 发现和利用各种交谈的环境；
3. 在交谈之前保持精力充沛；
4. 在交谈之前制定明确的目标；
5. 在交谈中起到引导作用；
6. 提出恰当的问题；
7. 注意交谈对象的反应。

你要认真对待你的训练，因为只有达到了能力极限，你才会有所增益：只有当你有意识地把一次交谈视作销售会谈，你才会进入另一种精神状态，因为你拥有目标，你的状态也会随之发生变化。目标始终是销售会谈的一部分，可以推动会谈不断向前。一个清晰的目标能够让一次交谈成为一次销售会谈，还会让会谈产生真正的意义。

- 优秀的销售员会自觉地把每一次交谈都看作销售会谈。
- 如果你这样做了，你会得到双倍的好处。你会更频繁地取得成功，经常得到训练。
- 通过这种每天都进行的训练，你在销售上将会取得更大的成功。

如何带着品牌走到公众面前？

这个问题的重点不在于你是否应该与你的品牌一起站到公众面前，而在于应该如何做。如果没有人认识你的品牌，那么它就很难为你带来好处。

因此，你必须根据自己的定位，带着你刚刚建立起的品牌向前再迈出一步：走到公众之中去，当然，是那些适合你和你的品牌的公众。

这样做无论是对农夫型还是猎人型的销售员来说，都不简单，只是让他们觉得不容易的原因不同。

农夫型销售员通常缺少必要的勇气站到聚光灯下。对此，他们会产生大量想法：自己的行为是否合适，自己的做法是否完美，这些做法是否确实会产生效果。作为农夫型的销售员，你要相信自己！你要开始走向公众，哪怕是不完美也比什么都不做强。

猎人型的销售员刚好相反。他缺少足够的思考，过于冲动的行事方式往往会导致他的品牌难以保证足够的可靠性。作为猎人型的销售员，你要尽可能多地强调你的品牌所代表的价值，而且你要从头到尾贯彻这种价值！

找到合适的受众

还有一个问题有待解答：你要从哪里找到合适的受众？在塑造品牌的过程中你至少已经部分地回答了这个问题：你已经明确了谁是你的理想客户。适合你的受众恰好取决于你对理想客户的定位。

世界上同样存在着无数的渠道、媒体、组织等，正是通过它们你才能够走向公众。为所有人服务，完全是不可能的。这是单独一名销售员无法完成的任务，当然，一个庞大的团队同样做不到（顺带提一下，发展潜在客户时也会出现这种情况，见第11章）。

当然，你也没有必要这样做，你要与之建立联系的不是全部人类，而只是你的理想客户。你也不需要同时用到所有渠道，而只是它们中的几个构成的组合。你在哪里，这个组合就应该在哪里。

你也要考虑到，公众是无处不在的，它的范围超过了那些你带着目的选择的渠道。无论何时，只要你走出企业大门，你就是你的品牌大使！

> 你在哪里受到了人们的关注，哪里就会有公众；
>
> 无论你刻意还是无意，你在哪里被人一眼认出，哪里就会有公众；

你的态度产生的影响会在哪里超出亲密的私人圈子，哪里就会有公众。

对于不称职的销售员来说，这听起来像是一种威胁，但是，对于优秀的销售员来说，这就是一次伟大的机遇。

如何为自己赢得名声？

如果你已经找到合适的舞台，你需要重新审视品牌描述：它代表的是什么？

通常你的品牌分为专业部分和情感部分。专业部分能保证你的"专家鉴定"是有效的，而情感部分让你拥有了鲜活的人性。当你出现在公众面前时，这两个方面也应该被重新看到。

你要成功地为自己赢得名声，这是你的职责。要通过宣讲的方式。

你要在目标人群聚集的专业活动上发表演讲，或你至少要在全体会议上提几个好问题让自己受到关注。你要为专业杂志撰写文章，或者成为当地报纸的专栏作者，说出客户的日常忧虑，并且提出帮助他们解决忧虑的办法。

你要让品牌表现出人性的价值。这方面，赞助冠名的效果非常突出：如果要让人们从你的名字里感受到人情味并对其产生信任感，你就应该资助你们当地举办的公益活动。如果要让客户把你与运动的活力联系起来，那你就要为你们足球协会的少年队赞助一套崭新的足球运动衣，衣服上印有你的商标。

你要检查一遍这个清单，看看哪些公众对你而言具有价值。

检验清单：公关工作

检查这个清单以及其中的详细建议：什么东西特别受你的客户的欢迎？这些东西中有哪些与你和你的品牌特别相符？你还要在列表中补充可能出现的特殊情况。

你要定期更新这个检验清单，因为无论是你的客户还是你和你的品牌，始终都在继续发展。

表 9-1　公关工作清单

公关项目	是否适合我		
	是 (有哪些)	今后 也许是	否
以会员或个人身份加入同业协会、联合会、社团等			
在各类活动、展销会各类组织中进行演讲			
在日报、周报或专业报刊开设专栏			
担任各种媒体的特约评论员			
向各种编辑机构投送新闻报道			
为论坛撰写文章,在各种组群和职业网络中发表言论			
资助体育性、社会性或慈善性的各种活动			
出版内部通讯和信息手册			
组织自己的聚会和活动			
开设自己的视频网站频道			
登上社交媒体,如脸书、Instagram 和谷歌+			
使用推特、WhatsApp、SnapChat			
进入传统和互联网上的职业网络			
开设自己的博客			
制作自己的播客或影像播客系列			
出版专著或与人合著			

如何让你和你的文章在舞台上被人们看到?在那个舞台上,你通常不是唯一的演员,上面还聚集着其他参与者。你的文章很可能被淹没在资讯的洪流中。除非它能够从海量信息中脱颖而出。要做到这一点,就要依靠你的创造力了。

151

你要对你的出场方式有所设计，千万不要随大流，而是要有独到之处，比如特别滑稽、怪异、巧妙、暖心、打破套路，最重要的是，它要与你和你的品牌相称。

这里有一个绝佳的案例：我的一位汽车经销商朋友搞过一次成功的活动。他想开发一个新的目标人群：有小孩的年轻家庭。为了展示新款的旅行车型，他邀请著名儿童理发师来到他的汽车展厅。在展示汽车的同时，理发师带着助手为孩子免费理发。无论是对这位汽车经销商还是对那位理发师来说，这样做的效果都非常好。甚至当地的报纸也对这个非同寻常的活动进行了报道。

每一个品牌都有合适的传播渠道，也有恰当的投入量。如果你对数量不是很有把握，你就要更勤奋，通过更多的尝试来找到答案。

你不必担心面对的公众太多，而是要避免面对错误的公众。错误的公众是指那些与你和你的品牌不相称的公众。

如果你尝试了某个渠道，但是事后证明它无法让你和你的客户建立起联系，后果其实并不严重。这是不可避免的过程。但是如果你的客户从你那里接收到了错误的信号，那才是有害的。

注意：公众！

随着你的知名度不断增加，你在公共场合的一切言行都会与你的名声和你的品牌关联起来并被进行比较，这种情况是无法避免的。如果你的言行与你的品牌不符，你之前所做的一切工作都将遭受巨大损失。

就像之前说的：公众无处不在。哪怕是在晚间的展销会、酒会和周末的运动场边。如果你在那里举止不当，你的品牌也会受到损害。

即便正与一名客户进行一对一交谈，如果你的行为与品牌所宣扬的东西无关，让那名客户觉得遭到了冒犯，他也会立刻把这件事宣扬出去。特别是在测评门户网站和社交媒体高度发达的时代，你的品牌很快就会陷入质疑的声浪。

这当然不是说，你做事必须尽善尽美。人都会犯错误，如果你能做到坦诚，错误反而会经常引起同情：如果你的公司内部月刊没有能够按时发行，你应该积极地做出解释，你的客户会对此表示理解。如果在公众面前你出现了小差错，你要致歉，承认你的错误，然后改正错误。

- 你要主动为你的品牌寻找公众，在那里你的客户可以认识你。
- 你在公众场合的一切言行都会对你的品牌产生或好或坏的影响。
- 你要在挑选渠道方面富有创造力，通过这些渠道你可以找到合适的公众。

正确制定你的个人形象打造方案

你给别人留下的第一印象是无法更改的，在与客户首次会面时你如何出场尤其重要，因此你要非常谨慎地选择最佳出场方式。

你将在这一章中看到这方面的一些基本原则。其中有很多原则与你的理想客户是谁有关，因为你需要给他们留下良好印象。面对客户时，农业机械销售员和豪华游艇内饰销售员要呈现出的个人形象是完全不同的。因此你塑造出的个人形象必须是以下三方面的交集：你的客户想要什么？符合你的品牌的是什么？让你感觉舒服的是什么？

此外，不能只用一套方案来打造个人形象，因为你的客户存在差异，每个人都有自己的偏好。为此你需要准备一系列有差别的形象方案。这些形象要始终代表你和你的品牌，同时又能满足不同客户类型和客户群体的要求。成功的个人形象由 5 方面组成：

个性与体态；
举止行为；
态度；
声音与语言；
外表。

个性与体态

积极的个性塑造了优秀的销售员。这种个性与保持微笑或幽默天赋无关。你无法假装或者表演出这种个性，你只能培养这种个性。换句话说，你要从心态入手。当你真诚对待你的客户，对他心怀感激，同时了解自己的价值，你的个性就会焕发出真正的魅力。然后你会吸引客户，因为你的快乐会通过交谈感染别人，因为你的感激会唤起他的信任，因为你的自信会向他展现成功者的心态。你当然知道，客户始终只会向成功者购买东西。

这说明，如果你树立起正确的心态，那么你的魅力就会油然而生。而且你还不用再挂念你的体态，因为它只不过是你心态的镜子。当你内心充满感激和自信，愉快地走向你的客户时，你会身体挺拔地面向对方，体态充满张力。这些都会以自然而真实的方式呈现出来。如果你的表现刚好相反，那么别人将对你产生紧张不安和不自信的印象。为了改善你的体态，你要从心态入手，表演指南无法为你提供帮助。反过来，你也可以把你的体态看作警报：当你从自己身上观察到不自信或骄横傲慢的举动逐渐增多时，你就应该马上对自己的心态进行检查和修正。

不合时宜的肢体语言

表9-2中列举了各种肢体语言信号，它们可能会让你的客户感到不快。当你紧张、烦躁或者无聊时，你就会突然陷入某种行为模式。可是你了解自己的模式吗？你可以根据自己的情况进一步补充这张表格。

表9-2 泄露你心态的种种迹象

心态	具体表现
紧张、不安	心神不定地站着、摆弄某个物件、仓促中摘下眼镜、咬指甲、靠紧某物以支撑身体、双脚绕着椅子腿、两只脚并排在一起、讲话时用手遮口、频繁眨眼
抗拒、愤怒	耸肩、握拳、交叉双臂抱于胸前、挺直上身、在手中紧紧攥着某物、颤抖、上身竭力向后靠、向后交叉双腿、用手指指着交谈的对象
傲慢、急躁	搓手、晃脚、用手指做击鼓的动作、挑起眉毛、上身大幅度向后伸展、张扬地把头向后仰、频繁变换坐姿或站姿、两手搭在一起、翻白眼
……	……

举止行为

正是在数字化时代，你才有机会依靠得当的举止行为让自己从众多竞争者中脱颖而出。我在这里故意使用了"得当"这个词，因为在教科书中，我们这里所说的适当行为有可能是完美无缺的，但也有可能是不合规矩的。它得当与否，完全要看你在与谁打交道。无论如何你都应该掌握好"得当"的分寸，这样你就可以随机应变了。

进一步讲，你的行为也受到你的品牌的限制：如果你想要为高档家具典雅考究的品位博取名声，那么使用富含历史底蕴的吻手礼确实会是一个出色的方案。但是如果刚好相反，你要体现出的是农业机械的粗犷力量，再使用吻手礼就不合适了。如何把握其中的度，你需要细致入微地去体会。

依我之见，一些基本的行为准则你是无法绕开的：

比如，恪守时间。这是你对客户心存感激的一种表达方式：他的时间和你的时间同样宝贵。你不爱惜时间是错误行为的一种标志，因为这使得你的客户必须等你。如果你能够严格遵守时间，那么你就获得了可以要求你的客户同样准时的权利，最终你们双方就会形成一种平等关系。

此外，遵守礼节始终都是一项优点。如果你了解并遵守行业普遍礼仪，就会让你和其他人产生一种感情上的紧密联系，因为你表现出了你对规则的尊重。你要一直比客户表现出多一分的礼貌——只要你的做法不过火，就会让人获得一种明显的舒适感。

比如，你在自我介绍时说出自己的全名，就属于一种礼节：它会让对方对你本人产生更深的印象，让他对你有更清晰的了解。礼节在本质上是一种仪式，帮助你的客户对你进行分类并做出评估。你通过你的举止行为给他提供线索，让他知道应该把你放到哪一个类别中。因此你也应该自己尝试这样做，通过自己的行为给自己归类，即通过刻意的行为，让自己进入一个符合自己目标的类别。

你的感激之情也可以通过礼节表达出来。如果你在客户面前懒洋洋地坐在椅子里，两腿舒展，胳膊交叉抱在胸前，那么你给对方留下的印象不是很酷，而是不感兴趣和怠慢。

只有当你能够正确把握分寸时，你的行为才会真正引人注目。换言之，你的礼貌已经不仅仅是仪式，还具有了人性的色彩。这样你就表明，你有能力也有意愿把自己放到客户的位置上去做换位思考。你会表现出一种善意，表明你会尊重他的价值、感受和信念。

掌握好分寸在很大程度上与情商有关，是可以进行训练的。

在举止行为方面，问候时的握手是一个非常特别的内容。无论是你与客户建立信任还是客户对你做出评价，肢体上的碰触都是重要组成部分：通过这种接触，你与客户之间的关系在无意识中被拉近了。通过他与你握手的方式，你可以对他的性格和期待有所了解。

因此你可以利用这种仪式，有意识地去塑造你握手的方式。当然，你应该买一瓶护手霜和一把指甲刀，你的双手也属于品牌的一部分。

握手的顺序

根据规矩，你始终要最先把手递给职位最高的领导，然后按照等级顺序由高到低依次与人握手。但是我有意识地不遵守这个规矩：对我而言，女士始终放在前面。这是我个人的决定，而且我一直这样做，因为它符合我的价值观。

你要对这些问题做出自己的判断。

检查清单：握手

你要在兼顾客户和品牌的前提下对如下问题做通盘考虑：

顺序：我要从职位最高的领导开始，还是从女士开始？

手的选择：通常是握右手，但是客户的习俗也是这样吗？

手给人的感受：我的手看上去做过保养吗？它让人觉得舒服吗？

力道：多大的力道会给客户留下良好的印象？如果你和亚洲人握手，用力攥住对方的手是粗鲁的表现。在西方文化中则刚好相反，有气无力的握手会被看作虚弱和缺乏决断力的表现。

当没有办法握手的时候，就要考虑其他问候方式。哪一种举动会被客户看作在表达感激之情？点一点头？挥一挥手？

态　度

如果你以成功为目标，那么前面已经提到过的感激和自信就是你处事态度中最重要的部分。根据这种最本质的认识，你在销售工作中要采取的态度是：

乐于助人：你的表现要让客户相信你能为他们提供全面的支持，帮助他们做出最佳的购买决策。要达到这个目的，你就需要耐心地一步一步陪他走，直到他做出决策。你不要欺骗他，也不要苛求他，你要发现并重视他的愿望和需求。

不屈不挠：如果你在最初一两次徒劳的尝试后仍不放弃，那么你就要让你的客户看清楚，你这样做完全是因为他，你依然希望他会做出正确的决定。友好而坚定是销售员的美德，它会给你带来回报。

踏实可靠：你遵守规则、信守承诺，是客户指望得上的那个人。这是获得信任最重要的前提，也是客户做出购买决策的前提。

积极主动：你营造出舒适的气氛，你的活力和乐观会传递给客户。如果你能够和客户坐在一起谈笑风生，那么这随后就会带来收获。

开放坦诚：那个在活动中躲在角落里的人无权去抱怨他没有交谈的机会。你要给客户机会，让他们去认识你卓越的品牌，但是你要主动、让人感到愉快。如果你要喝上一两杯啤酒才有勇气去这样做，那么你可能就要调整你的心态，或者换个职业。你要与你的交谈对象有眼神交流，这也是坦诚的一种表现。眼神交流可以帮助你与客户建立起正式的联系。你不要盯着地面或望着远方，你要看着他：这样你就能传递出你的专注和决心，同时牢牢抓住他的目光。

准备就绪：做好充分的准备也是表达感激的一种方式。你起码要清楚客户的全名和对方企业的信息。如果你总是记不住别人的名字，那么就反复练习。"没有天赋"只不过是你给自己找来的托词而已。

此外，你向客户表达谢意也是一种感激的态度。但是要注意：不要无缘无故地向客户致谢。你要感谢他的信任、感谢他对你的指责让你改进了服务、感谢他的推荐，你要感谢所有对你有所助益的事情。

千万不要为了一次会面或者一份订单而致谢。你的客户从中得到的好处至少与你一样多！这与礼节无关，而是关系身份对等的问题：如果你在错误的时间说了"谢谢"，你就丧失了对等的身份。

声音与语言

在与客户直接会面时你说了什么以及你是怎么说的，也会给对方留下印象。尽管你的客户在第一时间确实会对你的个性和体态产生更强烈的感受，但它们的作用也往往被夸大了。你的声音听起来如何，极度依赖于你内在和外在的状态。它是你拥有的最重要的影响手段。

状态决定声音

做下面的小试验。把手机摆放好，为随后的录像做准备。现在你摆出四种不同的体态姿势：

1. 耸肩低头站着，胳膊紧紧夹住身体，双脚并拢紧靠在一起。现在大声说："早上好，穆勒先生。见到您真高兴！"
2. 自觉地让肩膀下垂，充分动动胳膊和双腿，摆出一个轻松、自信的站姿，双脚差不多与肩膀同宽。用相同的音量重复刚才那句话。
3. 坐到写字桌旁边，懒洋洋地半躺在办公椅里，把双腿悠闲地搭到桌子上，重复刚才那句话。
4. 在椅子上坐直身子，然后急切、兴奋地站起身，深吸一口气，微笑着，最后一次说出那句话："早上好，穆勒先生。见到您真高兴！"

播放拍摄的录像：你能听出其中的不同吗？

如果你没有天生的好听嗓音，那么可以下功夫去获得动人的声音。这是可以做到的！这对明显的发音缺陷也同样有效。发音缺陷也许一开始会让人觉得可爱，但是随后就会让人感到厌烦了。

你讲方言吗？如果你的客户听得懂方言那就太好了：这为你平添了一种个性化的标签。但如果你发现客户在与你的交谈中变得疲惫，就要赶快转换成普通话。尽可能让你的客户感到舒适。注意变换声调，这也会对你有所帮助：不要始终保持一个声调讲话，这会让你的客户昏昏欲睡，甚至对你失去兴趣。因此你要在说话时注意声调的抑扬顿挫。这会让你的讲话非常生动。

语速的变化也会让语言变得生动：如果你平时说话像机关枪一样，那么你时不时地就要放慢一下速度。如果刚好相反，你讲话是那种慢条斯理的类型，那么你就要自觉地把语速加快。在语速这件事上，非常关键的一点是，一开始在语速上适应你的交谈对象，是为了让他之后在不知不觉中进入你设定的对话节奏中。这是纯粹的同步与引导法。

要注意，你在谈话时要做到表达清晰、语意积极。这是针对销售会谈去组织语言的基本准则，因为你一定知道：

原则上每一次交谈都是一次销售会谈。这就是说，当你和一名客户在某个活动的场地边随便闲聊时，你仍然需要目标、策略、出色的提问能力和最重要的倾听能力。

如果只有你在讲而你的客户根本没有开口的机会，哪怕你声音悦耳、妙语连珠，也无法给他留下一个好印象。因此，你要自觉地留出别人讲话的空当，这是讲话技巧的一部分。

外　表

精心准备外在形象是优秀销售员的一种职责，不可以任性而为。你选择穿什么样的服装完全取决于你要面对什么样的客户。原则上讲，如果你的形象和服装略微优于你的客户，就会非常完美。要注意，绝不可以比客户差，否则就不能指望获得与客户对等的身份。在这里我想再补充一点，在绝大多数行业中，纸制名片一直都发挥着重要的作用。

当你与客户的领导交换名片时，这种仪式扮演了你未曾想到的承前启后的角色。你给他某样你自己的东西，他接受了这样东西。这会深深影响到我们心中的互惠原则，让他感到自己有义务对你做出相应的回馈。这在潜意识中建立起一种相互交织、相互依赖的心理，让你们之间的关系更加牢固。这种"亏欠感"并不会因为他回赠你名片而被抵消。

亚洲做派

你看到过，亚洲人是如何收下一张别人递过来的名片的吗？他们不会随意地把那张名片塞进口袋，而是会伸出双手接受名片，带着钦佩认真欣赏名片上的每一个细节，就像是在欣赏一件珍宝。

这种做法也许在西方人看来过于夸张，但是我建议你应该多少去模仿亚洲人的做法：你要郑重地收下客户的名片，同时通过眼神让他们知道你对他们的关注。这样做也是一种感激的姿态。

你不要随便使用廉价的名片，而要制作与你品牌相符的美观典雅的名片。你要富有创造性，从自己身上发掘出与众不同之处。设计别致的名片会吸引更多的关注，能够比普通名片给别人留下更深刻的印象。这方面的投入是有价值的。

比如，我的名片就是采用双层卡纸印制的，人们把它握在手中马上就可以感觉到它的与众不同。仅此就可以引起别人对你的额外关注。

出场前的最后检查

你的出场效果由五方面共同决定，你要把它们全都牢记于心。本书为你提供了一个最后检查清单。在你与客户会面之前，要把清单中的要点逐项检查一遍。每次会见客户之前都要这样做，直到这个清单融进你的血液中。你的出场效果的好坏将直接关系到你的销售是否成功！

个人出场的最后检查清单

检查准备情况：我会整体思考一下届时会见到谁，他有什么期待。

检查名片：我会把足够多的名片放在口袋里。

检查心态：我充满自信，我很高兴能够见到即将会面的这位客户。

检查时间：我会准时出现。

检查着装：我会穿着合适的服装，我的形象会让人觉得舒服。

检查声音：我会清清嗓子，也许再喝一口水或茶。

检查情绪：我几乎迫不及待准备登场了。

哪怕是做好了万全的准备，你也不可能让每个客户立刻就能百分之百满意。

如果你以对待自己的方式去对待客户，那么你基本上很难取得成功。如果你以客户期待的方式去和他打交道，那么你的个人出场就会非常完美。

只有当客户真正站在你的面前，你才有可能了解他此时此刻确切想要什么。他会不断向你发出信号。如果你专心致志，就会接收到这些信号，从而对你的状态做出相应的调整。

这样做的前提是把注意力全部放在客户身上。此外，你要时刻准备调整自己的状态。要做到这一点，你必须对自己的状态了然于胸，并且准备多种方案。你要投入必要的时间去开发策略并进行训练，这些都是值得的！

- 你给别人的第一印象，会成为你与客户关系的基础。
- 你要强调积极的个性和心态、恰当的行为和态度。
- 你只要集中精力，就会知道客户希望你以何种方式出场，然后就可以在这方面对自己做出调整。

你的精心打扮，传递出你对客户的尊重

你穿的服装、戴的首饰，还有开的座驾，所有这一切汇聚在一起构成了你的品牌的全貌。你要懂得如何有目的地、巧妙地选择这一切，只有这样才能够让你的品牌具有价值。认真细致的着装搭配使你得以向客户传递出感激的信号：你之所以精心打扮自己，是因为他值得你这样做。

服装是你的品牌标志

正确的着装是你的一种标志。通过正确的穿着你能传达出很多东西，如你对工作的理解、你对客户的看法、你所代表的价值，还有你自身拥有的资格。

在你的目标和如何选择服饰来表达目标之间，有一种极具张力的相互关系：美国的一项研究证实，当实验参与者穿着不同的服装时，他们的思维方式也会发生改变。当他们穿着时髦的套装等正式的服装而不是磨损了的休闲服装时，他们

的思维结构与成功的商人更接近。他们觉得自己更有力量，在这种状态下能够更好地进行抽象思维，相应地，研究人员可以检测到他们更自信。你要自觉地选择那种符合你职业要求的服装。

正确选择服装并不容易，它不只会对你的心理造成影响，如果你选择的服装与你的实力水平不符，还会导致外在的后果，因为你的形象关系到客户对你的期待。如果你穿得不修边幅，你的客户就会质疑你的能力从而降低他的期待。之后你必须付出更多努力去证实自己，以重新赢得他的信赖。这样做可能有用，但并不一定能成功。

因此，你要在选择自己的服装时兼有大胆的态度和自知之明。你要遵守以下简单法则：始终比你的客户穿得更正式一些。比如，你要向最高决策者销售高价产品，那么你的着装就一定要满足下列条件：

要穿高档西装。最好是量身订制的西装，因为它的长短正好合适，也不会出现不该有的褶皱。

西装里面要穿高档衬衣。在过去，白色是唯一合适的颜色，但是今天，浅蓝色的衬衣被认为是可靠和沉稳的象征，同样值得推荐。你还可以花些心思，让你在身着衬衣时与众不同：比如，衬衣领口隐隐地绣着你公司的标志，或者在西装外套上别上一枚得体而小巧的徽章别针。你也可以只穿衬衣，这取决于你的客户。如果你佩戴了带有公司标志的袖扣，同样也会起到强调的作用。

腰带和鞋的颜色要统一。你要放弃使用那种炫耀性的腰带扣或者太过夸张的纹饰。

必须穿皮鞋。胶底鞋会发出刺耳的声音，让人觉得廉价。运动鞋不适合出现在会谈的场合。

如果没有客户在场，你在办公室可以不系领带，也可以脱下外套。但与客户在一起时，你不应该这样做。除非天气太热，否则你绝对不可以在会谈对象面前脱下外套。

用饰品突出你的个性和品牌

如果正确的着装是必选项，那么特别的饰品就是可选项。通过饰品你可以强调你的个性、突出你的品牌。借助饰品，你的出场可以让客户更加印象深刻。

我认识一名销售员，他平淡无奇，甚至有一点无趣。但在签字环节他从西装内侧口袋中掏出一支黑色的万宝龙钢笔的那一刻，所有人都会发出赞叹。这绝对是惊艳的一幕。这支钢笔上用高雅的字体镌刻着："彼得·穆勒。充满热情的销售员！"他像古代宫廷中的司仪一样把这支钢笔递到客户手中。这一刻会深深地烙印在客户的记忆里。

对你而言，哪些东西才是合适的饰品呢？

很简单：符合你的品牌和你客户身份的饰品。剩下的就要靠你的创造力了，比如，带有你的姓名首字母的衬衣袖扣或者相称的丝质围巾，一本特别高档的记事本，或者一款新潮的电子设备。依我之见，一些复杂的饰品不适合佩戴，比如人体穿刺饰品、过大的首饰；一个休闲性的城市背包也不是一个好的职业提包；带滚轮的行李箱也会令人尴尬。服装和饰品相得益彰，才能取得双倍的效果。

如何接待客户，也会影响品牌建设

如果你在自己的办公室接待客户，那么你要把这个空间也看作你的品牌的一部分：你的客户应该获得何种印象？你应该如何当场塑造他的体验？

除了牢固的建筑外，你为客户供应的饮品或食品也应该体现你的品牌。

如果你想营造高档的感觉，那么喝咖啡时你就不能掏出装在皱巴巴的小纸袋里的糖，而要把糖装在优雅的糖罐里。如果你特别想要维护现有的客户关系，你就要毫不迟疑地准备他最喜欢的饮料，如卡布奇诺咖啡，但愿你已经把这些都记录在数据库中，可以随时查阅。你要利用一切机会去表达你的感激之情，同时运用启动效应。

选对你的座驾

你的出场绝不应该太过招摇。客户都有绝佳的判断力，会知道你是想通过一样昂贵的东西（如一辆豪车）来炫耀，还是真的喜欢它。

因此，在这个问题上你要同时保持敏感和自信。你选择的汽车应该尽可能符合你自己的品牌。如果你是青年时装的中间商，你就应该选择一款欧洲品牌的大马力、小体积车型，而不是一辆日本制造的时速稳定且节油的中档车。如果你是一名可靠的金融产品经纪人，你最好驾驶深色的奥迪车，而不是一辆色彩鲜艳、用花朵图案装饰的斯玛特微型车。

此外，汽车其实就像服装一样：无论你选择哪一款，最重要的是要保养。销售员的座驾必须干净整洁。你最好在汽车保养机构同时购买车内清洁服务，这样做是值得的。

我认为，在车内安装一个合适的免提通话设备也是必需的。一边驾车一边给客户打电话并不符合你的风格，客户会在无意中发现你正在开车（当然你应该主动告诉他），因而想尽快结束通话。如果你在打电话时表现得心不在焉，就会引起客户的不信任感。无论这种不信任感多么微小，都于你不利。因此，你无论如何都要在这方面加倍用心。

在通话时一定要把客户放在最重要的位置。如果你无法确保这一点，那么最好等你在停车场、办公室或者家里的时候再来打这通电话。

- 你通过着装同时向自己和客户传递信号，表达你的权利。
- 你的穿戴要始终比你的客户正式一点。
- 你的饰品和汽车同样能传递出你的品牌，你要让它们适当强调你的品牌。

怎样在电话交谈中展现你的人格魅力？

打电话是你展现声音和语言的高光时刻。与面对面会谈相比，声音和语言在电话交谈中能够发挥两倍甚至三倍的作用。毕竟你的客户在电话中不会因为你的其他方面而分散注意力。

特别注意：你的客户即便无法看到你，也仍然可以通过声音判断你的状态，包括心理状态和身体状态。因此，在打电话时你应该保持良好的体态，像你的客户就在你面前一样。

客户的感觉相当敏锐，他能够非常准确地判断出你是否正在聚精会神地与他通电话。因此，你要始终全身心地投入与他的通话中。也就是说，你最好能屏蔽所有会让你分神的因素：

  关闭你的电子邮箱；
  关闭你的社交媒体网页；
  关闭网站视频，哪怕调到了"静音"模式；
  把手机调成"静音"，把显示屏向下扣在桌面上；
  如果有孩子、狗或者猫，不要让他们进入房间；
  寻找一个尽可能安静的地方。

  纵使你有明确的目标，在电话中保持聚精会神也会让你觉得不容易，那么一个尚在犹豫、根本没有决定是否要与你合作的客户又会如何呢？你要尽可能让他感到轻松。

  如果在电话中你的客户能够很好地理解你，那么他就会愿意与你通话。这对你而言就意味着：你要讲话清楚、意思明确。如果你每说两句，你的客户就要让你重复一次的话，那么他很快就会失去与你通话的兴致。你要注意，说话时不要吞吞吐吐、结结巴巴。

  如果你讲方言，就必须确认你的交谈对象是否真的能够理解你的意思。这种情况在打电话时更加棘手，因为你没有其他手段可以弥补语言交流中的困难。在你不确定对方能否理解的情况下，最好说普通话。

  你一定要自觉地训练自己，非常清晰地说出你的全名。在任何情况下，你都应该让客户马上就听清你的姓名。

  以下这样做，可以让你在表述上做到清晰明确：

  最好使用简短的句子，而不是长句；
  不要使用复杂的从句；
  选择简单的词，而不是复杂的词；
  运用生动形象的语言，让客户在头脑中产生图像；

如果你不确定客户是否熟知某些生僻的专业名词，就避免使用它们；不要讲复杂的故事，要开宗明义、简单直接。

在这里，"明确"同时意味着，你的声音和语言要明白无误地指向你的品牌。你要避免空话、套话，要把"品牌式的语言"带入交谈。因此，你不仅要在打电话寻找新客户和处理反对意见的环节上，准备好巧妙的应对方案，还应该对所有能够预见的谈话情境都做出准备。然后熟练掌握它们！让客户仅仅通过你的语言就能够再次认出你。在这方面，你要始终坚持KISS原则：保持简单和直接。无论做什么都要简单，再简单。

KISS 原则

KISS 是"保持简单和直接"（Keep it simple and stupid）这句话的首字母缩写。该原则据说可追溯到飞机工程师克拉伦斯·约翰逊（Clarence Johnson）。他在20世纪30年代末把一项任务交给他的同事，让他们去设计一款飞机引擎。

为了应对当时恶劣的战争环境，他希望人们可以用最简单的工具对这种飞机引擎进行维修。之后，这就成了所有行业都在使用的设计原则：围绕一个问题，找到尽可能简单的、低成本的和容易理解的解决方案。

我非常建议你把每一次谈话都自觉地当作销售会谈，这种做法也同样适用于每一次电话通话。因此，你要在每一次打电话之前都明确目标和战略，让自己做好万全准备。在电话通话中，你要牢记为最初的问候，到论证、提问，再到最后的结束环节所准备好不同的话术方案。你要想到那些你已经熟练掌握的不同技巧，还要让你的嗓音做好准备。

检查清单：准备好打电话的嗓音

在短时间内用牙齿咬住一个红酒瓶塞或者类似的东西，同时说几句话——为清晰发音做好准备。

尽力张大嘴巴，让喉头得到放松——为发声器官做好准备。

用嘴巴吹气发出响亮的"嗡嗡"声，反复几次。嘴唇在这个过程中产生振动，彼此轻微接触——为音量做好准备。

站起来快速抖动全身——为整体状态做好准备。

拨打电话！

听起来很复杂吗？只是在刚开始的时候如此。通过训练，你掌握了套路，然后就会取得成功。

如果你对电话交谈自始至终都把握得很好，那么请不要在最后，因为一个疏忽把事情搞砸，即先于客户挂断电话。从电话另一头传来的"咔哒"声总会传达出这样的印象：有什么东西被掐灭了。

哪怕是所有内容都已经谈完，率先挂断电话还是会给人这样一种感觉：好像另一方很庆幸交谈终于结束了，这就像你在美酒中兑了水一样。在通话时你要养成一种习惯，拿着话筒直到听见客户挂断电话的"咔哒"声。这向你发出了一个信号：他是在满意中结束电话交谈的。

- 在打电话的过程中，你的声音和语言是你最重要的营销手段。
- 调整你的声音和语言，让你的交谈对象感到谈话很舒适。
- 把每次与客户的通话都看作销售会谈，目标明确、全神贯注地去处理它。

拒绝标准化的公文写作

进行书面联系需要遵循两条基本规则：

- 你的书写要正确；
- 你的书写要具有个性。

只要你的书写正确无误，就不会在客户那里留下负面的印象。如果你还可以在信函中展露出个人特色，那就会给客户留下极佳的印象。因此，你一定要注意以上两个方面。

不要出现书写错误、不要有语法错误、不要乱用标点符号。自古以来，这些方面出现问题，都意味着一个人粗心大意。在今天，由于大量书写修正软件的帮助，你写作的难度已经大大降低了。

你要选择合适的语言。书面表达的原则其实与口头交流的原则是一致的：

你的表达要清晰、明确、切中要点；

你要保证双方地位对等；

你中要心怀感激之情。

每位客户每天都要面对成百上千的书面文章的狂轰滥炸。其中大部分是电子版的，也有相当数量是写在纸面上的。这些写在纸上的绝大多数都是标准化、公式化的内容，让人无心读下去。

如果你不想让自己的文字被归入这个类别，那么显然你就不要发送标准化的信函，而要在写作上多下功夫。只有这样你的信才能从众多平庸之作中脱颖而出。

这并不是说，你的每一封信都要完全从零开始写起。

我不反对你利用预先准备好的模板去完成这项工作，只是你要在组织语言的过程中体现出个性，或者根据客户的不同，对模板进行适当的修改。能否在客户那里留下印象才是重要的。

你还要思考，他以后还能在字里行间重新找回那份印象吗？

为了实现这个目的，你精心维护的数据库可以带来很大帮助。你可以把搜集到的所有客户个人信息都存储在那里，之后就可以随时调用这些信息了。

无论是电子邮件还是传统信函，如果看上去只是标准化的公文，人们处理它们的标准动作就会是直接扔到纸篓里。

信函结尾处的祝颂语也同样不要套用标准化的词句。如果你还在使用"致以友好问候"，那么客户会立刻对你失去兴趣。你要在行文中加入一点情趣。

在这方面你可以多做尝试，哪怕只对标准的文辞稍加改造，如"……向杜塞尔多夫的您致以友好问候"，这就已经足够了。还有一点你应该始终注意：待人以礼是表达感激之情的标志。

在信件末尾使用"致以友好问候"的缩写是绝对不行的，这传达出的含义是，这个客户在你眼中甚至不值得你多浪费哪怕一秒钟的时间。

如果你给强调创新的或者熟悉的客户写信，也可以使用更个性化的祝颂语。可以祝愿他"在本周的未来几天还会取得成功"或者"周末愉快"或者"度过一个轻松的假期"，也可以向他的妻儿送上问候。

这些做法取决于你与对方的熟悉程度。我们在过去几年里又重新大量写信，因为我们希望通过信件向客户传递触觉印象。

首先，人们可以明显感觉到高端纸张的优质触感。你可以搭配产品样品或者一件小礼品，让它们与信函相辅相成。

一旦你写在高端纸张上的信函被客户拿在手中并让他感到惬意，就会提高他对产品的认识以及对品牌和你本人的了解。这样做的效果就是会启动互惠原则。收到礼物的人总是觉得有义务对你做出回报。

- 在书面联系中你同样要让你的品牌清晰可见。
- 你要注意，你的信件中始终要有个性化的标记。
- 你要利用纸质信件的触感优势。

如何打造你的新名片——网络上的个人信息

今天，互联网上的个人信息就像名片一样，不把个人信息放到网络上简直不可想象。你要考虑的是人们如何能在网络上找到你。想象一下，如果一位客户在搜索引擎里没有找到任何与你相关的专业内容，他将会何等失望。

当然，客户能够找到的关于你的信息都应该是正面的，并且要与你的品牌相符。在网络上你可以对自己制作的内容施加直接影响，比如，在个人网站、不同的网络平台、你的 YouTube 频道、各种论坛等留下信息。

此外，如果有人在一封邮件中提到，他在人力资源平台或其他门户网站中对你做了评价，那么你的名字或者你的照片就会出现在互联网上。对于这类内容，你就只有间接的影响力了，除非内容带有强烈的侮辱性或涉及诽谤，你才可以向网站运营商申请删除。

如果这个人对你的评价"只是""糟糕"，哪怕这个评价毫无根据，你也没有机会采取任何措施。不要愤怒地对这个评价做出回应，这样做不会给你带来任何好处；负面的评价已经在世界上生根，你没有办法把它从网络上抹掉。否认或者辩解会留下更加不专业的印象。

对此，能够起到作用的只有一点：在销售中一定要保持洁身自好。这样做是对的，而且这一点在今天比过去还要重要。不只是因为符合价值观的买卖可以让你取得长期的成功，还因为不正派的行为会快速、大范围地流传开，而价值导向的销售是对抗有关你的网络负面内容的最好保障。

那么现在我们看一下，为了建立网络形象，什么是你要积极去做的呢？

走入互联网的必要程序

我认为，你最少需要选择一个职业数字网络平台，把你的个人信息放在上面。仅仅是在你们企业的网站上偶尔提到你的名字，早已远远不够了。

你的信息必须体现出你的职业性并且有所设计。一张拍得不错的照片和一份最新履历是最低要求，如果能够有更多内容就更好了：

> 对专业技能的描述；
> 对业余爱好的简要介绍，让你显得亲切；
> 几个团体会员资格，以体现出你具有专业知识并且乐于进修。

走入互联网的可选程序

你是否要进入其他社交网络以及如何进入这些网络，取决于你的战略。如果你决定加入某个社交网络，就应该规律地参与其中并保持得体行为。

你要谨慎，并且根据你掌握的资源去选择平台，因为在社交媒体上，长期不更新或者内容贫乏的个人信息比没有个人信息更糟糕。

如果你想从众多竞争对手中脱颖而出，就要关注自己的内容。点击率高的短视频和文章可以在谷歌中给你带来排名优势。好的内容一直都是博取好名声的最好方法，在网络上依然如此。

好内容是指能够让你的理想客户感兴趣的内容，让他们快乐、激动、兴奋或者感觉有用的内容。

寻求支持

> 如果你决定动用更多渠道去展现你的品牌，那么你就不要低估这一做法所需要的巨大花费。因为这是一项持续性的工作。对此，你要平静地寻找支持，比如，动员你的同事，让他们顺着你的想法活跃起来。他们会给你的内容带来更多变化，从而提高你的渠道吸引力。

你要充分关注互动的价值：你要对别人有所启发、你要设置用户提问、你要评论和发布信息。你与客户之间交流得越频繁，效果就越好。在这个过程中你要始终与你的品牌保持一致，两者之间要融洽。

你也可以在一定程度上发布一些私人信息。这样做之前，你要考虑自己的目标人群。如果你的客户从中看到了你充满人情味的一面，那就会带来绝佳的效果。在做这件事的时候，你需要有敏锐的判断力。

所有看起来像是炫耀和吹嘘的内容都会遭到来自网络社群的反感，你的客户对你也会毫不留情。因此你要想好在网络上放和不放哪些内容。你发布出去的所有信息都会对你的品牌产生影响，有可能是正面影响也有可能是负面影响。

不要留下负面印象

如果你发布的评论充斥着轻蔑的口吻、毫无感激的态度或者刻薄的口气，那你就会一直给别人留下负面的印象。你千万不要因为一时冲动而卷入网络上的各种论战。哪怕你是恶意甚至极端评论或评价的受害者，也要有礼有节地做出回应。你在网络上偶然出现一次缺少敬意和感激的行为，你的客户就会猜测你很可能经常都是这样。也许你暂时解决了这个问题，但你的这一行为会被人记住，你的客户很快会因此对你失望。

我还要建议你，在各种政治辩论中保持中立。因为在你庞大的客户网络中肯定充满了各种各样的意见和见解，你真的想要通过公开表态得罪其中一半的人吗？互联网可以说是世界上最开放的广场，不要把它误认为你聚餐的餐桌。

你最好去寻找那些你很感兴趣且只会带来正面影响的话题！

- 今天，所有销售员都会在网络上留下自己的个人信息。
- 无论你只选了必要程序还是同时选用了可选程序，你要在你出现的地方自觉地发布干净的、得到良好维护的个人信息。
- 绝对不要参与负面论战。

第四部分 紧跟市场，接近你的客户

深入理解客户是销售员持续成功的秘诀之一。人人都在哀嚎市场的变幻莫测，而你要成为那个知道猎物如何奔跑的人。当你懂得如何搜集必要信息，以及从何处搜集信息时，你不仅会掌握市场的外在变化，对客户需求的改变也会了如指掌。

紧跟市场，接近你的客户
LIMBECK. VERKAUFEN.

了解你的市场　　人人都在哀嚎市场的变幻莫测，而你会成为那个知道猎物如何奔跑的人。因为你早就知道该如何搜集必要的信息，以及从何处搜集它们。你不仅仅会着眼于外在的变化，对客户需求的改变也了如指掌。深入理解客户是持续成功的秘诀。

选择你的销售渠道　　能够指引你走向成功的策略从来不是一成不变的：你要针对问题，不停地进行权衡，看当前哪一个销售渠道对你、对你的产品或者你的服务是最有利的。

老生常谈的登门拜访在今天依然能为你带来巨大的机会，因为几乎无人愿意花费这样的精力。借助机智的筛选和合适的方法，展销会也能够成为具有吸引力的媒介。

在我看来，任何一位有抱负的销售员都逃不开作为销售工具的电话。同样，人际网络对每位销售员来说都很有用，线上社交网络也是一样。

明智的选择至关重要。但正如销售箴言所说，能否获得订单首先关乎态度，所以媒介无时不有、无处不在。至于如何从形形色色的可能性中选取几个媒介组成正确的组合，请翻阅第 11 章最后一节。

认识你的客户

你越熟悉客户，你的策略才会越正确。因此，学会解读客户是非常重要的。如果你第一眼看到客户的脸时就能从中获得提示，那么你多半已经成功和他搭上话了。

想要继续对话，更重要的一点在于识别出客户购买的动机。通过他说话的模式，你很容易将其归类到某种性格类型，由此可以得知，自己能够通过什么渠道直接联系到他。如果你知道如何解读那些特征，那么他的色彩类型和需求都有可能在对话中不经意地透露出来。

第10章
如果明天还想有生意，就要跟上迅速变化的市场

制订正确的计划之前，你要了解正在发生的事

你所处的市场从未像今天这样快地发生变化。不仅客户需要的产品比从前升级得更快，市场的整体脉动也在迅速变化。对你来说，尤其重要的是制定策略。你需要明确自己最有可能与哪些客户交谈，如何吸引、说服并留住他们。在今天，没有正确的方向和计划是万万行不通的。

要制订一个好计划，你必须了解正在发生的事情，否则就没有机会赶上市场的变化，甚至无法预想明天的市场。

策略中最重要的一项就是知道：明天我的客户是谁？他有什么计划？他需要什么？他是如何管理企业的？你要知道今天你的市场在哪里，是什么样子。如果你对此很清楚，那当然很棒，但你不能止步于这个成功。至少，如果你明天还想接着做生意的话，就不能这样。

保持与时俱进是你明天还能够成功的先决条件，所以在这方面投入时间和精力绝对值得。

经济脉动的变化

销售员感兴趣的经济脉动由多个不同事实构成。近年来，所有这些事实都在发生变化：

顾客对产品或服务的需求（如他们需要解决方案而不是特定产品）；

客户对销售过程的需求（如速度和全方位的服务）；

客户获取信息的方式（如自己预先通过互联网进行检索）；

客户的开放态度（如愿意使用新的销售渠道）；

客户的企业内部组织以及决策权限和途径（例如，昨天你和总经理就一个价格达成协议，但今天你还是接到了采购员希望重新谈判的电话）；

项目业务作为一种特殊的销售职业，正日益脱颖而出，同时敏捷的管理方法的引入等原因正在让企业流程发生快速变化；

越来越多的销售员抛弃孤军奋战的策略，选择与其他销售员合作。

这份清单还会因行业的不同而不断扩展。你所处的行业在发生什么呢？

为了知道你的脉搏是否变化或如何变化，医生需要在你的手腕上搭脉，而不是简单浏览上次的病历记录。也就是说，你不应该等着客户打电话告知你发生了什么；你需要主动去"搭脉"。

你可以从哪里获得新的感知？最佳的办法还是与客户直接联系。从对话中，你往往可以获得许多从其他渠道无法获知的信息。说话、提问、表达出你的兴趣：并不是每个客户都会告诉你他们公司的幕后故事，但你依然能够从只言片语里收获大量的信息。

前提是你要善于倾听。此外，"倾听"这一销售员的美德也能使你受益。所以我支持销售员多去参加行业活动，如展销会、会议等。通过与人交流，你可以获知最多的信息。

这并不意味着其他方式在今天就没有价值。和过去一样，通过商会和其他行业组织、协会等获得的信息常常是很有帮助的。定期浏览专业媒体或报纸，你也会在那里发现一些有趣的提示。例如，如果你看到一家公司正在寻找一位新的首席执行官，你就可以做准备了。两三个月后，你值得与这位新人聊一聊，他在公司里拥有资源和权力，并且了解决策的必要性。

传统的地址或电话簿已经不再重要。它们出版的时候通常已经过时了。这也是它们逐渐消失的原因。

在准备具体的会谈对话时，领英、公司官网、脸书等数字化工具能够给你带来莫大的帮助。仔细研究客户如何展示自我、描述现在的状况，也可以从中得到大量信息。也许他们急需一个新的解决方案，而你刚好可以提供。

也正是在数字化领域，你需要的平台正在快速发生变化。昨天我们还在WhatsApp上建客户群，明天也许就是在SnapChat或者全新的渠道上与客户对话了。多和年轻人打交道对你抓住变化趋势大有帮助。他们通常会第一个知道，哪个有趣的社交媒体新创意会在不久之后流行开来。

另外，你不仅可以从外部找到客户的信息，数据库也可以帮到你。如果你的数据库得到了良好的维护，那么它还能每天回答你的问题。你只需要知道你的需求，例如，想要知道新客户的来源，然后就可以积极尝试从这些资源中寻找更多客户。

切勿收集至死

农夫型销售员会对此表示赞同。收集过程往往会与准备过程一样耗费时间和精力。你可能浪费了大量时间，却仍然没有制定出一个更好的策略或获得订单。

变化不仅意味着新的渠道在增加且总数在上升，还意味着旧渠道失去重要性。所以你得当心，不要骑在一匹死马上。因此，你需要不断地进行自我省察。

自我检查：信息策略

列出你在过去三个月中系统使用过的信息搜集渠道。针对每一个渠道思考以下问题：

我最近是否能通过这一渠道获得有效信息？
☐ 是　　　　☐ 否

为此花费的时间值得吗？
☐ 是　　　　☐ 否

补充问题：如果前两个问题的答案为"否"，是否有迹象表明，这一渠道在接下来的三个月内会发生积极变化？
☐ 是　　　　☐ 否

第四部分　紧跟市场，接近你的客户

每三个月重新做一次检查。如果某一渠道连续三次收到的都是三个"否"，那你应该马上停止为该渠道投入时间了。如果你对清单上的渠道都做了以上检查，请补充：

我能否在接下来的三个月里尝试一种新的渠道？

☐ 是　　　　☐ 否

用这个方法一遍遍地认真检查自己的信息策略，思考这样的问题：这一策略是否过时？它是否需要修改，以发挥最大效用？

看一下包括客户和竞争对手在内的其他人在做什么是一件好事。如果能够自己主动去尝试新的可能性，则再好不过了。新的事物往往都伴随着市场的每一次变化出现，因此你可以将它们用于你的客户对话、业务模型、营销方法等，换句话说，用于你的策略。而只有亲自测试过这些新事物后，你才能够知道它们对你是否有用。所以我建议你不断进行测试，宜早不宜迟，这样你就能够在你的备选库中找到真正适用于未来业务的选项。

你可以在你的试验中运用 TOTE 模型：测试— 操作— 测试— 退出。例如，一位酿酒师朋友购买了企业家的通信地址，你是否能从中获得启发？如果你正在独家销售办公室照明产品，那么酿酒师朋友的方法可能值得一试。不断尝试一些令你激动的新方法、新技术和新工具，这样，你不仅可以提升自我，还能够不断发展你的策略，让自己和市场保持同步。

- 你的市场变化得比从前更快。
- 密切观察当前及潜在市场的变化，包括产品、客户以及他们的购买行为。
- 投入足够的时间和精力，这是值得的。

穿上客户的鞋子，感知客户的痛点

对于每件产品、每项服务，每位消费者都能够找到自己的购买原因：第一位消费者选择这款车是因为它有许多安全功能；第二位是因为车内装饰非常时尚；第三位是因为性能出色；第四位则是因为他的好友开了一款型号相同但版本稍小的车。对于公司客户而言，选择同一种产品的原因也是完全不同的：一些公司选择这款产品是因为一线员工提供了直观的操作方法，一些公司因为他们在过去的解决方案里收获了愉快的经历，还有一些公司则是因为管理层明确规定今年必须购买。

尽管客户并不一定总是清楚这些原因，但这些原因对下不下订单起着决定性作用。对销售员而言，了解购买动机是一项挑战。直接询问客户通常是不够的，因为客户不会直接告诉你为什么他要买某样东西，而且他对自己的购买动机往往并不了然。同时，单纯的产品销售越来越困难。有时候客户宁愿在能够为他们提供良好解决方案的销售员那边排队。

不要单纯地售卖产品，而要售卖解决方案。只有当你了解对你的客户来说什么是一个好的解决方案时，你才能将他们需要的东西提供给他们。仅通过提问是无法了解这些的。想要制定一个真正有效的解决方案，你需要了解客户感知到的问题是什么。最佳办法是将自己置身于客户的处境，即"穿上他的鞋子"。

要进入客户的处境，描述客户的实际状态是第一步。不断提出问题，直到你了解他的情况为止，包括客观的和主观的情况。例如，他感觉如何？是什么在困扰着他？毕竟你的客户之后对你的产品或服务是否满意，更多地取决于他感知到的困难有没有消除，而不只是所有的客观问题是否都已解决。

通过好问题和有效倾听了解了客户的实际状态后，你便可以与客户一起迈向未来了。让我们来描述一下他的理想状态。他最想要的是什么？得到之后会有怎样的感觉？

你通常可以从描述中得出真正的购买动机。你还要不断询问客户的目标，直到理解他的愿望为止："除此之外，还有什么事情对你来说非常重要？如果抛开金钱和时间不谈，还有什么是很关键的？"但不要问你的客户他是怎么走到现在这个地步的，因为那样会促使他思考，过去都有哪些可行的方案，他对理想状态的想象就会受到限制。做到这些之后，为他提供最佳解决方案就是你的事了。

对于你的客户而言，实现目标的方式越令人惊讶越好。因为这样一来他就非常清楚：没有你，他就无法想到这个超酷的解决方案。然后他就知道要更好地评估你作为销售员的表现。如前文所述，你的客户想要从你这边获得的不是产品，而是解决方案。这是 20 世纪 80 年代以来一贯的趋势。

方案营销

这一概念由英裔美国人弗兰克·沃茨（Frank Watts）于 1975 年提出，然后由迈克·博斯沃思（Mike Bosworth）在 20 世纪 80 年代初做出进一步发展和推广。它描述的营销方式不将重点放在现有产品的售卖上，而是首先仔细考虑顾客的问题，然后为此提供合适的方案。

挑战式销售

在 2011 年出版的同名著作中，马修·狄克逊（Matthew Dixon）和布伦特·亚当森（Brent Adamson）宣传了他们认为最成功的营销模式：挑战式销售。挑战式销售没有将精力放在和谐的客户关系上，而是力求为客户提供最佳的解决方案，为此甚至会挑战客户。

客户希望从你这里得到的是他单靠自己无法得到的解决方案。也就是说，你要比你的客户更了解他和他的世界。为此，发挥你所有的销售员优点都是值得的：专业的回复，耐心地询问和倾听。甚至在邮件中也要如此，因为这些行为中隐藏着最佳机会。

- 昨天客户要的是产品，而今天要的是解决方案。
- 因此，理解你的客户和他的处境，显得更加重要。
- 只有这样你才能提供光靠他自己无法找到的解决方案，而这能助你成功。

第11章
金牌销售的获客渠道

登门拜访：非但不过时，还比以前更有效

许多销售员认为登门拜访已经过时了。"没有任何作用""客户不会再为此花费时间""我也没有时间"，他们如是说，并且认为，"我不必再这样做，真是再好不过了"。

事实上，这些话背后隐藏的更多的是恐惧。现场营销是最诚实的，你甚至可能被人摔门。你永远不会以如此直接的方式经历成功和失败。在舒适的办公室里，所有事情都懒洋洋的。但在温室里出生的销售要在直销中取得成功会更加困难，所以他们最好放弃"客户经理"这个头衔。

想要获得成功的销售员会期待大门开启的那一刻。因为那一刻，无论如何都有一次会面在等着他。在很多情况下，他遇到的还可能是下一个客户。

杰布·布朗特（Jeb Blount）在《绝对成交：高效客户开发内训手册》(*Fanatical Prospecting*) 一书中说："如果你每天进行一小时的销售，你一定会成功。"这不仅适用于获取新客户，也适用于维护现有客户。你甚至无须事先通知，就可以亲切地上门拜访：只是简单地路过看一看，了解一下近况。你会惊讶地发现客户对此又惊又喜。这样一来，客户会对你印象深刻，钓鱼的鱼竿已经就位。

正如人们所说："你不能通过电子邮件来握手。"面对面的握手是无可替代的。

当然，时间就是金钱，而拜访客户需要花费大量时间。但在我看来，面对面

交流谈话的价值是无与伦比的。因为营销过程不只关乎金钱和产品，还关乎人与人之间的关系和信任。而这两者是你无法通过电子邮件得到的，它们是在面对面的沟通交流中构建起来的。

如果你就这样走进门来，你很可能会亲自结识决策者。即使只是一次友好的握手和简短的交流，也会使下次的交谈容易很多。你们见面的时间越短，你的下一次联系就应该越快，否则这位决策者对你的印象又会不见。但如果你以一个简洁却有辨识度的形象出现，你就能够更长久地留在客户的记忆中。

如果你可以利用两个会议的间隔时间并填满它，或者缩短甚至取消后面一个会议，那么这次临时的客户拜访将为你带来额外的销售量。这和努力有关。如果你利用碎片时间将计划外的短暂拜访现有客户列入日程计划，你将是一个非常好的销售，不是吗？

你有什么可失去的呢？不过几分钟而已，何况客户的实时反馈足以使花费的时间物有所值。多练习几次，你很快就会知道自己要做什么。随着经验的积累，当你面对下一位客户的时候，就更容易成功。

留下一些，带走一些

理想情况下，你应该在拜访时留下一些东西，而不仅仅是和你品牌相符的名片。不要首先想到小礼品。小礼品不错，但不具有决定意义。更具价值的是给对方留下的深刻印象，这才应该是你的首要目标。

除此之外，你还应该带走些东西。睁大眼睛、竖起耳朵，因为你可以通过现场拜访了解许多关于客户的信息。你会看到客户的橱窗陈列、行为表现以及周围的环境；你能够听到他的语调；你会对他的理解力心中有数。这些都是非常宝贵的信息，对今后的交往非常有帮助。

对于某些行业、产品和服务来说，上门推销依然是开发新客户和巩固现有客户关系的好方法。如果你认为自己很有可能见到决策者，这将对你非常有利。若你销售的是医疗设备或为电气批发商工作，就尤其如此。如果你可以提供客户急需的东西，那么直接与决策者见面是最佳选择。这件产品或者是一件能够触摸到的东西，如即时反映室内安全与否的烟雾探测器，或者可以立即给人良好感受，如从今天开始就能节约能源并给房屋增值的新型窗户。

请你考虑一下，亲自上门推销要如何充分发挥作用。不要仅仅因为你尚未找到对待上门推销的正确态度就给自己找借口。

效果检查：登门拜访

对于以下选项，你能不假思索地打三个钩吗？如果可以，那么登门拜访对你就是有用的。

☐ 我通常会在现场见到我的客户。
☐ 决策者可以临时为我留出一些时间。
☐ 我的产品、我的服务是客户希望立即拥有的。
☐ 客户的信任是重要的标准，尤其是在做购买决定时。
☐ 我可以在面对面的交流中很快说服对方。

现场销售是猎人的猎场，会出现很多意外情况，但你不能毫无准备。除了确切的地址，也请试着找出负责服务预算的决策者的姓名。如果你可以叫出他的名字而不仅仅是职务，你便能够更轻松地与他接触。

在拜访现有客户之前，如果你能够了解他以往在你们公司下的订单，会对你大有帮助。我知道，在有些公司里，这一点对销售代表来说并不容易，因为他们不擅长内部工作。但是，即使你不得不自己承担许多行政工作，也请为此花点时间，并学着爱上你的数据库，以便获取此类信息。

同时，与任何面试一样，最重要的准备工作就是培养内心的态度。期待这次相遇并总是想象客户期待看到你：要么是因为他终于可以认识你了，要么是因为他期待与你再次相见。

拜访客户时，要怀着客户也同样期待与你见面的良好感觉，请拿掉"您百忙之中能够抽空真是太好了……"或"很高兴能来拜访您……"一类的开场白。如果你在打招呼时就对你的客户唯唯诺诺，他就不会将你视为地位同等的业务合作伙伴，你就给他留下了你并不期望留下的印象。

与此相反，你应该充分表现自己的个人特质和品牌。正因为你采用的是"门把手"策略，你应该比平时更加肆无忌惮：谁放得开，谁就能赢得这份合同。

- 上门推销的效果比从前更佳，因为现在这么做的人很少。
- 检查一下"门把手"策略对你和你的产品是否有意义。在过去不常使用这一方式的行业里，市场的变化反而使上门推销变得更有吸引力。
- 你的近期目标：留下一个好印象，并获取有关你客户的大量信息。

展销会：短时间内建立大量联系

在世界范围内，不同规模的展销会仍然数量众多。面对网络的发展和全球化进程的加深，展销会依然魅力不减。

专业展销会的主要优势没变，即人们可以在一个地点找到完整的市场。平时分布在天南地北的客户都聚集在一起。只需要出一次差，你就可以和许多人面对面地建立联系，这将为你节省不少时间。所以，参观展销会对很多行业来说，都是获取新客户和维护现有客户的一种有效方式。

当然，你也可能在展销会上浪费时间，而无法取得预期的成功。出现这一情况的原因，要么是你的做法不对，要么是你没有选对展销会。因为这一销售方式的最大特点是，你要去能够集中精力办大事的地方。

参观展销会的目的永远是在短时间内建立尽可能多的联系。如果某个活动无法实现这一目的，那你大可取消这次活动安排。选择展销会时不能只看参观者和参展商的数量，规模最大的展销会并不一定就是你的最佳选择。如果对你的利基产品感兴趣的人零星散落在一个大型会展上，你出场的意义就不大了；如果你的产品或服务只能满足边缘需求，而其他参展人的主要兴趣放在别的重点之上，你也没有必要参加该展销会。

当然，以下情况又是另一回事了：你的产品或服务是某个领域中比较重要的子领域，或者是一个小型活动的焦点，又或者你知道几乎没有其他提供类似产品或服务的人前去参加这个展销会。举个例子，我们总是挑选同行很少会参加的展销会，如农业设备展等。展销会越是能够为你的潜在客户带来利益，你就应该在那里建立越多联系。你提供的产品或服务越具体，你参加的展销会就要越专业，反之亦然。

在展销会上建立联系是一件好事，但光靠这点并不能为你带来很多益处，因为你在展销会上的对话都是非常短暂的，而你交谈的对象在同一天里会同样与其他人发生交流。许多第一次接触的人都会遇到这样的情况，尤其是在展销会上。

你在展销会上建立的联系和你之后的销售活动具有同样的价值。所以我在这里强烈建议你尽快记录下所有的对话，以及你从中获得的信息。你不需要记住所有细节，花一点时间写下你能想起的名字，用关键词记下重要的信息，这样你也可以释放你的大脑，为下一次对话做准备。因为在展销会上你要面对大量信息，所以只有展销会结束后你才有时间进行精心梳理。为你后续的销售活动预留足够的时间，不然你就白白浪费了这次展销会。

效果检查：展销会

对于以下选项，你能不假思索地打三个钩吗？如果可以，展销会策略对你就是有用的。

☐ 展销会上，作为潜在客户的参观者或参展商数量足够多。

☐ 决策者至少会偶尔出现在现场。

☐ 在我把质做好之前，先做到量。

☐ 我愿意为展销会的后续销售工作投入时间。

☐ 我能够在面对面的交流中很快说服对方。

- 在展销会上，你能够在短时间内建立许多联系。
- 挑选展销会的标准：一是有足够多的参观者和参展商作为你的潜在客户；二是你的竞争对手很少参加。
- 为展销会后续的销售活动预留足够的时间。

第四部分　**紧跟市场，接近你的客户**

电话销售：最快、最高效地获取新客户

如果你问我，什么时候电话销售才有用，我只能回答：一直都有用。

我最近的客户是一家卖超市购物车广告位的公司。其中一位销售告诉我："在现场我总是可以拿到最佳份额。"为这样的公司推销产品，你最好直接上门。但即便这家公司也会使用电话进行销售，因为有时候拜访客户行不通，要么是因为路程太远，要么是因为客户不想与销售员见面。所以这家公司的销售员是这样分配一周的时间的：三天登门拜访，两天电话沟通。在这里，电话成了第二选择，但是在大多数情况下，电话是最重要的。

与上门推销相比，电话销售有一个很明显的优势：金钱和时间成本不高。所以你每天通过电话销售建立起的联系不会是两个、三个或四个，而是很多个。

直接寄送邮件（无论是纸质邮件还是电子邮件）的成功率已经大大降低，因为客户每天被成千上万的邮件淹没，不知道应该看哪一封。即便使用最昂贵的寄送方式直接投递邮件，如果之后没有积极主动地通过电话去联系，也是没有用的。

在我看来，电话销售最大的优势是你可以通过电话马上收集与潜在客户有关的信息。这些信息虽然没有你在现场获取的那么丰富和清晰，但是你已经得到了直接的反馈，而你也可以立即对此做出回应。在与客户打电话时，你应当将自己置身于司机的位置，看客户是否走向你、如何走向你，你才是那个确定方向和速度的人。

相比通过电话预约会面时间，你面对的客户等级越高，通过其他方式与其建立联系的可能性就越小。如果你走进一家州立银行想与行长聊一聊，那么成功的可能性极低。电话是获取新客户最快速、最有效和最灵活的工具。在本书后面的章节中，你可以详细地学习如何准备电话销售，以及如何进行电话销售。

效果检查：策略电话

对于以下选项，你能不假思索地给出三个肯定回答吗？如果可以，电话策略对你就是有用的。

☐ 我想在有限的时间内建立大量的联系。

- ☐ 我面对的大多数决策者都是高级管理层。
- ☐ 我面对的大部分决策者都离我很远，而且彼此分散。
- ☐ 我不需要在第一次接触时就签订合同。
- ☐ 我有机会与我的客户通话。

- 通过电话进行首次销售已经成为许多行业的黄金标准行为。
- 你可以通过电话销售在短时间内建立许多联系。
- 每次打电话时，你都会对你的客户产生一些了解，并获得施加影响的机会。

人际网络：让你不断学习，并随时得到帮助

在我看来，人际网络对于销售而言不是需不需要的问题，而是需要哪个、需要多少的问题。我深信，若不如此，你是无法获得成功的。

建立信任最简单、最快速的方法是当面交流。如果你选择的是陌生电访，总要从零开始；如果你已经在人际网络中提前做好了准备，那么你就会更容易获得他人的信任。一部分网络成员对你的信任，将成为其他成员对你产生信赖的重要依据。

人际网络就像一个兴趣小组：那里一定有将所有成员联系在一起，同时将其他人分隔在外的某些要素。这种共通的感觉和专业上的重合会大大增进交流。人际网络包含了广阔的领域。无论是在工商会的招待活动还是在展销会上，无论是在行业聚会还是在销售聚餐中，到处都有需要你帮助或能帮助你的人。

正因为有如此多的可能性，你也容易在这里浪费精力。我并不反对邂逅，因为这是网络的一个基本特点，但除此之外，你应该有针对性地思考自己需要接触哪个圈子：你的客户在哪里？好的推荐人在哪里？你的榜样都去了哪里？哪些人应该知道你的名字？

当你在考虑要去哪里时，也请同时考虑你能为这个网络中的人贡献什么。你不是进来搜刮的，这一点很重要。人际网络和数字网络对只知道索取的人非常敏感，你要让70-20-10成为你的关键准则。

其中一个策略是不断检查当前的网络，看它是否还会为你带来想要的东西，因为网络和你都在不断发展、变化，至少我希望你是这样的。

效果检查：人际网络策略

对于以下选项，你能不假思索地打三个钩吗？如果可以，人际网络策略对你就有用。

☐ 我想要和潜在客户以及推荐者建立个人层面的信任关系。
☐ 我想找到能够推我一把、助我前进的人。
☐ 结识能够快速寻求帮助的人对我来说非常重要。
☐ 我愿意为我的人际网络贡献我的时间和专业技术知识。
☐ 我有耐心，无须第一次见面就马上进行销售。

人际网络在实际生活中是非常有价值的，因为你可以向网络中的人学习并不时获得它的帮助。

- 没有人际网络，就没有成功的销售。
- 你如果能够结识可以助你前进的人，那么就拥有了一个良好的人际网络。
- 有针对性地进行挑选，因为成功的网络需要花费一定的时间和精力。

社交媒体：大规模品牌宣传的高效工具

和人际网络一样，没有一个销售员可以避开社交网络。而成功的一个前提是，你要出现在你的客户出现的地方。今天，整个世界几乎都以数字的形式相互联结，你做不到遗世独立。因此，你的策略中无论如何都要将社交网络包括在内。过去几年，职业社交网络盛行，让陌生电访这一普遍的方式在今天几乎行不通了。如果今天一位客户对你说："和XY公司的老板聊一下，替我向他问好。"你会第一时间通过XING或领英与他联系。

在寻找推荐人方面，职业社交网络提供了一条非常适合你的捷径。前提是你在社交网络上的简历要给人留下印象。即使有人推荐你，潜在客户也会简单调查一下你是谁，并判断你能给他带来什么。

这是互联网的优势，每个人都可以不受约束地向他人展示自己的形象。这也是开放式社交网络的主要目的。它们是鲜活的展示窗口，你可以在其中展示自己的品牌，把它摆在最佳位置。尽管通过社交网络进行直销仅在特殊情况下有效，但是没有其他方式能够为品牌提供如此广泛的影响力。和人际网络相比，社交网络可以有效增加品牌知名度。

社交网络数量繁多。如果你仍然希望有时间进行销售的话，则不免要进行筛选。真正落实这种策略需要花费时间和精力，不能因为想看看有没有成效而时不时地活跃一下。每半年在脸书上发一次文毫无作用，每年在推特上做一次推送甚至令人尴尬。只有当你有所行动并坚持更新时，你才会受到关注。一个蒙尘的XING账号不仅毫无用处，甚至会损害业务。

筛选社交网络的基本原则：出现在你客户出现的地方。每个社交网络都有它的侧重点。在职业社交网络中，XING长期以来对德国的商业领域以及中层决策者非常重要，而领英更容易受到有国际化需求的、高级别人士的重视。至于XING是否会丢失它的重要地位或建立新的业务平台，时间会给出答案。

纯粹的社交网络正在发生更大的变化。过去一段时间里，脸书似乎正在衰败，但运营商对其进行了巧妙的重新定位，从老一辈人中获得了用户。年轻人则转战WhatsApp和Snapchat。由于这些社交网络总是在不断调整其业务模式，所以短时间内它们也可能会发生很多变化。

当出现一种新的渠道时，你不一定需要比客户更快出现在那里，但你最好不要成为最后一个知道你的客户已经活跃在新渠道中的人。

社交网络充满活力，并一直处于变化之中。你也要与时俱进。对于社交网络是否适合你以及哪些新旧渠道适合你，我只有一条建议，那就是去尝试，用TOTE模型去尝试：测试—操作—测试—退出。比如，我就发现，对我而言，付费的社交网络不如免费的社交网络有用，但我还是会不断地去尝试新事物，如"Facebook

Live[①]"和播客"Leaders Café[②]"。就像在人际网络中一样，在社交网络中，你也需要有可以提供给别人的东西，即那些能够让你想要接触的客户喜欢或提升自我的东西。这样一来，你就会给人留下积极正面的印象。

效果检查：社交网络策略

对于以下选项，你能够不假思索地打三个钩吗？如果可以，那么社交网络策略对你就是有用的。

☐ 我的客户在社交网络中活动。

☐ 我很了解客户的动态，并且知道他感兴趣的是什么。

☐ 我知道我想要以怎样的形象声名远播。

☐ 我愿意花时间去定期维护筛选出来的渠道。

- 通过社交网络，你能够大范围地进行品牌宣传。
- 你可以快速、直接地与高层决策者建立联系。
- 有意识地挑选你想要在其中活跃表现的网络，对网络的定期维护是产生效果的前提条件。

销售无处不在

在我看来，销售对渠道、地点、场合或时间没有硬性要求。因为销售是一种态度。许多销售员将销售看作一件不得不做的、令人厌恶的事情，以致他们无法应对拒绝和否定，结果自然很差。

此外，他们还认为销售是一项艰巨的任务，造成了一个向下发展的螺旋：负面期望和经验被强化成了信念，完全阻碍了销售员去获得成功。

如果你从此刻开始销售，那么你可以将每个小小的共同点当作联结的点。它

---

① Facebook Live：Facebook 中嵌入的直播功能。
② Leaders Café：关于企业管理、能动性、营销战略的播客平台。

可能只是你和某人坐在一起的某个地方，因为总会有人坐在你旁边：火车上、咖啡馆、飞机上、电影院里，或是度假酒店的酒吧里。只要你在路上，你总会遇到人。每个人都有可能对你提供的产品感兴趣。只要他不知道那是什么，他就无法说他是否感兴趣。而且你不知道他是否有你需要的东西，如需求、信息、联系人、经验等。每个你遇见的人，都可能是块宝，值得你去一探究竟。

通过这种方式，你也许可以在路上开发出平时完全不会遇到的客户，要么是因为他们不在你的手机里，要么是因为你无法通过正常的销售方式接触到他们。

只要你醒着并处于人群之中，就有销售的机会。如果你抱着正确的态度，你就能够辨别这些机会。当你迫不及待地希望机会快点出现的时候，你就拥有了正确的态度。不要等着机会走到你的面前。

例如，每个周末去体育馆观看足球比赛的时候，我都会惊讶于所有的销售员都那么漫不经心地从贴满名片的墙边走过。这是所有包厢拥有者的名片。周一的时候你可以和他们联系，抛出一个绝妙的引子："我周六在体育馆看到你也有一个包厢……"

效果检查：自发销售策略

对于以下选项，你能够不假思索地打三个钩吗？如果可以，那么自发销售策略对你就是有用的。

☐ 我想要利用所有摆在我面前的机会。
☐ 我是个彻头彻尾的销售员。
☐ 我期待认识每个人。
☐ 我想要成功，而不是死板地坐在办公室里。

- 销售不取决于渠道，而取决于你的态度。
- 每个小小的共同点都能为你提供最佳的联结点。
- 联结点随时随地都在。

第四部分　紧跟市场，接近你的客户

打出你的渠道组合拳

想要知道通过哪种渠道才能更好地接触到客户？办法只有一个：运用TOTE模型进行检验。有一点可以肯定，你不应该将自己局限在一种渠道中。现在，几乎所有行业都需要多渠道战略。

一个好的组合可以给你带来更多可能、更广的覆盖面和更多的展示机会，而所有这些都会受到你用来服务不同渠道的资源的限制。因此，不论你选择哪种媒介，都请以正确的方式去落实。这里一笔，那里一划，是行不通的。

请做出思考并选择三个对你来说最有前景的渠道。当然，在这个过程中，你应当始终将客户放在首位：他们在哪里，你就去哪里；他们想要什么，你就提供什么。然后全身心地投入你选择的渠道中并观察结果：每个渠道的成绩如何？哪个渠道没有达到你的预期，原因可能是什么？哪个渠道颇有成效？

同时也观察一下哪些方式对别人有效，但你的最终目的是寻找自己的方法，也就是其他人想不到的方法。能够帮助你想到这些的办法是水平思考，它能够帮助你克服惯性思维，用新的眼光去看待现有信息，获取新的认知。

水平思考

早在1967年，创造力研究者爱德华·德波诺（Edward de Bono）提出了"水平思考"这一概念，指的是有意识地进行"转角思考"。这乍听上去有些不合逻辑且不合常规。"水平思考"特意不从某些固定的原则出发，因此不会像垂直思考那样得到正确的结论，而是会得出"从未听过"的解决方案。

其中一种方式是将常见的合理问题颠倒过来。例如：

我怎样才能阻止新客户的开发？

我真的必须同时将报价和实际产品一起提供给客户吗？

如果我不是销售员，而是技术人员、采购或者项目经理，我的解决方案会是什么？

这样你就会想到领先其他人的不可思议的方法。即使你可以将现有方法和自己独一无二的方法很好地结合在一起，也请不要觉得自己可以高枕无忧了：按照当前的变化速度，明天，你的世界可能会是另一个模样。换言之，今天的组合到明天可能就过时了。请一直站在调音台旁，随时准备转动旋钮、关掉旧的音频、添加新的声音。正确的才是有效的。

有时候你会发现，有用的渠道很多，但是你一个人无法兼顾所有渠道。陷入这一窘境的不止你一个人，我们所有人都被各种各样的复杂状况包围，致使我们做出改变。在我看来，解决这个问题的答案就是建立销售团队。

这个想法并不新鲜，例如，前德累斯顿银行就已经建立所谓的"客户行动小组"。若有必要，他们会带上专家一起去见客户。在未来，销售团队会以多种形式出现。如果你能在这一点上保持开放心态并愿意拥抱改变，你在未来也能成为一名成功的销售员。

- 当今几乎每个行业都需要多渠道组合。
- 检查一下，看你能否巧妙地在团队中分配渠道和能力。
- 在你的组合中保持灵活，怀抱愿意改变的心态。

第 12 章
攻心之前先读心：了解你的客户

正确解读客户，让签单水到渠成

每个人、每位客户都是不同的。通过精准识人，以及专心的观察、提问和倾听，你会随着时间的积累了解更多关于客户的信息。但是，你实际花了多少时间在客户身上？你们是否有过一次或多次长谈，而你也借此机会更好地了解他呢？

通常情况下，客户不是一定要与你交谈。如果你没接住他抛给你的话题，或者从一开始你引导的谈话方向令他不适，又或者你在一个他无法理解的频道上，他会随时打断你们的谈话。

当然，你可以通过倾听和快速反应来不断调整你们的谈话。但这样一来，你总是会对谈话感到疲惫，因为你一直在应对。更有效的方法是从一开始就主动出击。不过，你要如何在还没有跟他说过一句话的情况下，知道他需要哪种谈话方式，并知道对他而言什么才是重要的呢？其实有一些方法可以帮助你通过外部特征和行为方式来解读客户，我推荐其中较为有效的三种：

根据"面相"进行解读。

根据购买动机进行解读。

根据语言模式进行解读。

每种方法都有其优点。测试一下，看哪种方法对你更有效果。这些方法也可以组合起来使用，但在开始学习的时候，你不用立即同时使用所有方法。开始的时候专注于其中一种方法，不断练习，掌握之后再去学习下一个。

这些方法有一个共同点：不论它们给出什么样的结果，都不是判断依据，而是运用它们的一个前提条件。这与尊重有关，也与销售成果有关。如果你从内心深处对一位客户产生了一个先入为主的糟糕判断，即使你再小心翼翼，他也会察觉到。你无法表演得那么好，也无法让他没有不适感。

如果你对客户有看法，就会使销售本身变得十分困难。你需要严格要求自己：当你在了解客户时，不要去做评判，而要去认可。他就是他，这就够了。还有一点：如果你觉得自己已经足够了解客户了，不要满足于这些已有的认知。在与客户的沟通中保持专注，注意听他在说什么，观察他的反应。很多细节能够丰富你对他的印象，帮助你更好地与他交往。在运用解读方法的过程中，你对客户投入的专注度也能够训练自己的识人能力和敏锐的洞察力。

- 当你学着了解客户，你就能更快地找到正确的对话方式和论证架构。
- 不要将了解客户变成评判客户。
- 即使你对客户的归类很清晰，仍需要保持专注和开放的心态，因为你很有可能还未抓住客户的所有方面。

顶级销售员的"读脸术"

根据客户的面部特征来了解客户的妙处在于，你从远处就可以勾画出对某人的第一印象；在你和他交流之前，你就可以找到正确的开场白。

在20世纪，通过面部、颅骨及身体特征对人类和民族的性格特征进行分类的做法颇受人们的诟病，因为一些人将其用在非常恶劣的事情上。这种方法并不适合用在那些方面，但是在你第一次见到客户的时候，它可以起到非常积极的作用。而想快速看穿对方的愿望，可能从人类诞生之时起就一同产生了。

第四部分　紧跟市场，接近你的客户

心理读脸术

从古代开始，人们就一直在研究面部特征如何反映人类性格的课题。关于这方面最早的文字记载甚至可以追溯到亚里士多德。在中世纪和文艺复兴时期，读脸术被当作玄学领域的一门神秘学科。

而到了近代，许多作者使它普及开来。其中，德国一位无师自通的学者卡尔·胡特（Carl Huter）的思想产生了持久影响。根据他的学说，人类身体和头骨的形状是遗传因素和环境影响共同作用的结果。他认为，人类内心与外表之间一直在不断进行能量交换。不同的能量流塑造了人类不同的外在形象。但是由他发展的心理读脸术在科学层面并未得到证实。

据说，面部和颅骨上有200多个区域，它们可以为你提供有关性格特征的线索。表12-1中列出了其中一部分。

表12-1　"读脸"的重要元素

序号	元素	序号	元素	序号	元素
1	水平面部分割	13	颧骨形态	25	颌骨宽度
2	垂直面部分割	14	鼻子大小	26	颌骨形态
3	脸型	15	鼻子形状	27	下颌厚度
4	发际线	16	鼻梁形状	28	下颌形状
5	额头形状	17	山根形态	29	耳朵大小
6	额头高度	18	鼻头形态	30	耳朵形状
7	眉毛形状	19	鼻翼形态	31	耳朵到头的距离
8	眉毛高度	20	鼻翼和嘴角间褶皱（鼻唇沟）的形态	32	耳垂长度
9	双眼距离	21	上唇形状	33	耳垂形态
10	眼睛形状	22	上唇形态	34	侧颅骨分布
11	眼睑形态	23	下唇形状	35	侧颅骨形状
12	颧骨高度	24	下唇形态	36	侧颅骨形态

如果你想为每个细小的脸部区域所代表的意义和天赋进行归类，事情会变得非常复杂。

你可以好好研究一下这个话题，对此也有一些不错的书可以帮到你，如维卜克·吕特（Wiebke Lüth）的《解读客户》（Kunden lesen）。对于入门者来说，几个关于"读脸"的小标准就已足够，而成功会带来乐趣。通过脸型、鼻翼、下颌三个方面，你可以很快学会"读脸"并检验它对你是否有用。

"读脸"入门

观察交谈对象的脸，记录他的脸型、鼻翼及下颌形状，得出你的结论。

表 12-2 "读脸"对照表

标准	形态	对应性格	处理此类客户的最佳办法
脸型	狭长	• 趋于小心 • 讨厌风险 • 很容易感到惊讶 • 需要被理解	• 给他安全感 • 以友好谦逊的态度出场 • 确保他与你交流时感到舒适 • 鼓励和支持他
	宽阔	• 勇敢果断 • 喜欢做决定，而且很快 • 喜欢成为焦点 • 喜欢从大处着眼	• 注意视线高度 • 强调全局，而不是细节 • 尽量不要反驳 • 快速切入正题 • 让客户感到尽可能多地参与到了决策步骤中
鼻翼	狭长	• 适应能力强 • 没有安全感 • 喜欢商量 • 需要时间	• 为他提供推荐和指引 • 不要不耐烦 • 给予积极正面的反馈 • 不要施加压力
	宽阔	• 有自己的想法 • 凭直觉做决定 • 别人的观点对他没有影响	• 出场时要表现得自信 • 接受客户的观点 • 与他讨论专业问题 • 客户永远是对的 • 有意识地避免使用"但是"这个词 • 表明赞赏与肯定

（续表）

标准	形态	对应性格	处理此类客户的最佳办法
下颌	内缩	• 灵活 • 只要感到自己被人倾听，就会放松 • 自我克制 • 犹豫不决	• 礼貌而周到地对待他 • 表现尊重，即使面对客户的疑惑 • 给予他支持 • 放出你在认真对待他的愿望的信号
	外凸	• 固执 • 有恒心 • 清楚自己的目标并为之努力，并希望马上将其实现 • 喜欢收藏	• 问候要简短 • 表达要清楚和直接 • 问什么答什么 • 强调产品的质量和耐久性

- "读脸"能够为你与客户的第一句交谈提供宝贵的指引。
- 标准有很多，但是对入门者而言，其中几个就能够带来成功。
- 从脸型、鼻翼和下颌特征中蕴藏的性格密码入手。

掌握七大购买动机，透视客户的隐藏需求

每位客户都有自己的购买动机。只要他觉得某个产品与他的动机完美匹配，他就会拍板。驱使他做出这个决定的是产品的部分特性，而这些特性能够在很大程度上贴合客户的购买动机。

销售员的销售技能体现在如何使这种贴合性变得清晰。只要你了解了客户的主要购买动机，你就能够有的放矢，从而根据这一购买动机调整销售过程。

事实上，客户从一开始就在透露他们的购买动机，只不过大多数动机都是无意识地表露，销售员需要学习解读这种无意识地交流。

基本购买动机

虽然客户无意识地表露较难把控，基本购买动机也会根据来源的不同产生一

些变化，但最终都不外乎以下 7 个：

1. 安全感； 2. 经济性； 3. 虚荣心； 4. 社会原因；
5. 追求新奇； 6. 舒适度； 7. 环境与健康。

这些购买动机在企业与企业之间的电子商务模式（B2B）和企业与个人之间的电子商务模式（B2C）领域都同样适用。

表 12-3 七大购买动机

客户想要什么	举例
安全感	病毒程序、防雾警告、关闭装置、补充养老保险、符合年龄条件的居住环境
经济性	低使用成本、节约能源措施、特价促销
虚荣心	昂贵的观感、品牌商品、限量特别款、珍贵的首饰、高雅的包装
社会原因	对社会弱势群体的资助，如残疾人工厂的帮扶、当地供货方的支持、企业对社会事业的参与
追求新奇	特别的食品、酷炫的黑科技、与众不同的设计、创新的办公室解决方案
舒适度	一只手就能完成所有的事、一键购物、电动自行车、送货和安装服务、楼梯升降机、维修合同、智能家居产品
环境与健康	生态建筑材料、过敏人士可用产品、风水咨询、手工制作的咖啡、健康产品

上述顺序并不代表这些动机的重要性，行业、产品及销售路径不同，上述动机的重要性排序也各不相同。

例如，在过去几十年，舒适度、安全感和价格的关键程度逐渐提高，因为我们生活在"SAVE 年代"。

第四部分　**紧跟市场，接近你的客户**

SAVE 年代®

　　S 指安全感。安全感是这个时代最主要的话题。不论是养老、投资、汽车安全指数、警报装置还是安保服务，都体现了这一趋势。对于许多企业来说，"安全感"这一关键词在客户购买动机排行榜中占据重要的地位。

　　A 指行动，光速行动。人们已经不愿意等待，在所有层面都是如此。没有哪个客户愿意耐心地等 3 个星期才看到产品。送货及时越来越成为客户的期待。"我喜欢享受。现在！"就是口号。

　　V 指互联。网络带来的市场透明化形成了用户之间的互联，使得价格比较的重要性与竞争压力大大高于从前。许多客户觉得他们在互联中拥有谈判的能力。

　　E 指情绪化。情绪化的决定越来越突出。抛开所有购买动机，最终客户要判断某一产品是否具有吸引力。对于销售员而言，我们的销售策略要比从前更加重视情绪这一方面。

如何识别购买动机？

很少有客户只带着一个购买动机来买东西，但总有那么一个动机打败其余因素，而这一动机就是至关重要的。你的客户会在不同层面向你暗示他的购买动机：

　　他会从特定角度询问；
　　他会使用暗示性的词语；
　　他的目光会在某一点停留；
　　他展示出有性格的行为；
　　他的愿望指向某一方向。

假设你是一名奔驰的销售员，一位客户向你询问 S 级车型：

　　出于安全感动机来买车的客户会向你打听能够为紧急制动做准备的新型雷达探测器，并用指关节敲打翼子板，听听是不是足够稳定。

带着经济性动机的客户会谈到转售价值，并详细研究写有燃油消耗数据的表格。

一位虚荣的买家会掐腰站在展示车前，满意地点点头，并想要看看轮毂的选择。然后他会要求试驾，最好直接开到他家附近。

出于社会原因来买车的客户会仔细询问是否大多数零件是在巴登符腾堡州生产的，并称赞公司的赞助项目 Tafel。

追求新奇的客户会寻找创新驾驶辅助系统用的摄像头，并向他的女伴展示与众不同的内饰创意。

重视舒适度的客户第一步会坐在驾驶员的座椅上，测试后视镜自动调节功能，并询问是否能够拿车去检测。

拥有环境与健康动机的客户会让你解释 BlueTec 技术对环境的好处，然后闻闻汽车座椅，看看有没有挥发出有害物质。

如果你已经牢记这 7 个购买动机，那你基本上能够很快分析出每个客户的购买动机。

如果你觉察到了多个动机，仔细观察，你的客户最强调或最频繁表现出来的是哪一个，这是他的主要购买动机。仔细观察和认真倾听是前提。至于如何做到，请参见第 5 章。

动机和色彩类型

即使你基于不同的方面提出了不同的应对方法，它们在同一个人的身上也会产生一致的结果并且能够互相补充。例如，将动机和色彩类型结合起来看就会非常有趣：

带着虚荣心的客户通常有很高比例的红色成分：他们想要独一无二，他们想要成为第一个拥有产品的人。

绿色型客户更多考虑安全动机：如果一家人去旅行度假，行李箱的空间足够大吗？

蓝色型客户对燃油消耗和保险等级感兴趣，他的动机通常是经济性。

热衷社会事业的黄色型客户则会询问安全带的生产厂家。

培养你的识别能力

面对你的产品和服务时，客户的购买动机表现出哪些典型特征？它们并非难以察觉，你可以通过观察和练习使自己变得敏感。

这些特征往往通过客户做出反应时一再使用的关键字、手势和行为模式表现出来，如果你有意识地记录和收集它们，你将可以越来越快地将客户传达的信息与其购买动机联系起来。现在请编辑你的私人购买动机识别清单。

你的购买动机识别清单

思考一下，你的客户是如何传达购买动机的。

仔细回顾每一个动机并记录下来：他们的行为方式如何？提了什么问题？表达了哪些愿望？

表 12-4 购买动机识别清单

购买动机	客户的行为方式	客户的问题	客户的愿望
安全感			
经济性			
虚荣心			
社会原因			
追求新奇			
舒适度			
环境与健康			

先凭借记忆做练习，再花一周时间在销售对话中注意这些要点。接下来补充你的清单。它能帮你集中精力，创建自己的购买动机关键词列表。

- 共有七大基本购买动机。
- 你可以通过客户的行为、提问和表达以及愿望识别出他的主要购买动机。

从客户的常用词中攫取背景信息

在与客户交流时，客户的用词并不是随机的，会受到他的教养、教育和出身的影响。这些词语向销售员泄露了大量客户的背景信息，也会透露一些非常重要的事：站在你面前的人有什么样的性情。

"感官类型"这一想法来自神经语言程式学，它将五感——形、声、触、闻、味定义为VAKOG。

定义：VAKOG

神经语言程式学是一门用于改变心理过程的各种沟通技巧和方法的学问。神经语言程式学由心理学家理查德·班德勒（Richard Bandler）和语言学家约翰·格林德（John Grinder）于1970年年初创立。它的基本假设之一是人们有五种感官（也称为表象系统）：视觉、听觉、触觉、嗅觉、味觉。

每个人都拥有这五种感官，但它们发挥作用的程度不一。对大多数人来说，其中一种感官会特别强大，占主导地位。

客户最强大的感官决定了他如何感知自己和世界。这种感官特点对内在感知（内在形象）和外在感知（外部看到的事物）起到同样的作用。

形、声、触是三大主要感受，大多数人更依赖视觉、听觉和触觉，嗅觉和味觉很少占主导地位。

显然，你向客户偏爱的感官展示产品要比针对其余感官进行展示更容易传达产品的优点，否则客户首先需要将你的意思翻译给自己。这是一件又累又容易出错而且一点也不有趣的事情，还容易造成误解。

第四部分　紧跟市场，接近你的客户

如果你知道客户属于哪种感官类型，会使销售变得更加容易。因为你可以做好准备：知道如何选择最能吸引他的词语，知道哪种经历最能说服他，知道应该让他做些什么。你的客户使用的词语会与其感官类型相对应，因为正是这些词塑造了他对世界的感知。他只会从他的角度描述世界。这也就意味着：

视觉型客户会使用有关形的词语。
听觉型客户会使用有关听的词语。
触觉型客户会使用有关感觉和经历的词语。
嗅觉型客户会使用有关闻的词语。
味觉型客户会嵌入品尝的词语。

在 VAKOG 语言模式的检查列表里可以看到感官类型与其对应的许多词语。

表 12-5　VAKOG 语言模式检查清单

感官类型	视觉型	听觉型	触觉型	嗅觉型/味觉型
对应词语	看见	说	抓	闻
	展示	讲	握	尝
	注视	听	根据	甜
	小心	表达	移动	酸
	重点	讨论	具体的	辣
	全貌	提及	经历到	发臭
	外观	描述	感人的	美味的
	观察	窃听	疯狂的	清淡的
	显然	获悉	可理解的	发霉的
	看起来	刺耳的	转动/转向	不新鲜的
	可预见的	响亮的	令人兴奋的	掺杂的味道

（续表）

对应词语	看，瞧	谈论	基础	苦的
	闪耀	噪音	侵袭	呛的
	发光	反对	拒绝	迷恋的
	了解	同意	握住	腐烂的
	设想	安静的	否决	芳香的
	想象	尖叫的	情绪的	享受的
	画画	嘈杂声	感到高兴	有霉味的
	描绘	发出声音的	心情沉重的	有苦胆味的
	可见的	聚精会神地听	有某种感觉	做气味标记
	……	……	……	……

你可以利用这个清单进行有效练习：把它打印出来，每当客户使用这些词的时候打个钩。当然，不要在与客户交谈的时候做这件事。这个练习可以训练你对相应信号词的敏感度，同时提高倾听能力。一旦能够非常敏锐地抓住这些词语，你就可以毫不费力地判断客户的感官类型。

你可以不断拓展这一清单，当你想到其他词的时候就将其补充进去。熟悉每种感官类型，借助它们适应客户的风格并将精力集中在客户的主导感官上，你就能够成功地应对每个消费者。无论是说话还是行为，了解感官类型都对你大有帮助。在与客户对话、回答他们的问题或对他们提问时，请有目的地使用他偏爱的感官所对应的词语。这在所有对话中都能帮助你实现目标，在以下情境中尤其有效：

刚开启销售对话时；
提出问题以进行需求分析时；
讨论价格时；
处理异议时；
论证时；
展示时。

在相应的章节，你还将找到如何根据不同感官类型进行表述的案例。但仅凭说话，通常无法让客户采取行动。感官类型对如何正确与客户交谈的影响比大多数销售员想象中的更突出，你要利用好这一优势。你可以通过行动来促成客户的购买决定，至于哪些行动可以使你更接近目标，也取决于客户的感官类型：

> 针对视觉型客户，你可以通过向客户展示精美的图片来刺激他们。打开脑洞也对他非常奏效：让他想象一下，当他把产品放在手上或将它摆在家中时，会是多么美妙的景象。
>
> 针对听觉型客户，你可以让他去听梦寐以求的汽车的引擎声、高品质音响的声音，或者新机器的运转声。
>
> 针对触觉型客户，你需要提供触觉体验，让他能够按照自己的意愿去做事、去感受、去察觉。
>
> 对嗅觉型和味觉型客户也是如此：如果你的产品可以提供这两个感官的体验经历，就应该有目的地将客户引导至此。顺便说一句，对于这类客户而言，陈列室中的气味和你早上使用的味道浓烈的须后水一样，都会影响他的决定。

- 通过语言模式识别客户的感官类型。
- 如果知道了对方的感官类型，你就可以根据需要有目的地调整交流方式。

判断客户的色彩类型，为优质沟通做好准备

事实证明，INSIGHTS 色彩类型非常有用，既可以更好地评估自己的所属类型，又可以帮助自己找到合作同伴。其所属的 INSIGHTS MDI® 测试工具提供了详细信息，可以让你看到各种色彩类型的优势及需要学习的领域，因此 INSIGHTS MDI® 的价格也较为昂贵。此外，这套工具还使快速识别客户变得毫

无障碍。事实上，色彩类型本身就可以帮你实现这一目的。仅靠你用常规方式获得的客户信息，你就能够得出有关其所属色彩类型的明确结论。

INSIGHTS 模型中有四种主要的性格类型：蓝色、红色、绿色和黄色。蓝色和绿色型人的共同点是比较内向，而红色和黄色型人属于外向型。同时，蓝色和红色型人都比较讲求实际情况，绿色和黄色型人则更感性。每个色彩还具有各自的特点，将其与其他类型区别开来。

有关 INSIGHTS 模型的基础知识和更多细节请参见第 2 章。不同类型的人表现出截然不同的行为方式，购买动机也大不相同。你越了解客户的色彩类型，就能越好地为与客户的沟通做准备。

从行为举止和语言洞察色彩属性

其实，你的客户通过三个主要方面在不知不觉中为你提供了有关其色彩属性的信息，即他的对外表现、行为和语言交流。对外表现既包括直接环境设计，也包括外表和出场。你需要进行观察，问一些问题，例如：

客户的接待室是如何布置的？
助理是如何接待你的？
客户穿的是高级定制西服还是旧的灯芯绒裤？
他故意让你等待还是直接接待你？
他是否尽可能低调地出现或从门口进来？

在观察对方脸部时，色彩判断和"读脸"能够完美地互相补充。在准备第一次面谈时，你还可以检查以下几个要点：

你的客户在行业媒体或公司网站上用哪张照片展示自己？
他的生平听起来比较简单还是非常丰富？
他在 XING 或领英上的内容看上去如何？

针对客户的行为，你应该问自己以下问题：

你的客户举止如何？是礼貌、克制的还是粗鲁、暴躁的？

他表现得没有安全感还是非常自信？

他握手的感觉如何？

他的眼神如何？

他能够很快理解你的意思还是会反复询问？

他集中注意力的时间是长还是短？

他看上去坚定还是犹豫？

观察客户说话内容的同时，也要观察他的说话方式，以及他与你交流时的第一反应：

他喜欢听故事还是觉得故事无聊？他会认真地倾听事实吗？

他喜欢只讲重点还是泛泛而谈？

他讨厌闲聊还是只有在进行许多礼貌性地交流后才会活跃起来？

在与客户谈话时，关于如何选择用词，色彩类型判断和 VAKOG 分类法能完美地互相补充。

全面观察

尽管原则上一个人的色彩类型不会发生变化，但是你通常无法在一种情况下看到他所有的性格方面。所以，请尽可能在不同情况下观察你的客户。很少有人只具有一种色彩类型，大多数人身上仍具有部分其他色彩的属性，如果有需要你也可以利用这部分色彩。

你可以根据表 12-6 判断客户的色彩类型：

表12-6 色彩类型对应的不同方面的表现

方面	蓝色	红色	黄色	绿色
性格	• 内向/小心 • 客观 • 谨慎 • 理性 • 不易相处	• 外向 • 客观 • 有要求 • 果决 • 意志坚定	• 外向 • 感性 • 随和 • 热情	• 内向 • 感性 • 容易相信人 • 耐心
对外表现	• 高度准确 • 专业能力 • 准确的穿着 • 皮带与鞋子颜色相呼应 • 桌面整洁	• 自信甚至骄傲 • 影响力 • 昂贵的衣服 • 擦得锃亮的皮鞋 • 高档的汽车	• 散发魅力的 • 开放 • 穿着时尚 • 书桌混乱 • 墙上有很多照片	• 喜欢随意舒适的衣服 • 书桌上摆着孩子的照片 • 许多植物 • 喜欢笑，笑容使人平静
行为	• 保持距离 • 沉着冷静 • 呆板 • 善于分析 • 一丝不苟 • 喜欢观察	• 喜欢挑战 • 喜欢新鲜 • 容易着急 • 有时粗鲁	• 总是很友好 • 善于交际 • 乐观 • 适应能力强 • 充满想象力	• 喜欢保持现状而不是创新 • 有恒心 • 富有同情心 • 犹豫
交流	• 简明扼要 • 枯燥	• 明确告知 • 直接到无礼	• 能言善辩 • 话很多	• 需要时间来理解

如何应对不同色彩类型的客户？

在决定购买某件东西时，每个色彩类型的客户都有自己独特的需求。如果你知道坐在你面前的客户属于哪种色彩类型，将会是件令人兴奋的事：

> 他属于蓝色型吗？那么他重视能力和全面的信息，追求安全并且理智地寻找最佳性价比。
>
> 他属于红色型吗？那么他倾向于权力游戏，而且总是想成为第一个以更少的钱获得更多收益的人。

他属于黄色型吗？那么他的热情会唤醒你，并且他注重购物体验。

他属于绿色型吗？那么他首先需要对你产生信任，并且几乎不会告诉你自己究竟想要什么。

如果你已经牢记每种色彩类型的特点，你可以根据不同类型开展以下活动。在相应的章节，你还能读到根据色彩类型采取行动的案例。

开启销售对话；　　　　　　处理异议；

进行需求分析；　　　　　　论证。

- 通过性格、对外表现、行为和交流方式，你可以根据色彩类型对客户进行分类。
- 很少有人只具有一种色彩类型，每个人通常都有一种或两种占主导地位的色彩类型。
- 色彩类型能够为你提供有关客户需求和销售策略选择的信息。

第五部分 业绩之神的销售技巧

如何开发新客户？

如何进入销售谈判？

如何达成谈判？

如何留住客户？

LIMBECK. VERKAUFEN.

业绩之神的销售技巧

LIMBECK. VERKAUFEN.

如何开发新客户？

开发新客户是营销中的黄金准则。想要成功，你需要了解一些基础知识。今天最常见的直接营销形式是打电话，你会在第 13 章了解与此有关的基础信息，并学着认识辅助工具。拿起电话前，你应该已经做足准备。通常你无法直接与决策者联系，所以你需要能让自己接触到他们的策略。

当你联系到他们时，你需要以正确的方法开启会谈。首先，你需要从技术上根据客户类型为不同意见做好准备。其次，约定一个时间，通过小小的潜力分析实现你们的完美谈话。除电话销售外，你还会在第 13 章学习到在展销会和展厅开发新客户的方法，以及使用社交媒体进行销售的绝招。

如何进入销售谈判？

每次成功的销售都需要充分的准备工作，即使在第一次会面中也是如此。第 14 章将告诉你如何通过一些基本规则为签约打下基石。利用 BAP® 法，在对话中始终以目标为导向并朝着目标前进。签约的关键是需求分析，你可以利用调查表进行有针对性的深入挖掘工作。

在此基础上，使用 MONA® 设计一个能说服客户的收益证明。根据客户的特点优化你的收益证明，使其得到强化。与销售对话一样，你的客户在谈判中也会有反对意见，你应该对此做好准备，并从容应对。

为了在极短的时间内成功说服客户，你需要非常出色的"电梯游说"技巧。就像这第 14 章告诉你的那样，你要让客户感受到，你的销售演讲是令人信服的。在这之后，你还要自豪而自信地参与到价格谈判中。即使这次没有签约，也要做得漂亮，并以目标为导向继续工作。

如何达成谈判？

为了让谈判获得好的结果，你不仅需要足够的耐力，还需要正确的工具。了解如何根据客户类型进行谈判，能够确保你取得成功。当与采购中心谈判时，你需要考虑特殊的准则。通过适时调整的报价和恰到好处的跟进，你将为成功铺下倒数第二块石头，然后使用适当的技巧完成签约。

如何退出谈判？

如果没能成功签约，你可以寻找优雅的方式，从容离开。

如何留住客户？

激发现有客户的热情并以此留住他们所花费的精力比获取新客户要小得多。你需要好好利用旧客户的巨大消费潜力。正确处理你的失误和客户的投诉将使你有机会把不满意的客户转变为对你满意的，甚至是对你热情的客户。作为一名销售员，你还应该系统地使用"第三桶金"为自己带来持续成功，那就是熟人推荐。

第 13 章
高效客户开发训练方案

主动吸引新客户之前，你要锻炼强大的掌控力

长远来看，如果不开发新客户，你无法成功。这条准则非常重要，尽管许多事情日新月异，但是这一点没有改变。

但在主动吸引新客户这件事上，有一点和从前不一样：只有当你知道自己在做什么，并能牢牢掌控它时，你才能比过去更成功。

开发新客户需要制定正确的策略

今天，开发新客户的渠道和形式多种多样。没有哪个销售员可以用相同的精力去尝试每个渠道和形式。好在你也并不需要那么做，因为我们有一套工具，叫作 DIANA®。DIANA® 是德语 Die Intelligente Art der Neukunden-Akquise 的首字母缩写，意为"开发新客户的聪明方法"。

如果你能够在自己设定的时间内凭借努力获得预期的成功，那么你就做到了以聪明的方法开发新客户。你可以通过制定正确的策略、使用正确的方法来实现这一目标。所谓"正确的策略"和"正确的方法"就是对你有用的东西，它们适用于这个行业，适用于你的客户和产品，也适用于你。然后，你可以根据公司的战略方向采取不同的客户开发形式，以目标为导向有策略地利用结果。要制定对你而言正确的策略，你需要做到以下几点：

确定你的目标（见第 1 章）；

了解你的市场（见第 10 章）；

发展自己的品牌（见第三部分）；

评估哪些渠道适合你的业务（见第 11 章）；

了解你的客户（见第 12 章）。

由此，你也能够了解自己需要什么技能、哪些方法是正确的，明智地做出最适合你和客户的选择。很显然，如果你是一家软件公司的大客户经理，信步到保险公司会见客户并鲁莽地询问首席执行官是否有时间，是不明智的做法。但如果你在充分准备之后去参加德国工商会举办的晚宴，和目标客户企业的高层搭话，那么你成功的概率就会很高。如果你不相信，那就去试试。只有尝试才会使人真正变聪明。除了策略和方法，成功只需一点：正确的态度。

"今天的人们不再这么做了！"

过去，人们都承认开发新客户对一位销售员而言是必不可少的工作，所以销售员在这一领域取得的成绩也会得到认可。而今天，人们却常说："开发新客户一无是处，令人沮丧。"那些一直想逃避陌生电访的人会热烈地表示赞同：他们总算有充分理由不去猎捕新客户了。事实上，销售员非常讨厌陌生电访，因为他们不敢，他们需要为此克服许多障碍，他们害怕被拒绝。

为什么会害怕呢？因为销售员总是对陌生电访抱着错误的态度，把拒绝看作个人情感上的伤害而不是鞭策。久而久之，他们宁愿与现有客户相互依偎，也不愿去敲开一扇新的门。其实在今天，陌生电访反而变得更有意思。正因为几乎没人做这件事，如果你去做或再做一次，就会为自己带来巨大优势。如果你亲自登门或在电话中介绍自己，让你的客户认识到你是真正的人类，你会收获意外的惊喜。毕竟销售从来不只关乎金钱和产品，更关乎人际关系，而仅通过电子邮件与客户沟通，是无法建立良好的人际关系的。

正因为几乎没人做，你才可以通过陌生电访在许多领域获得成功，甚至是比从前更大的成功。

这就是成功的秘诀：不要像你所处行业中的其他人那样千篇一律。你要做些特别的事，做些将你和其他人区分开来的事，去尝试没人使用或不再有人使用的方法，同时利用 TOTE 模型来检验：测试—操作—测试—退出。

正确的态度就是把获取新客户放在首位

什么是正确的态度？你要如何培养它？在第 1 章中有详细说明。态度会对你获取新客户产生不同的影响。例如，给予获取新客户应有的优先权。你没有任何借口和理由拖延，你只需去做，每天都致力于此。

怀着正确的态度，将获取新客户放在首位：置于脑中，置于日程表中。出于这一态度，你也不会去考虑此时此地是不是正确的时间和地点，而只会考虑它是否适用于你的策略。要知道，销售无处不在。如果清楚了这一点，创意与机会就会不断地降临在你身边。你会与邻居聊他的保险，与工艺品博览会上相邻展台的销售员谈论他的存档软件。

如此一来，陌生电访还能使你紧紧咬住市场，培养你的韧性：你接触的人越多，卖出的产品也会越多。只有当你不断去做的时候，你才能够获得有效的联系。此外，正确的态度意味着你不会因为成功而自满，也不会因为失败而沮丧。

你要进行大量训练，因为销售也讲求熟能生巧。

你需要定期检查你的策略。要随时为各个层面的新鲜事物做好准备，包括自己工作架构中的变化。有时候你需要一个销售团队；或者与其他同事合作，或者建立一个互帮互助的关系网络。

运用 DIANA® 时要始终睁大双眼寻找新的提升自我的机会。

- 不开发新客户就没有成功！在营销中尤其如此。
- 与人联系越多，成功的机会就越大。
- 好策略至关重要，但在制定策略之前请一遍遍重新思考你的意愿。

陌生电访：用成本最低的工具获取新客户

几乎在所有行业中，电话联系都必不可少。毫无疑问，它是获取新客户最迅速、最有效、最灵活，以及最节约成本的工具。电话是最重要的通信手段之一，是公司的名片，也是你自己的名片。作为销售员，你可以通过电话另一头的反应评估潜在的销售机会，并立即采取行动。在面对面交流之前，没有其他媒介可以发挥比电话更大、更直接的影响力。若没有积极主动的电话追踪，即使是昂贵的直邮也无济于事。但电话销售在许多销售员心中的地位却与它的伟大程度和重要性不成正比。

低端工作，还是最高自律？

将电话销售划分到呼叫中心的公司认为，任何人都会打电话。销售员也根本不会为此反驳他们的管理层，因为他们也在为不必承担这项任务而暗自高兴。你也知道，成功完成电话销售几乎是营销中最艰巨的任务。

优秀的电话销售员是最强的销售员，因为他们仅仅通过用词、语调和声音就能准确评估、辨别客户在做些什么，以及能否理解自己想要传达的意思。

你要学会打电话。擅长当面交往和谈判的人，不一定会打电话。但是擅长电话销售的人，一定能掌握其他营销方式。如果作为销售员的你在电话销售中敷衍了事，想让别人代劳或是干脆放弃这个方法，那么你就是在放弃成功。

当两个陌生人见面时，他们会本能地做这件事：互相"检查"对方。他是敌人吗？他想对我做坏事吗？他是一个好人吗？

他们会尽可能地从远处就根据对方的外表、动作和周围环境检查对方的状态。这可能就是初次见面时肢体语言的效果远大于其他因素的原因，而在电话中，这一点是缺失的。

你很难知道接电话的潜在客户穿着如何、是否使用味道浓郁的须后水、有没有脸红、是坐在舒适的老板椅上还是正赶往生产车间。即便你做足了功课，已经看过他的照片、浏览过他的简历，也无法得知再多的信息。然而，有一点你一定知道：接电话的是一个人。这一点你永远都不能忘记。

电话的另一头是一个人，他有强烈的人类的需求：他想要舒适的感觉。而满足这一点，就能为电话销售的成功奠定一块基石。

因为面对面的印象是缺失的，所以对于销售员来说，了解客户更是一种挑战。同时，你的客户也很难对你做出评价。在第一通电话中，他通常会表现得比较保守，能够很快进行防守。在电话中直接拒绝要比面对面拒绝容易得多，所以在电话中被拒绝的次数比在第一次登门拜访中被拒绝的次数要多得多。

客户接起电话的那一刻，就能感觉到你在动摇，所以消除心中对电话销售的抑制因素，对你的成功至关重要。

如何战胜电话销售中的抑制因素？

表13-1列出了7个最常见的负面因素和战胜它们的策略。

表13-1 电话销售的七大抑制因素及其解药

抑制因素	起因	解决策略
因为缺少信息而感到不确定	你在电话中看不到对方的面部表情和肢体语言，没有眼神交流	• 不要去想你缺少的信息，专注于你可以掌握的东西。注意对方的声音、语调和措辞 • 抓住机会，有针对性地运用你的声音和措辞 • 在打电话时微笑，营造轻松的交谈氛围
因为缺少材料而感到不确定	你无法展示书面材料来支持你的价值主张	• 做好充分的准备，包括一个好的谈话策略 • 调动你的积极态度来影响对话伙伴 • 用原创话引子来发挥你的创造力
你自己的负面声音	你从一开始就在想象失败的场景	• 摆脱自己所做的预言 • 充分的准备可以帮助你克服负面情绪 • 了解你已经掌握了哪些关于客户的宝贵信息，以及你对客户来说是一位多么不可多得的专家、创意提供者和能干的合作伙伴，以此来激活积极的自我形象

（续表）

抑制因素	起因	解决策略
害怕被拒绝	打电话比亲自登门拜访更容易被人打发。打电话时对方更容易找借口，或者干脆挂了电话	· 不要认为对方的拒绝或冷漠是针对自己的，你只是他不认识的人 · 致电前先弄清楚，你能够为客户带来什么好处和喜悦 · 记住那些成功的电话，以及你通过这个方式获得的联系人
害怕在错误的时间打电话	你不知道客户接电话时在干什么	· 客户接起电话是因为好奇，而你可以利用这一好奇心打开话匣子 · 开始对话后，你要自信地向他传达一个信息，即你有对他非常有用的产品或服务
害怕接待室	你害怕没有办法绕过助理	· 接待室也是谈话策略中可以预见的部分 · 通过相应的准备和礼貌的坚持，你可以轻松通过这一关
被拒绝一次后就深恶痛绝	你已经被拒绝了一次，你猜下一次也一样	· 你要明确一点，即每次拒绝都是在为你遇见下一位客户指路 · 不要试图取悦每个客户。因为取悦每个人的人其实并没有使任何人高兴

由于抑制因素非常强大，因此能够克服电话销售障碍的销售员越来越少。因而当你这样做时，你在人群中脱颖而出的机会就大多了。成功的前提只剩下两条：你必须知道自己需要什么，以及应该如何达成目标。

无礼取胜

如果你的对话伙伴突然挂断电话，那么勇敢一点，再打一次。他会为你的坚持感到非常震惊，以至于对你另眼相看。他知道在他挂了电话后，你再次打电话需要多少勇气与定力。根据我的经验，大多数人甚至会对有魅力的无礼报以微笑。有了这个笑容，谈话的气氛马上会变得轻松、积极，你离谈话的目的也就更近了。

成功来自重复拨打电话

我们做事不会只做一次，在电话销售中更是如此。没有其他领域可以使你更清楚地了解成功与结果的关系。想要证明这一点，你要做的事情很简单：销售！销售！销售！每天重复。

所以我向你推荐一个工具，有了它你每天都能进行电话销售，那就是销售日记。借助这本日记，你可以在早上非常轻松地拿起话筒，因为你已经明确地知道要打给谁。一天结束的时候，你会为自己感到骄傲，因为你能够在白纸黑字上看到结果。这些结果就是推动你继续进行电话销售的纯粹动机。

表 13-2　电话成果检查清单

日期	有几通电话联系到了决策者？	部门	公司	约定日期	下一步	再次拨打电话

- 通过电话建立联系是你成功的基础。
- 电话销售是营销中的最高准则：如果你能做到，那你就能做到其他事。
- 了解抑制你打电话的因素并克服，在销售日记中把这个过程记录下来。

成功电访工具箱

无论你要完成什么杰作,都需要一个装备,帮你真正发挥实力,在电话销售中也是一样。要想取得成功,你需要4个方面的工具:

目标和策略；　　　　　　声音和说话方式；
表达；　　　　　　　　　管理和记录。

目标和策略

没有无策略的营销对话,更没有毫无目标的对话,对电话销售来说尤其如此。目标和策略都要明确,并且最好在每次通话之前思考以下问题:

你为什么要进行销售？
客户为什么要见你？
客户为什么要在你和你的公司那里购买？

有了明确的目标,你还可以为自己制定清晰的对话策略。我建议你为此制定一个目标指引,你可以在打电话时将它放在面前作为指导。以下是一个目标指引的模板,你可以根据自己的行业、具体要求和客户意愿对它进行调整,让它变得顺手。将自己的个性放进目标指引中,也将使谈话更加成功。

电话销售目标指引

1. 准备：调查清楚决策者的名字。

2. 与助理或总部进行对话。

3. 应对助理或总部对电话销售的抵挡。

4. 与决策者进入对话。

5. 应对决策者的抗拒。

6. 达成预期目标（面谈时间、合同）。

7. 在商议面谈时间时进行可能性分析。

8. 好好道别。

9. 记录存档

无论你的个人目标指引是什么，都要遵循一个原则：与客户争执不值得。无论何时都不要在对话中与客户对抗。这并不意味着你在所有事情上都要同意客户的看法。你是在平等的基础上与客户交谈，一味地赞同会给人留下阿谀奉承的印象。你只需确认你听到的内容即可，不要带感情色彩，因为没有意义。

你可以通过了解自己的行为模式做到这一点。客户的什么话会使你激动？你会针对哪些触发因素做出什么反应？一旦意识到这些触发因素，你就可以更加自信地采取行动。

声音和说话方式

在每次面对面销售中，你说的内容、你的说话方式都举足轻重，后者甚至更重要。在这方面有许多书可以参考，如阿诺·费施巴赫（Arno Fischbacher）的《声音在销售：声音在商业中的力量》（Voice sells. Die Macht der Stimme im Business）。

声音的作用在电话销售中可能要比面对面销售重要两倍甚至三倍，在电话销售中，你的客户只能通过声音和语言与你建立关系：成也它们，败也它们。

考虑到电话销售的目标，你只有很短的时间用来说服对方。商定面谈时间往往只有3～5分钟。这比面对面交流要短得多，但你不要被时间的紧迫性打乱阵脚，要保持放松、友好和果断的姿态。这么做和你的声音又有什么关系呢？如果你能稳定地保持这份姿态，那么你就差不多能够凭借声音取得成功，因为你的外在姿态是内心活动的表现。客户可以"听"到你的肢体语言，在站立或行走时打电话要保持放松。

要在电话中拥有强大的销售表现，你需要真正的自信。客户能够非常敏锐地察觉到你正局促不安、双腿紧夹地坐着，你的心已经吊到嗓子眼了。他也能觉察到你正在电话旁微笑、对这次通话非常期待，因为你的声音坚定有力，很确定自己能为客户提供他无法拒绝的产品。另外，千万不要一直被典型的电话销售的抑制因素干扰。尤其是当你无法用足够好的理由说服客户与你约定见面时间时，你更应该礼貌地表示感谢，然后挂断电话，拨打下一个号码。其实，每次明确的拒绝都意味着你不必在毫无希望的战斗中浪费精力，不如更快地转向真正对产品感兴趣的客户。因此，你应该对拒绝你的客户表示感激。

接着，注意你的语调、音色和句子节奏，让你的声音充满感情。

说话要有起伏，平淡的讲话方式会使听众感到无聊。还有一点，在打电话时让客户立刻感到舒适是非常重要的，而如果他听不懂你在说什么，就会感到不舒服。因此你一定要把话说得清晰明了，这不仅取决于你说话的内容，也取决于你说话的方式。

清晰地表达

表达清晰这一要求同样适用于电话销售。无论是预约会面时间、直接的电话销售还是追加销售，精准、具体、清晰、生动易懂地向对方展示产品价值和问题解决方案都至关重要。

在此之前，你要与客户建立起联系的桥梁。借助清晰、稳步推进的开场白（包括清楚地说出自己的名字），你已经向他的感情层面发出了信号，接下来就可以理性而放松地继续你们的交谈。你可以在下方找到理性而放松的对话所具有的特征。

理性而放松的对话特征

在表述时以客户为导向,说话亲切,使用"您"来代替"你"或者"你们"。

避免使用空话套话、列举细节和大段独白。

可以有停顿。

通过提出正确的问题来推动对话的进行，以了解客户的需求。

不要断言而要提问，不要说"我们的存档系统可以帮您节约成本"，而要问："您期望存档系统能够为您带来什么？"

避免使用虚拟式[①]，它会使你的表述含混不清。

使用简洁的句子，避免太过复杂。

在对话中，你要时不时地提到客户的名字，但不必强迫自己这么做。确保你的读音正确，如果你不确定，最好问一下客户。为了正确掌握客户名字的读音以及写法，问一下无伤大雅。此外，幽默也能为你加分，但要避免讽刺或挖苦，尤其是在客户已经表现出强烈攻击性的时候。也不要提及私人话题。在面对面的谈话中或许可以，但在电话销售里这是大忌。

如果你在和实际决策者对话前，已经联系过该公司的其他人并与他们会谈过，请把这一信息告诉他。当你第一次与这位决策者交谈时，请好好准备，仔细回顾以前的对话笔记，给对方留下自己是专业人士的印象。

如果你能够通过语言了解你的客户，那么你就能够在电话销售中脱颖而出：不论是指引你找到他的购买动机的措辞，还是帮助你了解客户 VAKOG 类型的语言模式，抑或是让你推断出他的色彩类型的说话方式。

一旦对客户有所认识，你就能使自己的语言适应他的需求、主要感官类型和色彩类型。这样一来，你可以基于提问技巧的基本原则设置更个性化的问题，更有效地应对客户的反对意见。

无论使用了怎样的雄辩术，销售对话只能在一种情况下成功，即你不仅要会说话，还要善于倾听。倾听意味着你在交谈时将其他任务搁置一旁，包括你脑海里在想的事情。你要完全专注于交流，竖起耳朵倾听。这也是努力营造不受干扰的交谈环境如此重要的原因。

要想专注于对话，以下办法可以帮到你：调整你的坐姿，假装对方就坐在对面。让对方说话，不断地用语言对他说的内容表示肯定。记住，他在电话那头看不到你在点头，所以请使用一些积极的表示肯定的小词，如"对""嗯""啊"。这样一来，他就知道你在仔细聆听。给说话者留下你在专心倾听的印象能够极大地提高他对你的认可程度。不断用自己的语言精练地总结你所听到

[①] 德语的虚拟式时态分第一虚拟式和第二虚拟式。第二虚拟式表达对主观愿望的一种希望和非现实的愿望，第一虚拟式用于引用别人的话。此处指第二虚拟式。——译者注

的内容。这么做可以帮助你加深印象，确保自己正确理解对方的意思："我这么理解对吗……"

即使对方有点离题，也不要突然打断他。你可以找机会插话，慢慢地将他引回你计划的正题上。

保持冷静

英国信息部 1939 年的这句口号同样适用于销售员：即使你的客户在电话中表现得无礼、凶横甚至侮辱人，你也应该保持冷静。你的每一次局促不安都会被客户注意到。遇到此类困难情况时，做一些能让自己放松的动作，例如将双脚牢牢踩在地面上，通过鞋底感受地面；或专注你的气息，做几组冷静的呼和吸；或通过起身来释放紧张感。什么都可以，只要能帮助你继续与客户保持友好和合作的关系。

高效的电话销售管理让你能始终集中精力

电话销售是一项重要且具有挑战性的任务，不能随随便便地完成。你需要有意识地去做，并在你的日程表中为它预留固定的时间。你要像对待客户会面和休假一样，严格地执行你的电话销售计划。

最佳致电时间

最佳致电时间因行业而异。手工业者最晚早上 8 点就在路上了，所以最好提前给他们打电话。而对于大型企业的决策者来说，通常星期五下午晚些时候会有充裕的时间，而且即将到来的周末所带来的放松心情也会对你有所帮助。但是正如本书所言，销售不仅无处不在而且无时不可，因为根据我的观察，人们通常不按最佳致电时间行事。

尽可能一次多打几个电话。电话销售需要花费一些时间来进行心理建设，因此每次暂停后你都需要几分钟的时间来恢复状态。如果你在进行电话销售时并不专注且兴味索然，那就是在浪费时间，制造挫折。慢慢来，集中精力。

有一套清楚、有条理的方法也是好的组织的一部分。以下清单可以帮助你避免遗漏信息，确保你拥有最佳配置：

> 制造一个安静的电话环境。消除交通噪声、同事大声说话、收音机、吃东西的声音等制造干扰和让你分心的因素；
> 尽可能地屏蔽视觉干扰；
> 打电话时可以记笔记。

还有一点我认为非常重要：戴上耳机。如果你喜欢在打电话时来回走动、比画手势或记笔记就更应如此。戴上耳机后，你不用辛苦地将电话夹在耳朵和肩膀之间。这种别扭的姿势会破坏你的声音，削弱你的说服力。站着或走动着打电话会使你表现得更好、更有创意。你的声音听起来会更坚定，通话时间也会因此缩短。试试吧！不论是电话的话筒还是耳机的麦克风，都应该和嘴保持约1.5英寸（约合3.81厘米）的距离，以获得最佳质量。好的自我管理体系并未随着挂断电话而结束。每次通话后都需做好记录。在任何情况下你都应记录下对方的姓名、地址和电话等信息。此外，记下你获得的所有提示、观察所得和事实，同时记录下谈话中产生的想法和要点，包括你自己的。

确保这些记录都能为自己所用。如果你使用数据库的话，则必须输入最重要的关键字。在未来某个时候，你会爱上自己和这个数据库。不要将记录当作令人厌恶的事，要将它看作成功的一部分。在你的电话销售中加入记录这一步骤，相信我，这么做是值得的。

检查清单：电话销售的准备工作

在电话前根据这份清单检验自己是否准备就绪。

- 已经创造了安静的环境；
- 已经做好了积极的心理建设；
- 已经准备好了放松的身体姿势；

- 纸和笔已经准备妥当；
- 姓名和电话清单已经准备妥当；
- 已经根据需要检索了潜在客户的更多信息；
- 日历已摆好；
- 目标指引准备就绪；
- 回忆了开场白；
- 回忆了驳斥反对意见的论据；
- 电话和耳机都已准备就绪；
- 微笑；
- 开始吧！

进行电话销售前还需要确认：

- 订单准备就绪；
- 论据指引准备就绪；
- 产品和报价信息准备就绪；
- 价格清单准备就绪；
- 订单和产品分类概要准备就绪；
- 内部消息记事本准备就绪。

电话销售可以轻松学习

你可以在电话销售上做得非常出色，只需要一个前提：练习。不是练一次、两次或三次，而是数百次、数千次。教科书、修辞课、YouTube 视频和博客都帮不了你。成为卓越的电话销售员需要经历一段艰苦的训练过程。如果你认为自己做得很好，那你肯定会做得更好。我建议你不要进行枯燥的练习，而要进行具有反思效果的"工作中练习"。你可以在实践中努力优化自己的策略和能力。以下是一份清单，你可以不停地根据这份清单对你的电话销售进行自我评估。更好的做法是和同事一起组织电话聚会并互相反馈，这能够促进你们整个团队的进步。

检查清单：_____ 的电话销售反馈

致电日期与时间：_____

在相应数字上打钩，为每一个要素打分，分值为 1（亟须改善）至 10（非常好）。

表 13-3　电话销售检查清单

标准		表现
准备重要信息		① ② ③ ④ ⑤ ⑥ ⑦ ⑧ ⑨ ⑩
制定以目标为导向的策略		① ② ③ ④ ⑤ ⑥ ⑦ ⑧ ⑨ ⑩
采取舒适的交谈态度（微笑）		① ② ③ ④ ⑤ ⑥ ⑦ ⑧ ⑨ ⑩
正确握住话筒／正确戴好耳机		① ② ③ ④ ⑤ ⑥ ⑦ ⑧ ⑨ ⑩
为对话做好积极的心理准备		① ② ③ ④ ⑤ ⑥ ⑦ ⑧ ⑨ ⑩
针对总机／前台	设计友好且明确的问候语	① ② ③ ④ ⑤ ⑥ ⑦ ⑧ ⑨ ⑩
	以喊出对方姓名作为开场	① ② ③ ④ ⑤ ⑥ ⑦ ⑧ ⑨ ⑩
	开场白成功	① ② ③ ④ ⑤ ⑥ ⑦ ⑧ ⑨ ⑩
	给予适当的信息	① ② ③ ④ ⑤ ⑥ ⑦ ⑧ ⑨ ⑩
	有时候可以马上调查出决策者	① ② ③ ④ ⑤ ⑥ ⑦ ⑧ ⑨ ⑩
	非常自信地处理不同意见	① ② ③ ④ ⑤ ⑥ ⑦ ⑧ ⑨ ⑩
	自信地要求与决策者联系	① ② ③ ④ ⑤ ⑥ ⑦ ⑧ ⑨ ⑩
	有效地记录通话内容	① ② ③ ④ ⑤ ⑥ ⑦ ⑧ ⑨ ⑩
针对决策者	友好地打招呼	① ② ③ ④ ⑤ ⑥ ⑦ ⑧ ⑨ ⑩
	注意决策者的声音	① ② ③ ④ ⑤ ⑥ ⑦ ⑧ ⑨ ⑩
	耐心等待对方就你的问候做出回应	① ② ③ ④ ⑤ ⑥ ⑦ ⑧ ⑨ ⑩
	以喊出对方姓名作为开场白	① ② ③ ④ ⑤ ⑥ ⑦ ⑧ ⑨ ⑩
	开场白成功	① ② ③ ④ ⑤ ⑥ ⑦ ⑧ ⑨ ⑩

（续表）

标准		表现
针对决策者	说话清楚、友好而笃定	① ② ③ ④ ⑤ ⑥ ⑦ ⑧ ⑨ ⑩
	避免虚拟式	① ② ③ ④ ⑤ ⑥ ⑦ ⑧ ⑨ ⑩
	使用"您"，而非"你/你们"	① ② ③ ④ ⑤ ⑥ ⑦ ⑧ ⑨ ⑩
	用话引子唤起兴趣	① ② ③ ④ ⑤ ⑥ ⑦ ⑧ ⑨ ⑩
	识别出对话伙伴的语言模式并做出应对	① ② ③ ④ ⑤ ⑥ ⑦ ⑧ ⑨ ⑩
	主动倾听	① ② ③ ④ ⑤ ⑥ ⑦ ⑧ ⑨ ⑩
	确认听得到	① ② ③ ④ ⑤ ⑥ ⑦ ⑧ ⑨ ⑩
	给予适当信息	① ② ③ ④ ⑤ ⑥ ⑦ ⑧ ⑨ ⑩
	询问了所有重要的信息	① ② ③ ④ ⑤ ⑥ ⑦ ⑧ ⑨ ⑩
	自信地处理不同意见	① ② ③ ④ ⑤ ⑥ ⑦ ⑧ ⑨ ⑩
	成功地做了潜力分析	① ② ③ ④ ⑤ ⑥ ⑦ ⑧ ⑨ ⑩
	自信地提出见面	① ② ③ ④ ⑤ ⑥ ⑦ ⑧ ⑨ ⑩
	强调约定的时间	① ② ③ ④ ⑤ ⑥ ⑦ ⑧ ⑨ ⑩
	亲切友好且坚定地告别	① ② ③ ④ ⑤ ⑥ ⑦ ⑧ ⑨ ⑩
	有效地记录通话	① ② ③ ④ ⑤ ⑥ ⑦ ⑧ ⑨ ⑩

自律的电访让成功指日可待

将所有工具组合并联系在一起后，你已经为电话销售做好了完美的准备，之后你只需要再为自己增加一个成功因素：自律。这样你的成功就指日可待了。

记录销售时间；

遵守与客户约定好的时间；

充分准备。

- 电话销售的 1 号工具是清晰的目标和你的策略。
- 电话销售的 2 号和 3 号工具是你知道要说什么和怎么说。
- 电话销售的 4 号工具是良好的工作安排。
- 再加上自律和勤奋，你的成功就指日可待。

拿起电话前的速效准备

如果你销售的产品和服务没那么容易让人明白，客户显然会希望能当面了解一下它们。今天比以往任何时候都更需如此。

当然，你也有可能在电话上签下大笔订单，因为你或许会遇到有迫切需求的客户，毕竟六位数的彩票也有人中。但当价格超出客户的预算时，他可能会想与你当面交流，而你也希望如此。

没有什么比坐在客户对面更能让你了解他并引导他。但是帮你实现这一点的首选工具就是电话。

你与潜在客户的第一次联系是为约定会谈时间所做的联系。如果你能把这步做好，那你就已经为最后的成功奠定了基础。这就是为什么我要在本书中如此详细地论述电话销售这一方式。

事先提示一下，没有决策者在等你打电话给他。相反，他迫不及待地想挂断你的电话。无须自欺欺人，事实就是如此。

你的电话会打扰他，打断他专心看邮件、开会或在社交媒体上发状态的注意力。在他听到你的声音的那一刻，他脑海中闪现的是哪些问题呢？他是谁？他想做什么？他什么时候才能说完？当你顺利做完开场白后，他或许会问：他对我真的有兴趣吗？我现在和他说话有什么用吗？

这对你而言意味着，短短几个词就会决定对话是能继续下去，还是到此为止。关于电话销售的基本原则，你可以在"陌生电访：用成本最低的工具获取新客户"中了解更多。

下面为你介绍约定会面时间的诀窍。

明确目标和策略

首先，你需要一个目标！很简单，四个字：约定时间。你要做的就是尽快找到契机，提出一个会面时间。每次通话前，你都要不断明确这一目标。

如果这一大方向已经明确，你就可以根据清单逐一检查每个步骤。你都准备好了吗？是否做好了在脑海、文件和日历中记录会面时间的准备？

检查清单：约定会面时间的准备工作

我已经做了足够多的调查工作。

如果停留在前台，我已经准备好了不同的开场白并知道如何应对反对意见。

与决策者对话前，我准备了不同的开场白。

与决策者对话前，我准备好了如何应对反对意见。

我已经准备好随时向客户提议约定会面时间。

我已经准备好了针对客户的问题进行简单解释。

我准备好了完美的告别方式。

上述检查清单是一个基本工具，你可以直接拿来用。积累了一些经验后，再为约定会面时间制订一张属于自己的检查清单，并不断完善它。哪些修改适合你的行业、你的客户？什么适合你？你是如何展示自己的个性的？

10分钟的搜索刚刚好

事先要做多少搜索工作，取决于你是猎人型销售员还是农夫型销售员。

猎人型销售员。他对陌生电访充满期待，已经具备必要的积极情绪，并会把这种情绪带到对话中，直接抓起电话就可以了。准备工作对他来说可能是个负担，所以猎人型销售员会在很大程度上省去搜索这项工作。但是有一件事他需要事先了解，即决策者的名字。决策者的名字是开启电话销售的关键，即使猎人型销售员也不能忽视这一点。

谷歌的出现大大缩短了必要的搜索时间，许多时候人们只需单击几次鼠标，浏览公司网页。当然，现在也有了 Echobot 和 Salesviewer® 等专门的搜索工具。如果你的客户公司的内部职责不是那么明确，那么行业社交活动、展销会目录或业务网络仍可以为你提供帮助。

以前我会建议猎人型销售员直接打电话，但现在我不再这样做了。随着搜索变得越来越容易，而销售机会变得越来越少，我们值得为调查客户投入时间。

农夫型销售员。他必须为电话销售营造一个良好的氛围，为此他需要进行调查，通过搜索获得内心的安全感。他不仅会浏览网站，还会阅读所有谷歌上能够找到的关于客户的信息。

农夫型销售员面临的挑战是会花费太多时间在搜索调查上。看一下公司官网和最近的新闻就足够了，你不必关注媒体报道的每个话题。把搜索时间限制在10分钟以内，否则就有"分析瘫痪"的危险。光靠搜索，你根本无法拨打电话。

- 明确你的目标和策略。
- 利用一张检查清单做准备工作。
- 如果你是猎人型销售员，请花少量时间对客户进行调查；如果你是农夫型销售员，不要花太多时间去搜索客户的相关信息。

如何在电话中过关斩将，成功联系决策者？

你的目标人物是决策者。我把他称作 MVP，这样一来"决策者"一词的含义就更明确。决策者是在公司中具备能力和权力且了解决策必要性的人。

他是你搜索工作的重点：你应该已经查出了他的名字，猎人型销售员会更乐意这么做。但是在大公司，检索决策者可能行不通。此时，在你花半天时间查找准确的名字之前，最好先硬着头皮打电话给总机。凭借良好的策略，你也可以由总机联系到决策者。

如果你已经知道了董事会成员的名字，那就专门询问总机如何联络这个人。去掉"……先生"或"……女士"这样正式的称呼，只给出姓和名。这样就能给对方留下你已经与这名决策者建立起联系的印象，接线人员不会有任何顾虑就会帮你连线。如果根本找不到决策者的名字，那就在电话销售中使用导航法。

利用导航法穿过总机

拨打前台电话时，如果有人自报姓名，那么就记下这个名字并在后续对话中立即说出来。你努力记住名字这一事实，已向对方表明了你对前台的尊重。根据互惠原则（见第5章），他会立即表示愿意为你效劳。然后你可以说："您好，穆勒女士。我是……。您一定可以帮我一个小忙，今天哪位管理层人士在办公室？"准确地利用你在1秒前馈赠给他的"小礼物"。

无论如何都要用这种方式按等级从上到下寻找决策者：总经理、高级管理层、运营总监；对于一些小公司，也可以从其中任意一个层级开始。如果你再往下走，可能会接触到决策者以下的职员。自上而下的好处在于你会由老板引荐给其他人，这将赋予你的电话以完全不同的意义。

永远不要问总机："谁负责贵公司的电脑硬件采购？"负责这事的有许多人，但通常做决定的只有一个，因此你只能问："公司哪一位高层管理者在处理电脑设备的相关事宜？"

从此处开始，你可以根据总机的回答运用以下导航法：

如果回答是"某先生"，那你就再接着提问："某先生的名字是什么？"如果对方告诉了你，请记下名字，然后说："谢谢。请您帮忙转接到某先生。"如果他不能或不愿意把名字告诉你，那么也请同样回答："谢谢。请帮我转接到某先生。"

如果回答是"某女士和某先生"，那你就接着询问："他俩中谁负责软件方面的事宜呢？"对方回答"某女士"，你就可以按照上一段内容继续询问某女士的姓名。

如果总机的回答里没有出现具体姓名，如"都是负责人"，那你就接着询问："他们都是谁？"然后你就会得到一个名字。如果回答是"都不在"，你就可以轻松提问："您这么直接地告诉我，真是好极了。那我什么时候可以再打过来呢？"若对方回答"周五"，那么你就可以顺势跟进："周五我可以联系谁？"于是你就得到了决策者的姓氏，并且可以继续询问名字。但你最好还是再问一句："您能多给我一点建议吗？周五什么时候联系他最好呢？"然后立即追问："某女士/先生的分机号是多少？"接下来你就可以友好礼貌地告别了。

如果总机在回答你的问题时说出了若干个名字，你就选择他用更友好的语气说出其名字的那位。当你的电话转接到他那里时，他的态度可能会更加和善。

你通过导航法得到的最重要信息是决策者的姓名。如果总机能帮你转接到决策者，那很好。如果没有转接到他，但给了你分机号，也是一件好事。经验表明，直接询问分机号只在不到50%的情况下会取得成功。公司越大，你越有可能只获得助理的分机号，不过不管怎样这也是值得称赞的。

如果你足够自信，也可以这样问："拜托，我现在必须联系某先生。哪个手机号可以联系到他？"这种方式通常不起作用，但有时候也值得一试。

在大公司，你通常可以从助理的分机号推断出老板的分机号。如果助理的分机号是 -311，那老板的分机号很有可能是 -310。

即使猜错了也没有关系，坦率地告诉对方，你实际上是想联系某先生，在转接的时候可能接错了。也就是说，你要在扩大事实的意义上与对方说话。向接电话的人提出请求："您能否帮我转接一下？"如果你用友好的方式表达自己的诉求，对方很有可能乐意帮你。

扩大事实

这个世界上有绝对的谎言和绝对的真相，两者之间还有一个叫作"扩大事实"的地带。它指的是通过表述或行为唤起交谈对象的联想，而这种联想并不百分之百正确。在我看来，销售员可以利用这种"事实"，但是请注意，一旦你用这种方式进行欺诈或对他人造成伤害，那就不再是扩大事实，而是从长远来看对你的永久性伤害。

用策略跳过助理

即使你已经知道决策者的全名甚至他的分机号，你可能也需要与他的助理先通上话，助理是他的防火墙。

想要成功通过这一关，你需要积极的态度和正确的策略。

永远不要把助理当作敌人：他只是在做自己的工作。只是你要制定正确的策略，把你的工作做得更加完美。想一些不同的表达方式，总体而言要与以下三方面相称：

你的个性和你的行业；

你在行业中的地位；

你的专家身份和偏好。

我会以五种策略为例，为你的表达方式提供建议。第一句话都是相同的："下午好，某先生。我是……"然后放松地等待对方回应你的问候。接着问："某某（决策者的名字）在办公室吗？"这种直呼名字的方式能造成一种关系亲密的印象（扩大事实，见上文）。仅凭这一点就可以让许多助理无法拒绝你。

如果你得到的是肯定的回答，那么你就直接说："请帮我转接，我的名字是……。"如果他照你说的做了，那么你可以跳过下面几部分内容。如果他没有转接，请继续读下去，因为你需要一些策略来应对这种情况。

策略一：询问最佳致电时间。向助理询问联系老板的最佳时间，并且要让人毫不怀疑，这次对话事关一件耽误不得的重要事情。如果他提供了大致的时间，如"明天下午"，那么你就可以提出具体的方案：

"太好了，那我明天下午4点打过来。可以吗？"

你也可以通过坚定的语气赋予事情紧急性：

"韦尔女士，请帮我在奥托·库阿斯特的书桌上留一张字条，告诉他我曾致电。我叫马丁·林贝克,杜瑟汽车行的马丁·林贝克。此事与他的新车有关。"

策略二:征服助理。如果你确实很难联系到决策者,那么请俘获他的助理:将他拉拢到你这边。称赞他是老板的时间管理专家,把寻找时间变成一件普通的事:

"韦尔女士,你一定比库阿斯特先生更了解他的行程,对吗?请您帮我们找一个适合我们双方通话的时间。下周二下午4点钟他方便吗?"

或者,提议在非高峰时段给决策者致电:

"韦尔女士,库阿斯特先生晚上一定也工作到很晚吧。您觉得晚上7点左右找他合适吗?如果可以的话,到时我再给他打过来。"

助理如果对此做出回应,就会将老板的分机号告诉你,这时你的策略就收到一石二鸟的效果了。

策略三:请帮忙转接!如果你有足够的自信,那么可以使用以下策略:流畅地说话,不要磕磕巴巴,声音要有底气、清晰而干脆,语气要友好亲切。

"下午好,韦尔女士。请帮我转接奥托,奥托·库阿斯特。麻烦您转告他,马丁·林贝克想与他通话。"

这样的开场白会给助理留下深刻的印象,因为你直截了当地提出了你的要求,无须进一步的解释。

请转接

如果决策者现在不在公司,那么你通常可以凭借自信获得他的分机号。如果助理说:"我不能给。"你只需坚定而愉快地回答:"给我可以。"你会惊讶于这种办法的神奇作用。第二种获得分机号的方法是扩大事实。你可以说:"亲爱的助理,我今天在家里办公,无法访问我们的数据库。麻烦您再给我一下您老板的分机号,可以吗?"

策略四:提出专业性问题。把助理当作决策者与其对话,是非常狡猾的方法。如果你提出的是一个专业性问题,那么通常只有决策者才能回答,因为这需要大量的专业知识。由于助理无法解答你的问题,所以他很可能会帮你转接:

"我们目前正在帮助奥托·库阿斯特汇集总部新的财务控制软件配置的背景信息。为此,我需要进一步了解以下内容:这个软件要考虑哪些接口?涉及多少兆字节?只在内网运行,还是考虑云解决方案?未来还需要思考哪些因素?您了解相关内容吗?还是我直接与奥托·库阿斯特谈比较好?如果是的话,请帮我转接一下!"

策略五:哇哦,您太坚持了。如果助理只是继续发问,请你优雅地转换话题:"哇,你给我留下了深刻的印象,我也希望有一个像您这样优秀的助理,和您一样坚持发问。告诉我吧,什么时候联系您的老板最好?"

无论你对助理使用上述哪种策略,记住,一定要询问老板的分机号。根据我的经验,直接询问分机号后你成功联系上决策者的机会至少有50%。

完美击退助理的标准抵挡方式

正如你从客户那里听到的,拒绝理由通常不会是成百上千个,而只会是寥寥几个,助理也有标准的抵挡方式,而你可以对症下药。经典的抵挡方式是:"请问是什么事?"对此请你提供尽可能少的信息,例如,你可以说:

"很高兴告诉您,韦伯女士。是与管理层人士约定会面的事情。请您帮我转接。"

"是关于千兆项目的事。请您帮我转接。"

"当然，我很乐意告诉您。我需要奥托·库阿斯特帮忙做出决定。请帮我转接。"

以友好、清晰和坚定的语气说话。保持放松，否则听上去会非常专横，这对你无益。即使助理接着询问，也请保持冷静，并坚持做出友好的回答，确保你始终给出的是尽可能模糊的信息：

"是关于针对……（决策者的姓名）的解决方案。请帮我转接。"
"是关于……（决策者的姓名）提出的问题。请帮我转接。"
"为……（决策者的姓名）分析市场前景。请帮我转接。"

或者使用特别优秀的回应：

"我们想亲自邀请……（决策者的姓名）。请帮我转接。"

经验表明，助理一旦知道事由，就会把你打发掉。永远不要与助理进行销售对话，那样你只会遭遇失败，尤其当你的目标是定下初次会面的时间时。也许他还会建议你联系另外一位专门负责这一事项的同事。乍听起来不错，但是这样一来你联系的就是"青蛙"，而不是"青蛙王子"了。只要做决定的是"青蛙王子"，你的正确联系人就只应该是他。

你要通过对助理的特别对待，传达这样一个信号：他与他的老板一样重要。然后他便会帮你转接，即使你提供的信息依旧不清晰。

一些态度坚决的助理通常会利用一些注意事项来抵挡你的来电：

"管理层的每次预约都需要书面资料。"

请你保持恳切而坚决的态度，然后回答：

"非常乐意这么做。在简短交流后，我们愿意提供相应的书面资料以确认会面时间。请帮我转接！"

在你的行业里，助理都有哪些典型的抵挡方式？系统地收集这些方式并制定出你的完美回应。

如果到现在为止，你应对抵挡的策略都不成功，我再介绍两个特别的诀窍。

搞定助理的终极"钥匙"

如果助理还是固执地坚持，那就从销售处拿"钥匙"。在总机处打听一位大客户经理，然后给他打电话，并使用充满魔力的开场白：

"销售的事交给销售员来做吧：……"

然后你问：

"贵公司哪位高管负责大客户销售培训和进修的重要事项？您能提供一下他的分机号吗？您也知道，今天要打电话给他们不是件容易的事。"

成功的秘诀是，与总机接线员处在平等地位。对方通常会告诉你："好的，但是不要告诉他是我给的号码。"

答应他，表示感谢，然后挂断电话。立即在电话上键入决策者的分机号。

如果你已经有了决策者的分机号，但是从来没有联系过他，或一直被助理拦下，那么你可以使用"星期五法"。

挑一个星期五下午5点左右的时间打电话。那个时候很可能助理已经开始欢度周末，而决策者可能还在照常工作。

"星期五法"还有另一个好处：一周中最忙碌的时间已经过去，这时候决策者通常比其他时候更放松、更容易接近。

- 不要将总机和助理当作敌人。
- 为自己创造一个策略库：穿过总机，跳过助理。
- 紧急情况下，拿出终极"钥匙"。

如何有效开场，拿到获得订单的入场券？

你的第一句话就可以决定你能否达到目标。开场白需要给人留下深刻的第一印象，因为在电话里你不会再有第二次机会。回忆一下给客户致电的基本准则：

在对话中全神贯注；

说话清晰、友好而坚定；

友好地问候对方；

简单清楚地介绍自己；

一直重复称呼对方的姓名；

积极地倾听。

在决策者接起电话后打招呼，等待对方的回应并积极倾听，要特别注意客户的声音、语调和背景音。与决策者对话的头几秒钟就会为你提供非常宝贵的信息。你可以凭此猜测客户所处的空间，推测他的心情，或许还能辨别出他的性格类型。根据这些信息选择你的开场白。也就是说，你已经准备了不同版本的开场白，现在需要从中选出最适合的。这里告诉你一个成功的秘诀：向对方表现出真正的兴趣可以吸引他的注意力。让你的客户感觉到你是一个诚恳的人，并心怀善意。一些表达和套话完全与之背道而驰，因此你千万要避免使用这些不可取的表达方式。

不恰当的开场白

虚拟式是绝对的对话终结者，在开场白中尤其如此。

请千万避免以下表达方式：

- "我想……"
- "您或许正好有时间……"
- "也许您会想考虑一下……"

还有其他不可取的表达，诸如下面这些提示性句子：

- "我们想向您展示……"
- "您会喜欢……"
- "我相信您会惊讶的……"
- "您也会对……感兴趣的。"

或是一些听上去嚣张或傲慢的表达：

- "您希望和最出色的人一起合作，不是吗？"
- "您还未与我们合作过？我对此完全无法理解。"

或者贬低竞争对手：

- "啊，是您和 ABC 公司合作的呀。"

或者完全胡说八道：

- "您必须看一下……"（没有人必须做某事！）

你要做的是选择有效的开场白。当你的话语引起了对方的关注和好奇，想从你这边听到更多信息时，这些句子就算起效了。在开场白上多花些精力，它是你征服决策者的入场券。开场白的形式有很多种，每个人都有自己的特点，你可以根据对话伙伴以及自己的情况来选择。希望下面一些例子能给你一些启发。

风趣型

销售员:"哥们儿,在我的理想客户名单里,您排名第一。"
客户:"为什么?"

这个时候客户往往已经笑了。

销售员:"因为贵司在花园设计领域首屈一指,所以我们希望与您亲自交流……"

或者:

销售员:"贵公司在淋浴房的供应商中占据第一位,而我们在表面处理的供应商中同样数一数二,所以我认为我们两家非常适合一起合作。不知您下周是否有空?我们可以直接约一个会面时间。"

直接型

销售员:"客户先生,不知是否有机会认识您?我觉得我们在设施管理领域是非常匹配的合作伙伴。"

如果他的回答是肯定的,你就和他预约一个时间。或者,他可能想先了解一下具体情况,那么你可以回答:

"我想通过一次简短的会面来了解,我们是否能在未来或现在,成为你应对人员紧缺问题的合作伙伴。"

重要的关键字是"简短"和"未来或现在"。
如果你的客户拒绝了你,你也有许多应对方法,例如:

"啊，您也是深居简出的人啊？"

重要的一点在于，你这时一定要笑！或者：

"您可能想先了解一下我是不是一个好销售员，是否和您站在同一战线上。我可以向您保证，我是最好的销售员之一，并站在您这边。下星期三我们一起出来喝杯咖啡怎么样？"

强势型

销售员："客户先生，您下周三中午12点在哪里？"
客户："在公司。"
销售员："太好了，那我过来拜访您！"

搞笑型

销售员："客户先生，在检查您的数据记录时，我发现少了一些东西，所以给您打这个电话。"
客户："少了什么？"
销售员："跟销售员的会面。"

自信型

销售员："客户先生，我们的产品现在在您的行业中占有很高的市场份额。我们向40%的企业供应咖啡。今天我开车经过您的公司，当时我就想，我要给这个客户打电话，或许他也有兴趣品尝一杯像样的咖啡呢。就下周四如何？"

激将型

销售员："客户先生，如果您想使客户对租赁市场上的车库管理产生兴趣，您会如何做呢？"

客户："我不会像您这样！"

销售："那会是怎样呢？"

排他型

销售员："客户先生，我们今年将只新增 10 名客户。我们认为您应该在其中。"

赞美型

销售员："我是可口可乐黑色周的大客户经理。我给自己定了个目标，在接下来的 3 个月内亲自拜访 100 位最佳餐厅的老板。您显然在我的名单上。我想问问，您下周三下午 3 点半是否方便？"

针对粗鲁的决策者

销售员："我直奔主题：如果您下次需要采购新的 IT 基础设施，希望我们能成为您的首选。您下周一是否有时间当面与我们认识一下呢？"

亲切型

销售员："马尔科先生，我们不认识彼此，但今天我想改变这个事实。人们最喜欢和谁做生意呢？和认识的人。所以我想和您见一面，您看下周三如何？"

推荐型

销售员："玛雅先生，汉斯·库申斯基拜托我给您打电话。他说，您对图形编辑这一重要项目总是持开放态度，并一直在寻找优秀的解决方案。库申斯基先生向您详细描述过我的想法吗？"

当然，只有在汉斯·库申斯基真的推荐了你的情况下，这个方法才会奏效。

你的专属开场白列表

为不同的客户类型和情境制定一份开场白列表。时刻记住，你的目标是约一个会面时间。为此努力，不断优化你的句子，提高根据客户类型和情境选择开场白的敏感度。

表 13-4　约定会面时间的开场白列表

现场情境	我的开场白
客户听起来不耐烦	
客户听起来压力很大	
客户听起来攻击性很强	
环境嘈杂	
……	

在开场白中必须避免的 5 个"翻车现场"

开场白非常关键，所以请始终保持警觉，避免以下 5 个典型错误：

没有积极倾听；

没有很好地回应客户；

想要快速地把自己的事情说完；

没有引起兴趣；

在倾听时走神了。

然而，最大的错误是让客户感到你对他不够重视，比如，分散注意力的背景音就会给人留下不重视这次对话的印象。因此，无论你是在车上还是在喧闹的酒吧里，一定要保证电话的背景音不吵，周围是安静的。

- 在一开始认真倾听你的客户，然后选择你的开场白。
- 一个好的开场白可以吸引对方的注意力，传达出你对客户的真正兴趣。
- 制定一套开场白。

10个方法让客户无法拒绝你的会面邀请

每个潜在客户的本能冲动都是摆脱新的销售员，所以你的开场白一定会遭到抗拒，这是确定无疑的。以下为你列出最典型的例子。

典型的抗拒

"没有兴趣。"

"没有时间。"

"没有预算。"

"没有需求。"

"我们只在线上购买。"

"我再考虑一下。"

"请您过会儿再打过来！"

"请将资料发给我。"

"我们已经有一个供应商了。"

"我们和一个固定合作伙伴拟定了框架协议。"

"多少钱？"

"这是我们总部决定的。"

"我们现在的供应商服务很好，刚刚签了一张新的订单。"

"反正你只是想卖一些东西！"

"我们之前合作得并不愉快。"

尽管这些借口和抗拒是完全可以预测和转变的，但大多数销售员对此总是准备不足。很少有人能自然、轻松、幽默地做出回应，但这种能力决定了后续的对话能否顺利进行。

尤其在预约会面时间的谈话里，时间是非常紧张的。对此，你可以用两种方式来训练自己。这两种方法都要勤加练习，直到你能够在面对客户的抗拒时完全运用自如。

专注于打电话时的基本态度。这样可以使你保持情绪稳定，自信地应对客户的抗拒。

打电话时的基本态度

保持打招呼时的愉快氛围。

无论我或者对方听上去多么急躁、紧张或疲倦，都要在打电话时保持微笑。

我把注意力集中在对方积极的方面（如他亲切的声音、好听的名字、友好的问候）。

使用4种反抗拒技巧中的一种。如果你使用的技巧没有奏效，就从五大诀窍里选择一种或者选择"万能钥匙"，以便你能够成功地约定时间。

掌握多种技巧和诀窍。会得越多，联系得越频繁，你就越能灵活地采取行动，并且表现得更加自信。接下来向你依次介绍最重要的技巧和诀窍。

技巧一：掉头法

客户："没有时间！"

掉转矛头，与客户谈论什么时候有时间。

销售员："也就是说，如果您有时间的话，穆勒先生，您愿意和我坐下来进一步详谈是吗？那太好了。让我们马上看一下时间，比如一月的第一周……周三，5号，怎么样？"

技巧二：钥匙—锁扣法

将客户抗拒性的表达变成前进的钥匙，接他的话并论证你打这个电话的合理性：

客户："没有时间！"

销售员："正因如此我才给您打电话，穆勒先生，这样我们可以约一个两人都有空的时间。您觉得……怎么样？"

技巧三："是否"法

通过让客户无法说"不"的假设性表述，将客户的拒绝扼杀在实验台上。用"一般""如果""想象一下""假设这样的情况"来造句：

客户："没有时间！"

销售员："客户先生，您能直接这么说太好了。尤其是对于我们提供的产品来说，客户能够抽出时间是非常重要的。只有这样，他们才能去了解它所有的优点。所以我们的第一次对话只会占用您 2～7 分钟时间。然后您可以决定何时、何地以及如何继续我们的接触。不知您这边下周三是否有时间？"

千万、千万、千万不要复述客户的负面陈述，总要寻找积极的转折之处，这在处理客户的抗拒反应时尤其重要。

技巧四：DAF 公式

让你的客户自己反驳自己！DAF 指的是：

D（Dezent）：礼貌地承认；

A（Antwort/Aussage）：回答或陈述；

F（Frage）：问题。

例如：

> 客户："没有时间！"
> 销售员："我明白，库尔茨先生，您现在没有时间（D）。尤其是对于我们提供的产品来说，客户有时间是非常重要的，这样他们才能去了解它所有的优点（A）。不知下周三怎么样（F）？"

如果客户特别顽固，上述技巧都不能奏效，那么请使用下述五个诀窍或"万能钥匙"。它们中肯定有一个能够帮你打开客户这把锁。

诀窍一：祖母法

> 销售员："穆勒先生，我祖母总是说我会认真检查每一个报价。这可能是我一生最重要的报价。给我们双方一个机会，当面了解一下我们为您制定的方案。下周四怎么样？"

诀窍二：普遍法

> 销售员："迈尔先生，不论怎么样我们的对话都能给您带来两个好处。要么您可以确认，您现在用的书写软件还不错，要么您为以后找到了一个更好的软件。那我们下周什么时候见一面好呢？"

这一诀窍你可以一直用。根据顾客所在的行业进行相应的调整和变化。

诀窍三：特别法

> 销售员："亨策先生，您说您等穆勒和他的软件已经等了一辈子了，我就像中了彩票一样高兴。跟我聊完后，您会了解正确的报价和最好的软件。下星期四我们约一个时间怎么样？"

幽默的表达方式常常带来意想不到的效果。

诀窍四：镜像法

> 销售员："咳，穆勒先生，想象一下，现在您手下最好的一名销售坐在您对面。他对您说，有一位特别有趣的理想客户，就像您对我而言一样，但这位客户不愿意约定会面时间。您会给他提什么建议呢？放弃，还是礼貌地坚持？穆勒先生，我现在决定选择后者。不如我们下周三一起喝杯咖啡怎么样？"

如果对方是销售总监，那这一方法非常管用。如果是其他人，则要稍作调整。

诀窍五：参考法

> 销售员："玛雅先生，我的客户的反应和您一样，他们现在激动不已，非常开心能与Sonnenschein KG公司的乌尔夫·莫泽合作。您看星期四我们见个面怎么样？"

这个方法有点儿调皮，但是有用。

"您真是一个喜欢坚持的人"

如果你试了很多次依然不奏效，那么就请使用"万能钥匙"：

> 销售员："莱曼先生，您使我的工作变得富有挑战性。您真是一个喜欢坚持的人。这样也好！您一定只是想测试一下，我是不是一位优秀的销售员，是否真的对您感兴趣。我可以向您确认两件事。首先，我是我们公司最好的销售员之一。其次，我对您非常感兴趣。我现在通过测试了，对吗？您看下周……怎么样？"

请在这里保持积极的态度。不要说："您使我太难做了！""难"这个词语只会使你更难。可以使用更好的表达："您使我的工作变得富有挑战性。"

好了，现在轮到你了。你的客户有哪些抗拒性的表达？你如何运用以上技巧和诀窍？你觉得效果怎么样？准备一个单独的列表。

在电话中预约会面时间时如何处理客户的抗拒：技巧和诀窍列表

思考一下，你经常听到哪些反对你的话，你要如何根据不同的技巧和诀窍来应对。以书面形式记录下来，以便之后还能够进行润色。大量练习这些句子。运用得越自如，效果越好。

表13-5 应对客户抗拒的技巧和诀窍

你听到的典型的反对语言	技巧/诀窍	我的回答
	掉头法	
	钥匙—锁扣法	
	"是否"法	
	DAF公式	
	祖母法	
	普遍法	
	特别法	
	镜像法	
	参考法	
	"万能钥匙"	
	掉头法	
	钥匙—锁扣法	

针对每一种反对意见，至少准备并练习两种回应，这样你就可以像机关枪一样说出它们。处理反对意见的句子必须使用你销售词汇表里的基本词汇。掌握它们！

是时候退场了？即使遭到客户的数次反对，也要坚持不懈。只有当你发现客户的声音和语气发生变化时，才要改变方式，因为这表明他现在要生气了。这个时候你可以说出这句话来退场："格鲁伯先生，谢谢你的信息！"

如果你是一个非常愿意坚持的人，那就做最后一次尝试：

> 销售员："格鲁伯先生，为了防止我每年、每月、每天给您打电话，您说说，什么时候找您见面最合适？"

如果技巧和诀窍都不起作用，那么对客户表示感谢，挂电话，然后做下面几件事：挺胸，活动一下嘴巴，然后给下一个客户打电话！他正期待着您呢！

- 客户的反对意见是数量可控的。
- 为每个反对意见至少准备两种答案。
- 在应对时保持放松并且态度友好。

从性格类型入手，让客户放下戒备心

针对客户的每个抗拒性表达准备好合适的应对技巧是销售员的义务。没有技巧是行不通的。在这里，我为你准备的备选方案是识别客户的类型，以便评估他的需求。

使用这种办法，你甚至可以量体裁衣地应对他的抗拒性表达。根据客户类型处理抗拒反应能够提高你的成功概率。在所有的分类方法中，INSIGHTS 色彩类型和感官分类法对我来说是最有效的。

根据客户的色彩类型处理异议

你可以根据客户一开始说出的几个词判断他的 INSIGHTS 色彩类型。色彩理论本身就是一门学科，但你可以从几个简单的分类入门。根据粗略的经验：

如果他说了许多话来表达自己的抗拒态度，那么他属于黄色型。

如果他的措辞比较尖酸严厉，那他就属于红色型。

蓝色型的客户通常会提出尖锐的问题。

绿色型的客户即使在表达抗拒态度时也会尝试与你对话。

每种类型都有其偏好，一旦你识别出他的主要色彩类型，你就知道哪种答案适合这名客户。你判断得越精准，与他的联系就会越紧密，反之亦然。

根据色彩类型处理抗拒态度

表 13-6　不同色彩类型对应的处理方法（以"没有兴趣"为例）

颜色类型	他需要什么？	怎样才能成功？
黄色	他需要舞台，他想和你讲很多事情。让他说吧	"黄色先生，我很清楚您想了解有哪些选择，这些选择的便捷性如何。在我们见面的时候，我可以向您详细介绍您想知道的情况。"
红色	他作为"决策者"，希望居于主导地位。给他双方处于平等地位的感觉	"红色先生，这当然得由您自己做决定，而且您希望得到良好的投资回报，这一点我完全理解。所以您正好需要在下周了解一下。"
蓝色	他想知道和你一起坐下来之后，他能从中获得什么	"蓝色先生，非常感谢您的坦诚。我很理解，您当然需要验证事实和数据。为此，我希望能够在我们第一次见面时为您提供这样的机会。下周三见面怎么样？"
绿色	他想相信你，无论如何让他自己去发现你的产品对他来说有多合适，并指出质量上的优势	"绿色先生，您必须亲自测试并仔细查看这个产品，使用一段时间以便亲自了解新软件的运行速度、便捷性和可靠性。您希望自己能够信任它，我很清楚这一点。我希望能在下周四为您提供这样的机会。"

现在轮到你了。针对不同的色彩类型，你应该如何回答？首先，你应该使用

给出的例子演练你的回应，然后添加客户常见的其他抗拒性表达。一定要以书面形式记录下来，以便日后优化。

表 13-7 根据客户的色彩类型处理抗拒性表达

典型的反对意见	色彩类型	我的回答
"没有兴趣"	黄色	
	红色	
	蓝色	
	绿色	
……	黄色	
	……	

将你不断增长的色彩类型知识和常识相结合，这样你就能够越来越快地做出直觉判断。

根据客户的感官类型处理异议

在神经语言程式学中，每个人都对应着一种感官类型，即视觉、听觉、触觉、嗅觉、味觉五大感官。通常每个人都有一个能够发挥特别明显的作用的感官，他特别倾向于使用这个渠道。视觉、听觉和触觉是三大主要感官，多数人更习惯于依赖看、听或触来感知世界。你可以通过他们的语言模式来识别客户的感官类型：

如果他使用许多听觉类词语（如"听见""听上去""安静""同意"等），那么他是听觉型。

如果他说"让我们看看"或"我无法想象"，那么他就是视觉型。

如果他谈论自己的感受，喜欢移动位置或喜欢"边做边学"，那么他属于触觉型。

如果他觉得什么东西"发臭"或"不好吃",那么他可能是嗅觉型或味觉型。

一旦你知道客户更容易受哪种感官的影响,你就可以有针对性地调整你的回应了。你要顺应客户主导感官的需求,说出能够刺激这种感官类型的人产生兴趣的话,在你的回答中有目的地使用这一感官圈里的词语。

根据感官类型处理客户的抗拒

表 13-8　不同感官类型对应的处理方法(以"没有兴趣"为例)

感官类型	他需要什么?	可以怎么回答?
视觉型	这类人需要描述性的语言并看到东西的远景。尽可能打开他的头脑影院	"穆勒先生,我完全能够理解。也就是说,您有时间的话愿意瞧一瞧,对吗?您看2月的第一周怎么样?"
听觉型	这类人对与听觉有关的词语反应尤其积极	"亲爱的玛亚先生,听说对您来说重要的是自己能够安静地检查产品。为此您需要一点时间来做这件事,对吗?如果我们在2月一起看看产品,例如……,您觉得怎么样?"
触觉型	唤起他的感受或通过触觉体验来吸引他	"莱曼先生,我感觉您目前正面临压力,但是您想花点时间解决这个问题。您看下周三怎么样?"
嗅觉型	这一类型的人对"气味频谱"中的词语特别敏感	"好的,施密特先生。我明白,时间压力让您难以畅快地呼吸,您现在很难处理这个问题。但如果我们能找到一个时间,让您安静地了解这一内容,那么情况将有所不同。不知下周四如何?"
味觉型	面对这类人,使用味道领域的词语能够接近他们;你可以通过语言为他们提供味觉上的体验	"克劳泽先生,您更希望与我坐下来,尝尝不同口味的咖啡,对吗?我们约定下周见面怎么样?"

现在轮到你了。你如何针对客户的不同感官类型进行回答呢？以"没有兴趣"为例给出优秀的回答。添加你经常听到的抗拒性表达与你想到的回应。

一定要以书面形式记录下来，以便日后可以优化这些回答。

表 13-9　根据客户的感官类型处理抗拒反应

典型的反对意见	感官类型	我的回答
"没有兴趣"	视觉型	
	听觉型	
	触觉型	
	嗅觉型	
	味觉型	
……	视觉型	
	……	

无论是根据色彩类型还是感官类型，只有联系客户才能判断他们的性格或行为模式。快这么做吧，这是值得的。

- 根据 INSIGHTS 色彩类型或神经语言程式学中的主导感官类型来判断客户的性格或行为模式。
- 根据不同的抗拒方式采取不同的处理办法，从而接近各种各样的客户。
- 通过他们说的话及表达方式来识别客户类型。

零阻力敲定会面时间的谈话技巧

销售无非是让人采取行动，那你在处理客户的抗拒时应该带着什么目的呢？

答案是使客户消除所有疑虑，变得积极起来。现在你需要思考下一个问题：为此你需要给他提供什么东西？

暗示客户你很忙

战胜客户从来不是一个好主意，即使只是在言语上胜过他，所以你应该提议一个会面时间，与他协商确认。听起来像这样：

"客户先生，我提议大家在1月17日上午9点互相认识一下。"

或者：

"不知您这边可以安排在下周四见面吗？"

或者你可以选择一种你擅长的方式，并为客户留下最后的决定权利：

"不知下周三早上9点您这边可以吗？这样我就能安排出差计划。"

如果对方拒绝了你提议的第一个时间，那么你最好马上再提出两个选项。重要的是你要保持主导地位，不要让时间发生冲突。你的会面时间通常应该安排在通话后一到两周内，因为这时候客户的兴趣还未完全消散。

在提议会面时间时，我并不建议留给客户一大段时间去进行选择。因此，不要问"客户先生，1月怎么样？"之类的问题，这听起来就像你整个月都无事可做。更糟糕的话术是："客户先生，我下周都没有安排。"这甚至可能会使你失去会面机会。

在协商时间时也要与客户处于平等地位。客户越觉得你依赖这份订单，你约到会面时间的可能性就越小。即使你的日程都是空的，在你的客户说"下周三早上不行，下午更好。下午四点吧"的时候，你也要说："啊……下午四点不行，但是四点一刻可以。"

259

确保在对话结束之前，你一直处于主导地位。想要客户采取行动，需要让他信任你。事实上，只有当你从第一次对话起就保持自信并一直占据主导地位，对方才能产生信赖感。销售界有句老话说得好：失败者得到时间，胜利者商定时间。

写在纸上的时间才有约束力

如果对方上钩了，请立即确定会面时间：

"客户先生，我已经记下了。您也确认一下：1月17日9点。"

无论如何，要确保你的客户在日程表中记下这次会面时间。只有书面记录下来的会面才是确定的会面，才是有约束力的会面。

如果你要求你的客户写下会面时间，那么请他将你的名字和公司名字一并记下。这样能确保他对会面时间和公司名字有更深的印象。

是否另外通过邮件发送会面邀请？

约定会面时间后是否需要向你的客户通过电子邮件发送会面邀请？这是个好问题。我认识一些决策者会觉得这么做莫名其妙，至少在没有被提前通知的情况下是这样的，而其他决策者则认为这种方式非常实用。所以我的建议是坦诚、直接地对待客户。询问客户是否需要通过电子邮件发送会面邀请，以便使工作更加顺利地进行。你的客户会将这个问题当作一项服务，他可以选择接受或拒绝，无论怎样都没关系。

在正确的时间退出预约

当然，也许你无法与客户聊得这么深入。例如，尽管你呼叫的人已经接起电话，但他真的没有时间或兴趣与你谈话。在这种情况下，切勿让自己被人用"改天"敷衍，至少你要从对话里获得比打电话前更确切的信息。

请测试一下，他原则上是否对你的产品或服务感兴趣。如果他真的有兴趣，会与你另找时间详谈：

你:"客户先生,如果我没听错的话,你正准备出发。"

客户:"是的,我马上要走了。"

你:"那您看我们在下周约个时间打电话如何?下周三?"

或者,

客户:"现在不行,我正在开会。"

你:"客户先生,非常感谢您的坦诚。那我们今天什么时候再通电话呢?"

客户:"今天完全不行。"

不论对方表现得多么匆忙,也请固执而友好地坚持询问再次通话的时间:

你:"明天?"

客户:"不,请明年打给我。"

你:"客户先生,那就假定我明年给您打电话。我们约个时间好吗?"

如果你的客户仍一直用诸如"我不知道……"之类的语言躲闪,再坚持也没有什么用。唯一有意义的做法是确保第二年你给他打电话时,能够联系到他:

你:"好的,我明年再联系您。您的手机号是多少呢? 01……"

有时候坚持值得称颂,但也要注意适时停止对话。在此时此刻友好地告别并记录下再次通话的时间,然后挂断电话,拨打下一个号码。

- 每次由你提议会面时间。
- 总是给人留下忙碌的印象。
- 确保你的客户也记下了你们通过协商确认的时间,还有你的姓名。

潜力分析：预约会面的最后一步

如果会面时间已经敲定，那就太好了，现在只缺少让你在会面那天取得真正成功的最后一步。借此机会，你可以进一步找出客户最大的工作烦恼，以及他具备的购买力。有了这些关键数据，你就能够更好地准备对话，增加成功的机会。所以，千万不要在这个时候挂断电话！以轻松的姿态集中询问最重要的信息，继续引导客户帮你完成一项潜力分析：

问题不要超过 3 个。最重要的原则是表达精简，最多提 3 个问题。不论到目前为止对话进行的时间有多短暂，你都要将问题限制在 3 个及以内。这样能为你和客户节省后面的长谈时间，毕竟你已经约定了会面日期。

这个时候请关注你在评估客户的大致购买潜力时所需的信息。这意味着你已经仔细考虑过这 3 个问题，并且准备就绪。你的问题是什么？如果还没有准备好这 3 个问题，请尽快确定并定期进行优化。

潜力分析问题清单

准确描述 3 个一针见血的问题。

1. _____
2. _____
3. _____

请非常有条理地进行你的潜力分析。

第一步，在开始提问前抛出一个理由。例如：

你："客户先生，为了使我们 1 月 17 日的见面尽可能高效……"

第二步，抛出你的第一个问题：

你："请您告诉我，您现在使用的是哪款电子听写工具？"

客户:"飞龙牌听写软件。"

第三步,通过重复确认他的回答,并提出第二个问题:

你:"飞龙牌,好的。贵公司的电子听写工具有 20 多份还是 50 多份?"
客户:"差不多 50 份。"

第四步,通过重复确认他的回答,并提出第三个问题:

你:"了解了,50 份。那您是买的还是租的呢?"
客户:"租的。"

如果你的客户补充说:"我们刚刚签订了新合同,未来两年都会按照这份合同合作。"想必你就会知道,为什么在约定会面时间后进行潜力分析是非常有必要的。尽管这位客户现在不会采购任何东西,但是在第三年,他可能会考虑是否购买新的产品。这是一份较大的订单,因此请你务必遵守约定的会面时间。

初次对话总是十分有意义的。因为下次你再致电,需要客户做出一个决定的时候,他会记起脑海中对你的印象。在这种情况下,请争取长远的承诺:

你:"太好了!客户先生,这样我们在会面当天也可以聊一聊商务上的事情。如果到时您能拿到一份租赁合同的话,那就太好了。"

最后,再次强调约好的时间:

你:"客户先生,我现在记下了,1 月 17 日早上 10 点左右,尤利乌斯·哈特将前来拜访您。"

流畅而积极地结束这次对话:

"客户先生，祝您圣诞节快乐，新年大吉。非常期待明年与您对话。"

或者，如果你已经约定了具体的时间：

"……非常期待 1 月 17 日的会面。"

这时，许多销售员也许会打破之前对话中保持的平等地位，因为他们说了句："感谢您同意与我会面。"这样说，就是把自己放在了求人的位置：好像是客户将他的时间施舍给你，你要对此表示感谢。这反映了一种错误的心态。毕竟你要确信客户是可以从中受益的，应该是客户感谢你才对。告别时也应当表达你对已经约定好的会面的期待。这是在告诉对方，你对这次会面非常重视。

- 为潜力分析提出的问题不要超过 3 个。
- 流畅而有条理地提出你的问题。
- 切勿对会面表示感谢，而是要对会面表示期待。

如何在展销会上赢取大订单？

在展销会上获取订单的关键之一是抓紧时间。无论你是搭建了自己的展台，还是只在展馆里转转，无论你是想寻找其他公司的联系方式还是想直接出售产品，销售员在展销会上的首要任务都是接触足够多的客户。

展销会销售的两个关键点

为了在展销会接触到大量客户，请确保你具备成功的两大要素：跑马拉松的意志和完美的准备工作。

参加展销会就像跑马拉松，没有动力和毅力，你就无法到达目的地。此外，与马拉松一样，展销会销售的成功也取决于态度，例如，做好充分利用展销会当天的准备，包括非高峰时段。寻找不仅可以让你看起来引人注目，而且可以让你步行或站立数小时都不会感到疼痛的鞋子。如果你只是舒服地坐在展位上，等待客户的光临，就不要指望自己能取得成功。

销售的三大成功要素：目标、勤奋和自律，对你在展销会上也同样适用。

正确的态度也意味着无论在展销会的哪个地方，都能利用你的机会。例如，如果你是一个水龙头参展商，你会想到来参观的人都是潜在客户，还会意识到其他参展商也可能成为合作者。或许你的旁边正好是一家新型浴缸制造商，你想和他们聊合作事宜。你可以思考一下，他的销售行为有哪些特点，该如何与他搭话。

展销会前的完美准备

在每次"动手"之前，你都要先做好脑中的准备工作：确定此次展销会的目标。你想通过展销会实现什么目标？如何实现这个目标？

和所有目标设置一样，我建议使用SMART公式来制定具体的、可测量和可接受的、切合实际的并且可以根据现实情况加以调整的目标。这么做可以保证你明确自己应该前往何处，帮助你在展销会结束后评估自己是否实现了目标。因为展销会后的你又回到了展销会前的状况，只有对这次参加展销会的结果进行良好的评估和反思，才能在下一次做得更好。

如果你知道自己的目标是什么，准备工作就会变得更加现实，即你要为"硬件"做准备。你的"硬件"就是你的出场形象，也代表了你的品牌。你的穿着、说话风格、行事方式，包括你递出的物品（名片、产品宣传单等）都会给人留下印象，因此要确保这是一个正确的印象。

为了获益更多，你与客户联系的时间要短，因此还需要以下形式的"软件"：

一系列能够引起好奇的简短开场白；

能够挖掘被访者需求的高度浓缩的提问方式；

一份精简的公司或产品介绍，核心是它的亮点；

一系列可以使你快速达成目标的问题。

具体问题取决于你的目标：你想知道决策者的名字，想预约一个会面时间，还是想现在就签订一个协议？这些"软件"必须非常适合你，因为你只有几秒钟到几分钟的时间接触客户。

因此，你需要在准备工作中制定个人展销会备忘录，在上面写下你的目标以及实现目标的三个阶段。

表 13-10　我的展销会备忘录

项目	具体内容
开场白	1. 2. 3. 4. 5.
关于需求的问题	1. 2. 3. 4. 5.
精简的公司/产品介绍	1. 2. 3.
为达成目标的问题	1. 2. 3. 4. 5.

你不仅可以让"硬件"和"软件"与你的品牌相匹配，还可以将它们与你在这次展销会上期望得到的客户进行比较。事实上，你在选择这次展销会的时候就已经确定了哪些人是你的目标客户。

至于是否要在展销会前一至两周联系首选会面对象，取决于展销会类型、所处的行业、你的产品或服务、你在展销会上想要达到的目的，以及参展商和参观者的结构。如果你是一位大客户经理，而你的目标是抓住机会与别人保持联系，请提前与对方预约一个在展销会见面的时间。如果你清楚地知道要与哪些新客户搭上话，提前预约也是很有必要的。如果你的目标客户范围较广且不太明确，你最好把精力花在寄给媒体或通过邮件发送出去的展销会公告上。调整你准备好的沟通方式，使其符合展销会目标，以便提高现场的工作效率。

一条特别准则，让你在最短的时间内接触最多的客户

适用于销售对话的准则通常适用于所有谈话。销售员的每次谈话都是销售对话，只是在展销会上你要面临巨大的时间压力。

这里的一条特别准则是，在尽可能短的时间内进行尽可能多的对话。这意味着你给别人留下的第一印象非常重要，你的个人举止应该得当，也意味着你应该特别熟练地运用必要的提问技巧和 BAP® 技巧。

在展会上与客户交谈时，提出封闭性问题是不可饶恕的。因为你的客户会比平常更快地说"不"，然后离开。

应对这种问题的诀窍是在短时间内弄清对方的需求，如有可能的话，获得对方的承诺，并且尽力确立一份"道德性的合同"。精简说服客户的论据并做好处理典型抗拒反应的准备，这样你就可以自信地应对客户的抵挡。

为了实现你的目标，除展销会备忘录外，你还需要不同的方法。例如，你此时无法联系到决策者，因为他们很少会一直站在展台，这个时候"销售对销售"的办法会很好用。瞄准展台上让你觉得很专业的人，要求他做一个简短的介绍："你肯定对这里非常熟悉。贵公司中谁是负责……的？"

如果你从他那里获得了一个姓氏，那你已经实现了最重要的目标。如果你接着问这位负责人是否也在展销会上，能否安排一次会面，那将是锦上添花。

如果你没能在现场见到决策者，请记下将决策者的名字告诉你的那个人叫什么，这样你之后进行销售活动时还可以找到他。当然，请同时留下你的名片。但是根据我的经验，你留下的印象更重要。

前往其他公司展台的最佳时机完全取决于你所属的行业。根据经验，你需要利用没有客户光顾展台的"非高峰时段"，即展销会第一天或第二天，而不是最后一天。德国会展行业协会 AUMA 在其网站上提供了展销会访客的统计信息，你可以通过该网站提前了解拜访其他公司的有利时机。

如果你想将潜在客户引导到你的展位，第一要务是有针对性地与具备购买潜力的展销会参观者谈话。为此你需要培养能够发现潜在客户的敏锐嗅觉，"读脸术"在这里可以为你提供远距离的甄选标准。最迟在提出第一个问题时，你就应该做好过滤工作。

你可以问："您在哪个领域工作？""您如何解决公司中的……问题？"越早发现这位参观者对你的产品没有真正兴趣也没有购买潜力，你就能越早转向下一位客户。一旦发现这些人，友好而坚定地结束你与他们的对话。

另外，也不要将时间浪费在只能看到遥远需求的潜在客户。对他们表示感谢，留下他们的联系方式，并祝他们一切顺利。展销会不是一个为长期发展提供信息咨询服务的地方。

记录是展销会的一大要务

帮自己一个忙：认真记下你的所有对话，包括简单记录那些由于被访者没有需求或不感兴趣而未能继续下去的对话。关于过往展销会的数据越清晰，你就越能更好地计划下一次展销会。除姓名外，无论如何还要记下客户对你感兴趣的原因、他们拒绝你的理由、其他决策者的名字，以及你应允对方的事项。你能否塑造自己的可靠形象，一定程度上取决于你能否一诺千金。

除了这些注意事项，你还需要知道一些展销会销售的基本游戏规则，尤其是当你设立了展台的时候。

展台上的游戏规则

- 在展销会上时刻表现得乐于助人、友好礼貌；
- 用积极的肢体语言和大方的举止展示自己；
- 主动接近访客；
- 提升"客户筛选雷达"灵敏度，但不要带有偏见；
- 切勿使用"这不是我负责的"这类句子，如有必要，将客户引荐给有能力的同事；
- 始终释放出你随时准备与人对话的信号；
- 站着，不要坐着；
- 切勿在展台上发短信或写邮件；
- 不要和你的同事组成封闭的谈话小组；
- 在展台上吸烟或进食是大忌；
- 不要嚼口香糖；
- 白天避免饮酒，因为展销会需要你集中精神；
- 在谈话过程中专注地与客户交谈，即使周围十分嘈杂；
- 表现出你在认真倾听；
- 不要遗漏任何问题；
- 在销售对话中，用充分准备好的论证方式处理客户的抗拒反应。

如果其他访客正在等待，请你向正在交谈的客户请求离开一会儿，然后快速转向正在等待的人，并为他提议一个大致的会谈时间。根据对方的反应要求对方留下名片，方便以后联系并安排会议，然后交给他一些在等待期间可以做的事情。

展销会中的危险行为

最大的危险行为是闲聊。你来展销会不是为了聊天，而是为了接触尽可能多的客户。你不能和每个人都坐下来喝咖啡，将这件事放到你拜访客户的那天。

还有一种与之类似的危险行为：在不能为你带来收获的交谈者那里停留。那些人完全不会向你采购任何东西，因为他们没有需求。越快认识到这一点越好。

展销会新人尤其容易低估第三种危险：缺乏强大的毅力。每隔几秒就启动新的对话，然后不断被拒绝，这可以在极大程度上训练你的忍耐力。被拒绝后的一些消极手势可能会破坏与别人的一系列接触。你表现得不够尊重对方，也会吓退其他潜在客户。

为自己写一份优秀的展销会报告是你永远不能省略的步骤。尤其要记录下你收集到的联系方式及可能对后续销售工作有用的信息。不要等到晚上做这件事，那时你可能已经忘记大半内容，你的展销会成果也会因此减半。最迟在 2～3 次谈话后，抽时间写下最重要的信息。

确保你已为记录工作做好了充分准备，包括一支笔。也许你更喜欢使用智能手机的录音功能，但是无论你用什么方式记录你在展销会上的对话，都要确保自己在展销会结束后有充足的时间将这些信息转移到客户关系管理系统中。在你的日程表中预留一个会面时间，只有这样你才能收获参加展销会的果实。

后续销售

当然，你在展销会上与他人的接触非常短暂，需要配合特别细致的后续行动才能产生效果。然而，据说 50% 的参观者会后没有从接触过的参展商那里听到任何消息。销售员就是如此疏忽地对待他们在展销会上发现的宝藏：他们不够勤奋，所以未能挖掘出更多有利信息。

你要比那些销售员做得更好，要自律地、有条理地采取行动，并且有效地利用客户关系管理系统。

在展销会结束后的会谈电话中要注意，你在开场时必须遵循电话预约会面时间的谈话准则，但两者之间有一个区别：展销会结束后，在电话会谈开启之前，你们已经建立了明确的联系。你要在开场白中强调这一点。只要你能叫出对方的姓名，就更容易取得成功。例如，你可以说：

"贵公司的克鲁泽先生让我在展销会结束后给沃尔特夫人打电话。麻烦您帮我转接一下。"

或者：

"我和施密特先生在展销会上说好，这周直接联系他。麻烦您帮我转接一下。"

这表明你是被决策者介绍过来的。推销成功之路已经铺好。但是仅靠这一点是不够的，你还要为后续的销售计划留下充足的准备时间。

展销会成果分析

你不仅要花费时间进行后续的销售工作，还要抽出时间分析展销会成果。为此你需要充分利用自己的展销会笔记和展销会组织者的统计信息，后者在大多数情况下也会为你提供有关展销会的大量数据、信息和举行情况。

接下来，你要问自己以下问题：

你取得的展销会成果是否满足了设定好的目标？

如果你设置了多个小目标，那么每个小目标的实现情况如何？

将本次展销会取得的成果与上次展销会的结果进行比较，从中你发现了什么？

将本次展销会取得的成果与去年的同一展销会和其他参加过的展销会进行比较，你又发现了什么？

你从这些展销会结果中得出了什么结论？

你参加的是一个适合你的展销会吗？

你使用的是正确的策略吗？

你的行动是正确的吗？

你的哪些行动是有用的，哪些是无用的？

在下次展销会中，你怎样可以做得更好？

请记录下你对展销会销售的改进建议，为下次展销会做好更加充分的准备。

- 在展销会上进行销售活动，抓紧时间是关键，因此你要为展销会做好充分的准备。
- 每次接触潜在客户时都要迅速指向你的目标：获取联系信息、分析客户购买潜力、销售产品。
- 清楚地记录你的联系对象和联系方式，以便后续的销售工作。

卓越销售员当场成交的秘诀

如果有人来到你的商店，那么他一定有充分的理由。比如：

外面正在下雨，他没带伞；

他在逃跑；

他想去洗手间；

他想入店行窃；

他在你的橱窗里看到了一些吸引人的东西；

他想从你那里购买商品——前提是没有销售员打扰他。

原因多种多样，所以迅速识别他的实际需求以及鼓励他做出购买决定，就变得非常重要。

不要用套话吓跑客户

赶走有购买意愿客户的最好办法是在客户进门后用标准的套话接待他们："您需要帮忙吗？"

如果你遇到的是位有魄力的客户，他可能会回答："不，我不需要。"他想通过这种方式从你的包围圈里逃脱。内向的人则会摇摇头，然后转身离开。想一些更好的表达方式，例如：

"我可以给您看些什么产品吗？"

"在我们的橱窗里，有什么是特别吸引您的吗？"

"如果您愿意，我很乐意为您提供帮助。跟我说就行。"

对于大多数客户来说，最后一种表达方式是最好的。你要保持放松，让他们先自己看看，毕竟没有人喜欢被突袭。但是，请让他们待在你的视野范围内，这样你能够立即捕捉到对方寻找销售员的眼神。

制定至少5种不同的开场白。全面练习它们，调整措辞和表达方式，还要有意识地检测最适合某一类客户的是哪些句子。

我在商店里的开场白

1. _____
2. _____
3. _____
4. _____
5. _____

你应该练习识别客户的不同方法，通过"读脸术"在客户进店时得到应该如何与他搭话的线索：主动邀请谈话还是保持友好而克制的态度。而顾客说的前几个词就能为你提供有关他的购买动机、感官类型和色彩类型的线索。

触觉营销

商店的最大优势是你能够为客户提供各种感官体验。你的商店的气味如何，看上去怎样，背景音乐听起来如何，这些都掌握在你的手中。全方位刺激所有感官，会比单独使用图像和音轨产生更大影响。最重要的是，你可以使你的客户拥有独特的触觉体验。要知道，触觉是销售里被大大低估的元素。大多数销售员都不太在意触觉。如果你能有针对性地使用这个感觉，你将脱颖而出。

这不仅适合向个体消费者售卖服装、配饰或小型设备，也适合向其他企业出售产品或服务。

触觉体验不仅会吸引触觉型客户，还会吸引其他类型的人，因为亲自感受、亲自动手比任何优秀的演示都更能说服客户。触觉销售与启动效应有许多共同点。对感官销售技巧进行巧妙的组合和使用，你就能调动客户潜意识中的积极情绪，为做出购买决定铺平道路。

- 不要用标准的套话吓跑进店的顾客。
- 保持放松，表明你愿意为顾客提供帮助，但可以让他们先自己看看。
- 主动安排触觉营销的机会。

怎样成为社交媒体的流量 IP，积累潜在客户？

大约 10 年前，社交媒体浪潮席卷全球，许多销售员将它视为识别潜在客户并进行直接营销的绝佳方式。开始时的确如此，因为一切都是新的。对于用户来说，通过社交媒体进行销售接触尤其令人兴奋。

随着大量选择蜂拥而出，这种情况被完全改变，但这并不意味着你不用继续在社交媒体上为自己的亮相做出精心设计。过去，名片是你唯一的招牌，表达了你的立场和所做之事。现在，你在网络中留下的足迹至少与名片同样重要，所以在社交媒体上对自己的形象进行设计时至少要注意：

> 个人资料要有说服力且得到了良好维护；
> 突出你的专业形象；
> 确保所有关于你的评论都是"干净"的，如不要参与负面论战。

这样一来，你就可以为可能偶遇你的潜在客户留下一个好印象。所以，无论如何你都要出现在客户频繁使用的社交媒体上，并配有值得夸耀的个人资料。

一份体面的个人资料对利用社交媒体进行后续销售工作也是不可或缺的。你可以通过其他方式挖掘潜在客户，但我敢打赌，无论第一次接触是如何发生的，他都会到网上搜索正在与他打交道的人，在决定是否与你合作之前，他会仔细阅读你的数字简历和社交媒体资料。

如何在社交媒体上被客户找到？

到现在为止，我提到的将社交媒体用于销售的两种方法都是被动的。只有当客户搜索你的姓名或你的公司名，或者偶然发现你时，他们才会看到你。

除"被动"销售外，你还可以利用社交媒体进行主动销售。对此，你要做的是"拉"的动作而不是"推"的动作。也就是说，不是你找到客户，而是客户搜索并找到你。想要被他们找到，必须满足两个前提：首先，你能提供客户感兴趣的东西；其次，你能从大量的选择中脱颖而出。只有用户在被你的资源吸引而接近你时，通过社交媒体进行陌生电访才会有效。

要满足第一个前提，你需要了解你的目标客户是谁、什么内容能够使他们兴奋，以及他们喜欢如何被人搭讪。使一位技术总监感到好奇的东西与能够引起一位时装品牌总经理兴趣的东西是不一样的。一位年轻父亲寻找的理财产品与一位老年网友寻找的理财工具也是不一样的。

要满足第二个前提，你需要创造力：提供一些特别的内容、做一些别人不会做的事。例如，一位保险经纪人经常会以他的法国斗牛犬的视角撰写有趣的博文，并且不露声色地在文章里提到，这只狗为自己的亲朋好友买了多么划算的保险。

要想使你的社交媒体主页更具吸引力，你需要一个适合自己产品和目标客户的聪明的诱饵。

比如，撰写富有想象力的帖子，传达能够展示你专业知识的优质内容；制作与众不同的视频；在Facebook上直播……舞台很大，好好利用它！

仅凭自己在网络上的酷炫形象就能将潜在客户转变为你的客户，这个想法很美好，可惜是错误的。根据我的经验，只有你主动与他们联系、直接进行销售，关注你的人才会成为买家。回顾一名销售员的成功要素：勤奋和自律。

- 通过社交媒体直接对新客户进行销售现在已经不起作用。
- 维护良好的个人资料对后续销售非常重要。
- 通过"拉"的动作，你可以用间接的方式将产品成功地推销给客户，但前提是你要做得漂亮。

第 14 章
决胜销售会谈

充分的准备工作是成功的一半

2006年去世的天才营销教练海茵茨·戈尔德曼（Heinz Goldmann）曾对我说："马丁，10次失败中有9次仅仅是因为准备工作不够充分。"他是对的。从销售会谈的第一分钟开始，你便可以通过充分的准备工作把签约过程变得轻松。设想一下，你将与两位客户——迈尔和菲舍尔第一次见面。如果你事先在谷歌上搜索了他们的信息，并牢牢记住了他们的长相，你就可以满怀期待地向他们伸出手，说："您好，迈尔先生。您好，菲舍尔先生。"

在这种情况下，客户会惊讶地问："你是怎么认出我们的？"此时你便可以轻松地回答："你知道，一个好的销售员总是时刻准备着。"对于这些客户来说，你已经通过了他们的销售员能力考核，顺利进入下一轮测验。

准备工作由以下4部分组成：

调研；

明确目标和策略；

制订销售对话各阶段的提问与陈述大纲；

心理准备。

为了不在匆忙之中有所遗漏，请列出一张准备工作检查列表。

调　研

约定会议时间后，一次合格的初次对话应该从 ZDF 调研法开始。也就是说，你需要从会面预约对话前和对话中获得的信息出发，做进一步的调查。即便你是一名猎人型销售员，也需要给自己留下足够的时间和精力。

最基本的信息首先与时间和地点有关：会面地点在哪里？你打算如何前往？你要用哪些交通工具？选择哪条路线？需要多长时间准时到达那里？

在我看来，准时是一名优秀销售员的必备素养，这关乎态度。也就是说，你不仅要查看路线，还要查询天气和交通状况并确定出发时间。

关于时间，还有一点非常重要：你需要知道客户为这次会谈预留的时长是多少。只进行明确知道谈话时长的会面。你通常在与客户约定会面时间时就已经了解了这一点。如果没有，那就询问对方！

下一步，获取企业信息：

企业经济指标如何？

企业的组织形式是什么？

员工数量是多少？

企业规模有多大？

企业在哪些地方设置了分公司？

企业管理层如何？或者更准确地说，有哪些负责人？

企业的市场占有率如何？

它的竞争对手都有谁？

它提供哪些产品或服务？

企业的优势和劣势分别是什么？

专业媒体对企业有哪些近期报道？是一场交易刚刚告吹？或是要进行重组合并？或是宣布产品研究取得了重大突破？

企业与你的竞争对手有业务关系吗？

随后，你要收集对话者的信息：

他的全名是什么？

他的教育背景如何？

他的头衔是什么？

他的职务是什么？

他做决定的权限有多大？

他对这次对话可能抱有什么目的？

他的预期是什么？

有私人信息吗，比如婚姻状况或爱好？

就像之前说的，无论如何请看一看你能够找到的他的照片。不要只是在谷歌上搜索，还应该想一想你的关系网中谁能够且愿意为你提供有价值的信息。

例如，如果我知道除了我已经认识的客户，还有公司的其他代表也会参与此次会面，那么我会非常坦率地问他们："这些人是什么性格的？是比较强势，还是比较内敛？他们对此次谈话有什么期望？"关于期望问题的回答尤其能够帮助你进行正确的准备工作。通常情况下，如果你与他保持良好的关系，他也愿意给予你真诚的答复。

对于现有客户，你可以使用内部数据库进行搜索。希望你此前就在数据库中输入了自己找到的信息，否则还得重新搜索客户情况。

浏览你找到的关于客户的所有信息：他是否付清了所有款项？他最后一次投诉是什么时候？还有订单未完结吗？你的公司曾经给了他什么样的折扣？目前你的公司在客户那边的地位如何？在利用谷歌进行搜索时，请特别注意以下问题：对方上一个财务年度的经济状况如何？企业指标发生变化了吗？企业负责人更换了吗？是否有新的总经理或董事会成员？他们的照片你也要看一看！

对于现有客户，当出现信息漏洞时，谈话的气氛会在瞬间遭到破坏，有时甚至不会再出现后续交易。较为典型的情况是，销售员与客户见面时才得知，自己还没有解决一位非常生气的客户的投诉，而且当下也无法拿出令人满意的解决方案。此时，结结巴巴地回答"我们必须从内部调查清楚这事"并不能把你从窘迫中解救出来。实际上，你只能收拾东西离开，并在开始新的交易之前，先处理好这一投诉。当你收集完所有信息之后，利用它们，并由此来确定谈话的目标和策略。

明确目标和策略

首先，明确这次谈话的最终目标和阶段性目标。例如，如果还没到签订单的程度，那么有哪些重要节点是你必须突破的？请记住，在此次谈话后，你至少要获得一个约定来制订下一步的行动计划，并明确下次会面的时间。

接下来的问题是：你如何实现这些目标？根据收集到的信息，哪种策略在你看来是最有效的？你打算如何确定客户的需求？你计划如何找出客户的购买动机及其主导动机？你希望如何建立必要的信任基础？

如果你已经对此有了清晰的想法，那么以下问题的答案也就呼之欲出了：选择什么样的着装参加这次会面？现场需要哪些文件？准备提出哪些问题？

提问与陈述大纲

即使你是一名即兴型销售员，在谈话前也需要明确你想说的内容及其表达方式。更确切地说，在销售对话的每个阶段，都要考虑这一点。这意味着：

首先，你将选择什么样的开场白？你的第一句话塑造了客户对你的印象。因此，切勿使用毫无意义的空话，或者"客户先生，我们已经在电话中沟通过"之类的陈词滥调。你的客户会想："他是觉得我很闲吗？"

请花点精力，努力设计一个引人入胜的开场白。

其次，思考一下这些问题：你将在对话中讨论哪些话题？你打算通过哪些恰当的开放性问题来分析客户的需求或动机？会谈也许会按以下方式开始："亲爱的客户先生，在我们的电话沟通中，您提到了 3 个要点。"只要你在预约会面时间的通话中已经用潜力分析完成了你的任务，就为提问大纲打好了基础，可以使其完全适用于你的客户。

以下几点很重要：

你想卖的到底是什么？

你将如何对利益点进行论证？

你将提出什么样的价格和条件？

你将如何设计自己的演讲？

你预计会有哪些反对意见？你将如何应对？

你将如何应对压价？

你结束会谈的策略是什么？

记住你掌握的所有沟通技巧，检查自己是否将各个方面都准备完毕，确保自己在任何一种情况下都知道应该运用哪种技巧。最后，进入准备工作最重要的阶段：心理准备。

心理准备

我推荐使用"三星餐厅"策略来进行心理准备，你还可以用更为优秀的"剧本策略"。

剧本策略

把即将到来的会面想象成一部电影，你自己撰写的剧本并作为导演站在摄像机后面。进行销售对话的前一天，在你的脑海中拍摄这部电影。影片名称是《如何以最佳方式进行销售会谈，并成功完成交易》。

你看到自己如何进入客户公司的大楼、与客户问好、用哪句话来接近他，想象一下你与客户握手的感觉。如此逐个检查每一个场景：开场阶段、需求分析、利益论证、反对意见的处理、价格谈判、付款方式、最后提问、签名、握手及告别。

你不必事无巨细地设计每一个场景，也不必在实践中死板地照葫芦画瓢，只需关注这个过程中发生的事情或接触到的事物，倾听它们、感受它们、触摸它们、品尝它们。

你排演这部电影是为了给正式谈话中可能遇见的意外做好准备。例如，在会面中突然有另外一位决策者坐在了你的面前，或者是谈话时间比预计的要短。遇到这些情况时，你可以灵活自信地做出反应，因为你有一本已经写好了的剧本，在单个场景中你能通过即兴表演回到原来设置的故事线。

除了剧本，你需要事先培养自己面对客户时的积极态度。这能提高你选中正确谈话策略和语调的概率。因此，你需要关注客户的闪光点、为客户加分。事实上，你可以在每个客户身上发现闪光点，哪怕只是他的领带颜色还不错。

在准备工作的最后，不要忘记四只"耳朵"：用哪只"耳朵"去倾听客户是你的选择，有意识地做出调整将使你更接近正确的那只"耳朵"。

每次会谈之前至少要在脑海中浏览一遍检查清单：你已经完全准备好了吗？如果答案是肯定的，那就出发吧！因为你已经为成功做好了充分准备。

检查清单：销售会谈的准备工作

1. 我的调研

基本信息：

☐ 我知道会面地点。

☐ 我知道如何前往会面地点。

☐ 我知道应该何时出发，以保证在目前状况下准时到达。

☐ 我知道客户和我可用于此次对话的时间。

☐ 我知道有多少人参与这次会面。

关于企业：

☐ 我对该企业的经济指标、组织形式、员工数量和分公司分布有一定了解。

☐ 我了解该企业的管理层及其职能。

☐ 我了解该企业在市场上的定位、优缺点、产品范围和竞争对手。

☐ 我知道该企业与我的竞争对手是否有业务关系。

☐ 我大致了解专业媒体对该企业的评价和报道。

关于决策者：

☐ 我知道他的全名及头衔。

☐ 我了解他的工作背景。

☐ 我能够评估他的地位、能力以及决策权限。

☐ 他对此次会谈的目标和期望，我有一定了解。

☐ 我调查了他在社交网络上的状态，并找到了一些他的个人信息。

2. 我的目标和我的策略

☐ 我了解我的最终目标。

☐ 我也了解我的阶段性目标。

☐ 我清楚自己实现目标的策略。

☐ 我有合适的着装。

☐ 我已经准备好了所有的文件资料。

3. 我的提问和陈述大纲

☐ 我了解自己的开场白。

☐ 我知道该如何设计我的演讲。

☐ 我还另外准备了开放性问题。

☐ 我了解证明利益点的恰当论据和论证策略。

☐ 我知道我提供的是什么样的价格和条件，也知道我该如何应对压价。

☐ 我做好了应对反对意见的准备。

☐ 我有结束会谈的策略。

4. 我的心理准备

☐ 我已经完成了此次会谈的剧本。

☐ 我愿意去发现客户的积极方面。

☐ 我会有意识地倾听客户的声音。

- 充分的准备工作使销售会谈成功了一半。
- 不仅要准备数据和事实，还要准备明确的目标、适合的策略以及销售会谈所有阶段的提问和陈述。
- 成功在你双耳间：做好心理准备。

4 项注意带你进入一流的会谈氛围

这是关键时刻，你的会谈对象有资源也有权力，而且了解决策的必要性。他就是所谓的决策者。也许你今天就能签约成功；也许你早就预计要经历若干次会面才能签单，因为你正在和大客户打交道；也许你处于这样的行业：如果完成了今天的目标，那么后面的会谈也能成功；如果今天搞砸了，那么你就出局了。无论哪种情况，你要做的到底是什么？就是去实现你的目标。

假设你已经确定了销售会谈的目标（没有目标就没有对话！）并始终遵循它，那么在与你的对话伙伴向目标前进至少一步并与他就下一步达成共识之前，不要结束对话。

如果你是大客户经理，你的工作是一项长期计划，那么对你来说非常重要的一点在于，你每次与客户的对话都要以目标为导向，并为下次对话做好铺垫。

作为一名优秀的销售员，当你完成了充分的准备工作时，你就已经成功了一半。起决定作用的并不是对话前的 3 分钟，而是你脑海中为成功而演练的 3 小时。要让客户一开始就感觉到你已经做了充分准备，这能够让他感到被尊重。你要告诉对方："我不仅花时间在此与你谈话，亲爱的客户，我还花了时间和精力在准备工作上，因为你值得我这样做。"

他能通过你的行为感觉到你做过准备，例如，即使你们素未谋面，你也能在第一次见面时叫出他的名字。

遵循 5 条准则，创造舒适的谈话氛围

人们从 20 世纪 60 年代美国心理学教授阿尔伯特·迈赫拉比安（Albert

Mehrabian）所做的研究中了解到，第一印象中，超过一半由你的肢体语言决定，三分之一由声音决定，而你说的内容只能产生不到十分之一的影响。后来，这个发现被总结成了"7-38-55 定律"。人们以为，这个定律是指一个人所说的内容对于第一印象并不重要。事实上，迈赫拉比安不是这样认为的。他想表达的是，三种交流方式必须协同一致才能产生积极的影响。他很清楚，没有内容的包装也许很华丽，但肯定卖不出去。特别是当两个专业人员会面时，对话内容从一开始就尤为重要。

即便如此，外在形象也同样关键。你没有第二次机会给人留下第一印象！因此，请在销售对话开始之前，像准备谈话内容一样仔细准备所有事项，不仅包括你的体态和气质，还包括举止及着装。

在会谈中不要忘记你自身的影响。保罗·瓦兹拉威克（Paul Watzlawick）的研究表明，你总是在产生影响，因为不管你愿不愿意，你总是在交流。所以你最好时刻注意你所传达的信息。

如果你面对客户时在胸前交叉双臂且面色凶狠，他很可能会觉得虽然你们在谈话，但是你并不想和他交易，甚至都不想坐在这里。如此一来，客户即使有强烈的合作愿望，也会失去与你交易的欲望。

预约会面时间时，你已经根据检查列表调整了说话的声音，那么在会面之前，也请查看一下这张列表，使自己的声音在会面中听起来更舒服。

你的表现方式可以使同样的内容产生完全不同的效果：你的客户可能会非常积极地想要促成交易，也可能会觉得你纠缠不休，想尽快结束与你的对话。如果你能在言辞中注意一些关键的基本准则，那么你就能够创造一种让客户感到舒适的对话氛围，从而实现你的目标。

成功准则第一条：准确清晰的表述。让客户的倾听变得尽可能容易。避免所有使你的语言过于冗长、难以理解或模糊不清的表达。简而言之，你要遵循 KISS 原则，即简单原则。在实践中这意味着：

> 使用短句：通常 9 个词就足以传达准确的信息。带有各种从句的长句绝对不行。

不要使用专业术语，除非你很确定客户能够理解并认为这是你专业能力的表现。

从你的词汇中删除"人们"这个词。当你在说"人们"这个词的时候，你在说谁呢？每一个"人们"都是泛指。这在销售中是非常危险的，因为购买总是事关信任问题。而如果没有明确的对象，又如何建立起相互之间的信任呢？

"实际上"一词同样如此。它将你的每个陈述相对化，让你的客户没有安全感。客户做出购买决策是需要安全感的，所以请给予他安全感。

成功准则第二条：强有力的语言。第二条准则是我个人最喜欢的，因为它极其重要：使用虚拟式或其他无力的语法形式会使你显得弱小，暴露你的不自信，而客户只会选择自信的优胜者。使用虚拟式的人传达的信息是："我不相信自己说的话。"因此你要避免使用这种语言形式。虚拟式传达的并非礼貌，而是屈从和软弱。合适的措辞需要精雕细琢。为了能够清晰地辨认出无力的虚拟式并将其转化为一种积极有力的表达，你需要一些适当的训练。

练习：从无力的虚拟式到有力的表达

将表14-1左列中的句子用有力的表达进行转化。当你意识到自己习惯性地使用虚拟式或表述模糊不清时，记下它们，并设计出有力的替代表达。

表14-1　从无力的虚拟式到有力的表达

无力的虚拟式	有力的表达
如果您能马上告诉我们，您会选择怎样的报价，我们将会非常高兴。	您何时可以决定考虑哪个报价？
我们的报价时间应该是3月3日。	
主要问题可能在于，切换至新软件版本需要解决接口问题。	

（续表）

无力的虚拟式	有力的表达
不知您是否同意我们的工人周一过来呢？	
我能否冒昧问一下，您是否已经看过我们的产品手册？	
您认为下周告知我们您的决定有可能吗？	
如果您能告诉我们您对交货期限的期望，我们会非常高兴。	
不知您对我们的电子产品是否感兴趣？	
如果您很看重变化，我们也会多多关注的。	
如果您能给我们一个下一次会谈的时间，我们将不胜感激。	
我们能够想象，您将会从我们的数字订单跟踪产品中受益。	
如果您能直接通过我们的新应用程序订货就太好了。	

另外，重复也能使语气产生强有力的效果。我们会不自觉地认为多次听到的词语更加可信。关于这一观点的一个著名理论来自希腊哲学家、修辞学家狄摩西尼（Demosthenes）的"D=3W"公式：重复能够起到三倍效果。

这一技巧同样体现在心理学的启动效应中。利用这一效应可以加深客户对重要信息的印象。思考一下你的产品或服务，哪些关键信息适用于"重复"这一修辞手法。

成功准则第三条：积极表达。 利用你说的所有内容让对话往积极的方向发展。避免使用"不"这个词。"不"总是意味着拒绝和否定。没有人，更没有客户喜欢拒绝和否定。相反，你要始终关注积极的方面：说你可以做的，而不是你不能做的。积极表达能促使你的客户做出积极决策。

尊重对方的感受。诸如"你理解错了"或"这行不通"的生硬反对，听起来像是一记耳光。你伤害了对方，他觉得自己受到了训诫，完全无法接受你的反驳。这样一来，签约便离你越来越远。

一定要注意措辞：即使是含义积极的词语也可能会传达出消极的意义，如"不受打扰的""不收费的"，在客户脑海中挥之不去的只有"打扰""收费"等只言片语。因此你要寻找能产生积极联想的词汇，并且时刻记住，你的语言反映了内心态度。"为了不让自己难堪，我做足了准备"听起来与"为了成功，我做足了准备"是完全不一样的。

在同义词里挑选更积极的词汇。不说"合同"，而说"协议"或者"订单"；请求签字时，不要说"签字"，而使用"签名"或"签署"。你需要对这些积极的表达方式勤加练习。令人惊讶的是，相较于正面积极的表述，销售员更容易使用反面消极的表述。

练习：将表述从消极转变为积极

将表14-2中左列表述消极的句子转化成积极的表达。当你意识到自己习惯性地使用消极的表达时，记下它们，并且以积极的表达方式进行替代。此外，决定联想的不只是词的含义，不同的语气也会带来感受上的差别。

表14-2　从消极的表达到积极的表达

消极的表达	积极的表达
下午6点之后，我们不提供电话服务。	下午6点之后，你可以通过网站的聊天功能联系到我们……
费用为……	您的投资金额为……
对此我们概不负责。	
您得先签合同。	
是，但是……	

(续表)

消极的表达	积极的表达
很遗憾我们没有这种型号。	
我们预计会出现以下问题。	
您误会我的意思了。	
我们没有得到批准。	
11月20日前我们不能告诉你。	
您为什么会这么想?	
我们不打折的。	
我们从来没有这么做过。	
这不现实。	
您不会后悔这一次的购买的。	
如果我可以说点什么……	
您为什么这么生气?	
无须惊慌!	

例如"费用"一词,不仅听起来生硬,还会让人产生消极的联想,更好的表达方法是"您投资……""您将获得……"。再次检查自己是否完成了练习:所有消极表达都已转化为积极表达了吗?

成功准则第四条:使用图像。用画面般生动的语言可以打开对话者的头脑影院,唤起他的情感共鸣。这在沟通过程中是非常重要的一个方面,因为每一个购买决策都是情感上的决定,即使是手握大型订单的客户或看起来极其冷静的客户也是如此。因为到最后销售总是关乎信任,而信任往往只是一种感觉而已。收集类似的适合你和你产品的修辞语言,以便在适当的时刻使用它们。

成功准则第五条:不要使用"我"。每一个客户都喜欢谈论自己。如果你经常使用"我""我们"或者"我们公司"这样的词，你的客户就会有这样的印象：你不是在谈论他而是在谈论自己。他会觉得自己没有得到重视。

因此，强化使用带"您"和"你们"的表达，让你的客户明确地出现在句子中。虽然你要表达的内容是一样的，但方式却更能取悦客户。换句话说，你的表达中要体现出客户的利益和优势，要将客户的期望与产品联系起来。不要说"明天之前我会澄清这一点"，而要说"明天您就会了解这一点"。这一准则同样也需要练习，最好现在就开始！

将以销售员为中心的表达转化为以客户为中心的表达

将表 14-3 中左列带有"我"或"我们"的句子转化成以客户为中心的表达。当你意识到自己习惯性地使用以销售员为中心的表达时，记下它们，并将其转化成以客户为中心的表达。

表 14-3　从以销售员为中心到以客户为中心

以销售员为中心的表达	以客户为中心的表达
我们建议在网上商城购买。	您可以直接在网上商城购买。
今天我们会把报价发给您。	
我们建议您……	
我们期待您的答复。	
根据我们的经验……	
我只能说……	
我们会尽快回复您。	
我可以给您让 5 个点。	
我们公司感谢您的惠顾。	
这个我可以向您解释。	

（续表）

以销售员为中心的表达	以客户为中心的表达
对此我们会调查的。	
我的报价是……	
我们的产品会令您满意的。	

赋予客户发言权

运用上述五大成功准则，时刻注意自己面对客户时的用语和态度。牢牢记住这些准则，并且有意识地进行练习。你可以将这些准则贴在你的办公桌上，这样一目了然。

销售语言的成功准则

1. 清晰明确的表述。
2. 有力的语言。
3. 正面积极的表达。
4. 画面般形象的描述。
5. 使用"您"来代替"我"。

运用这些成功准则能调动客户的积极情绪。你也可以利用触觉去刺激客户，比如把一些东西放到客户手里，使他产生真实的感受。

铅笔销售法

2012年，圣加仑大学一项关于金融服务行业销售对话的研究表明，所谓的"铅笔销售法"效果显著。在这一方法中，你不是借助说明书或者早已准备好的演讲材料来向客户解释你的产品或服务以及它们的益处，而是用笔在纸上画下所有必要信息。根据研究结果，这个方法虽不会让客户觉得你更加出色，但你却能在合作能力、客户导向以及同理心上给客户留下更积极的印象。这种印象的结果就是：只有45%的客户愿意与使用准备好的材料进行产品介绍的销售员继续谈话，而57%的客户愿意与使用"铅笔销售法"的销售员继续谈话。

因此，销售对话的成功不仅取决于精湛的销售语言，更重要的是取决于你的客户要有足够的发言权。在销售对话中，相较于你提供的信息，你收获的信息应该更多。其实这件事很简单，因为客户总是更喜欢谈论自己，而你可以从他的话语中获取有用的信息。我们称之为 BAP® 技巧。该技巧对你的成功至关重要，从独白到对话再到签约，它贯穿始终。

签约对话前的谈话

在某些行业或领域，尤其面对大客户时，我们从一开始就清楚，只通过一次或两次对话并不会产生什么结果，从第一次对话到价格谈判和签约对话可能会持续一年甚至两年的时间。然而这中间的每次对话，你都要向签约的目标努力，因此你要将每一次销售对话都当作签约对话前的一次谈话。在对话中，你要记住以下几点：

> 建立关系；
> 表现出兴趣；
> 收集信息（你已经确定其需求）；
> 提供可选方案；
> 使用额外销售法（追加销售、交叉销售）；
> 无论如何，明确跟进行动的时间点；
> 小心地进行价格敏感性测试；
> 通过道德义务确定约束力。

除了语言的基本准则之外，销售对话的各个阶段也各有其准则，包括：

第五部分　业绩之神的销售技巧

问候和开场白；
需求分析；
利益论据；
销售演讲；
反对意见处理；
价格谈判；
时刻准备着签约提问。

在与客户进入对话之前，如果有可能，你还应确认一些事，即座位安排及饮料提供。

座位选择

尽可能自己选择座位。当你被带至办公室或者会议室，并且座位尚未被指定下来时，永远不要问你能坐在哪里，选择对你有利的位置。最有利的位置总是：

背靠窗；
可以看见门；
与客户对角而坐。

背靠窗户的位置很有利，这样你不会因为太阳直射而不断眨眼，或者为了拉下百叶窗而必须在不恰当的时刻中断对话。

如果你的位置可以看到门，那你就不需要在每次门开的时候都转身看一下，你的焦点就可以始终保持在客户身上。

客户不希望你与他面对面坐，他会觉得你们之间是对抗的关系，而与他对角而坐则更像是并肩作战。如果你惯用右手，最好让客户坐在你的右斜对角：当你用右手展示时，就会更靠近客户。如果你惯用左手，则相反。

如果你选的座位能使客户更方便地与你一起阅读你的记录，那也是没有问题的。这是你的选择。而在"一起读"和"近距离"中，我个人认为"近距离"更重要些。

如果客户方有很多人，请尽可能把所有人都锁定在视线范围内。即使他们悄悄商量，你也能察觉到。

这听上去好像是作为访客的你决定了主人的座位安排，在实践中你确实可以做到这一点。进入房间后，立刻将包和文件放在最有利的位置，再将椅子拉出来，从而你就"占领"了这个位置。随后，如果你在其他位置放上你的名片，或者分发准备好的材料，那么你的客户也会遵照这样的安排入座。因为接受别人为我们安排好的位置，就是我们得到的教育。

接受客户的饮料，给他一个报答的机会

对话开始前，客户通常会为你提供一些饮料。无论你是否口渴都请接受它，这样你就创造了一种积极的气氛。一句"好的，麻烦了"创造了互动的开始，而"不用，谢谢"则破坏了谈话氛围。

同时，巧妙地运用互惠原则：你接受了客户提供的东西，就产生了一种约束力，你的客户会下意识地准备接受你之后提供的某些东西，当然最好是你的销售报价。如果你更喜欢喝咖啡，也请大方说出来。这显示出你的自信："亲爱的客户，我来到这里是为您提供优质产品的。因此，如果您也能给予我喜欢的东西，那就完美了。"如果你不抽烟，而客户提出一起出去抽一根，你当然也可以拒绝。重要的是，不要说"不"，而是友好礼貌地拒绝，例如："亲爱的客户先生，我非常愿意陪您出去，只要您不介意我不抽烟的话。"

- 留下良好的第一印象。
- 遵循销售语言的五大成功准则。
- 选择有利的座位，且当对方问您是否需要饮料时，回答"是"。

用 BAP® 技巧单刀直入，现场分析客户需求

熟练地开启销售会谈，自信地引导客户，最后成功签约。这听起来很棒，不

是吗？那就这样去做吧。同样重要的是知道自己需要做些什么。

你要做的就是掌握正确的技巧，即 BAP® 技巧。

　　B：Bring es，把它带；

　　A：Auf den，到；

　　P：Punkt，点子上。

在销售会谈中，BAP® 技巧的基本思想是，对重要事项不要拐弯抹角，直接根据良好的需求分析开场。BAP® 技巧是从经验中总结得出的：客户了解他能获得的利益，才想与销售员长期合作。浪费客户的时间也会降低你的成功概率。如今，客户比从前更加反感浪费时间的行为。

如果在第一次与客户取得联系时，你就认为与你对话的是一位决策者，那么 BAP® 技巧会尤其有效。也许，你察觉到他已事先了解了你的产品，此时他的问题不在于是否与你合作，而在于你的报价如何。如果你已经深度了解了客户的需求，请直接向他提供解决方案。

带着客户一起朝着实现目标的方向前进。你在绿色型客户身上花费的时间要比红色型客户更长。即使大多数决策者是喜欢快速进入正题的红色型或黄色型客户，在使用 BAP® 技巧时，你也要始终关注客户需求。

项目业务中的 BAP® 技巧

　　有时候与大客户的谈判可能会耗时一年多甚至两年多，这时 BAP® 技巧对你而言就非常有帮助：正如对于小规模的业务来说，你的目标是完成签约一样，对于那些销售流程较长的业务来说，你在每次销售会谈中都要牢记你想实现的下一个目标。BAP® 技巧能够帮助你成功签约，同样能够帮助你成功完成下一步会谈。

抛开所谓的"破冰问题"，直接切入正题

直接切入正题是许多销售员在开场时不敢做的。他们认为，与客户见面的

头几分钟必须寒暄几句，提一些所谓的"破冰问题"，以营造轻松的氛围。然而，这些无意义的空话会立即向客户发出信号：来了一个典型的销售员。

开场白禁忌

非常感谢您百忙之中抽空前来！

您的公司非常棒！

数字化会让您所处的行业经历一段艰难时期，对吗？

您也觉得今天冷吗？

您的这些业务是如何运作的？

您最近怎么样？

今天您能给我多少时间？

我看见这里有一个鱼缸，您喜欢鱼？

您的办公室布置得太棒了。

今天天气很好，您觉得呢？

客户往往喜欢从坚定踏实、值得信任的销售员那里购买产品。问题是，你如何才能以一个踏实可靠、坚定不移的形象出场，又该如何向决策者传达这样的信息：你绝对有能力处理好他的需求。如何将你的签约实力与建立长期客户关系必不可少的信任结合起来？

使用 BAP® 技巧能够使你在销售会谈的开场中获得成功。当你和对话者在谈判桌边就座时，它就开始发挥作用了。在前往办公室的路上你们可以闲聊，但你必须将开场白说得机智些，千万不要选择六大聊天"禁忌"话题中的任何一个：政治、性、家庭、运动、天气或疾病。

如果你与客户已经相识很长时间了，那么这些严格的条条框框会随着时间的流逝而模糊，但你还是需要保持警惕。一旦出现冷场，巧妙地将话题转移到轻松的主题上。当客户与你都已入座后，请停止闲聊，然后保持安静！

保持沉默。在心中默数：1，2，3，4。这需要勇气，4秒钟的沉默会让你如坐针毡，但是请刻意付出这些时间。

接下来可能会发生三种情况：

1. 你的客户开始与你闲聊寒暄。对此你可以礼貌地做出回应。1~2 分钟后，用一个有理由的、合理的开放式提问，直接将话题切入正题。
2. 客户直接进入正题。你应该正期待着这种情况，因为这是你可以开始进一步谈话的信号。
3. 4 秒钟之后，客户也没有开口打破沉默。那么就请你在沉默变成尴尬之前用一个理由充分的开放性提问开始对话。

说明理由，再提出开放性问题

从提问能力的角度来看，合理的开放性提问在 BAP® 技巧中尤为重要。做这件事的根本在于，为什么要首先提出这个问题？因此顺序很重要：先说明提问的理由，再提出问题。如果你不事先说明理由，客户就会觉得这场对话从一开始就是对他的审问，这对谈话气氛不利。举几个例子：

1. "客户先生，为了能让您准确获得您觉得重要的信息，我想问问：在使用新商品管理系统时，您最看重什么？"
2. "客户先生，今天我们在这里只谈论对您来说最重要的事：您对物流供应商有哪些要求？"
3. "为了确定我们能否成为您的正确选择，我们想知道在数据安全性方面，什么对您来说尤为重要？"

充分的提问理由还能帮你巧妙地避免反对意见。提前准备至少 4 个或 5 个适用于不同情境的、具有充分提问理由的开放式问题。

禁忌："您了解我们公司吗？"

不要问对方是否了解你的公司。如果你的公司是一个世界知名品牌，这个问题就显得明知故问；如果不是，则显得傲慢。此外，一个专业的决策者会像你一样为此次会面提前做好准备：他们会设法了解你的公司、产品或服务、竞争对手，甚至你的个人信息。如果客户的回答是"不"，你并不能赢得任何东西——相反，一个"不"会使谈话气氛变得消极，你还得努力将其拉回积极的氛围。

练习：建立在充分理由之上的开放式提问

你应该针对自己的产品或服务提出怎样的开放式问题？这项练习并非旨在让你对所有客户都提出标准式的问题，你只需训练这样的表达方式。请在每次销售会谈之前，根据表 14-4 的模板为你的客户制定个性化提问。

表 14-4 开放式提问模板

问题的开始	切入主题的提问
亲爱的客户，为了您能从我们这边得到量身定制的报价：	各个部门设置工作岗位时，您最重视的是什么？
……	……

做笔记，并确保客户看到笔记的内容

一定要做笔记。这样能使你的客户感到你在严肃认真地对待他提出的需求、愿望及要求。你可以直言你要这样做，例如：

> "客户先生，这些信息对我们之间的合作至关重要。因此我直接记下来了。"

但切勿请求客户的允许，否则你就失去了平等的地位。在笔记本或者平板电脑上记笔记。确保客户可以看见你所写的内容，这样客户就能知道你没有秘密，就将乐于继续交谈。由于你对他坦诚相待，他也会投桃报李。

你这一阶段谈话的目标是，为之后销售流程中的报价收集尽可能多的支撑信息。因此，请不断用点头来鼓励客户继续往下说，这么做的时候请保持自然。

如何让对话尽在掌控？

在这个阶段，你的倾听能力尤为重要。这点几乎不言自明。这种能力也包括让你的客户清楚看到你正全神贯注地听他说话。你可以使用一些积极的、表示正在认真听讲的回应词，如"啊，是的""嗯""我理解""有意思"等。

不要过度频繁地使用表示倾听的回应词，否则会显得太夸张；当然也不能过于吝啬，否则你的客户会没有安全感。同样的道理也适用于在对话中提及客户名字：请这样做，但要适度。此外，使用可控对话效果显著，例如：

"客户先生，如果我没理解错，对您来说这些设备在第一季度就能投入使用是很重要的，对吗？"

可控对话

通常我们这样开始可控对话："客户先生，如果没我理解错的话……"，接着按照你的理解，将客户所说的内容进行总结，然后再认真听他回答。

通过这种沟通方式，你可以知道客户是否理解了你的论据，同时也赢得了他的好感和信任，因为你的问题向他表明了你的兴趣和理解。

做这些事情的前提是你需要很好地倾听客户所说的话，并且能够对此提出有针对性的问题。向客户提出更多问题并通过可控对话来确认他们的答案，既提高了客户在对话中的参与度，又能够让你获得更多想要的信息。但在可控对话中不要打断对方的回答，否则你将无法收到预期的效果。

结合具有充分理由的开放式提问，鼓励客户继续往下说，直到你拥有足够的论据来支撑你的报价并将解决方案提供给客户。

当你走到这一步，是时候轻描淡写地赞美客户了。你应该夸奖你的客户，因为他为你的方案演说提供了这么多论据支撑。在夸奖客户时要轻描淡写，否则就会显得刻意，让称赞适得其反。例如：

"客户先生，我发现您对这方面非常精通。这让我们之间的合作简单多了。"

看情况决定夸奖的长短，重要的是让赞赏显得是在谈话情境中自然而然发生的。切勿用生搬硬套背出来的赞美词，这会让你的赞美变得不可信，还会破坏良好的谈话氛围。

另外，如果你的客户也恭维了你，即使再隐蔽的，也请你绝对不要无视它。90%的销售员都会选择忽略这种夸赞，因为他们是如此热爱自己的产品，以至于将这样的夸赞视为理所当然。你能做得更好：抓住这一积极信号，并利用它做些什么。把客户递给你的小气球变成热气球。例如：

客户："这乍一看相当不错。"
你："客户先生，是什么让您觉得相当不错呢？"

在不经意间引导客户朝着对你有利的方向思考，以此巩固你们的关系，强化他的积极想法。

提出详细问题后，给予客户自由发挥的空间

你已经了解了一系列关于客户的细节。这些细节对于决策者来说尤其有价值，你可以据此找出他们的购买动机，继而建立起你的利益点论证。

继续提出开放式问题，寻找有关客户购买动机的线索。使用我在"让客户满意的解决方案源于精准的需求分析"中详细介绍的"问题漏斗"。此时你也需要认真倾听，因为你能从客户使用的表达方式中得出很多结论。

提问要尽可能详细：

"客户先生，您说过，对您来说至关重要的是未来的服务团队能否成

为客户友好型队伍，是否以客户为导向。那么在以客户为导向方面，对您来说最重要的是什么呢？"

请在这里给予客户足够的自由发挥空间。如果他的回答离题太远，就通过恰到好处的赞赏将话题带回正题上。例如：

"客户先生，您说过，在一段合作关系中，可靠是您最关心的品质。这有点宽泛。为了能让我更准确地理解它，具体来说，什么对您而言非常重要？您的期望是怎样的呢？"

打破砂锅问到底可能会让你感到不自在，但直到你从前期或这次谈话中收集到了足够信息，你才可以进行切换。现在轮到你了。

属于勇敢者的签约提问

即使你还没有详细介绍自己的产品或服务，也请依旧提出签约问题。这并不代表你没有耐心，而是表明你始终以签约为导向。例如：

"客户先生，如果您一会儿发现我们为您量身定制的产品正是您在寻找的，那么请您说：'好，我要它了！'"

或者：

"假设，您能够从我们这里获得的正是您刚刚所描述的，那么……"

说完这句之后就打住，通常情况下你的客户会有所反应。

客户犹豫不决甚至不回答并不是谈话受阻的理由，相反，实际上你可以利用这点，因为你会从中了解哪些你尚无法满足的前提条件对客户的决策起着决定性作用，而在此之前客户通常不会提到这点。然后你可以提出诸如以下的问题：

301

"客户先生，您觉得要成为长期业务合作伙伴，我们还需满足哪些条件呢？"

如果客户对你的签约问题明确表示拒绝，你可以这样回答：

"好的。感谢您的回答。我们该怎么做才能让您的答案从'不'变为'好的'呢？"

如此，你便能从客户这里得到更多之前没有得到的背景信息。

适合勇敢者的开场阶段签约提问

如果当时的情况看起来对你有利，你也可以根据 BAP[®] 技巧将签约问题放在开场阶段提出：

"客户先生，您已经从我们的对话中了解到，XY 公司和我是您正确的合作伙伴，那么我们今天能获得您这位新客户吗？"

如果你已经在电话沟通中介绍过你的产品，你也可以用以下方式开场：

"客户先生，想象一下，您马上就会发现我们的产品是您正确的选择，那么今天我们可以立即签约吗？"

对此，客户的回答只有以下 4 种可能：

- "让我们再看看！"
- "也许。"
- "如果性价比不错的话，是的。"
- "是的，如果您的报价正合我意的话。"

不要奢望你的客户会立即同意，相反，你倒是可以试一试另外 2 种做法的效果：

- 通过个人对话和对成为合作伙伴的展望，在你和决策者之间建立起一条情感纽带。
- 向他表明，你目标明确。

在客户同意报价后，先恭喜再签约

设置一处利益点论证，要以产品报价给客户带来的好处为导向。你可以使用这样的表达："对您来说有这样的优势，即……"。如何做到这一点，我将在"让客户满意的解决方案源于精准的需求分析"中详细讲述。

根据签约技巧抛出准备好的问题。

如果你的客户同意了你的报价，即便他对签约仍犹豫不决，也请你积极地鼓励他。你可以采用将签约看作既定事实并向他表示祝贺的方式。例如：

"客户先生，很高兴您全程都抱着积极的态度。也祝贺您做出的决定，因为您的选择是正确的。"

或者：

"客户先生，很高兴您能再次给予我信任。和您一起工作真的很开心。"

接着立即将他的注意力转移到实际行动上：

"您希望最晚什么时候安排好新的工作场所？"

如果客户觉得"进展太快"，你该怎么办？

当客户表现出犹豫时，你需要使用购后激励的方法。

比如，"一切进展得太快了。我的决定真的正确吗？我需要再考虑一晚上吗？"客户的这种反应表明了一种危险的感觉：他感到自己被操纵了。换句话说，你没有百分之百地得到他的信任。此时，你需要一次购后激励来使客户保持购买热情。

因为签约并不是业务关系的结束，而是一段长期合作关系的开始。

购后激励可以是口头的，也可以是书面的。例如："仅需短短几天的时间，您就会发现新系统多么好用，看到它如何帮您提高生产率，您就会再次意识到自己做了一个多么正确的决定。"

购后激励可以按以下顺序分 3 个阶段完成：

1. 确定时间轴；
2. 用"如果"提出论点；
3. 用"那么"提出积极建议。

3 个阶段的购后激励表达分别如表 14-5 所示。

表 14-5　购后激励的表达

第一阶段： 确定时间轴	第二阶段： 用"如果"提出论点	第三阶段： 用"那么"提出积极建议
……之后	……您确定……	……您会感到幸运……
几（天）……之后	……您认识到……	……回想起来您会说……
紧接着……	……您相信……	……最迟在这时您会认为……
不久之后……	……您对此已经有经验了……	……您将会这样……
很快……	……您热衷于……	……您会对此感到兴奋……
之后……	……您是第一个……	……您会对此满意……
直接在……之后	……您享受到……	……您会被说服的……

制定你自己的购后激励语言，同时注意 3 个阶段，准备不同的表达组合并且熟练掌握它们。

通过这种方法，你可以利用 BAP® 技巧成功实现签约。牢记每一个步骤。

BAP® 技巧的步骤

1. 沉默；
2. 如有需要就闲聊；
3. 足够长时间的需求分析：提出有理由的开放性问题；
4. 做笔记；
5. 主动倾听；
6. 不露声色的赞美（DEA）；
7. BAP® 结束提问；
8. MONA® 解决方案；
9. 签约提问；
10. 祝贺；
11. 购后激励（视情况而定）。

- 从独白到对话，再到签约，你可以一直使用 BAP® 技巧。
- 尽快用具有充分理由的开放式提问开始与客户的谈话。
- 勇敢地提出 BAP® 签约问题。

让客户满意的解决方案源于精准的需求分析

销售的世界已然发生变化。互联网时代，客户能够提前通过论坛、维基百科、博客、用户群、测试平台、评估网站、YouTube 视频等渠道了解各种信息。当你身处这样的时代，想要实现长期的销售成功，像以前一样只依靠产品或服务在性能、价格和售后方面区别于你的竞争对手是远远不够的。你需要做一些其他事情来突出自己。

在接到大量订单的情况下、面对大客户或处理项目业务时，更是如此：与出色的需求分析和利益点论证相比，价格往往不那么重要。尤其当客户存在一定程度的不确定之感时，你可以通过专业的支持从竞争对手中脱颖而出。

你要让客户感到，你对他的愿望和需求确实非常感兴趣。由于客户总是面对过量信息，因此给他留下你确实想与他合作的印象非常必要。花点时间掌握提问和倾听的技巧，理解客户的真实意愿：他想要什么，以及他需要什么，也许客户自己也不清楚这些，但他们都希望自己能够得到充分关注。如果你给予他们充分关注，他们也会选择与你合作。

购买决定是情感层面的事情。客户从网络上获得越多的客观决策依据，就越需要你的支持来做出主观决定，而良好的需求分析是抵达这个关键转折点的方式。

同时有一点是不言自明的：你对客户越了解，就越能更好地制定方案。

进行深入的需求分析后，你可以了解客户的实际情况、他的目标和期望，他有哪些购买动机，哪些需求能够推动他做出购买决定。其后你就可以为他提供超出预期的惊喜。

大客户和需求分析

大客户管理的概念于 20 世纪 60 年代在美国兴起，20 世纪 70 年代以来在欧洲企业中也得到了广泛应用。大客户管理的基本理念首先是管理和开展与公司主要客户的现有业务。

一些大客户经理往往就局限在这一工作里。其实，大客户真正的附加值体现在你能够扩展自己和他们或其他客户的业务往来。而实现这一目标的前提是，大客户经理能够通过与客户和市场的密切接触深入了解情况，在公司发展过程中积极支持潜在客户做出决定。从这个意义上说，一名好的大客户经理也是一名"挑战者"，他挑战自己的客户并推动他向前发展。

要成为一名成功的大客户经理，需求分析是最主要的方面。你必须持之以恒、不断钻研！千万不要放弃，因为市场瞬息万变，你的客户也面临着挑战。

良好的需求分析在今天对你的销售成功起着举足轻重的作用。它能够为实现以下目标打下基础：

调动客户的热情；

使客户成为真正的支持者；

增加成功销售的概率；

与客户进行长期合作；

使自己从竞争者中脱颖而出。

好的需求分析能够建立起情感层面的联系、构建信任，所以请认真仔细地进行需求分析，即使客户需要什么服务对你来说已经显而易见。

看到水面下的购买动机

很多时候，你的客户不能或不愿意告诉你他真正想要什么。购买动机就像冰山一样：只有七分之一是可见的，其余部分都隐藏在水面之下。大多数情况下，正是这些不可见的部分对于销售的成功至关重要，因为其中隐藏了客户的愿望、需求，以及真正的购买动机。

这一理论虽然比较陈旧，但在今天理性、成熟的客户时代，甚至比以往任何时候都要准确。

冰山模型

应用心理学中的冰山模型是以西格蒙德·弗洛伊德（Sigmund Freud）的人格理论为基础发展而来的。弗洛伊德认为，无意识行为在人类行为中的占比要远远高于有意识行为。该模型被认定为传播理论的重要支柱。欧内斯特·海明威（Ernest Hemingway）在20世纪30年代提出了冰山理论，但直到20世纪70年代，这一概念才被引入科学。

了解客户对于成功的需求分析来说尤为重要。你需要做的是真正了解客户想要什么，探究客户的动机结构，在销售对话中表现出你的好奇心：

客户的意图是什么？

他的目标是什么？

他对特定话题有怎样的看法或态度？

客户是如何被组织的？

在日常工作中，客户面临着哪些挑战？

有一点可以肯定：客户总是综合考虑多方面因素后做出购买决定。既包括你优秀的产品，还包括你设身处地的需求分析。而最后，这些都汇聚到与购买动机一致的利益点论证上，你可以使用 MONA® 技巧做相应准备。以下问题对于专业的需求分析至关重要：

你现在有目标吗？

你对你的客户真的感兴趣吗？

你知道你想要实现什么吗？

你有合适的提问技巧吗？

客户群的结构是什么？

你能否在合适的场合、合适的时间，提出合适的问题来拿下客户？

最重要的是，在进行需求分析时要有耐心。集中注意力，保持警惕，也要注意倾听客户的心声。除了熟练掌握提问技巧，你还需要锻炼良好的倾听能力。其中最重要的4点是：

设身处地，把自己放在对方的位置。

让你的客户感觉到你重视他，这也可以通过你的肢体语言表现出来。

保持眼神交流，并且在沟通过程中避免其他动作。

客户发言时不要说话，同时通过点头之类的方式向他示意你在倾听。

记住，是否这么做取决于客户而不是你说的话在聊天中的比例。通过以下方法可以让客户知道你在主动倾听：

让客户说；

做笔记；

使用表示主动倾听的小词，如"嗯""啊哈""是的"；

利用可控对话的技巧。

用"问题漏斗"识别客户需求

客户只会向你展示他的部分愿望和需求，且通常都会关注客观事实，例如数据等参考信息。你的任务是找出他的真实购买动机。因为只有真正了解客户的需求，你才能制定出让客户百分之百满意的方案。

"问题漏斗"能够完美满足需求分析的要求。它由6个同心圆组成，最外面一圈代表你获取的宽泛信息，圆心代表本质需求。你需要这些信息来制定利益点论证过程和报价。

最外圈：广泛收集客户当前信息。在最外圈，你需要尽可能广泛地收集关于客户当前状况的信息。

从谈话开始就应该特别注意，不要出现审问客户的情况。你可以放松地收集尽可能多的数字、数据和情况说明，这从实践来看是很有效的。

如果你已经在准备工作中完成了这一任务，那么你只需要核实这些事实信息是否正确。

接着，你应该站在自己的角度考虑："对我来说，哪些是至关重要的信息？"知道一家公司的员工数，对你来说一定是关键吗？如果你销售的产品是工作场所中的设备，那这个问题对你来说就很重要；但是如果你售卖的产品是广告位，那么这一问题就与你无关。

第二圈：找出客户的短期、中期和长期目标。在这个小一点的圆圈里，你要找出客户的短期、中期和长期目标，这在需求分析中尤为重要，因为只有当你实现客户设想的目标时，他才会欣然接受你的方案。举两个例子：

"您对新方案有哪些期望呢？"

"相较于之前的方案，新方案在哪些方面仍需改进呢？"

第三圈：主动询问客户，摸清他们想要什么。在这个圆圈里，你需要了解更多有关客户目标的信息。只有准备充分的客户，才能向你说出他的目标，因此通常情况下，你需要主动询问客户，除了之前的需求，他还想要什么。在这个阶段，无论客户如何回答你的问题都请继续提问，直到客户不再回答为止。例如：

"除此之外……"

"对你来说还有什么是重要的……"

"还有哪些是需要我们来实现的……"

"对你来说还有哪些事情是至关重要的……"

这部分的需求分析非常敏感，但对你来说，有利的是，客户为了给出答案需要更多时间，你可以借机对其进行彻底分析。

在这个阶段，你的沉默起到了特别重要的作用。坦诚而充满期待地等待客户的回答，通过肢体语言来表现你持续的兴趣与耐心。

第四圈：深挖客户的真实愿望。在这个更小的圆圈中，你需要弄清楚客户的真实愿望和需求。如果客户在第三圈时就对你说："我已经想不到更多了！"那么此刻就是你从客户那里解锁最后信息的最佳时机。方法是在客户的愿望世界里引导他，例如：

"客户先生，假设你现在还可以实现三个愿望，那么对您的公司来说，哪些内容还应包含在新的解决方案中呢？"

或者：

"我只是因为感兴趣向您提出这个问题：假如我是一名魔术师，能够为您实现任何愿望，您对新的解决方案还有哪些期待呢？"

此时，客户也许会陷入思考，接着对你微笑。如此，你就能够获得客户更多的好感，也能得到更多制定方案所需的信息。

第五圈：为所有期望和目标进行排序。 在漏斗的倒数第二圈中，你需要将客户提及的所有观点、期望和目标列出优先级。询问他哪些是必须实现的，哪些只是锦上添花。

最内圈：提前签订道德合约。 在漏斗的最细处留下最精华的部分。如果你是一名优秀的顾问，那你在这里结束就可以了，因为你已经获取了为客户提供合适报价所需的所有信息。而如果你是一名优秀的销售员，你还需要做点别的，那就是提前签订一份道德上的合同。换句话说，你需要想方设法定义约束力。

例如：

"如果我们能够满足第一点、第二点和第三点，并根据您期望的第四点、第五点和第六点量身制定方案，那么下一步我们要做的是什么？"

或者：

"那么，您愿意与我们进行长期合作吗？"

你的客户对此可能有4种反应：

1. 他会直接回答你的问题，你只需要认真倾听。
2. 他忽略了你的问题，又提出新的要求。耐心倾听，但是不要忘记这个问题，之后再提一次。
3. 他选择回避你的问题。这时你该问自己："为什么他会这么做？"如有必要，换一种方式再问一遍。
4. 他反问你。要么是客户还不够信任你，要么是目前还有对他来说更重要的其他方面的问题。他可能会这样问你："为什么您觉得这个问题这么重要呢？"这再次证明了具有充分理由的开放式提问的重要性，因为你从一开始就能够堵住这样的反问。

根据色彩类型做需求分析

当你进行需求分析时，请考虑客户的 INSIGHTS 色彩类型。这能使你更快速、方便地实现你的目标。

表 14-6　根据色彩类型做需要分析的注意事项

色彩类型	在做需求分析时必须注意的事项
蓝色	• 不要催促你的客户； • 找出他真正想要什么； • 向他提供足够的信息； • 直奔主题，为他提供大量事实和数字； • 向他提供大量书面资料
红色	• 言行举止自信而干练； • 快速切入正题； • 确定这位客户准确了解自己的需求； • 专注地倾听
绿色	• 缓慢、谨慎地推进谈话； • 经常提问，经营合作伙伴之间的沟通氛围； • 将他家人的利益也列入在内
黄色	• 让你的客户构思创意； • 不断礼貌友好地将他拉回实际情况中； • 给他发挥的空间，同时注意不要偏离主题

用"膏药法"确定客户的要求

人有两种非常强烈的能够引发购买动机的情感：一种是对期望落空的担忧，另一种是需求被满足后的喜悦。这两种情感会不断斗争。作为销售员，你需要明确客户的这两种情感是如何构成的。

作为销售员，你的任务是强化其中一种情感，即担忧或喜悦。你要决定往哪个方向影响客户。确切地说，你要通过自己提出的问题来引导他。让你的客户想象他担忧或喜悦的情景，他就会自然而然地产生对应的情绪。

你可以有针对性地使用"膏药法"。尽可能激发客户喜悦的情绪，因为担忧会抑制购买动机。

这种方法与 SPIN© 销售模式类似。SPIN© 中的 4 个字母分别代表"背景问题（Situationsfrage）""难点问题（Problemfrage）""影响问题（Implikationsfrage）""需求效益问题（Nutzenfrage）"。这个由尼尔·雷克汉姆（Neil Rackham）提出的理论侧重于背景问题和难点问题，而"膏药法"则完全关注需求与要求的区别。

这个理论的基础是企业有需求，而人有要求。例如，采购员的需求可以是，1 000 个货架，货架的包装成本和管理成本要尽可能低，包装材料需由某种特定的材料制成。但如果你只知道这个需求，你就只能提供和其他供应商一样的方案，唯一能让客户做出抉择的有差别因素只能是价格。现在设想一下，如果在采购员以往的经历中，不是遇到供应商和企业之间在数据传输上出现问题，就是遇到供货商没有在约定的时间内交货，那么现在他就会对可靠性提出强烈的要求，特别是在前述这些方面，因为他害怕噩梦重现。

如果你的方案不仅能满足一般需求，还关注到了额外要求，你就能从大量的供应商中脱颖而出，拥有更多、更好的机会。根据"膏药法"，你应该这样做：

1. **不仅要了解客户的需求，还要了解他的要求**。为此，你不仅要知道客户的现状和目标，还要主动了解他设置的条件，提出能够击中痛点的问题。

详细询问你的客户，发现他的痛点所在，例如：

"亲爱的客户先生，在过去几个月甚至几年的时间里，在交货的及时性上您的体验如何？"

"物流数据分享的可靠性对您来说有多重要？"

"对目前跟踪订单交货状态的系统，您是如何评价的呢？"

2. **提出与"影响"相关的问题**。通过这些问题调动客户担忧或喜悦的情感。例如：

"无法在交货日期发货对贵公司有何影响？"

"如果自动录入不起作用，手动处理数据意味着多少工作量？"

采购方的回答可能有两种，要么说毫无影响，要么列举所有对他和公司造成的影响：

"因为时间紧急可能会导致产品没有包装好就发给客户，对我而言这又会是一场生产事故。"

"现在员工不得不手动处理，每个订单几乎都要花费半小时的时间。"

在这种情况下，客户会非常乐意回答你的问题，因为这就像敷在疼痛伤口上的一块膏药，令人感到宽慰。现在你的任务是说服客户，并且使他相信，你能够向他提供这块"膏药"。

用强大的利益点论证冲击客户

客户对你的产品或服务根本不感兴趣，虽然这听起来有些刺耳，却是不争的事实。你的公司提供的技术细节或高效的物流服务，对他来说根本无所谓。他感兴趣的是他能从中获取哪些回报，比如，你的新机器能够为他提高生产率，他向你订购的材料能够在需要时准时到达。

客户需要知道此次交易能给他带来什么。他没有使用过你的产品，也没有体验过你的服务，所以这始终是一种对未来的预期。因此，你进行利益点论证的目的是在客户的脑海中建立起他对未来的预期，而且这个预期要尽可能清晰且正面。

相反，如果你"只是"在销售一件产品或一项服务，他就会有被人推销东西的感觉，甚至都没法判断这样东西对他是否真的有用，他会怀疑自己做出的决定是否正确，进而感到不安。大多数交易的失败都可归咎于销售员只是在卖东西，而客户却不是在买东西。

如果客户了解了能够获取的利益，就可能积极地进行购买。他会得到更好的感觉，也能做出持续购买的决策。作为销售员，你的任务是在向客户展示产品或服务时，使他了解自己可以获取的利益和成果；只有这样，你才能将自己的报价转化成他的个性化解决方案。

精确的需求分析是论证的前提

利益点论证的基础是精准的需求分析。只有当你辨别出客户的主要动机或动机组合时，你的利益点论证才能够充分发挥作用。请围绕以下几点对客户利益进行论证：

安全性；　　　经济性；　　　虚荣心；　　　社会原因；
追求新奇；　　舒适度；　　　环境与健康。

当你发现没有客户能得到的利益，那么可以肯定的是，你没有完成需求分析阶段的任务。只有准确了解了客户的需求与要求，你才能成功地以客户为导向进行利益点论证。因此，始终问自己一个问题：你能真正为客户提供些什么？更简单地说，客户从你这里买东西的理由是什么？这个问题是每一场销售对话潜在的关键点！当你作为销售员，能够站在客户的角度交出满意答卷的时候，你才更有可能成功签单并且拥有长期的客户关系。

抓住利益点论证的要素

我经常在课堂上听到人们混淆与客户沟通的三大核心概念：特征、优势、客户的利益。如表14-7所示，清楚区分这3个概念很重要。

表14-7　与客户沟通的三大核心概念

概念	特征	优势	客户的利益
定义	• 描述你的产品；	• 在实现基本功能的同时衍生出的其他功能；	• 每一位客户都是焦点；

（续表）

概念	特征	优势	客户的利益
定义	• 与其基本特征相关，例如颜色、高度、重量、香味或技术数据； • 相关信息、事实以及不作评价的陈述	• 它们是一般的、非特殊的； • 这些优势经常被运用在广告中； • 从优势中能产生购买动机	• 根据客户的主要购买动机，将产品优势与客户要求结合起来； • 如此一来，客户的利益点就是将产品优势转化为购买动机
举例说明	• "这款车有黄色、红色和蓝色。" • "我们对每一笔订单进行电子记录和跟踪。"	• "每个人都能找到适合自己的颜色。" • "您能随时从数据库中得知货物的物流进度。"	• "欢快的颜色让您每天早晨都拥有好心情。" • "通过数字发货监控系统，您可以完全掌控货物的交货情况。"
影响	• 原则上，客户已经获取了这些信息。如果还没有，那就向他介绍这些信息	• 这些信息与客户的需求没有直接关系，所以他并不会因此受到影响	• 客户对自己的利益有一个积极正面的想象

另外，还有3个概念对利益点论证非常重要：增值因素、产品性能和效益及供应商形象。如表14-8所示，利用这3个概念，你就能够将产品的优势更好地转化为客户自己的利益。

表14-8 利益点论证要素示例

增值因素	产品性能和效益	供应商形象
信息	技术性能潜力	可靠
关系	产品功能	反应时间
功能	经济效益	服务
附加效益	战略效益	优惠条件
回报	心理效益	市场地位

"附加值"的概念来自大客户，是指产品比预期拥有更多价值，也指客户在超出预期的需求得到满足时获得的附加利益。

运用 MONA® 技巧，将这些要素巧妙地联系起来。

MONA® 技巧：以购买动机为导向，论证产品的个性化价值

在销售对话里，你的客户只有一个问题："我能从中获得什么？"即使他根本没有提出这个问题，你依旧提供了一个令他满意的答案，那么这场销售会谈对你们来说就是成功的：对你的客户来说，他确信他做出了一个正确的购买决策；对你来说，你完成了此次签约。

在沟通过程中，越准确地把握客户动机，你就越能够接近自己的目标。借助MONA® 技巧，在你与客户之间建立起良好的沟通渠道。

MONA 指以动机为导向的利益点论证。它能够将你的产品或服务的特征及优势转化成对方的利益。

MONA® 技巧的特殊之处在于使用衔接词。你要将衔接词放在产品特征、优势和客户的利益之间，例如：

> "从今天起，这台豪华烤面包机的自我清洁功能将把你从浸泡和清除烧焦面团残渣中拯救出来。"

衔接词可以将普遍的优势与客户的利益联系起来。通常可用的衔接词有：

　　……使您的……
　　……可以说是您的……
　　……为您提供……
　　……简化您的……
　　……为您带来……
　　……提高您的……

如果你能针对不同购买动机使用特定的衔接词，那就更好了。想象一下：哪些衔接词尤其适用于你的产品或服务？

表 14-9 适用于不同购买动机的衔接词清单

购买动机	个性化利益
安全性	"……给您……的机会" "……给您……的安全性" "……向您保证……" "……保障您……" "……保证您……"
经济性	"……增加……" "……减少……" "……最大化……" "……最小化……" "……节约……" "……降低……"
虚荣心	"……为你带来……" "……提高……" "……优化……" "……为你考虑到了……" "……促进你的……"
社会原因	"……与……相统一" "……归属于……" "……被证明……"
追求新奇	"……给你……的机会" "……根据先进的技术……" "……为你提供……"
舒适度	"……帮助你……" "……减轻你……的负担" "……方便你……" "……简化你的……" "……让你更容易……"

(续表)

购买动机	个性化利益
环境与健康	"……保证你……" "……降低……" "……增加……"

练习：适用于产品购买动机的衔接词

针对每一种购买动机，写出至少5个适用于你的客户、你和你的产品的衔接词。

表 14-10　指向不同购买动机的衔接词示例

购买动机	我的衔接词
安全性	1. _____ 2. _____ 3. _____ 4. _____ 5. _____
经济性	1. _____ 2. _____ 3. _____ 4. _____ 5. _____
虚荣心	1. _____ 2. _____ 3. _____ 4. _____ 5. _____
社会原因	1. _____ 2. _____ 3. _____

（续表）

购买动机	我的衔接词
社会原因	4. _____ 5. _____
追求新奇	1. _____ 2. _____ 3. _____ 4. _____ 5. _____
舒适度	1. _____ 2. _____ 3. _____ 4. _____ 5. _____
环境与健康	1. _____ 2. _____ 3. _____ 4. _____ 5. _____

论证失败后再次回到需求分析阶段

如果你发现客户并不接受你的利益点论证，那就说明你的需求分析和动机分析没有做好，你需要回到对话的上一个阶段。请询问你的客户还需要什么，以及这些对他来说为何如此重要。

即使这并不容易做到，也请在此时光荣绕场一周，将对话主题再次聚焦在需求和动机上。

这么做是值得的。只有当你清楚地意识到这一点时，你才能做出具有决定性意义的利益点论证。否则，你要面对的将是无休止的反对意见和价格谈判，这将大幅降低你的预期利润。

涡轮增压机：让客户更难拒绝你的说服方式

如果你掌握了 MONA® 技巧，那么就可以使用 4 种不同的涡轮增压机了。

涡轮增压机一号：MONA1-2-3 技巧。这是 MONA® 技巧的延伸，旨在加深你与客户之间的对话，以及检查论据的有效性。顾名思义，该技巧分为 3 步：

MONA1：将产品特征转化为产品的部分优势。例如："对这项不动产进行投资，保证您能获得每平方米 5.57 欧元的租金。"

MONA2：帮你根据客户的购买动机制定客户的个性化利益："5.57 欧元的租金，对您来说意味着，您的投资无论如何在 7 年内可以得到保障，这样的投资很安全。"

MONA3：向客户提出与他的利益和后续积极影响相关的问题，这些影响必须与客户及其公司的购买决策有关。通过这个问题，让客户对未来能够获取的投资回报进行积极的思考，例如："您认为投资此类不动产还有哪些好处呢？"

现在将这 3 个步骤联系在一起，强化你与客户之间的对话。因为在回答你的问题时，客户也向自己推销了一遍他能从你的产品中获得的回报。这样一来，他会更加认定自己做了一个正确的购买决策。

涡轮增压机二号：为客户制造美好想象。将第一人称、衔接词和积极正面的图景联系起来，也就是说，将你说的话与一种舒适的想象结合起来：

"客户先生，您将收到的全新电动螺丝刀，能够快速更换螺钉，且装有新一代电池，还附赠了便携工具箱。换句话说，更快的螺丝更换速度和更强的电池续航能力将为您带来更长的螺丝刀使用寿命。您绝对可以一举两得！"

涡轮增压机三号：修辞翻倍。这在利益点论证中是一个非常有效的工具，共包含 4 个元素：

两个特征； 两项优势； 一名证人； 测试。

举个例子来说明就是：

1. 两个特征："四轮驱动和八级自动变速器"；
2. 两项优势："保证冬季安全性，减少能耗"；
3. 一名证人："这款车被评为'年度汽车'"；
4. 测试："试驾"。

这些元素串联起来就是：

"客户先生，新款奥迪 A4 为您配备了四轮驱动和全新八级自动变速器，能让您在冬天更安全地出行，还能显著降低能耗。这也正是新款奥迪 A4 被评为'年度汽车'的原因。您什么时候想试驾一下呢？"

构建增值链最重要的一环是实践。不要把自己局限在一个或两个标准的利益点论证上，因为你需要尽可能多的论据。现在，根据以下模板进行深入的练习，并找出适用于你的产品或服务的新方案。

练习：修辞翻倍

在你的销售范围内选取一个产品或一项服务，并以"……不仅仅是……"为开头造句：

"行李箱不仅仅是一个简单的运输容器。"
"行李箱不仅仅是设计师作品！"

在此练习中，重要的不是你所造的句子是否有意义，而是你要创造尽可能多的联想组合。

涡轮增压机四号：更多的回报。这一涡轮增压机的关键是向客户承诺额外的利益，相关的术语包括"额外的""进一步""除此之外"，例如：

"客户先生，对您来说，新的存档应用意味着您能更快、更有针对性地保存和管理文件。另外，您只需要知道原文的大概意思，就可以通过语义搜索找到相关内容。除此之外，这个系统既适用于德语文件，还适用于其他世界常用语言。"

至少连续做出 3 次利益承诺，以此给客户留下深刻的印象。

- 客户买的是利益而不是产品或服务。
- 在运用 MONA® 技巧的过程中，根据不同购买动机使用合适的衔接词，将产品优势与客户的利益联系起来。
- 启动至少一个涡轮增压机，帮助自己取得成功。

从感官类型到职务特点：吃透客户，在主观层面打动目标客户

除了主要购买动机，还有一个线索能帮助你制定完美的利益点论证过程：每一位客户会在不同层面接收你传达的内容。不同感官类型、色彩类型以及不同职务的人接收的信息是不一样的。

在一个层面上，带有某种特点的对话方式往往比其他方式更能帮助你接近客户，例如，他特别感兴趣的方面、他使用的一些特别词汇等。

如果你在利益点论证中考虑到了这些"心理接近渠道"，那么你的讲话将发挥更大的作用。你将准确击中客户的要害并说服他。

感官类型与利益点论证

你与客户沟通的感官通道越直接，就越容易说服他。前提是你在销售对话中

要善于倾听，因为你的客户会向你透露他的感官类型。他所使用的词语已经向你传达了这一信息。

在利益点论证中，使用与对方主导感官相适应的词语。你需要有意识地收集一些合适的词语，以备不时之需。因此，请扩展表14-11中的词汇列表，它们应当与你的客户、你的产品及品牌相符。

表14-11 感官类型词汇表

感官类型	视觉	听觉	触觉	嗅觉/味觉
词汇	• 瞧 • 看见 • 观察 • 注视 • 焦点 • 闪耀 • 想象 • 描绘 • 外观 • 拍照 • 概览 • 小心 • 设想 • 标记 • 看起来 • 可见的 • 显示出 • 引人注目 • 可预见的 • 有目共睹	• 说 • 听 • 偷听 • 商议 • 讨论 • 提及 • 阐述 • 噪声 • 安静 • 谈话 • 听说 • 反驳 • 同意 • 刺耳的 • 喧哗声 • 大声的 • 尖锐的 • 叮叮当当的 • 清楚的发音 • 全神贯注地倾听	• 握 • 拒绝 • 握住 • 基础 • 侵袭 • 否决 • 移动 • 转动 • 经历 • 抓住 • 前提 • 情绪的 • 疯狂的 • 感人的 • 具体的 • 可理解的 • 感到高兴 • 有一种感觉 • 心情沉重的 • 令人兴奋的	• 酸 • 甜 • 辣 • 尝 • 呛的 • 苦的 • 发臭 • 迷恋的 • 美味的 • 发霉的 • 享受的 • 芳香的 • 清淡的 • 腐烂的 • 有霉味的 • 不新鲜的 • 做气味标记 • 有苦胆味的 • 掺杂了其他味道的怪味

色彩类型与利益点论证

事实证明，INSIGHTS 色彩类型是你认识自己、同事以及客户的有效方法。如果你能识别出客户的色彩类型，就能知道哪种利益点论证方式最能说服他们：

蓝色型人讲求理性，你需要用自己的能力和全面的信息给他留下深刻印象。安全感对他来说是最重要的，他追求的是能够百分之百满足他的需求且性价比合适的方案。

红色型人强调自己的要求并且缺乏耐心。他要的是最好的产品以及始终正确的决策。

最好用你的热情去吸引黄色型人。他喜欢亲身尝试，尽可能地让他直接去感受和体验产品能够带来的利益。

绿色型人需要时间和对你的充分信任。向他表现出你的耐心，并且友好地回答他所提出的问题，即使他已经问了3遍甚至4遍了。

不仅要将色彩类型的知识运用到说话的内容上，还要通过体验来发挥它的作用：让蓝色型人自己去复核，把东西交到黄色型人的手里，让他能真实"感知"到自己的利益。

职务与利益点论证

客户在企业中的职务决定了你需要在利益点论证中强调的方面，让总经理、采购员和使用者感兴趣的利益点是不一样的：

总经理对战略上的话题更感兴趣。他希望企业的内部流程能够顺利，并且每个层面的工作都能快速、有效地完成。对他来说，经济性因素、组织过程和竞争优势都很重要。他会自己在评估中衡量你的利益点论证。

对于采购员来说，客观事实很重要，如价格、交货表现和质量等。这就是为什么生动形象的描述对他而言不如客观事实重要。

使用者则对能够简化及优化其工作流程的附加效益更感兴趣，安全性和服务也很重要。也就是说，他能够接受不能量化的利益点。

尤其在面对大客户的时候，你经常会遇到这样的挑战，即用自己的利益点论证方式尽力说服客户企业里不同职务的人。不考虑他们相异的关注点是不可饶恕的。因此，区分论据中的利益类别非常重要，你可以将其分为以下 3 类：

> 产品利益：基于产品特征、产品优势以及客户的利益得出的论据。
> 使用者利益：通过使用产品来描述的论据和特征。
> 附加利益：与产品的实际使用无关的论据和特征，如你的服务或与客户的沟通交流。

关键是如何协调好自己的利益点论证与客户职务、知识储备和工作经验之间的关系。检查你的论据，判断能否从客观或主观层面对它做出评价。如果某个利益点是可以测量的，那么客户就能对它进行客观的评价；如果论据是不可进行客观衡量的，那么客户只能从主观上评价它。

因此，如果你能够列出与产品或服务相关的具体数据和事实，客户就能够客观地评价你的论证，因为你的陈述是可以量化或计算的。例如，你可以详细列举百分比、度量单位和时间，或提供能够证明新软件将节约 35% 的处理时间的证据。你也可以讲述其他客户的购买经历作为参考，这种论据也能够让目前的客户做出客观评价。

如果你无法提供此类事实，也没有任何参考客户，那么你的论证通常无法得到客观评估，只能接受主观评价。例如，你向客户保证技术人员 24 小时都能回电，只是陈述了回电服务，没有解决客户的实际问题，即消除故障。也就是说，客户会根据他对你和你的公司的信任程度对你的说法做出判断和评估。客户用客观还是主观的评估体系来衡量你的利益点论证对成功销售非常重要。

职务影响因素

你越在主观层面上拉近客户与你的公司以及你个人的关系，客观因素的决定性影响就越小。你可以利用下述不同因素对客户的评估体系产生影响：

> 价值产生于客户脑中。你可以通过非常形象生动的语言影响客户脑中的价值结构。

你的产品或服务背后有哪些真正的利益？你脑海中的论证越清晰，在沟通过程中你的思路就会越清晰。

在销售对话中关注重点。越切题并且越能在沟通过程中满足客户的需求，就能够越快取得他的信任。

在利益点论证里使用衔接词。你的衔接词越接近客户的主要购买动机，你的论证就越有说服力。

用第二人称的表达来支持你的论证。我们经常只谈论"我、我、我"。到底是谁要买东西？是你的客户。因此，请使用第二人称的表达。

辨别客户向你传达的信息。客户向你询问交货时间和付款条件时，正是在告诉你他真实的购买动机。

对客户发出的信号刨根问底。当客户提及交货时间时，你应该追问他："为什么您现在对交货时间如此重视？"

- 每位客户的购买决定都会被自己的感官类型、色彩类型和职务所影响。
- 你的利益点论证越契合客户的类型和职务，你就越能成功。
- 要特别注意与客户职务相关的评估体系。

如何有效处理客户异议，在签单之路上推进关键一步？

客户提出反对意见就像祈祷一样稀松平常。它们还有被叫作"借口"和"条件"的亲戚。不论是优秀的销售员还是糟糕的销售员，每天都会在销售会谈中遇到它们。在这种情况下，销售员的优劣就显示在他们对反对意见的处理上。优秀的销售员具备熟练应对反对意见的所有技巧，能够冷静地看待此类情况。

一名优秀的销售员不仅能够沉着处理客户的反对意见，甚至非常期待客户的第一次反驳。因为他知道只有在客户说"不"的时候，销售才算开始，其他时间不过是预热。

但这不是一名优秀的销售员期待反对意见的唯一原因……

反对意见意味着兴趣

作为一名优秀的销售员，你很清楚，反对意见是客户向你发出的一个明确信号：我想向你购买这样东西。

如果说在电话销售里，反对意见不意味着完全拒绝，那它在销售会谈中就更是如此。事实上，客户在通过反对意见鼓励对话继续进行，他愿意与你产生比之前更多的互动。

同时，他的反对意见也向你泄露了他的购买动机：在此基础上，你可以进一步强化你的利益点论证。你有许多理由来积极地看待反对意见，确切地说，有7个。这7个理由可以帮助你以正确的态度和良好的情绪来应对反对意见。

反对意见的 7 个积极方面

1. 反对意见为我提供了机会，使我能够有针对性地找出客户向我购买产品的原因；
2. 客户通过反对意见来测试我对他是否真的感兴趣；
3. 反对意见使我的销售会谈能够继续进行；
4. 反对意见帮助我识别出客户面临的实际挑战，并由此为我提供解决方案的新思路；
5. 反对意见使我能够深入了解客户的态度和动机构成；
6. 反对意见是我通往客户内心期望的秘密之门；
7. 通过反对意见，我能够了解我们离签约还有多远。

反对意见、借口和条件

客户在销售会谈中提出的反驳可以分为以下 3 类：

反对意见、借口、条件。

每种反驳的起因都不同，为了更熟练、有效地使用不同的应对策略，必须了解和识别它们的差异。

表 14-12　反对意见、借口和条件的特点

类型	反对意见	借口	条件
定义	• 客户不同意你或你的报价的现实或情感原因	• 客户想要借此隐藏自己 • 纯粹情绪上的反应 • 逃避的手段	• 可实现的、可衡量的或可证明的事实，必须通过报价满足
起因	• 缺少信息或信息错误 • 需求分析不当或不足 • 交流过程中产生了误解	• 害怕 • 礼貌 • 不确定性 • 心情不好 • 逃避的手段（不能或不想说出真相）	• 外在的事实 • 通常是法律法规、标准、指南或规定的要求
信号	• 这是一个明确的购买信号	• 客户有情感上的购买障碍	• 需要调查清楚，该条件是否必须满足

借口永远无法用理性的论据解决，因为它们本质上属于纯粹情感层面的问题。人们通常能够很快识别客户提出的条件。无论如何，你必须对产品十分了解，要能够立即说出你的报价是否可以满足某个条件。如果你无法满足某个条件，再怎么讨论也无济于事。因此，你只需简短地表示自己已知悉，然后用问题将谈话引向对你有利的其他方向，因为并非所有条件都与购买决策有关。

区别借口和反对意见对销售会谈至关重要。

如何区别借口和反对意见？

一般来说，客户的恐惧在借口和反对意见里都起了主要作用。例如：

害怕被操纵；

害怕后续费用；

害怕改变；

害怕（再次）失望；

压力因素，例如愤怒、情绪不佳和忧虑。

两者的区别在于，借口本质上来说是纯粹的情感问题，而反对意见则仍涉及理性因素。理性论据能够在处理反对意见中奏效，但对借口却毫无作用。这时，调动客户的积极情绪反而更有用。将客户的动机一方面与他的安全感需求建立联系，另一方面与你的产品或服务具备的优势建立联系。

借助假设问题，你可以鉴别客户的回答到底是借口还是反对意见。举个例子：

客户："我不能购买这个多功能设备。我没有钱。"

这里的重点是客户的理由，即他没有钱。这可能是借口，也可能是反对意见。为区别这两者，你可以提出以下的假设问题：

"假设你财务上没有问题的话，那么……"
"假设我们找到一个解决方案，那么……"
"假设我们一起来解决问题，那么……"
"仅仅假设一下，我们能够创造一个更好的基础，那么……"
"我们想象一下，我们解决了这个问题，那么……"

重要提示：切勿在问题中提及任何解决方案！客户的回答可能会出现以下几种情况：

（在这个例子中）他再次肯定自己没有钱支付你的产品或服务，那么就说明他的拒绝是一个反对意见。

他提出另一个理由，那么他的第一个说法就是借口。

从现在开始，请忽略它并集中注意力在客户的新理由上，很显然，另一个原因阻碍了他的购买。

禁忌：封闭性问题

切勿在还未过滤让客户犹豫不决的真实原因时就非常直接地向对方提问，例如："我的报价真的吓到您了吗？"因为这种做法会使你的客户陷入自我辩护的压力中，他只能通过尝试逃避来应对这种暴露。请改用开放性问题。开放性问题能够表现出你对客户的兴趣，这样客户才愿意打开心扉并向你倾诉。

提出一个开放性问题后，你可以将球传回给客户，再进行下一步需求分析，比如在这个例子中，你可以这样提问："具体该如何配置系统，对您来说才合适呢？"

为什么情感因素在反对意见的处理中至关重要？

反对意见里总是带有部分的情感因素，借口甚至全都是情感。因此，控制自己的情感和情绪也是准备工作的一部分。在可能会面临反对意见的谈话阶段时，区别内容层面和情感层面尤为重要。

如果你听到客户提出情感层面的反对意见，你很可能也会从情感上回击并因此打击客户。这样会损害信任，破坏销售成功的基础。

吸取内容层面的反对意见，看作客户在要求你提供缺少的信息，只有获得这些信息后他才能接受你和你的报价。客观地处理客户的反对意见，避免他产生受到人身攻击的感觉。

即使你觉得客户想要用一个并不客观的反对理由使你陷入困境，也请保持镇定。他这样做可能只是因为你们之间产生了太多误解。不要纠正你的客户，尽可能地再次展开对话，并找到新的正面切入点。

注意客户的情绪。如果客户感到不安或你觉察到了他的恐惧，那么你需要消除客户的恐惧并让他重新镇定下来，放松自己。

根据色彩类型处理反对意见

根据色彩类型处理反对意见被证明非常有效。你已经在第 13 章电话销售中反对意见的处理中有所了解，这些原理同样适用于处理销售会谈中的反对意见：

- 面对蓝色型客户的反对意见，要始终将话题引至他的利益。你必须列举数据和事实，提供证据和证人。
- 面对红色型客户时不要退缩，保持不卑不亢。
- 黄色型客户通常想要说话。此时你要给他机会，否则他会退场。
- 不断告诉绿色型客户，选择你的产品或服务将得到美好的体验，由此加强他对你的信任。

此外，你需要避免矛盾！许多销售员面对反对观点或异议时会条件反射地抵抗，因为他们想表明自己的立场或意见。但是"力会产生反作用力"，这在物理学和人际关系中都是如此：抗议会使你和客户之间的局面越来越糟。因此请专注于你的反对意见处理技巧。

技巧1：澄清。澄清是指先接受客户的反对意见，然后以积极的方式重新组织语言，并通过有控制的对话鼓励客户细说。通过这一技巧，你可以自然地引导客户从情感层面回到内容层面。举个例子：

客户："这看起来非常复杂。"
销售员："如果我理解得没错，您希望能够进行直观的操作。"

始终以询问的方式开始你的回答，然后正面重复客户的观点或反对意见。这样客户就可以选择同意或另外组织语言重复一遍他的反对意见，以便让你理解。

技巧2：减震及列举虚拟证人。抚平情绪的另一种技巧是对客户的回答进行减震。如果你告诉客户你理解他，那么通常他愿意与你一起来寻找解决方案。举个例子：

"客户先生，我理解您说的。我们该怎样一起想办法来寻找解决方案，使您和您的团队能够简单方便地使用它们呢？"

不论你的客户如何回答，你都可以在这里引入一位虚拟证人。通过这种方式，客户会觉得你对此类情形早已习以为常，并且已准备好解决方案。措辞可以如下：

"客户先生，另外一位顾客也遇到了同样的情况。我们是这么帮他解决问题的……"

紧接着描述一个看起来合理的解决方案。

技巧3：白纸黑字技巧。如果你面对的是一个不断提出新的反对意见的客户，那么这一技巧就非常适用了。

我们的文化特点是，相对于听来的论据，人们会更信任白纸黑字写下来的东西。利用这一原理，在纸上或平板电脑上记下客户提到的所有关键点，逐条列举，清晰可见。然后与客户一起浏览这份清单，逐一解决上面的要点。

不要删除你所列举的要点，因为删除这个动作是负面的。相反，用清晰可见地打勾来代替，这样你的客户就会认为你已经接受了他们的所有反对意见，并试图解决它们。

现在，他会专注于问题的解决，而不再专注于提出其他反对意见。举个例子：

"客户先生，让我们确认一下所有重要的项目：预算、技术设备、服务水平和合同期限。我们从其中哪一点开始呢？"

你还可以用以下方法加强该技巧的使用。

技巧4：求婚测试技巧。当你列出所有反对意见后，你可以向客户提出以下问题：

"亲爱的客户先生，如果我们可以满足您所有这些要求，您愿意和我们合作吗？"

之所以将这一技巧称作"求婚测试",是因为你可以通过这种方式明确你的客户只是在巧舌如簧地"勾引"你,还是真的想与你"结婚",也就是购买。如果他回答"愿意",说明他真的有购买意向。在说出"愿意"后,他也承担了某种道德义务:如果你履行了部分承诺,那么根据互惠原则,他也很难不兑现诺言。

如果相反地,他回答"不愿意",那你马上可以抛出下一个问题:

"客户先生,我们需要做什么,才能让您愿意呢?"

如此一来你便可以找出有关其真实的反对意见或购买动机的线索。

除了上述基础技巧外,我再推荐 2 种处理反对意见的超级技巧:DAF® 法和抽屉法。

超级技巧 1:DAF® 法。其中一种最厉害的反对意见处理技巧是 DAF® 法。DAF 指的是:

1. 礼貌地肯定 (Dezent)
2. 陈述或回答 (Aussage)
3. 尽可能用开放性问题提问 (Frage)

通过礼貌的肯定来称赞客户。没有客户会为夸奖做辩护,因为夸奖提升了他的价值。在针对客户的反对意见进行陈述或回答时,请使用易于理解的表达。通过提问将球传回客户,使对话继续进行。为了做到这一点,你应该尽可能提出开放性的问题。举个例子:

客户:"这可太深奥了!"

根据 DAF® 法,销售员可以这么做:

1. 礼貌地肯定："您如此直截了当地说出来真是太好了……"
2. 陈述："您希望有一个结构清晰的概括。"
3. 提问："那您对简化处理有哪些要求呢？"

使用 DAF® 法可以使对方放弃自己的反对意见。不要去刺激对方。应以友好而坚定的方式引导你的客户进行对话。

超级技巧 2：抽屉法。 想象你有一个坚固稳定、可以堆放东西的办公柜。它有 5 个抽屉，每个抽屉都清楚地贴着标签，你一只手就可以抽出所需物品。你通常会从上到下依次打开各个抽屉然后关上，但必要时也可以随时再打开另一个抽屉。

第一个抽屉里放的是为缩小购买动机的范围所准备的问题，例如"具体指什么？"

在下一层抽屉里有你用来肯定客户或有条件认同客户的句子，例如"我完全可以理解……"

第三层抽屉中是"三个问号"，用来阻隔反对意见。为此，你需要 3 个互相配合的问题：

"鞋子还有其他地方让您挤脚吗？"
"原则上您已经选择了我们的报价、选择了我，对吗？"
"假设这个问题已经解决，那我们今天就可以成交了，对吗？"

如果你的客户回答"是的"，就请打开第四个抽屉。如果答案是否定的，就请你再回到第一个抽屉。

第四个抽屉里存放的是用于处理反对意见和论证的句子。向顾客说明他可以保留解约的权利，但要正面地将其描述成一种"附加保证"或"安全升级"，例如，"如果您的市场策略没有得到集团管理层的审批，我们就把合同撕了。但如果一切都符合预期，那么按照今天约定的，我们将一起重新开发所有产品，而您现在就已经具有全套产品和附加的视频系列所提供的价格优势。"

紧接着你就可以打开最后一个抽屉，从中拿出签约问题，例如"我们现在就把它确定下来吗？"

建议你学习和掌握所有这些包括超级技巧在内的方法。就像销售活动中的许多情况一样，这也是一个熟能生巧的事情：越勤奋地准备相应答案，越勤奋地进行练习，你就越能自然和成功地在日常工作中使用这些句子。

现在，请针对每个技巧设计至少3种处理客户常见反对意见的回答。

表 14-13　处理反对意见的技巧

技巧	客户的典型反对	我的回答
澄清		
减震及列举虚拟证人		
白纸黑字技巧		
求婚测试技巧		
DAF®法		
抽屉法		

根据行业特点处理反对意见的原理

除了之前描述的普遍适用的技巧，你还应该根据自己所处行业中的典型反对意见设计相应的回应策略。这些策略应根据以下情况来制定：

> 你所在行业的情况；
> 你公司的形象；
> 你的产品和服务；
> 你的销售个性。

在这里再为你介绍5个原理，你可以根据自己的情况来利用它们。此外，你也可以无限发挥自己的创造力和实验热情。但有一个要点是不变的：在任何销售场景中，你都要立场坚定并保持一致，同时沉着冷静、礼貌庄重。

钥匙—锁扣原理。利用客户的反对意见来陈述优点，甚至客户自己的利益。客户通常会感到惊讶，并对你的产品或服务产生好奇。这种方法尤其能帮助你成功处理对话开始时的经典"反对意见"，所以它在电话销售中也有用武之地。例如：

> 客户："我们的业绩不好。"
> 销售："正因如此，我们今天才要坐在这里，了解一下新的解决方案到底能给您的业绩带来多少帮助。"
> 客户："我没有钱。"
> 销售："正因如此，我们为您准备了一个非常有利的报价，它能为您以及您的销售带来很高的利润。"
> 客户："我们现有的系统还能运行。"
> 销售："正因如此，了解未来的技术才非常重要，这样才能为下一步做好准备。"

关键词是"正因如此"或"正是出于这个原因"。这样一来，你既用自己的话接受了客户的反对意见并表示了理解，又将负面信息朝相反方向转化了，也就是说，你将负面意见重新打造成了一副跳板，进一步突出了客户的利益。

开瓶器原理。有时你很难理解客户为什么会提出这样的反对意见。在这种情况下，重要的是找出反对意见背后隐藏着的购买动机，而这些动机可能尚未被识别和确认。举个例子：

客户："颜色不对……"
销售："为什么这一点对您来说如此重要呢？"

这个时候，你有意将客户带到一个为自己的观点做辩护的境地。但有一点很关键，那就是这之前你已经用其他技巧找出了反对意见背后的动机。如果客户继续坚持自己的观点与反对意见，就请直接问他为什么如此坚持。你要像开瓶器一样钻入密闭容器中，然后将其打开。只有找出反对意见背后的真正原因，你才能取得进展，因为你面临的也许是客户的条件，而它是你报价不可或缺的一部分。

价值原理。价值原理的目标是让客户说出他能够接受的对反对意见的处理方式，即他可以接受什么样的解决方案。然后，你就可以使用客户给出的论据来组织你的回答。这样一来，客户将再次认识到自己的观点，而你则增加了成功进行利益点论证的可能性。例如：

客户："上一个机器在一开始的时候问题太多。"
销售："如果您是制造商，你想通过改变哪些方面来改善这一情况呢？"

现在，客户便会向你列举他认为重要的方面，而你紧接着可以利用这些要点处理他的反对意见。通过这种方式你可以确定自己能够接近客户的需求。此外，因为他也借此看到自己的想法被反映出来并且得到了积极的对待，你便可以鼓励他将这个方案"卖给自己"。

形象化原理。在处理反对意见时，情感能发挥很大作用。没有什么比用自己脑海中出现的图像更能直接地与别人的大脑进行情感交流了。选择正确的用词可以帮助你在客户脑海中搭建起电影院，从而调动他的积极情感做出购买决策。因此始终使用积极且形象生动的表达非常重要。

你的陈述越是形象生动，客户就越容易跟上你的思路。这既适用于一般的销售会谈，也适用于处理反对意见这一情况。准备一系列可以根据不同情况使用的修辞表达。举个例子：

客户："我没有预算。"

销售："这可真是一针见血……我们追求的也是建立长期客户关系，所以今天我们必须向您说清楚您未来在预算分配中的重点是什么。"

利益最大化原理。在价格谈判中尤其要运用利益最大化原理来处理反对意见。列出客户能从你的报价中获得的某些好处和利益，并让客户表示同意。这样你就能得到一条附加价值链，让客户相信产品带来的价值远超他对产品的反对理由。

客户："你的云基础解决方案报价太高。"

请再次突出你的产品或服务的优点与好处，然后询问客户：

你："亲爱的客户先生，您不觉得刚刚提到的所有要点都能为您的数据提供极高的灵活性和安全性，这款产品很值得采购吗？"

客户："是的，但对我来说价格还是太高。"

你："根据我们公司的理念，我们在为客户提供解决方案时总是着眼于未来。也就是说，您今天用更低的价格能够购买到的产品也许能够在今天展示出良好的服务器性能和满意的数据处理速度，但明天可能就做不到了，您不得不再花钱升级。而我们则从一开始就帮您避免了这类麻烦，因为我们为客户提供的是面向未来的最佳解决方案。"

客户："那好……"

你："在做出购买决定的时候，多买一些总比少买一些更好，不是吗？

现在多花费一点资金，您未来的损失可能就会很小。而如果您今天没有投入足够的资金，则会面临失去一切的风险。您要选择承担较小的损失还是全部损失？"

如何将这些原理应用到你的日常销售中呢？逐个练习，充分进行演练。

表 14-14　根据行业特点处理反对意见

原理	客户的典型反对	我的回答
钥匙-锁扣原理		
开瓶器原理		
价值原理		
形象化原理		
利益最大化原理		

永远记住，客户的反对表明他在要求你向他出售东西。怀抱正确的态度，运用正确的技巧，你也可以成功。如果客户认为你的报价不能完全匹配他的需求，最好尝试其他产品或服务，这说明你的需求分析工作做得不够充分。弥补这一点吧，在新的报价中考虑这些因素。同时，如果你向客户提供的产品或服务报价太多，他会感到不知所措，甚至打退堂鼓。这也是你要进行全面需求分析的另一个原因。

- 反对意见或借口是一个积极信号，这在告诉你，客户原则上是愿意向你购买的。
- 你可以并且应该做好应对反对意见的准备。
- 掌握全面的技巧并根据客户的某些要求运用这些原理。

电梯游说：怎样在 30 秒内征服客户？

并非每次销售会谈都能顺利、得体地进行，并且为你留下足够的时间。要知道，销售无时、无刻、无处不在：不论是在停车场还是在过道里，不论是在酒店大堂里还是在电梯里。这些地方留给你的对话时间不是 10 分钟、20 分钟或 30 分钟，而是 30 秒。你会被这个真相吓跑吗？

当然不，尤其当你准备充分的时候。作为一名销售员，你像老侦察兵一样时刻准备着，因为你已经具备了应对这类情况所需的技能：电梯游说。

电梯游说

20 世纪 90 年代，美国时尚记者伊琳娜·罗森茨威格（Ilene Rosenzweig）创造了"电梯游说"这一概念。她和同事迈克尔·卡鲁索（Michael Caruso）是杂志《名利场》(*Vanity Fair*) 的员工，杂志社老板是日理万机的编辑泰娜·布朗（Tina Brown）。卡鲁索总是会产生新的故事创意，他希望老板能够喜欢，可惜布朗总是在路上。唯一的游说机会是她坐电梯从四楼到地下车库汽车上的这段时间,卡鲁索至少有30秒的时间可以与她谈话。于是卡鲁索抓住这样的时机,跟着她走进电梯,向她简单明了地介绍自己的想法。

当他再次坐电梯回到楼上时,伊琳娜·罗森茨威格问他:"那么,今天的电梯游说怎么样?""电梯游说"一词便由此诞生,而卡鲁索的故事创意也被采纳了。

进行电梯游说的要求

为了让30秒内说的话足以使对方产生好奇,从而愿意在当下或以后继续你们的对话,你不必说得比平时更快,而是要比平时更快说到点子上。电梯游说是对BAP®技巧的完美应用。

只不过在这种超级销售对话中,最关键的不是你的产品,而是你自己。因为迄今为止在你与陌生人进行过的所有对话里,你都不可避免地需要通过简短的自我介绍告诉对方你是谁,你的工作是什么。尽可能保证你的介绍简单且易懂。一场漂亮的电梯游说应该做到以下几点:

鼓舞而不是通知对方;
唤起对方注意;
在竞争者中脱颖而出;
能让人一直记住你;
能够使你更好地评估自己可以获得多少机会;
增加你的市场价值。

美国销售培训师迈克尔·戈德伯格(Michael Goldberg)说过:"电梯游说无非就是简短的定位陈述,你自己的定位陈述。"

因为最重要的不是让对方对你提交给他的产品感兴趣,而是对你这个人产生兴趣。只有当他在极短时间内对你产生信任时,他才愿意将注意力转移到你提供的产品上。

所以你的第一句话必须完美而精准，足以使对方愿意听完你的最后一句话，即你的"行动号召"（Call-to-Action）。迈克尔·戈德伯格也强调，在电梯游说的最后，你必须明确说明你想要什么。

发言越短，语言就要越精准

你的发言时间越短，语言就必须越精准。因此，你需要的不是一个，而是若干个不同的电梯游说方案。

因为对方是首席财务官还是创意总监，会带来十分不同的影响。前者对数字感兴趣，而后者则喜欢优秀的创意。

对两个人使用同样的游说方案不会产生效果。仔细思考你要说服的人是谁，从而制定出最合适的表达策略。

同时，你的表述应尽可能简单，因为听众需要快速获取其中的信息。所以，请你不要使用任何专业术语，宁可使用能够吊起胃口的比喻、对比和短句来引起对方的注意。例如："我们的产品类似于 WhatsApp，但比它更好！"

受迈克尔·戈德伯格的启发，我们为成功的电梯游说制定了一套"三步走"方法：G3 法。G3 指：正是我！正是您！正是如此！

表 14-15　G3 法要素

要素	内容
正是我！	描述你是谁以及你会什么
正是您！	清楚表明为什么你要找的是站在你面前的这个人，以及为什么他一定需要你
正是如此！	提议一个具体会面时间

例如，你可以根据 G3 法这样进行电梯游说：

"我是雷欧珀得·明斯特（Leopold Münster），来自彩虹有限公司，德

343

国商业云解决方案最成功的供应商。我们的加密系统多次获奖,能够为客户提供多重保护,确保只有授权用户才能访问所存储的数据。

作为大型医学实验室的总经理,百分之百可靠的数据处理对您而言非常重要。为了使您更快拥有德国最安全的网页来储存敏感的客户数据,我决定亲自拜访您。您看下周三下午如何?"

我相信你可以针对每一点进行展开,写出一本小说,但在电梯游说中你最不应该这么做:要快,直奔主题,使你的听众听懂每个词,还可以使用修辞类的问题来吸引对方。和以往一样,实现完美的出场,关键在于练习。

先朗读你写下的文字以测试效果,然后说出来,直到表现完美。只给自己30秒的时间,不允许犯错。一次漂亮的游说能让人双眼发光,浑身起鸡皮疙瘩。只有当你也对自己的想法充满热情的时候才能做到这一点。请展现出你的热情!

激发客户的好奇心,让他想要了解更多

原则上你只需要回答一个问题:这个世界为什么需要你?为此你要做的最重要的一点是描述你自己,并解释为什么客户要依靠你的信息、产品和服务来拯救世界。

在报价中给出大量信息,使听众感到好奇,目的不是让他了解所有内容,而是促使他想要知道更多。解释一下你与他人有何不同并举例说明。

最后,请让你的听众变得主动起来,确保"行动号召"明确无误。例如,你可以说:"我们为新近创业公司提供办公场所。它非常灵活,能够适应你每天的成长:今天您需要2个工位,明天就可能需要10个。在我们的会面中,您还可以让我们进一步了解您的确切需求,从而为您提供最佳解决方案。星期五早上9点见面如何?"

留出想象空间

我最喜欢的电梯游说来自演员戈兹·奥托(Götz Otto)。他在参加詹姆斯·邦德系列电影《明日帝国》的选角时只有一分钟时间做自我介绍。

他说:"我个子很高,我是个光头,我还是德国人。刚好5秒钟,剩下的55秒留给你们。"正如你所知,他最后拿到了这个角色。

不断准备并完善各种形式的电梯游说。你会发现,这种类似快速约会的销售活动非常有趣。

我的电梯游说方案

基于3种风格分别制定3种不同的方案。

表 14-16　个性化电梯游说方案

风格	我的电梯游说
幽默	1. _____ 2. _____ 3. _____
严肃	1. _____ 2. _____ 3. _____
以签约为导向	1. _____ 2. _____ 3. _____
G3法	1. 正是我!_____ 2. 正是您!_____ 3. 正是如此!_____ 1. 正是我!_____ 2. 正是您!_____ 3. 正是如此!_____

（续表）

风格	我的电梯游说
G3 法	1. 正是我！_____ 2. 正是您！_____ 3. 正是如此！_____

- 利用电梯游说在最短时间内唤起好奇心。
- 根据 G3 法，始终在电梯游说的最后阶段提出约定会议时间。这能使游说更加有效。
- 制定并练习不同方案。

全流程打造一流的销售演讲

从客观角度看，你的销售演讲只需要使用相应的媒体、资料、数据、事实和图片来展示你的产品或服务。但演讲总是意味着销售，而销售关乎情感。在进行演讲时，你的目的是说服对方，尤其是在情感层面说服他。如果你只是在传达事实，还不如分发一份数据表。

销售演讲是整个营销过程的关键，你必须为演讲的设计及过程投入大量的精力，这样才能一鸣惊人。为此，你可以使用后文中的基本准则进行演讲准备，同时不要忘记，你本人也是一个非常重要的成功因素。你需要把两者结合起来。只有当你对自己的演讲内容深信不疑时，你的演讲才能说服其他人。

邀请所有能够影响决策的人

出色的演讲从来不是现成的，始终需要根据客户的情况量身定制。因此你需要利用此前精心收集的信息进行演讲准备。

你已经通过有针对性地提问和主动倾听了解了客户的需求和购买动机了，你也在邀约电话的准备过程和首次拜访中收集了许多背景信息，你需要借助它们组织自己的利益点论证。可以说，先前的工作质量对销售演讲的效果至关重要。只有对的钥匙才能打开锁。你的"钥匙"就是展示产品或服务，"锁"则是客户的需求和动机。

全面、成功的销售演讲还有另一个前提：几乎所有能够影响决策的人都应该出席你的演讲。你需要事先了解这些人都是谁并且确保他们每个人都能参加这次会议。毕竟付了一半租金等于没付租金，如果一个或多个决策者错过了你的销售演讲，那么你下次可能就要从头再来。更糟糕的情况是，你的听众会像传话游戏那样将他们获取的信息转述给其他决策者，结果只有一半事实被传达到别人那里，情感也在这个过程中丢失了。

做足准备工作还意味着你要预留足够的会面时间，保证自己能够进行完整的演讲。显然，你不会在演讲中浪费时间，但由于时间不足而被迫中途停止也是不可行的。

为此你要向客户明确表示，他留出的时间不是给你的，而是给他自己的，因为你需要充足的时间满足他的愿望和需求。这也体现了双方的平等关系。如果事实证明预计的会面时间太短，那么宁愿重新安排一个演讲时间。

如果你的对话伙伴不断被来电打扰，这也关系到平等问题。这种行为是对你的不尊重，如果你对此一言不发，一味容忍，就是在弱化自己。

因此，你最迟要在第三次被来电打断时指出，你的时间也非常宝贵，希望接下来的演讲不会再受打扰。如有必要，你可以提议再约一个对方不那么忙碌的时间进行演讲。

5 步做好充分的准备工作

花费充分的时间准备演讲，不要低估因准备不足而给客户留下坏印象的影响，更不要忽视困扰你的舞台恐惧症。充分的准备工作是克服舞台恐惧症的最佳办法。按以下 5 个步骤来准备你的演讲：

步骤 1：收集素材。 收集所有与你的主题联系紧密的材料，包括剪报、名言、谚语、草图等你能得到的一切东西。请教你的同事、家人和朋友，因为往往和演

讲主题没有直接关系的人能够产生新想法,而每个想法会碰撞出新的观点。所以,你应该也让自己扮演听众的角色并思考以下问题:

这位客户对什么感兴趣?

他有什么问题?

他可能会有什么样的反对意见?

记下所有想法,最好立即写在小卡片上。最好每张卡片只记录一个想法,这便于之后进行整理工作。

步骤2:初稿。继续检查、梳理和补充你所收集的内容。将你的小卡片平铺开来,使用后文所述的构思原则进行初步分类。将你的小卡片分成几小堆,然后按内容对它们进行整理。于是演讲的第一份逻辑顺序出来了,按照它准备演讲内容并大声演说。

每当你不知道下一步该怎么做或觉得缺少过渡内容时,插入一张占位卡,以便过段时间再整理自己的想法。通过第一次口语练习熟悉演讲的流程,这可以在潜意识中提高你对出场的安全感。

步骤3:分镜头剧本。按照从开场到签约的顺序写下分镜头剧本,但只需写关键词。为演讲打草稿时忌讳使用结构复杂的书面化长句。你若照本宣科,听众一定会感到无聊和失望。除了关键词外,你的分镜头剧本还应包括你想要使用的媒体和辅助工具,以及时间说明。字体要足够大,以便你在远处仍然可以看清你的关键词,同时留一些空白用来写评论和补充要点。

在安静的房间里进行演讲,速度比在舞台上演讲要慢,因为登上舞台后,肾上腺素会使你的语速加快。因此,如果你要进行一个30分钟的演讲,那么在家准备时就要写一个需要35分钟左右的剧本。

步骤4:精调。现在,按照分镜头剧本大声作报告,记下你卡壳的地方。这是在提醒你进一步明确这里的定义,或者是在告诉你这里需要再写一些句子。在这个阶段你还可以删除或添加演讲内容。此时要注意时间分配!在你的分镜头剧本中记下每个镜头实际需要的时间。开场白不能太长,正文才是主体!最后,写好你的关键词卡片，对它们进行分类和编号，将其作为演讲的最终版本，然后在镜子前对照它们进行练习。

步骤5：彩排。利用所有你会用到的媒体和辅助工具进行练习。如果能够请一位好友扮演听众并给你反馈，就更理想了。你也可以用摄像机、平板电脑或手机给自己录像。注意你的姿态、手势、面部表情和声音，即你的整个身体语言。现在你已经通过这5个步骤为演讲做好了准备，并为它的成功打下了良好基础。

5个基本原则帮你构思演讲剧本

在准备和构思你的演讲过程中，请遵循以下5个基本原则：

结构清晰合理；

表述简单积极；

语言形象生动；

描述简明扼要；

注重整体效果。

基本原则1：结构清晰合理。在演讲中唤起客户的热情。演讲的6部分框架可以帮你牢记目标，并且在后续的工作中为目标服务。你最好在准备演讲内容前就将自己的想法划分到各个部分，从一开始就牢牢吸引客户。开场白如果无聊，你就差不多已经输了。

针对演讲的6个部分问自己以下问题：

1. 你为什么要这么说？听众能够从你的陈述中得到什么？有什么好处？

2. 你和客户面对的情况是什么？用自己的话描述你对客户的要求和目标的理解，告诉他们你是如何评估他们的需求和需要的，同时询问他们是否认可你的评估。

3. 客户的目标是什么？描述目标并说明它能为客户带来的利益。

4. 你要推荐什么样的解决方案？准确描述你所提供的东西，并不断强调客户可以从中获得的利益。让客户切实感受到如果他们实施了你的解决方案，就可以获得最佳效果。在演讲中穿插一些例子，用实例证明实力！

5. 要求你的客户行动起来！

6. 设置一个帮助你获得满堂喝彩的结束语。在演讲的最后，构思一个简明、精彩的结尾，点燃客户的热情。

这种方法让你像身处火箭发射前的三阶段倒计时一样，点燃演讲的火箭：

在第三阶段，用第一部分（开场白）点燃火把。

在第二阶段，用第二至第四部分制造悬念。

在第一阶段，火箭终于穿过苍穹。

在火箭升空阶段，利用精彩的结束语和客户一起欣赏火焰。

请一定在演讲的最后再次检查自己是否准确满足了以下 6 个方面的要求。

检查清单：销售演讲结构

☐ 演讲的开场引人入胜，向客户承诺利益。

☐ 阐述客户的情况。

☐ 阐述客户的目标。

☐ 结合你能为客户带来的利益，详细描述你的解决方案。

☐ 要求客户采取行动。

☐ 结束语振奋人心，并立即抛出了签约问题。

即兴演讲的紧急预案

"你能迅速接过这个任务吗？"即使没有准备的机会，也要表现得非常自信。有了这份紧急预案，你就可以在这种情况下做出有说服力的演讲。你只需记住这个公式：3＋TAT＋BASS。它们分别指：

表 14-17　成功的销售演讲结构

点燃阶段	结构分部	你的想法和关键词
第三阶段	你为什么要这么说？	• _____ • _____ • _____ • _____ • _____
第二阶段	你和客户面对的情况是什么？	• _____ • _____ • _____ • _____ • _____
第二阶段	客户的目标是什么？	• _____ • _____ • _____ • _____ • _____
第二阶段	你推荐的解决方案是什么？	• _____ • _____ • _____ • _____ • _____
第一阶段	要求你的客户行动起来！	• _____ • _____ • _____ • _____ • _____
升空阶段	精彩的结尾和签约提问	• _____ • _____ • _____ • _____ • _____

3：你和客户面临的情况如何？客户的目标是什么？你推荐什么样的解决方案？

TAT："号召（客户）行动"。

BASS：获得满堂喝彩的结束语。

一个振奋人心的演讲必须具备的所有要点已被你掌握，现在你随时都可以开始即兴演讲。

基本原则2：表述简单积极。准备销售演讲时要遵循KISS原则。例如：

选择简单的措辞和句子结构，而非复杂的语言；
不要使用层次太多的嵌套句；
构思完你的演讲内容后，请再次检查以上两点。

你还要避免使用专业术语，不仅包括与你的产品有关的技术概念，也包括你的客户不一定熟悉的外来词和行话。如果他不明白这些词汇，他很可能会怎么做呢？他会礼貌地点点头，却无法跟上你的节奏，而你将因此失去他。

此外，与任何一个漂亮的销售对话一样，请在表达时坚持使用正面、积极的词汇。即使你用"不"或者"无"来否定一个消极概念，客户的脑海里依然会保留那个消极概念。

基本原则3：语言形象生动。使用比较和修辞在客户的脑海里构造画面。你知道，一张图片胜过千言万语，因为它能制造情感。如果这幅画面是客户自己在脑海中描绘的，也会产生同样的效果。

你可以阅读下面这句话，看看接下来会发生什么：不要去想一只粉色小象，不要想象它是如何在你的房子里溜冰的。现在你看见这只小象了吗？很可爱，不是吗？

每当我们听到一个信息时，我们的大脑就会去搜寻合适的图片。我们无法阻止这一过程，它是在潜意识中发生的。你正好可以利用这一机制为你的客观陈述添加画面并由此调动客户的情感，因为购买决定始终是情感层面上的事。使用形象生动的语言将让你的陈述效果更加显著、更有说服力也更加令人印象深刻。

图像也可能会引起负面情绪，因此要确保你所使用的图像能够让客户决定选择你。

收集积极的修辞手法留作"库存"，以便你在演讲中能够恰当地使用它们。在讲述具体事例和故事时也尽可能做到生动形象。

基本原则 4：描述简明扼要。不断检查你的演讲形式、范围、速度和内容是否适合客户，你对这些方面的处理是否还能更加优秀。这意味着你要确定销售演讲的关键信息：哪些内容是对方必须记住的？想让他今天在这里做决定，我需要提供哪些信息？

你应该明确的目标是让客户在你的销售演讲结束后，意识到自己能够获得更多价值。增值是你需要传达的关键信息。以此为中心导演一出巧妙而振奋人心的演讲戏剧，达到与对方沟通的目的，尤其是情感层面的沟通。

基本原则 5：注重整体效果。你想借助演讲获得的效果不仅是通过说话来实现的。你也会下意识地使用其他渠道与客户沟通。如果你能够利用所有渠道，你将获得最大的效果：签约。因此，请全方位检查以下能够对演讲产生影响的因素：

站立姿势：在演讲开始时，你的身体语言尤其会左右你给客户留下的印象。理想状态是让客户感觉到你的冷静和从容。

首次眼神交流：在你开口说第一句话之前，与你的听众进行眼神交流，以此吸引注意力，使其集中精神。

开场：不要用冗长的空话开场，通过开放性或修辞类的问题，从一开始就吸引听众的注意力，激发他们的兴趣。

吸引注意力：不断与听众进行眼神交流，从而吸引他们的注意力。通过眼神对话，你可以从听众的反应中了解你的演讲效果。眼神交流创造真正的交流！

热情的力量：只有当你自己充满热情并且相信自己所说的内容时，你才能激发客户的热情。

身体语言：口头语言和身体语言是紧密相连的。你的肢体语言是灵魂的一面镜子，如果你成竹在胸，你的身体语言也会传达这个信息。自然的肢体语言能够建立客户对你的信任。

容易记住的话语：用贴近现实的描述代替理论阐释。用信息明确的短句代替繁杂冗长的套句。

娱乐性：用恰当的谚语、名言或歇后语来使你的演讲轻松有趣，营造积极的气氛。请注意，不要过于夸张，掌握好限度。

形象化的语言：用修辞的形象手法强调你的陈述内容。这会为你的客户创造感觉和情绪，从而在情感上对他的决策产生影响。这种方式将使你的叙述变得更加独特、可信、令人难忘。

第二人称：用第二人称代替"我"或"我们"来进行陈述，将客户置于中心位置。

用问题代替叙述：切勿用断言或结论使你的客户感到无聊或愤怒，最糟糕的情况是你会因此被客户彻底拒绝。通过问题而不是叙述来获得更多的关注。鼓励你的听众一起思考，你会获得更多互动。

停顿的技巧：有意识地在演讲中停顿几秒，为即将演讲的内容增添兴奋感，让听众更容易记住你说的话，或使所有人注意到你受到了打扰，从而安静下来。

行动号召：你的整个演讲只追求一个目标，那就是让客户采取行动。因此用你的"行动号召"促使他在演讲结束后朝积极的方向采取行动。

精彩的结束语：第一印象是决定性的，而最后的印象则会一直停留在对方脑海中。因此，千万不要让你的演讲在最后时刻掉链子，一定要以一个能获得满堂喝彩的结尾来结束你的演讲。这个结尾必须简短有力，为行动号召做出补充，并抛出签约问题。

想要检查演讲的效果，你可以对着熟人做演讲，然后根据检查清单向他／她征求详细的反馈意见。

检查清单：演讲的反馈

由你或你的听众从 1（非常需要改进）至 10（非常好）为以下每一个要点进行打分。

表 14-18　演讲反馈清单

标准	表现如何？
站立姿势	① ② ③ ④ ⑤ ⑥ ⑦ ⑧ ⑨ ⑩
首次眼神交流	① ② ③ ④ ⑤ ⑥ ⑦ ⑧ ⑨ ⑩
开场	① ② ③ ④ ⑤ ⑥ ⑦ ⑧ ⑨ ⑩
吸引注意力	① ② ③ ④ ⑤ ⑥ ⑦ ⑧ ⑨ ⑩
热情的力量	① ② ③ ④ ⑤ ⑥ ⑦ ⑧ ⑨ ⑩
身体语言	① ② ③ ④ ⑤ ⑥ ⑦ ⑧ ⑨ ⑩
容易记住的话语	① ② ③ ④ ⑤ ⑥ ⑦ ⑧ ⑨ ⑩
娱乐性	① ② ③ ④ ⑤ ⑥ ⑦ ⑧ ⑨ ⑩
形象化的语言	① ② ③ ④ ⑤ ⑥ ⑦ ⑧ ⑨ ⑩
第二人称	① ② ③ ④ ⑤ ⑥ ⑦ ⑧ ⑨ ⑩
用问题代替叙述	① ② ③ ④ ⑤ ⑥ ⑦ ⑧ ⑨ ⑩
停顿的技巧	① ② ③ ④ ⑤ ⑥ ⑦ ⑧ ⑨ ⑩
行动号召	① ② ③ ④ ⑤ ⑥ ⑦ ⑧ ⑨ ⑩
精彩的结束语	① ② ③ ④ ⑤ ⑥ ⑦ ⑧ ⑨ ⑩

完全的故事感染力

画面和故事在客户的脑海中就像电影一样，比任何字眼都有力，比幻灯片上任何数字都强大。好的演讲往往只需要一块写字板作为媒介，它的效果就好比铅笔销售：你和你的演讲内容以客户为中心，而且在这种情况下，你对客户的态度更诚恳。

活动挂图板演讲的技巧

练习只依靠活动挂图板来做演讲。很少有人能做到这一点，所以如果你能做到，很可能将与众不同。前提是你要具备以下 3 点：写得一手好字、有一只粗笔、勇气。你都准备好了吗？太好了，那就开始吧！

好的故事的效果会比精美的手册、视频或精心制作的 PPT 更好。这就是我们所说的故事感染力。你的故事感染力可以让客户听见、感受、经历一次盛大的视听体验。

你可以谈论过去遇到客户的类似问题时，自己是如何解决的，或其他客户对你的解决方案的满意程度。你可以使用具体的实例，也可以用"如果一会儿"的假设，重要的是让这个故事合情合理。

故事能够调动听众的情绪，直接作用于客户的购买动机。正因如此，你才要让客户一起来思考你的解决方案。如果客户在想象中使用了你的产品或服务并总结出它们的优势，那就再好不过了。此时的客户其实是通过这些正面积极的想象向自己推销你的产品或服务。

为此，你可以使用下面这句话开始你的故事："请您想象一下，客户先生……"为了再次激发听众的想象，你可以在故事结束时询问他们："您在报价中看到了哪些潜在的可能性？"

大胆地为演讲增添更多感官体验。想要证明自己的产品不易破损，你可以将其扔在墙上，或当着每个人的面浸入水中。

如果产品具有令人愉悦的触感，那就让客户感受一下样品。销售中的触觉部分长期以来都被低估了。尽可能多地为你的客户创造触觉感受，它们能给人留下深刻印象。总之，你能提供的体验越多越好。

色彩类型给予销售演讲的提示

在设计销售演讲时还可以结合客户的 INSIGHTS MDI® 色彩类型，帮你取得更好的效果。

表 14-19　针对不同色彩类型客户的销售演讲

色彩类型	销售演讲中的特点
蓝色	• 准备充分 • 直奔主题，使用大量事实和数据 • 介绍技术，向你的客户展示样品和部件 • 强调优缺点 • 提供许多书面材料
红色	• 展示不同的可选产品或服务 • 专注于重要方面 • 强调品牌、创新、挑战、效率、独特性和唯一卖点
绿色	• 与客户进行感官交流 • 突出他的个人优点 • 如果产品具有安全和耐用的特点，要特别强调它们 • 确保你回答了他的所有问题 • 通过参照物来进行叙述
黄色	• 避免过多的细节 • 只详述重点 • 将客户的注意力转移到几件事上 • 展示新产品 • 让客户自己"玩"

克服舞台恐惧症

很显然，你在演讲中的发言比例会高于平常的销售对话，但如果你能遵守基本原则，你的客户就不会感到无聊。

此外，你的演讲无论如何都应该控制在 20 分钟以内，最多不超过 30 分钟。在试讲时计算时间，如果发现你的结束时间非常接近给定时间，那么就说明你需要更快地切入正题。

你还需要留下足够的机动时间，为客户穿插于演讲中的提问做简短而准确的回答。请积极看待此类有关细节的问题。很显然，对方充满了兴趣和基本的购买意愿，他在全神贯注地听你演讲。

无论使用哪种媒介，一定要脱稿。

只有脱稿演讲，才能与听众保持眼神交流。这是吸引和说服客户的极为重要的工具。只有当你事先准备好情节提要并多次练习演讲，才能做到这一点。如果你在演讲时结巴或卡壳，你的所有努力便付诸东流了。

舞台恐惧症？太好了！

一定程度的舞台恐惧和内心紧张是正常的。海因茨·吕曼（Heinz Rühmann）曾经说过："舞台恐惧是对观众的尊重。"从这个意义上讲，你甚至应该对此表示感激，因为它能帮你敏锐地捕捉到客户的信号，给你带来能量，使你通达人性。

严重的舞台恐惧症则会阻碍你、困扰你，甚至造成暂时性失忆。造成这一心理的原因有很多，但无论如何你可以解决其中两个：一是对自己的消极态度，二是准备不充分。除此之外，克服舞台恐惧的方法还有：

- 使用冥想或生物反馈疗法等放松技巧；
- 出场前进行简单的身体活动，如跳绳、爬楼梯等；
- 打哈欠，伸懒腰；
- 眼部运动。

学着克服舞台恐惧，使其不至于太过严重或让你崩溃。这意味着你首先要深入分析自己的状态和恐惧心理。但是请记住，你的目标不是彻底冷静，太过冷静反而会削弱你在演讲中的激情。

PPT 演讲规则

我个人不是特别喜欢使用常见的幻灯片演示文稿（PPT）。在我看来，一个有能力的人凭借一块简单的活动挂图板和几支笔就能够做得更好。如果出于某种原因你想要或必须使用幻灯片，那我可以给你一些建议。因为没有什么比糟糕的幻灯片演示文稿和照本宣科更让客户懊恼了。即使用幻灯片进行销售演讲，重心也应该是作为发言者的你，而不是幻灯片。

切勿试图躲在 PPT 后面。你是这场演出的明星，只有当你表现出色，你的销售才会成功。此外，你在设计 PPT 时既不能给客户太多信息，也不能使他觉得过于无聊。如果你使用标准的 PPT 或 Keynote 模板，那么他一定会感到无聊。大多数客户自己都是 PPT 专家，他们一眼就能看出你用的是模板。请注意以下几点：

不要使用声音效果，它们大多不合时宜或很可笑。

省略过渡效果，毕竟客户应该关注的是你的报告，而不是弹跳或旋转的动画。

出于同样的原因，你甚至应该省略泛滥的逐行淡入的效果，否则观众会始终注视屏幕，以免错过下一个文本。但是这样一来就分散了他们对你的报告的注意力。

遵循加尔·雷纳德（Garr Reynolds）演讲之禅的规则：

- 尽量利用图片，而不是文字。如果可以，将文字控制在一个词。
- 不要使用 LOGO。
- 不要使用网站。

为 30 分钟的演讲最多制作 10~12 页 PPT。如果你的 PPT 页数太多，再精简一些！

PPT 的书写规则

少即是多；

每页文字不超过 6 行；

每行最多 6 个单词；

使用关键词和简明扼要的表述；

切勿使用冗长烦琐的句子；

最少使用 30 磅字号，40 磅字号更好；

使用朴实、清瘦的标准字体；

不要全部使用大写字母，最好遵循正常的大小写规则；

不要在颜色选择上做实验；

不要过度处理图形和图片；

如果有图表，要尽可能简单明了，以便对方可以一眼理解你的表述。

千万不要照本宣科地读出幻灯片演示文稿上的内容，我相信你的客户可以自己阅读。如果你非要照着念，他们会觉得无聊甚至荒唐。此外，在使用 PPT 进行演讲时应该做到脱稿，并尽可能多地与你的观众进行眼神交流。这会使你看起来更加值得信赖。为了做到这一点，请你忘记备注功能，熟记你的演讲内容。如果做不到，就在小卡片上写下关键点。

和其他任何时候一样完整准备你的 PPT 或 Keynote 报告，然后再用关键点进行演讲练习。你可以在演讲过程中使用遥控笔。一次出色的销售演讲是非常重要的，千万不要因为欠缺准备而导致失败。

- 销售演讲的成功直接由良好的需求分析决定。
- 出色的销售演讲由 6 个部分组成，并要使用简明、准确、形象且鼓舞人心的语言和故事。
- 一定要脱稿演讲。

价格谈判：不打价格战的销售员才不可替代

毫无疑问，今天的销售员面对着比以往更大的价格压力。造成这种情况的原因有多：客户的要求更高，市场更加透明，产品和服务的可替代性更强。许多公司因此在价格战中谋求商机。他们过于频繁地采取了这种方式，以至于客户几乎无法摆脱这样的印象："如果我不和销售员压价，我就是个傻瓜。"

我们面临的第二个趋势是，廉价与高端之间的差距正在不断拉大，处于两者之间的产品或服务比以往任何时候都更难销售。

然而根据我的经验，要拯救中间层次的产品或服务，依靠的从来都不是持续的打折出售。采用这种策略其实是在抽取自己的水分，因为下一次客户会要求更多折扣。如果你说服客户做出购买决定的最强论证是价格，那就这样吧。如果你无法从需求分析中找到更好的利益点论证，并且不能坚持你的价格底线，那么你就不能认为自己是一个优秀的销售员，而只有优秀的销售员才是今天和未来所需要的。作为一名出色的销售员，你可以通过以下方式凸显你的与众不同：

你的品牌；

你的谈话和演讲方式；

你的销售能力。

以上这些将使你不可替代，在数字化时代尤其如此。靠价格卖出产品的销售员，反而变得多余。

但是许多销售员都有一个根深蒂固的想法："如果我仍然坚持高价出售，我就什么都卖不出。如果我降低价格，至少我的销售额会上升，可以完成指标。"从两个方面来看，这种想法都是危险的。你是否计算过，如果你给出5%或10%的折扣，你的利润会减少多少？以下是德国战略咨询公司西蒙顾和（Simon-Kucher & Partners）提出的计算方法。

表14-20　不同毛利润率下价格折扣导致的损失

折扣	毛利润5%	毛利润10%	毛利润15%
2.00%	40%	20%	13.3%
2.00%	40%	20%	13.3%
3.00%	60%	30%	20%

（续表）

折扣	毛利润 5%	毛利润 10%	毛利润 15%
4.00%	80%	40%	26.6%
5.00%	100%	50%	33.3%
7.50%	亏损	75%	50.60%
10.00%		100%	66.60%
12.50%		亏损	83.30%
15.00%			亏损

为了平衡这些损失，你需要增加销售量。在纸上用这些数值计算你的报价。每次开始价格谈判前，先看一眼你的计算结果。

表 14-21　不同毛利润率下价格折扣要求增加的销售量

折扣	毛利润 5%	毛利润 10%	毛利润 15%
2.00%	67%	25%	15.00%
3.00%	150%	43%	25.00%
4.00%	400%	66%	36.00%
5.00%	不可能	100%	50.00%
7.50%		200%	100.00%
10.00%		不可能	200.00%
12.50%			500.00%
15.00%			不可能

除了经济上的影响，这种想法还会带来另一个毁灭性后果：以后所有企图高

价出售产品的尝试都会失败。作为销售员的你将不会全力以赴捍卫价格，因为你的内心早已投降。只有当你对自己的价格深信不疑时，你才能说服你的客户。

你的任何不确定都将鼓励客户不断追问，并以"太贵"这一"杀人"技法来挑衅你。你应该始终清楚一件事，客观的价格是不存在的！一件产品或一项服务的价格始终与个人的想象有关。

价格只是影响客户购买决策的众多因素之一，只有当销售员害怕给出合理价格并与客户进行价格谈判时，才具备显著的意义。经验丰富的决策者对此有敏锐的嗅觉，并且会毫不留情地压价。与你打交道的大客户和采购部门通常经验丰富且训练有素。你的内心要坚信自己的价格远远超过产品为客户创造的价值，这是你最重要的工具。

每座房子都有屋顶

对于一名优秀的销售员来说，价格是销售对话的一部分，犹如屋顶之于房屋一样。当墙已砌好，便是时候盖房顶了。在大客户那边，这可能需要花费更长的时间。但是如果初步销售对话进展良好，你便能够知道报价的正确时机，并为此做好充分准备。为什么要逃避价格呢？你的客户自然想知道你为你的产品或服务开价多少，这是你以合理的价格成功卖出产品或服务的标准程序。

对于客户而言，价格只是决定因素之一，而所有决定因素至少同等重要。如果你的不自信导致客户过多关注价格，那么你就人为突出了"价格"这一因素，使它不再与其他因素站在同一水平线上。相反，如果你在此前圆满完成了需求分析和利益点论证的工作，就能够轻松给出合理的价格。此时价格因素的重要性甚至会因为利益而显著削弱。

理解采购的处境

对于一名优秀的采购员来说，要想成就职业声誉，就必须在做出购买决策前确定自己已从目标供应商那里获得最优惠的价格。他必须以他的经验确保自己使用了一切手段让供应商亮出底牌。其他任务可以由专业部门完成，但这里是他行使权力的地方。

因此，在你拍着胸脯保证"这是我们的底价了。要么成交，要么我们就退出谈判"之前，他必须做出决定，否则他不得不向自己或老板承认他没有圆满完成任务。

你需要帮助采购员漂亮地完成他的工作。在谈话的某个时刻暗示对方这是你能给出的最低价格，然后坚持住这个价格。

你的产品或服务的价格是过高还是与它的价值相符，首先取决于你的个人想法和态度。正如前文所述，客观的价格是不存在的。价格的高低始终是一个权衡，与利益有关。而在利益点论证那里，你已经向客户和自己阐明了利益所在。因此，请根据客户期望获得的利益坚定地提出价格并捍卫它，让客户知道，这是你可以向他提供的最优惠的报价。请期待客户询问价格的时刻，通常这意味着客户对你的产品有真正的采购兴趣。

客户询价的复杂动机

通常不是每个询问价格的客户都喜欢讨价还价。大部分客户询问价格，是因为他们在找最佳性价比。在他的提问背后可能隐藏着完全不同的其他动机：

客户询问价格的动机

"我不希望比我的竞争者花更贵的价钱购买产品。"

"我不知道我是否真的需要它。"

"我必须向公司证明谈判富有成果。"

"看看他对自己的价格有多坚持，以及他对报价的认真程度。"

"如果他没有听进我的其他反对意见，那么他至少应该降低价格。"

"我不希望在告诉别人我所接受的价格时被人嘲笑。"

"我不想被骗。"

"我想以折扣的形式战胜销售员。"

"我实际上还想在其他地方得到更多。"

"销售员需要为自己的产品或服务说话。"

"与销售员承诺的利益相比，这个价格在我看来似乎太高了。"

"我想开出一个较低的价格，以便向销售员的竞争对手施加压力。"

"我正在试探'真实'的价格。"

"我早就决定了另外一个报价，但是我仍需要一个好的报价来佐证我的判断。"

因此，这时候要集中注意力倾听并思考：客户提出问题的背后原因是什么？你是否真的充分了解他的购买动机？如果提问背后还有价钱以外的其他动机，那么折扣并不能解决问题。虽然客户会接受你的折扣，但他不会因此满意。因此，在客户提出价格问题时，请再次探究其真正的购买动机。只有向客户出售符合他需求的东西时，你才能唤起客户的热情，而更大力度的折扣无法让你做到这一点。

六大说服原理

罗伯特·B.西奥迪尼（Robert B. Cialdini）于1984年在《影响力》（*The Psychology of Persuasion*）一书中首次提出的"六大说服原理"，到今天仍然非常有效，在价格谈判中也是如此。这些原理能够影响人们在销售会谈中的决策。

互惠原理：收到礼物时，我们会产生冲动，想要报之以同等价值的东西。作为销售员，你可以预先做些能够被客户感知到的事情，从而让他们承担一定责任。

言行一致：一旦我们做出某个决定，我们往往会坚持这一决定。一旦你的客户对你的报价做出某种表态，他也会倾向于继续坚持。

社会认同：当我们看到别人在做某事的时候，我们也会想做同样的事。因此，推荐营销能够发挥比较明显的作用。

爱屋及乌：我们喜欢与相处融洽的人做生意。如果你以友好、专注、充满关心的态度对待你的客户，他们也更容易喜欢你。

臣服权威：我们乐于相信那些看起来能干且自信的人。从这个意义上说，你要致力于打造自己的影响力和品牌。

短缺原理： 当某样东西难以获得时，我们渴望拥有它的欲望会更加强烈。为你的报价设置底线是值得的。

如何把价格藏在"法棍"中，让客户更愿意接受？

当你想给出价格或客户主动询问价格的时候，价格谈判就开始了。永远不要以为客户将你完美构建的利益点论证记得一清二楚。特别是当你将利益点介绍得更加详细时，他早就已经忘了最开始的要点。

如果你在这种情况下直接给出价格，客户不会在脑海中将其与全部利益对应起来，所以对他来说，你给出的价格往往太高了。因此，在提报价格的时候，要始终带上产品或服务的主要特点以及客户能够从中获得的特殊利益。在给出价格的时候，要将它夹在由客户利益构成的"法棍"中。价格"法棍"分为四层：

第一层：客户的独特利益，例如"客户先生，您将收到两台带有清晰LED显示屏的生产设备……"

第二层：再来一个独特利益，例如"……配备操作轻松的机械手……"

第三层：客户需要投入的资金，例如："……只需 19 814.78 欧元。"

第四层：最重要的独特利益，例如"每班产量可以翻番，并且一个工人能够同时兼顾两台机器。"

请注意，与客户的主要购买动机联系最为紧密的理由一定要放在最后，这样你就可以从情感上抓住他，产生出人意料的效果。同时，制作价格"法棍"时请注意语言，"成本"或"包括"一类的词语会带来负面效果，要使用"您会得到……""您会收到……"或"您投入了……"等积极的词语。确切地说，价格"法棍"还有第五层：你的签约提问。你需要将这一模板熟记于心，以便自然地使用它。

练习：价格"法棍"

至少准备 3 个既与你的产品或服务相匹配，也与你的客户群相匹配的价格"法棍"作为模板。

表 14-22 个性化价格"法棍"模板

"法棍"编号	层级	我的表述
独特 1	1. 第一个独特利益	
	2. 第二个独特利益	
	3. 价格	
	4. 最重要的独特利益	
	5. 签约提问	
独特 2	1. 第一个独特利益	
	2. 第二个独特利益	
	3. 价格	
	4. 最重要的独特利益	
	5. 签约提问	
独特 3	1. 第一个独特利益	
	2. 第二个独特利益	
	3. 价格	
	4. 最重要的独特利益	
	5. 签约提问	

价格-白金法

如果你为销售会谈做了精心准备并在对话中利用了需求分析、利益点论证和价格"法棍",那么客户面对你的签约问题,要么回答"好",要么会想与你讨价还价。你只需沉着、冷静、充满喜悦地期待这两个回答。

询问价格是购买的信号。怀抱这样积极的态度才有可能不卑不亢地进行价格谈判。保持沉着、冷静,至少留下 60 分钟的时间与客户谈论价格,不要感到不自信或不耐烦。当你开始动摇时，客户马上就能感觉到。

你的身体也在参与谈判

身体语言在价格谈判中也会泄露很多秘密，包括你和客户的隐藏信息。因此，你要保证自己在语言以外的其他交流方式中也始终传达着热情、坦率、可信、坚决和开放。这里有一些提示：

1. 通过座位给客户留下你是他的同盟的感觉：不要坐在客户的对面，而应该尽可能坐在客户的旁边或斜对角。

2. 端坐，保持冷静与放松。

3. 用坚定的声音和温暖、亲切的语调说话，尤其在首次谈到价格时。

4. 示意客户你一直在认真倾听。

5. 双手打开。

6. 切勿摆弄钢笔或类似物品。

7. 如果你在纸上或平板电脑上做笔记，无论如何都要让客户看到。

坚持到底也是价格谈判的策略之一。你即便可以并且愿意为客户降价5%，但如果立即答应这一折扣，客户会留下怎样的印象呢？他会感到失望。没有经过抗争的胜利不像是一场胜利。客户会因为一场小小的真正胜利而继续谈判。

如果你以顽固的态度进行谈判，你其实是在迎合客户，即使看起来不是这样。请你使用萨拉米香肠策略，从30%的折扣或原价的75%开始，以1.2%或3.3%的速度在原有的基础上继续打折。永远不要将带着小数点的折扣四舍五入。小数点后面的数字对客户产生胜利感非常重要。如果你的客户使用常见的压价策略，也请你在价格谈判中坚持到底。做好面对以下情形的准备：

试图对你进行压榨。客户怀疑你非常需要这个订单时，就会经常采取这种方式。

各种程度的挑衅，目的只是压低你的价格。当价格不取决于公司，而取决于销售员的时候，一些客户会使用过分的言辞，甚至是人格侮辱。

承诺：客户喜欢用未来的销量和采购数量诱骗你，如果你不确定对方是否会遵守约定，就请保持谨慎。

将你与竞争对手进行令人无法接受的比较。此时你必须驾轻就熟地描述产品或服务的质量，并指出它的与众不同之处。

不要被竞争对手给出的更低的报价吓跑。价格—白金法是一种经过验证的谈判策略，可以用于更长时间的价格谈判。它由10个要素组成。

价格－白金法及其升级版

1. 描述客观情况，凸显价格对应的价值；
2. 让客户充分感受到你的价值；
3. 保持语言魅力；
4. 表现出你在为价格和条件而骄傲；
5. 为价格排毒；
6. 少分价钱少分货；
7. 掉转矛头；
8. 勇敢地反问；
9. 使用讲故事的方法；
10. 准备好沉锚效应；

升级：对客户的"其他销售员的价格更低"这一反对意见做最后处理。

1. 描述客观情况，凸显价格对应的价值。如果你已经在沙漠中跋涉数小时，口干舌燥，难以忍受，那么你可能愿意为一瓶水付出任何代价，此时你的需求赋予了水极高的价值。但是，如果你根本不渴，最多只是在考虑要不要购买别人推销的饮料，那么你的支付意愿就会大大降低。因此，再次检查你对客户做的需求分析，从而增加你的产品或服务在客户眼中的价值。

2. 让客户充分感受到你的价值。"客户只从胜利者那里购买商品。"汉斯·克里斯蒂安·奥特曼（Hans Christian Altmann）博士在多年前就说过这句话。胜利者看起来也要像个胜利者。也就是说，你和你的所有表现都应符合胜利者的形象。

打个比方，你愿意将钱交给一名胡子拉碴、衣衫褴褛的财务顾问吗？始终体现出你想传达给客户的价值。如果你想要别人的钱，你看起来也要值钱：始终保持得体的举止，始终以客户为中心，并且总是比他做得更好一点。

3. 保持语言魅力。以充满魅力的方式应对客户的反对意见。为此你需要有见微知著的感受力，并非所有答案都适合每个客户。为自己制定合适的回应方式，例如：

"如果我们不事先赚钱，就无法在后面为您投资这项服务啊。"

"质量有它的价格，而用这个价格您还能得到我未来的服务。"

"价格不是一切。"

"我不能给得更少了。"

"高价可以带来高期望！"

"客户先生，我们都知道那些买便宜货的人，往往会付出两倍的代价！"

"如果您可以为了节省成本而选择便宜的施工方式，那钟也可以停止摇摆来节省时间了。"

"您想拥有最好的产品或服务吗？"

"您怎么看我们之间的完美交易？您获得服务，我们获得资金。"

"节省很酷，但产品的性能更酷。"

"您想和老鹰一起飞还是和小鸡一起啄米？"

体现语言魅力的句子

至少准备15个这样的句子。它们与你和你的产品相匹配，还能传递你的语言魅力。完成之后，请练习这些句子。

1. _____
2. _____
3. _____

4. _____
5. _____
6. _____
7. _____
8. _____
9. _____
10. _____
11. _____
12. _____
13. _____
14. _____
15. _____

4. 表现出你在为价格和条件而骄傲。一名糟糕的销售员会为价格辩护并证明它的合理性，而一名优秀的销售员则会同意客户的观点，让他感到惊讶。这样的表达方法有：

"没错，顾客先生！我们的产品又贵又好。好是因为……"

"您说得没错：我们的性价比很高……这一独特的性价比将为您带来……"

"完全正确，客户先生。我们对您而言价值连城，这些价值在于……"

如此一来你就表现出了自己对价格和条件的骄傲，将促使你的客户回头思考什么才是重要的。

5. 为价格排毒。如果你的客户说："这对我来说太贵了。"请感到高兴。这意味着，他非常想购买你的产品，只不过价格太高了。这个时候，高价代表高质量、有前途、有价值。毒刺只是那个"太"字。客户交给你的任务是将"太"和"贵"分开。为价格排毒的典型开场有以下几个：

"没错,我们的更贵,因为……"

"对,您在我们这里要投入更多资金,因为……"

"的确如此,您会从我们这里得到更多,因为……"

使用 MONA® 技巧中的衔接表达和利益链论证。

价格谈判中的铅笔销售法

不使用现成的报价单或宣传册,而是在纸上写出所有信息和内容。请使用这样的方法,并且保证你做的所有笔记都对客户清晰可见。在铅笔销售法中,你尤其需要放大有利于自己的信息,例如在纸上将数字加粗:

"选择这一款手机套餐,您未来可以每月节省 **17.5 欧元**。也就是说,10 个月我们可以节省 **210 欧元**,24 个月就是 **480 欧元**。"

对你不利的信息则要弱化:

"您只需每周多花 1 欧元,就可以每两年获得一款最新的手机。您觉得怎么样?"

始终向客户展示最好的情况和最坏的情况,例如:

"在最佳情况下,新的印刷机将为您节省 50% 的印刷成本。即便是在最坏的情况下,您也能够节省 25% 的费用。"

永远记住:你的客户可以针对你提供的任何数字进行驳斥,但不会反驳自己所说的数字,因为他们对此更容易接受。

因此,你要非常具体地询问他们的数字,然后用这些数字继续你的价格谈判。

例如，你可以说：

"您准备投资多少？"
"您认为会有多少收益？"

6.少分价钱少分货。向你的客户明确指出，除非他接受更少的产品优势，才可能获得更低的价格。例如：

"客户先生，如果……我们可以提供更低的价格。"

为此，你应该事先就确定好可以从报价中删去的独特的产品优势。如果这行不通，那么你可以考虑售后服务之类的一般因素。

7.掉转矛头 & 8.勇敢地反问。向客户明确表示，你可以降价但却无法办到一些事情，例如廉价生产：

"客户先生，如果我们不是在德国，而是在波兰进行生产的话，我们可以提供更便宜的价格。"
"……如果我们做不到合格的质量管理。"
"……如果我们愿意减少为客户提供的服务。"

坚持价格，并通过质量论证或"如果我们不……"来掉转矛头。有时候，你的客户会同意你所有的说法，却依旧坚持："如果要从你那里购买产品，我们需要其他价格。"如果你足够勇敢并且认为你的客户有足够的韧性，那你可以用简单的问题回答他："为什么？"

"为什么"的问题总是具有对抗性，人们很容易认为这是在要求对方进行辩护。为了让客户明白价格谈判是世界上最正常的事情，你的反问要犀利。

9.使用讲故事的方法。在客户的脑海里播放一些画面，让他后悔购买了其他产品。这种方法包括3个关键句，在开始时你可以使用这样的表达：

"客户先生,您说您已经收到更便宜的一体化厨房的报价。我知道任何比喻都有缺陷,但是仅仅将这个故事作为例子……"

现在讲一个你认为适合该客户的故事。故事中必须包括一个廉价的解决方案和一个高质量的解决方案。

"您刚刚说,您是一个有抱负的赛跑运动员,参加过许多半程马拉松比赛,所以您每4~6个月就要换一双鞋。现在,您可以选择在线订购了,而且那样真的更便宜。当然您也可以去体育商店购买。在那里,店员会为您做一个跑步分析,确定您当前的跑步状态,然后推荐一双符合您当前跑步习惯和跑步风格的鞋子。当然,它会更贵一些。"

总结一下故事,然后问:

"您是怎么想的?这个故事是不是很有普遍意义?"

紧接着再补充一下:

"我们也是如此!您无法一眼就判断一个供应商是真正想与您合作,还是只想先拿下订单,再通过其他方法悄悄收回损失。"

保持沉默或继续补充:

"我们都知道,花很少的钱获得多种产品优势是一种幻想。"

立即说出最后一个问题:

"我们最迟什么时候在您家安装新厨房呢?"

用有力的语言讲故事

利用提到的各种要素：如果你能将句子与一个好故事结合起来，你将进一步扩大自己的业务范围。

你还可以使用仅仅今天不能发挥作用的句子。例如：

"您知道吗，亲爱的顾客先生，以前如果客户告诉我，他们可以从别处买到更便宜的产品，我会问他们：'您会因为价格更低而让二流的心脏外科医生给您做手术吗？'虽然今天我不会再这样问了，但不管怎样这是有道理的。您说呢，客户先生？"

如果你是笑着提出最后一个问题的，客户就不会感觉受到冒犯。

10. **准备好沉锚效应**。一名好的销售员早已为价格谈判做好了准备，他在谈判一开始就放弃了一个或若干个高价。

事实上他只要顺带提及那些数字就足以使客户在不知不觉中记住这些具体的高昂价格，并将其设定为高价。研究表明，只要你的报价低于这个数字，客户对价格的容忍度就会更高。

价格－白金法的升级

如果你的客户说"其他销售员的价格更低"，那么你只需做出一个反应，也就是在价格方面处理反对意见时的最短回答。这个答案只有几个词，因此你要说得平静、泰然，不带任何傲慢的态度：

"那些人不得不这样。"

故意不说"他们"，而用"那些人"来指代。然后保持沉默，这样你的话才能发挥作用。

接着，你会惊讶于客户的反应！

使用价格－白金法，你有很大的希望守住自己的价格。前提是你要坚持到底并反抗客户。

砍价的代价

因为不存在客观的价格，所以唯一能够帮助客户判断出你的底线的只有销售中的反抗行为。

当你声明"……那么我们只能放弃订单"时，你就在告诉客户，这就是终点了。而在何处拉起终点线则由你来决定，关键是你要在自己内心和外在都充满了信念时发出这个信息：这真的是终点了。

终极报价法

即使你觉得什么办法都行不通了，也仍然还有两个选择。第一个是抽出最后一张中奖牌，放到桌上，然后说：

"亲爱的顾客先生，让我们今天在离开时都成为赢家吧。"

然后再次说明你的报价如何使客户成为赢家。

第二个方法甚至更有效。此时你需要两张牌：一张写着"价格"的红牌，一张写着"利益"的绿牌。接下来的操作是这样的：如果你们的对话已经是一潭死水，那么你就需要调动客户的其他情绪。你应该看着他，然后说：

"亲爱的客户先生，"

接着将"价格"牌放在桌上，别再移动它，借此告诉客户价格是固定的。然后问他：

"……那么我们还能讨论些什么呢？"

你的客户会回答："好吧，讨论我们能得到的价值。"

现在取出带有"利益"一词的绿牌，将其放在"价格"牌旁边，然后继续说：

"我知道每个例子都有缺陷，但它们可以很好地说明我们的观点。你面前有两张牌，哪张第一眼看上去更大？绿色的还是红色的？"

你的客户回答："好吧，红色的。"然后你说：

"亲爱的顾客先生，作为销售员，我此刻的任务就是为您提供最佳性价比。"

现在将"利益"牌从"价格"牌旁边挪开一点，然后说：

"我们都清楚：好生意必须对双方都有好处，也就是说这一价格……"

然后拿起绿牌，在继续说话前停顿片刻：

"必须让我们获得对应的利益。"

说这句话的时候，你可以将绿牌放在红牌上，这样"利益"就将"价格"覆盖住了。你通过"价格"牌和"利益"牌让客户意识到价格和利益的对等关系。

"城墙测试"问题：检测客户对最终报价的真实想法

我的一位负责业务培训的好友兼同事蒂姆·塔克西斯（Tim Taxis）总结出了一个绝妙的方法，可以帮你测试客户对你的最终报价的真实想法。请按照以下步骤操作：

1. 给出你想要达到的价格。报价时内心充满信念，相信这个价格就是正确的价格，并且赋予了产品极高的性价比。
2. 你的客户提出他的第一次要求："这显然太贵了。您还能给我们提供什么样的价格？"

3. 第一次否定回答:"亲爱的客户,您能这么坦诚真是太好了。但这个价格是我们能够为您提供的最好报价了。抛开价格,我们还能做些什么来达成交易?"

4. 客户重复他的要求:"现在只有价格问题。您能否退让一下呢?"

5. 强调自己对客户的兴趣,并立即抛出第二次拒绝:"赢得您这位客户对我们来说非常重要。只是关于价格,我们没有其他选择,因为现在您拿到的已经是最好的报价了。我们怎么才能在这个基础上达成一致呢?"

6. 客户竖起"城墙",说:"不可能。要么您在价格上再优惠一些,要么就结束谈判吧!"

7. 这时提出"城墙测试"问题:"亲爱的客户先生,您已经拿到我们最优惠的价格了,不能再降了。您希望我们的谈判在这里结束吗?""城墙测试"问题由两部分组成。问题的第一部分,你可以自由选择适合自己的措辞,但是第二部分要严格遵循原文。

然后集中精神观察你的客户,因为你可以从他的本能反应中看出他是否在虚张声势。如果他毫不迟疑地回答"是的",那么他并非虚张声势,达成交易的方式真的只能通过价格。但是每一个小小的犹豫都会将他们暴露,说明客户已经基本接受价格了。

这时你要坚持住,通过其他方面的小小让步,来与客户一起找到保全他面子的方法。你需要递出一座他做出购买决定时所需的"胜利奖杯",但这座奖杯不会影响你的价格。

迁就客户时坚持互惠原则

如果你仍然想迁就客户,请注意互惠原则。例如,告诉客户打折的前提是帮忙把你推荐给其他人。

这样一来,你的报价就没有让你损失价值,因为你的客户用一个回礼"购买"了你的折扣。

好人好事本

如果客户最后仍然咄咄逼人:"您说的一切都很好,但是要么您降低一点价格,要么您就出局。"那么你就充分利用这种情况,取出自己的好人好事本。

你可以用这样的回答来保全自己的销售形象:

"好,顾客先生。今天我迁就您一次。我把它写在我的好人好事本里。有一天我会用它来与您交换好处。您同意吗?"

然后你就真的拿出一本小笔记本,当着客户的面记下你们的约定。

但你事先一定要考虑清楚,降价是否真的能够改变客户的购买决定,同时调整相应的询问技巧。按照图 14-1 进行思考。

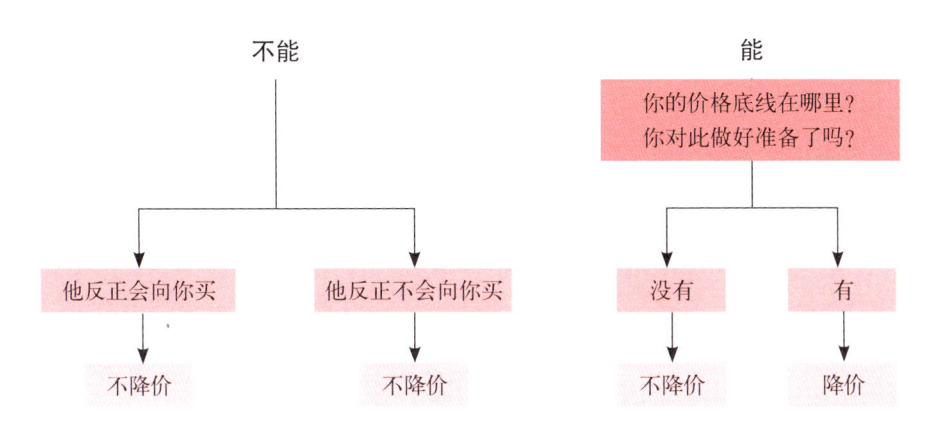

图 14-1　降价能够改变客户的决定吗?

- 价格谈判取得成功的决定性前提是,你自己对性价比确信无疑。
- 始终用价格法"法棍"给你的客户报价,即将价格包裹在三层利益之中。
- 利用价格—白金法来应对客户的砍价。

谈判后跟进后续工作同样重要

价格谈判后，专业的后续工作是绝对必要的！从你在客户那里结束谈判到你回到办公室的这段时间，就是你完成这些任务的时候。在离开客户办公室之前，与客户一起确定下一步计划。将说定的事项用书面形式记录下来，包括后续会议的具体时间。为商定时间和目标提出一些问题：

"客户先生，下一步该怎么做？我还可以做些什么，以便您可以在贵公司通过采购、项目部门等推进所有工作，完成您的决策？"

"客户先生，您现在还需要什么具体的信息，以便在贵公司推动整个业务？我们下一步应该如何继续推进工作？"

这样一来对方也会了解他在下一次会面前需要完成的工作。最重要的是提供数据，你需要这些才能制定出个性化的报价。

在没有约定下一次会议和各自的任务之前，请勿离开，以免后续打电话的麻烦。你和客户的对话时间可以遵循某一个周期，在与大客户打交道时尤其应该这样做。因此记住自己的宏观计划是非常重要的，在每次对话后，你都要在朝着大目标前进的道路上打下一个里程碑。

整理、回顾并转移会谈的数据信息

回到办公室后整理和回顾你的笔记，并通过信件、传真或电子邮件与你的客户确认会议日期。在信中再次强调接下来的流程，尤其是下次会议的目的。

你也可以将确认会议日期的信件作为发送给客户的提醒，以便对方能够在下次会面前回忆起自己的任务。这样可以进一步提升客户对你的报价、你的公司，以及你这位销售员的信任。

但是，切勿发送标准的报价单或标准信件。如果你一定要发送报价，请将其格式设计得好像是为客户量身定制的。同样地，千万不要强调价格和条件，不要使用加粗、斜体或下划线。提醒客户关注的应该是你的服务和你为他带来的好处。

然后转向你的数据库，将所有记录下来的重要信息转移到那里，包括新的谈判角度、约定的协议等。一名优秀的销售员懂得如何爱惜他的客户关系管理系统，因为它能够帮助他取得成功。

利用一些前沿的客户关系管理系统，你甚至可以直接在客户处用一台平板电脑将你所要的信息记录下来，从而为后续工作节省大量步骤和时间。

让客户知道你与竞争对手的区别

利用第一次会议和下次会议之间的空闲整理你现有的全部信息，并尽可能积极地拓展它们：

关于你的客户及其公司的背景知识；

对客户需求的认知；

对客户购买动机的评估。

抓住每一个机会为客户付出额外的努力并让他们知道，客户将从中认识到你和你的竞争对手之间的区别。

为橘子付出额外努力

我有一个关于兰德尔·L.里德（Randall L. Ridd）的故事，正好准确地表达了我所谓的"额外努力"是什么。

曾经有一个年轻人获得了一家著名公司的工作，希望在那里开创事业。他工作认真勤勉，而且在加班时总是设法让老板注意到他。后来，部门主管的位置空缺，但是却由另一位只在公司工作了六个月的同事接任。

那个年轻人生气地找到老板，要求对方做出解释。这位睿智的老板说："在我回答你的问题之前，你能帮我个忙吗？"

"可以，当然。"员工回答。

"你能帮我去超市买些橘子吗？我妻子需要一些。"

年轻人答应并离开了。当他回来时，老板问："你买了哪个品种？"

"橘子，"年轻人回答，"按您说的，它们在这里。"

"花了多少钱？"老板问。

"我不清楚，"他回答，"这是收据和剩下的零钱。"

"谢谢，"他的老板说，"请坐。"

然后老板将晋升的那位员工叫了过来，给他分配了同样的任务。

当他回来时，老板问："你买了什么品种？"

"是这样，"他说，"有很多品种。我不知道该买哪一种。您说是您的妻子需要一些，所以我给她打了电话。她说她正在筹备一个派对，想做橙汁。于是我问卖家哪个品种能做出最好的果汁。他告诉我甜橙尤其甜美多汁，所以我买了这个品种。我在回来的路上将它们送到了您的家中。您的妻子非常高兴。"

"花了多少钱？"老板问。

"嗯，这当时也是个问题，因为我不知道要买多少。所以我问您的妻子预计有多少客人。她告诉我是20人。然后我问卖家，要制作20人份的果汁需要多少橙子。他说需要很多，所以我要求他打个折，他答应了。像这样的橙子原本一个要75美分，但我只付了65美分。而且我让卖家送了一点生姜，因为加入极少量的生姜，橙汁会味道更好、更健康。这是找回来的零钱和收据。"

老板笑着说："谢谢，你可以走了。"

他看向目睹了这一切的那位年轻人。年轻人点了点头，说："我明白您的意思了。"

付出的额外努力可以让人看到你对一项事情的专注和热情。这也是你的客户能感受到的，他们会用订单来报答你。

尤其是面对大客户，你们之间的沟通可能会持续数月，甚至数年，所以请与客户保持互动。随时了解客户及其市场的动态，也要关注新闻报道。如果读到有关客户的正面评价，将文章发给客户并向他表示祝贺，以此确保他还记得你。另外，请阅读有关长期客户关系的第17章，那里为此提供了许多技巧。

利用当前信息，你还可以针对客户的利益，以最好的方式为下次对话和后续报价准备展示材料。与此同时，你也知道了该如何应对将会遇到的反对意见和价格谈判。现在，准备好迎接最令人激动的签约阶段吧，在这个阶段，你将带领你的客户跨越终点线。

- 如果还没有签约，无论如何一定要在现场与客户确定下一步计划和下一次会议时间。
- 书面确认约定好的内容。
- 整理已获得的信息，充分利用它们为下一步做准备。

第15章
绝对成交谈判技巧

谈判模型就像大海中的沙子一样多，在我看来，你没有必要了解所有模型，但必须了解一些基本的规则和陷阱。如果你很好地消化了这些内容，意味着你已经为谈判成功奠定了基石。有一个重要因素会伴随整场谈判，总是会突然粉碎所有既复杂又周全的模型做出的美好预测。这个因素就是"人的因素"。

集中精力关注一些谈判的基本准则，定期总结经验教训，才能不断完善个人的谈判技巧。例如，如果你与中国或东南亚国家的企业进行谈判，我会另外向你推荐中国的"三十六计"。那里的人们在小学时就知道了"三十六计"，所以它自然属于基本常识。只有了解了这些，你才能够在谈判时应对自如。

成功的准备工作带来胜利的谈判结果

你每天都在谈判，但不是每次结束时都能感觉良好。只要结果不如预期，你就会被诸如"我在谈判桌上任人宰割""我本应该从中获得更多"的想法困扰。谈判结果令人不满的原因大多数都是一样的，即糟糕的准备工作。如果你对自己足够诚实，那么你肯定知道谈判的失利应该归咎于什么。

糟糕的准备工作可以分为两个层面：精神层面和事实层面。在精神层面，阻碍谈判进行的往往是一些盘旋在销售员脑中的信念。例如：

人们本来就无法事先预料谈判能否成功。结果如何，我必须接受它。

客户最后选择的是长期合作的业务伙伴，而不是我。

我已经知道，这场谈判取胜的关键仅仅在于价格。

如果你对这几句话很熟悉，我十分建议你去寻找一些新的信念，也就是一名优秀销售员该有的信念。

精神层面的优秀准备工作也包括在脑海中像拍摄电影一样对谈判过程进行场景模拟。

电影的名字是《我应该如何成功地完成谈判并签约》。分镜头剧本策略可以让你在任何时候都能回到预先确定好的故事主线。即使某些场景发生了即兴表演，你也依然能回到主线，最后通往幸福的结局。

在谈判过程中，你一定要保持自己与客户的平等关系，不要放低姿态。一次忍让意味着次次忍让，你将永远也无法改变这样的局面。不要让客户的强势出场破坏了你早已准备好的不卑不亢的专业销售员形象。捍卫自己的谈判模式，这根本不是问题。

我不明白为什么销售员总是会低估为事实层面做准备的重要性。以下应该是你谈判准备工作里的标准任务：

你的业务伙伴会受到哪些购买动机的驱动？

决策结构如何？

你的客户有哪些选择？

你有哪些关于客户企业的数据和事实？

他的最新市场情况如何？

以上所有信息都是谈判成功的基本条件。只有一个人需要为糟糕的准备工作负责，那就是你自己。

成功不会从天而降，它是对销售员经典美德的回报，即目标、勤奋和自律。

高效谈判的准备工作

在愉快地进入谈判前，确保你已经充分准备了以下 9 点。

1. **你的目标**：对于每一次谈判，你都要准确制定 3 个目标：

第一个目标是完美的结果。"这就是成功的感觉！"这是你最大的目标。
第二个目标是最差的结果。"比这个更糟糕？绝对不行。"
第三个目标是你定义的另一个结果，你对它感到"满意"。

2. **谈判对手的目标**：请思考一下，对方的目标可能是什么。希望你已经在对话阶段获得了足够信息，包括购买动机，即明确是什么在驱动你的业务伙伴参与谈判。

3. **谈判者**：你的谈判对手都是谁？是否需要考虑他们不同的兴趣和要求？坐在你对面的人属于哪一种类型？无论如何你都要找出谁是决策者，即谁拥有资源、权力并且了解决策的必要性。判断一下，他可以单独做出决定还是需要其他人的意见？其中谁是产品的使用者，谁具有影响力？这些信息对你的策略而言至关重要，并且对谈判成败也起到决定性的作用。

4. **ZDF**：最晚现在就要收集关于你的谈判对手及其公司的所有数字（Zahlen）、数据（Daten）和事实（Fakten），其中这必然包括销售额、产量、公司传统、当前的发展以及市场地位等。

5. **理念**：问问自己，对方可能会采用哪种谈判理念与你交手。他有哪些主要的战略方向？

6. **你的策略**：现在请你想一想，你打算在谈判中采用哪种策略。考虑的因素既包括你的目标，也包括对方的预期目标和具体情况。

7. **应对策略**：当你制定策略时，你也需要考虑对方会如何反应。他可能对这次谈话有什么样的计划，是否刚好适合你的策略？他有其他选择，因此会让你先拿出计划，还是说他会怎么反应基本上取决于你？

8. **你的论据**：你需要考虑清楚，哪些利益论据与你选择的策略和你推测的对方的应对策略最为匹配。你还要设置关于价格的相应论据。

9.你的成功：预测自己的成功。想象以自己为主角的场景，看着自己非常满意地离开会议室。现在能感受到你对自己是多么骄傲了吗？

无论怎样强调准备工作的重要性都不过分，所以在每次谈判之前最好能逐一核对下面这张检查清单里的要点。

谈判准备的检查清单

我详细制定了个人谈判目标、最低目标以及一个较为满意的目标。

我已经很好地想象到谈判对手的目标和购买动机。

我知道参加谈判的人是谁以及他们有哪些兴趣和要求。

我已经准备好了必要的背景信息。

我知道对方的策略定位。

我选择好了我的谈判策略。

我已经想好我的谈判对手会选择怎样的谈判策略。

我已经准备好了关于利益和价格的论据链。

我确定谈判将会成功，我也为此写了一份合适的分镜头剧本。

现有客户

当你和现有客户会面时，尤其容易受到迷惑。由于你对他非常了解，而且你们拥有多年良好的业务合作关系，因此你很可能会认为自己不必再进行全面的准备工作。

千万不能麻痹你专业的销售头脑，否则有一天你会体验到惊慌失措的感觉。

每一次与老客户谈判前也要做好准备工作，就像去见新客户一样。对于老客户，你同样需要全神贯注。这样做的目的是确保你能与客户长期合作，从而为销售的成功保驾护航。

目标确定道路

准确来说，谈判结果可以分为 4 种：

1. 在关系层面和事实结果层面你都完全达到了目标。

2. 你在一个层面上达成了目标，要么是合作关系，要么是满意的交易。

3. 没有结果，但你已经结束了谈判。你之所以停止了谈判，是因为已无法达成最低目标，再继续谈判只会破坏双方的关系。

4. 你和你的谈判伙伴都向对方靠拢，达成了妥协。

你追求的是哪一种结果？确认之后再选择最佳的开场策略进行谈判，但是不要死咬这个目标。你需要集中精神，在谈判过程中随机应变以实现目标。以下这些基本的谈判策略可以为你提供参考：

回避策略；

关系策略；

单纯目标导向策略；

妥协策略。

使用回避策略时，请避免实质性的谈判。从你的角度看，这可能不是正确的时间或正确的地点。

使用关系策略时，有一点对你来说必须优先考虑，那就是对你来说，客户关系比任何实质性的好处都更具价值。因此，你需要准备好在许多方面做出让步，从而牢固双方的关系。

而单纯目标导向策略则与关系策略恰好相反，对你来说，只有事实结果才是最重要的，你不需要考虑关系。人们通常会在一次性谈判中选择这种策略。如果你很确定，在这次谈判之后不会再与对方联系或你们的关系并不重要，那就可以采取这一策略。当你运用它时，要让自己强硬起来，且"无须表现出诚恳的态度"。如果你要维持长期的客户关系，我就不推荐你使用这种策略了。

使用妥协策略既涉及关系层面，也涉及事实结果层面。你作为销售员，需要准备好迁就客户，同时也让他迁就你。你需要追求平衡。许多人认为"妥协"一词是消极的，因为它在暗示没有人能真正得到他想要的东西。但是，如果你知道什么对你来说是最重要的，并且认识到在付出一些代价之后你就可以得到它，那"妥协"就是积极的。

当然，你要避免糟糕的妥协。对此我想讲述一个我最喜欢的例子：一对男女在一个舒适的夜晚约会，他们面前有一杯红葡萄酒和一杯白葡萄酒。女人喜欢喝白葡萄酒，而男人喜欢喝红葡萄酒，但是双方都没有表达自己的意愿，都为对方放弃了自己喜欢的，而选择了另一种酒。最后女人喝了红葡萄酒，而男人喝了白葡萄酒，结果两人都不开心。妥协策略的经典运用是哈佛理念。

哈佛理念

1979年，哈佛法学院教授罗杰·费舍尔（Roger Fisher）与几个学生启动了一项"哈佛谈判项目"。他们想知道，如何才能在谈判中实现双赢局面而不是次优结果。关于事实谈判的哈佛理念由此诞生。

这一理念指的是，你希望在达成目标的同时还能保持友好的关系，也就是找到双方都能得到的最大利益。

这一理念非常强调尊重和对谈话伙伴的深刻理解，并且要求你具备将关系和事实结果分别看待的能力。

罗杰·费舍尔非常喜欢引用一个分橙子的著名案例。它能够很好地说明哈佛理念的内涵：两个孩子争抢一个橙子，为了结束争吵，母亲毫不犹豫地将橙子一分为二。虽然两个孩子达成了妥协，但其实他们能够找到更好的办法来处理纷争。由于一个孩子想吃橙子的果肉，而另一个孩子想把橙子皮磨碎了烤蛋糕，因此如果孩子或母亲能够将双方关系和事实结果分别看待，并进行准确的需求分析，那么他们就能实现真正的双赢，而不是进行这么懒惰的妥协。

谈判策略的选择取决于两点。一是谈判结果对你的重要性，二是客户关系对你的重要性。你可以在这两点之间进行权衡。

混合使用多个策略很有必要。你需要判断是否要强硬地使用某个策略，需要多么强硬才能够帮助你达成目标。

成功谈判的五阶段模型

无论采取哪种策略，你都应该坚持成功谈判的五阶段模型。它们可以帮助你时刻保持清醒并以签约为导向。**成功谈判的 5 个阶段**：调整阶段、接触阶段、解决阶段、签约阶段、回顾阶段。每一个阶段的详细描述如下：

1. **调整阶段**：在这个开场阶段，你需要确保事先收集到的谈判对手信息是正确的。你需要快速核实：

> 哪些对话伙伴会对结果造成影响，这个影响具体是什么？
> 每一个对话伙伴都有什么样的兴趣和目标？
> 你的对话伙伴是个怎样的人？
> 你如何从每一个对话伙伴那里为自己赢得好感？
> 每位对话伙伴在谈判中都需要哪些回旋的余地？
> 谈判前和谈判中的氛围如何？你的谈判风格会带来怎样的结果？

在早期阶段，如果你没有找到实施最初计划的先决条件，那么你可以根据这时的具体情况调整策略。

2. **接触阶段**：你需要营造良好的谈话气氛，并使用 BAP® 技巧来达到这个目标。你要注意始终在会谈中保持主导权。

3. **解决阶段**：在这个阶段，你需要为客户制定解决方案。此时你会发现精准的需求分析和准备充分的利益点论证是多么有用。

你可以提前整理自己的新想法，并在此时将它们适当地展示给你的客户。这也意味着你已经提前考虑过让步幅度和底线，并且知道如何用最好的方式将其传达给客户。

4. **签约阶段**：在这个阶段，你与客户经过协商达成了一致的解决方案。此时，请再次向你的客户强调他能获得的利益。

如果有必要可做出小小让步。在这点上你需要特别注意对手的谈判风格，判断他是坦率的人还是会耍诡计的人。

始终要以批判性的眼光来审视自己：你会为什么样的签约结果而开心？最

后的结果永远不要低于你的最低目标。因此，也请你保留从谈判中退场的可能性。如果你对这次结果非常满意，或者至少认为它是可以接受的，那么你就需要制作签约合同，同时为下一个步骤制订紧凑的行动计划。

5. 回顾阶段：永远不要省略这一阶段，这是你未来进行成功谈判的基石。当你在谈判结束后进行回顾时，请问自己以下问题：

成本和收益如何？

我是如何评价整场会面的？

我是如何评价这次谈判的？

反思自己的行为和结果，同时评估一下你当前与客户的关系：谈判后你们的关系是变得更好还是变得更差了？在这里，SWOT 分析可以帮到你。

SWOT 分析

SWOT 分析由哈佛商学院于 20 世纪 60 年代提出，用于企业战略规划。这几个字母分别代表：

- 优势（Strengths）；
- 劣势（Weakness）；
- 机会（Opportunities）；
- 威胁（Threats）。

SWOT 分析涉及的原理要比它的提出古老得多，在中国古代就已为人所知。

SWOT 分析需要你意识到自己的优势和劣势，并判断它们在此次谈判中给你带来的机会、风险或者危险。例如客户关系发展得如何？事实结果又是怎样的？

小心：被操纵的危险

世道变得更加艰难，谈判中进行操纵的尝试非但没有减少，反而增加了。尤其在面对大客户时，你经常会与经验丰富的谈判人员打交道，或多或少都会遇到精心设计的谈判诡计。因此我强烈建议你在谈判过程中集中注意力，全神贯注。一旦发现不道德的谈判策略，立刻做出正确的反应。

当你依赖于长期的客户关系时，尤其不能暴露自己的弱点，这点非常重要。你需要表明你的价值，并告诉对方你期待他拥有同样的价值。通过阐明这一点，你可以消除误解：对方看起来不道德的谈判行为并不一定是他的本意。请直接把你的想法友善地表达出来，也让对方有机会去澄清。

表 15-1　不道德的谈判策略

诡计	特征
不友善的谈判	客户故意让你等待，在糟糕的会议室里接待你，不提供饮料
共情	你的客户会强调你们的共同点，并要求你在"困难时期"体谅他
时间压力	你的谈话伙伴会在各个阶段施加时间压力，以减少你采取行动的可能性
权力结构	对方成为谈判的主导者，表现出更强大的力量，你对于谈判结果只有有限的发言权
授权问题	客户指出，他老板预先给出的条件没有商量余地
夸大的承诺	你的客户夸张地描绘你们美好的共同未来
烟雾弹	客户在不太重要的事情上向你妥协，以换取关键点上你的让步
歪曲事实	你的谈判对手以误导的方式表明竞争者的价格
情绪压力	试图通过情绪压力使你让步，例如，质疑你的专业知识、对你的陈述有争议、将想法当作事实、指责你过去的行为、对你进行人身攻击。如果你现在不让步，你们之间的关系会永久性受损
谈判结束后撤回结果	谈判结束后撤回你们口头商定的结果，并以时间压力为借口要求更大折扣

面对不道德的谈判策略，销售员首要也是最重要的义务是保持镇定和实事求是。一旦陷入情绪压力和不安全感之中，你就会迷失方向。如果你的内心保持平静，你的体态也会镇静自若，这时你就能很好地应对谈判对手的攻击。

一旦你注意到谈判对手在尝试操纵你，那你就要立刻进行反击：有话直说，不绕圈子！然后将你充分准备好的数字、数据和事实摆上谈判桌，重新将话题拉回事实层面，以此来证明你的观点。冷静地阐述你的论点，并在必要时一次又一次地重复它。

如果对方仍然言之凿凿，那就要求他们提供证据。例如，你可以问："为了让我能更好地理解您的想法，您能否拿出依据？"或者"您怎么能够如此确定？"通过这种策略，你可以成功应对所有操纵意图。

<h3 style="text-align:center">应对操纵的策略</h3>

1. 保持冷静。
2. 以开放的态度进行讨论。
3. 将谈话引回事实层面。
4. 准备好事实。
5. 冷静阐述你的论据，如有必要，不断重复。
6. 在对方言之凿凿的时候要求他进行论证。

- 谈判前做好充分准备，即使你的谈判对手是关系良好的现有客户。
- 你的目标决定了你要选择的策略。
- 警惕并坚持不懈地去应对谈判对手的操纵。

找准客户的色彩类型，为谈判赋能

你越了解谈判对手会如何行动，你与他们之间的沟通就越有针对性。INSIGHTS MDI® 色彩模型能够帮助你对客户进行分类。使用相应的诊断系统，你可以勾画出人格轮廓以及与情境相关的需求轮廓。仅仅依靠观察，你也能将包括谈判对手在内的人们划分到不同的色彩类型中。这样的分类将帮助你建立坚实的决策基础，以便与客户进行更成功的谈判。

与每个类型的客户谈判时，你要避开的雷区

INSIGHTS MDI® 分析工具按照内向和外向、理性和直觉将人进行区分。将这些标准放到象限中就产生了 4 种色彩类型：红色代表外向理性、蓝色代表内向理性、黄色代表外向直觉、绿色代表内向直觉。

这些特征还伴随其他典型的性格特征，构成了一张个性图谱：

红色型人举止坚定、意志坚强、目标明确，喜欢提出要求并以事实为导向。

蓝色型人小心谨慎、强调精准，喜欢追根究底且注重形式。

绿色型人愿意信任他人，擅长鼓舞人心，富有同情心、耐心和放松的心态。

黄色型人善于交际、令人信服、能言善辩且热情开放。

第 12 章详细阐述了快速识别客户色彩类型的方法，以及对于销售员来说，不同的色彩类型代表着哪些挑战：

与红色型人沟通时要直截了当、开门见山。

与蓝色型人沟通时要有逻辑性，呈现清晰的结构，并且要用许多数字、数据和事实说话。

与绿色型人需要详尽沟通，你要展现出产品的安全性和可靠性。

黄色型人需要令人兴奋的多元化沟通方式，不要谈无聊的细节。

通过色彩分类，你可以获得一个简单的、结构化的谈判系统，由此实现最佳谈判目标，并照顾到你与客户的关系。首先，你要注意的是，在谈判沟通中，面对每一种色彩类型的人时，都有能做和不能做的事情。

表 15-2 与不同色彩类型的人谈判时能做和不能做的事情

色彩类型	能做	不能做
红色	• 回答问题简明扼要、不拐弯抹角 • 告诉他怎么做，而不是为什么 • 强调产出是什么，也就是告诉他结果 • 不要为他做决定，给他提供选项 • 简明扼要地总结谈判结果	• 不要表现得优柔寡断 • 避免以问题为导向的观点 • 不要过分友好 • 避免概括或讲述过多的细节 • 不要说太多 • 不要发表无法证实的观点
蓝色	• 使用大量数据材料，例如数字、事实、统计数据、专业文章 • 以事实为导向，并合乎逻辑 • 关注细节 • 尽可能详尽彻底地澄清反对意见 • 强调质量、可靠性和安全性 • 要一直有条不紊、井然有序	• 不要粗心大意，尤其是在回答他问题的时候 • 在你们相熟之前，不要靠他太近（这也适用于私人话题） • 避免触摸和做出过于私人的手势 • 不要采取过于激进和主动的行动 • 不要去说服他 • 不要过分友好 • 讨论时不要情绪化
绿色	• 表现出你的耐心 • 强调你和他会如何逐步实现目标 • 讨论关系和可靠性 • 真诚且永远诚实 • 花时间与他建立关系 • 仔细听他说话，你说话的时候要轻声细语并且放松	• 不要太果断 • 不要太直接 • 语速不要太快 • 不要遗漏任何细节 • 说话不要大声 • 不要过分主导谈判
黄色	• 强调其他人不具有的新特点 • 强调他对团队的贡献 • 始终保持友善、开放和真挚 • 向他表现出你的热情 • 总是让他参与讨论 • 展示一个绚烂的未来	• 要避免主导整个对话 • 不要说太多且没有停顿 • 永远不要拒绝他的想法和建议 • 不要冷漠或者拒人于千里之外 • 关注细节

找准你的色彩类型，一次击破四种客户

你不仅可以借助客户的色彩类型，还可以通过了解自己的色彩类型来为谈判锦上添花。我在这里为你提供了一些实用的建议。

表 15-3　不同色彩类型的销售员与客户

	红色型销售员	蓝色型销售员	绿色型销售员	黄色型销售员
红色型客户	• 沟通没有困难 • 可能会变成权力的游戏	• 要小心，不要沉迷于细节 • 首先要强调产品或服务的创新点	• 你要更加自信 • 不要胆怯 • 要做好准备，你的客户肯定也做好了准备	• 避免闲聊和开玩笑 • 没有身体上的亲密接触 • 不要浪费客户的时间 • 要表现出务实和高效
蓝色型客户	• 为他提供大量数字、数据和事实 • 不要催促他 • 慢慢采取行动 • 回答他的问题	• 这里没有任何困难	• 确保回答所有的问题 • 展示数字、数据、事实 • 不要被客户的怀疑吓到	• 尝试表现得像个蓝色型人 • 为他提供大量数据和事实 • 不要讲故事
绿色型客户	• 要慢慢地推进，就像你已经习以为常 • 表现得友善而周到 • 给客户时间 • 提及细节	• 给他一些时间来消化事实 • 不要过度催促 • 稍微谈谈私人话题 • 为他提供合作支持	• 这里没有任何困难 • 始终强调安全性和持久性	• 在赢得绿色型客户的信任之前，不要表现得过分友好 • 坚持提供数据和事实
黄色型客户	• 比平时稍微友善一点 • 不要太商务化	• 只要详细地讨论重点就可以 • 尽可能表现出友好的一面 • 提供创新观念	• 接受黄色型客户过分热情的行为方式 • 为他预留足够的时间	• 这里基本上没有什么困难 • 注意：你要兑现承诺

如果你在谈判中找准了客户和自己的色彩类型，谈判就会变得相对简单并且非常有效。

- 根据 INSIGHTS MDI® 色彩模型，你可以轻松识别出谈判对手属于红色型、蓝色型、绿色型还是黄色型。
- 针对每种色彩类型，你都可以找到合适的沟通方式。
- 你还需要考虑自己的色彩类型，然后结合客户的色彩类型，得出关于沟通的进一步结论。

如何在高难度谈判中拿下采购中心？

如今，客户经理几乎不会与个别决策者进行谈判。客户越大，项目越大，销售员面对采购中心的可能性也就越大。"采购中心"或"采购团队"是指由企业中负责外部购买产品或服务的员工共同组成的一支队伍。它不是一个固定的部门，而是跨越了公司各个职能的部门。

谁在采购中心？

通常，采购中心由不同部门的员工组成，比如使用该产品的某技术部门专业人员、负责保养的技术人员、监控成本的财务人员，以及协商合同条款的采购人员。进行大订单谈判时，还会有管理团队的成员加入。所有人都会在整个流程中运用自己的知识和经验，帮助公司做出最佳的购买决策。因此，采购中心具有各种职能和角色。他们可能长期是同一批人，也会在短时间内发生人员变动。

采购中心的角色和职能

以下仅列举采购中心的一些主要角色。采购中心的组成没有明确的规定，因此各公司之间可能也会有所不同。某些角色可以由同一个人来承担，也可能由多名员工共同扮演某一个角色。

表 15-4　采购中心的角色和职能

角色	职能
发起人	• 确定需求 • 启动采购流程并组建采购中心 • 例如，由于法规变化，必须在食品生产中引入新监控程序的实验室经理，需要为此购买一台昂贵的新技术设备
使用者	• 使用该产品的人 • 能通过使用者的知识和使用体验为购买选择和决策做出贡献 • 例如，实验室内的团队负责人
影响者	• 某个领域内的专家 • 拥有重要的信息 • 确定要求和标准 • 例如，对新监控程序有特别专业知识的实验室人员
决策者	• 最终根据其在公司中的等级地位做出购买决定，在公司里拥有资金、权限，并了解采购的必要性的人 • 级别取决于投资额和战略意义等因素 • 例如，公司总经理
采购者	• 具有签订销售合同的正式权限 • 准备采购合同 • 在谈判中负责商务和法务
支持者	• 咨询功能 • 经常与外部人士联系 • 与员工保持密切联系 • 例如，商会顾问
看门人	• 在内部传递和交换信息之前进行有意识的筛选 • 根据他的想法过滤不相关的选项 • 对购买决定产生间接影响 • 例如，实验室经理助理

与采购中心谈判，你需要找到支持者

与采购中心进行谈判要比与单个决策者进行谈判复杂得多。谈判者的需求因他们的角色和性格不同而产生区别。例如，决策者专注于公司和业务的成果以及长期目标，他可能会询问：

投资回报；
产品的创新程度；
保养成本的可量化程度。

采购则关注你提供的产品或者服务，他可能会问：

满足需求；
合作伙伴的长期可靠性；
谈判的条款和合同的有效性；
订单的金额及其产生的流程成本。

使用者的问题集中在他们的后续任务及产品具备的优势上，例如：

对接人的人数、能力和联络的方便程度；
处理投诉的能力；
服务或交货日期的可靠性；
订单的灵活性。

支持者则关注产品或服务的引进，他最主要的问题是如何与供应商一起取得成功。除了角色，采购中心的成员对即将进行的购买行为也持有不同的态度，他们中间既有赞成者也有反对者。对于销售员来说，了解谁在支持这项购买决定是非常重要的，因为他们通常会推动采购的流程，如果他们反对，他们甚至会阻挠或制止整个采购行为。

销售中心

在资本货物（厂房、机器、工具、设备和用于其他消费品生产的建筑物）领域，越来越多的公司正在组建"销售中心"。这一点是很有意义的。特别是当销售过程漫长而复杂，并且有许多客户同时参与该过程的时候，销售中心的必要性体现得尤为明显。就目标来说，销售中心一方面要了解客户的需求，另一方面要与客户建立信任关系。

这就是为什么销售中心不仅要配备销售员，还要配备生产、开发和/或服务等部门的代表。就像采购中心一样，销售中心的整个流程里都有不同角色参与其中。如果某个项目要找的是一个供应商联盟，那么还将跨越各个公司创建的销售团队，也就是跨实体的销售中心。

利用团队的复杂性，主导谈判全局

在采购中心，你需要与一群公司决策者打交道，他们都是公司的代表，但兴趣点、问题和采购态度各不相同。你无须害怕其中的关系纠葛，反而可以利用这种复杂局面，如果你把事情做对了的话。

要想让别人信服你的销售论证，了解决策者的主要购买动机始终至关重要。面对具有不同购买动机的采购中心成员，你需要准备不同角度的利益点论证，以便尽可能说服每个参与谈判的人，或者至少说服那些对决策有重大影响的人。

与采购中心进行谈判的最大挑战在于，你需要了解并总结其中每个人的需求以及他们可能带来的影响。因此，你要设法快速、全面地了解采购中心的人员构成。

你需要一个支持者

在与客户方采购中心打交道的过程中，拥有一个支持者是非常重要的。他能够引领你了解公司内部的整个流程，也可以帮助你私下认识团队中的另一个人或几个人。只有这样，你才能每次都做好充分准备。为此，你要激励自己的支持者，让他为你提供所需支持。

请在表格中输入角色、姓名和职能。补充各项的相关特征，这样你可以更清楚地看到它们之间的联系。

表 15-5　概览表：采购中心

角色	姓名	职位	需求	影响力	购买态度

问一问你自己：

哪些决策标准对哪些人来说是重要的？

哪些人能够做出最终决定，他们占有多少决策权？

哪些冲突是可以预见的以及在这些情况下谁会做出反应？他们会做出怎样的反应？

一张填写完整的表看起来应该是这样的：

表 15-6　完整的采购中心概括表

角色	姓名	职位	要求	影响力	购买态度
决策者	汉斯·穆勒	总经理	实现利润的长期提升	+++	
发起人	埃贡·迈耶	实验室经理	提升实验室营业额在公司整体营业额中的占比	++	

（续表）

角色	姓名	职位	要求	影响力	购买态度
使用者	莱纳斯·万克	实验室专家	用先进、可靠的处理方式并获得优质的服务	+	
采购者	玛丽亚·克莱	技术采购经理	不要超出采购的总预算	++	
支持者	迪特·杜特	外部技术顾问	顺利完成自己的咨询服务，证明购买后销售量能够增加	++	
看门人	艾米丽·甘斯	助理	只将最重要的东西交给老板	++	

团队越大，销售员在谈判前期和中期就越能够灵活地处理问题。采购中心的成员可能会有相互矛盾的需求。在冲突发生的时候，你可以参考群体动态过程研究提供的5种策略：

1. 斗争：只关注自己的目标，不考虑其他人，怀抱这种目的去斗争。
2. 协商：使一方接受对方的目标，放弃自己的想法，可能的话让他寄希望于未来的补偿。
3. 合作：各方通过探索未知领域来尽可能完全实现自己的目标。
4. 避免冲突：通过推迟谈判来避免冲突，双方暂时都没实现目标。
5. 妥协：双方都只实现部分目标。

这些操作与谈判的一般策略非常相似。

从本质上说，与采购中心的谈判比与单个决策者的谈判更为复杂和紧张。而在以下情形中，谈判过程会更加困难：

- 你对客户而言是一家新的供应商，或你提供的都是全新产品。
- 本次采购关系到客户公司的重要投资或风险较高。
- 关键岗位是新人。

然而对于你这位销售员来说，这仅意味着你需要进行更好的准备，更加努力地调查采购中心的各个角色并且按照他们的特点进行沟通。做到这些之后，就没有任何事情会阻碍你的成功了。

了解采购中心的决策层，并直接联系他们

调查清楚采购中心里谁是你正确的对话伙伴、这些成员间的关系是什么，并辨别出谁是决策者，并不总是那么容易。但是这非常重要，只有这样你才不会在错误的对象身上浪费太多时间。

在开始时就与采购员保持联系。他们很少是决策者但他们是性价比专家，所以他们的评估举足轻重。他们通常是第一个与你发生联系的人，因此如果你首先将精力集中在采购员身上就不能做错任何事情。向他们提供关于细节的信息，因为他们需要这些来帮助决策者做决定。

如果你在早期阶段就与决策者取得联系，那就更好了。不要用细节让他感到无聊，而是要向他提供你的产品或服务所具有的巨大经济优势。

要学会逐渐了解采购中心的决策层结构，并尝试直接联系所有相关人士。始终关注各个成员的不同要求，并且据此严格调整你的利益点论证。这样一来，你将在与采购中心的谈判中充满自信并取得成功。

- 与采购中心谈判是复杂的，因为客户的决策过程总会涉及几个具有不同需求的人。
- 销售员最重要的任务是辨别采购中心的人员角色、他们的态度以及他们能够产生多大影响。
- 成功的关键是针对不同的要求制定多角度的利益点论证。

成功的报价就是让客户找到被重视的感觉

许多销售员和企业都犯了一个严重错误，使他们在销售过程中错失了本可以获得的成功。

他们认为，在客户向他们询问报价时，销售就完成了，于是从销售员转变成了管理者，像流水线生产一样说出了自己的报价：

"尊敬的先生（或女士），感谢您对我们产品的关注。根据我们的商业条款，我们后续会为您提供以下服务……"

提供标准报价的销售员如果最终没有完成销售目标，不必感到惊讶。报价只不过是将销售期间的谈话以书面形式呈现出来，因此你相应地需要从外部和内部去设计报价。就外在而言，你的报价应该写在带有品牌特色的纸上，清晰可见、易于识别。这么做不仅要考虑品牌标志、字体和布局，还要考虑纸张的选择。最终，客户将手握你的报价并感受到它的质地。写有价格的纸张松弛或起皱，第一次翻阅报价单时纸张就破裂了，又或者纸张颜色泛黄，这些情况都没有体现出报价的价值，也没有体现出你对客户的尊重。

你需要注意你所在行业的习惯和客户的期望。如果你的报价由肤浅而毫无意义的空话组成，那么你的客户就会觉得这份报价仿佛什么都没有说，甚至认为自己受到了恶劣对待。毕竟你曾亲自或至少通过电话与客户进行详细交谈，你的客户已经提供了个人信息以便你进行需求分析，并建立了对你个人的信任，如果他在你的报价中找不到被尊重的感觉，就会感到失望。

量身定制的报价

在报价中，利益点论证和价格讨论的基本准则相同，重点都是客户能从购买行为中获得哪些利益。一切都围绕着这个重点，所有信息都与之直接相关，并且总是包含其中，无论是技术细节还是法律规定，无论是价格还是支付条件。如果客户在看到大量产品编号和官方名称之前，或者在阅读报价中的具体段落和说明之前，已经忘了为什么要购买你的产品，那么你就无须去考虑这份报价了。

不要错过为客户设计报价的机会。作为一个好的卖方，你需要在需求分析中问清楚客户想要的利益是什么。当你确认了客户的购买动机，了解了对接人的性格类型，识别出了由他的角色所产生的需求，你就知道应该以怎样的方式、利用哪些论点和文字与客户沟通。接着，你只要这样去做就可以了。

一定不要忘记在报价中明确突出与销售相关的内容。由以下 6 个部分组成的报价才能经受住时间的考验：

1. 在前几句话中充分表明自己向他提供的是一份独特的报价，以便客户能够注意到这一点并对你产生深刻印象。
2. 对他的需求进行总结。
3. 描述解决方案以及客户能够从中获得的利益。
4. 在结论中再一次展现客户期望得到的利益以及做出购买决定之后能产生的积极结果。
5. 展示报价文件签署后的步骤。
6. 预先告知客户，自己将在未来几天跟进后续工作。

千万不要向客户提出"建议"，尤其是在制定解决方案的时候，因为建议就像忠告一样，始终都在打客户的"耳光"。为客户提供报价时，要让他从中清楚地发现自己的需求。如果你的客户必须在企业内部证明其购买决定的合理性，请为他提供出色的论证链条，为他带来安全感。

特殊的营销

不谈价格，让你的客户感到吃惊。如果客户真的对你的产品或服务感兴趣，他还会与你取得联系。然后你可以说："我们约个时间并在会议桌上确定价格吧。"这不仅适用于个人业务，也适用于主要的业务领域。

这并不意味着你应该为每位客户从头开始编辑一份全新的报价文件。你需要为自己创建一个储存了大量公式和模块的数据库，这样你就可以利用模块设计出一份新的报价。使用文本模块时，你需要保持批判精神和警惕性：你所编辑的内容是否与客户的需求相符？他能从中看到自己的需要吗？如果你无法确定，就添加一些个性化的内容。

在没有希望的情况下应该怎样提供报价？

当然，只有在客户提出要求时你才需要拿出报价单。其他情况都意味着他还没有了解产品或服务的优点，因此可以肯定地说，他还没有做好购买准备。

但是，并非每一位询价的客户都打算买下你的产品或服务。原因各有不同：有的客户试图尽快结束与销售员的谈话，而另一位客户则只是在寻找一个可以比较的报价，以此来向其他卖方施加压力。

如果你很擅长倾听，那么你已经意识到他不愿意在你这里花钱。但是，你不应该拒绝提供报价。你只需要知道，你不应该花费过多时间来设计这份报价单。

最后，检查一下你的报价是否已经考虑了以下所有关键点。

检查清单：设计报价

☐ 我已经对客户询价的举动表示高兴。
☐ 我已经描述了客户的个人需求，这在此前已经调查清楚。
☐ 我已经描述了解决方案并告知客户从中他可以获得哪些具体利益。
☐ 我已经描述了客户在完成采购后所期待的积极结果。
☐ 我已经简单阐述了签署报价文件后的下一步计划。
☐ 我已经预先通知客户，我将在接下来的几天中跟进后续工作。

对投标说"不"

在许多行业，人们有越来越多的机会被邀请去参加投标或在线拍卖（在线选择）。公共部门委托人通常有法律义务这样做，但是近年来越来越多的商业和私人客户在项目业务中运用这些方法。

通常来说，他们这么做的目标是使成本最小化。

在公开招标中，既有针对所有供货方的公开程序，也有仅允许选定的供货方参加投标的限制性程序。哪种程序何时有效，取决于订单量的最低值和其他一些标准。这些条件不适用于私营部门的招标。在这种情况下，企业开发了各种类型的"游戏"，它们的目标和形式各不相同。

招标术语

私营部门的招标充斥着各种缩写，代表了招标的不同目标。

表 15-7　私营部门的招标术语

缩写	英文全称	中文含义	特征
RFI	Request For Information	信息请求函	委托方调查市场，询问潜在的供应商是否能够基本满足自己描述的需求。通常会提供标价
RFQ	Request For Quotation	询价函	委托方向他认为有能力提供服务的供应商询问价格（这个价格通常是没有约束力的）
RFP	Request For Proposa	征求报价书	这是典型意义上的招标：委托方发送详细的需求描述，以及包括附加协议在内的责任清单。供应商提交的报价在有效期内具有约束力
RFF	Request For Feature	扩大报价函	委托方提出扩大现有程序或报价范围的要求
OO	Online Option	在线拍卖	委托方将写好的要求和最高价格放在网上。如此一来，出价者的报价只能低于这个价格，而每个出价者都能看到别人的报价

无论是招标还是在线拍卖，我都会建议你只在以下 3 种情况下参加投标：

407

1. 你了解客户并能够完成任务，确信招标的内容只适合于你，没有任何竞争对手能够真正参加投标。

2. 你愿意放弃报价中的佣金或差价。

3. 你希望自己能交到好运或者不得不相信自己的运气。

如果这3个条件都不适合你，那么我认为你在这次招标中只有一个正确的选择，那就是把投标书放入碎纸机。

后续跟进意味着重视

到此为止，你是否做对了所有事情？我还不能祝贺你，不仅如此，我还要再次激励你。缺乏后续跟进可能会破坏最具有希望的销售机会。不要放弃终点线之前最后一米的努力，缺乏后续跟进的报价对我来说几乎等同于对身体的伤害。

是否简单地给出一份报价，取决于你。给出报价承诺的同时，你应该已经知道何时以及如何跟进。你要遵守承诺，在截止日期前完成报价。如果你写下了"接下来的几天内"，那么请不要浪费这一周的时间。让你的客户感觉到你是一个信守诺言的人，有利于他对你产生信任。

最佳的报价时间取决于行业和产品，通常你应该在3～5天后提报你的定价方案。使用你的客户关系管理系统帮你按时完成任务，包括设置日期提醒，尽可能定期跟进下一步工作。

坚持后续跟进工作，也是销售员对客户表示尊重的标志。毕竟，客户已经投入了大量时间，并需要你的报价来满足他的购买需求。销售无非就是为客户做一些对他有利的事情。你可以为他做出购买决定的最后一步提供支持。

但是你要做正确的事情。"正确"意味着你不是去问："您收到我的报价了吗？"或者"您已经做好决定了吗？"而是问："您在哪些方面对我们的报价感到特别满意？"如此一来，客户便没有机会用简单的"是"或"否"来敷衍你，他必须做出阐述。如果答案是肯定的，那么你要去询问更多细节，比如为了尽快获得产品或服务，对方希望后续工作如何进行。如果他的答案是否定的，你就要问得更加具体，比如你应该怎么做才能让你的报价达到他的期望，这样能够帮你调动客户的积极情绪。

然后，你要继续进行清晰的需求分析。使用这样的方法，你至少还有机会改进你的销售方式。要始终通过电话亲自跟进，因为这样你就可以知道问题出在哪里。

如你所见，后续跟进不仅是一项管理工作，还可能是一项销售挑战。同时，你要对客户表现出浓厚的个人兴趣，让他知道你非常重视他并且会回报他给予的信任。客户的信任是你获得成功的最佳保证。

不要提前放弃订单

如果你已经与客户积极地对报价进行了初步讨论，但客户仍然犹豫不决，那么原因可能有很多，包括人员变动、预算缩减或竞争对手提供了更好的报价。尽管如此，你还是要继续关注客户。你要询问原因，与客户交谈并寻找他已经发生改变的购买动机。只有在你失败的时候，订单才算真正告吹了。

永远不要指责客户，也不要怪罪他们的困境。坚持老一套的销售规则，你就永远不会与客户产生矛盾。明确表示你想要完全了解他，但如果你强烈地感觉到客户在故意欺骗你，就一定要大声说出来："我很惊讶……"。在这种情况下也一定要确保你与客户平起平坐！

- 报价是用书面形式对销售谈话的内容进行延伸。
- 为报价贴上个性化的标签，让它既能传递你的品牌，也能传递你对客户的理解。
- 友好而坚定地持续跟进，直到你收到客户的承诺或需要优化报价的暗示。

收尾技巧：让客户不知不觉跨过终点线

收尾技巧的意义不仅是在正确的时间提出正确的最后一个问题。我认为，如今不存在真正的"最后一个问题",因为一名好的销售员并不会迫使他的客户越过终点线,而是会让他在不知不觉中跨过去。高超的收尾技巧总能让客户体会到自己做出决定的感觉。过去的"最后一个问题"已经跟不上潮流了,你应该用聪明的收尾技巧代替它。

收尾技巧指的是你要为客户的所有决策提供帮助,以便他能针对你和你的报价做出决定。这就是为什么良好的销售对话从始至终都包括收尾技巧,并且充满了封闭式问题。因为一名优秀的销售员从开始到最后都在密切关注事态发展并坚定不移地走下去。此外,如果你一开始就把事情做错了,通常到最后都无法消除其影响。

但是,这既不意味着你要单刀直入并尽快到达最后一关,也不意味着你不需要考虑客户希望在对话中推进的过程,如让他建立对你的信任。采用良好的收尾技巧,你就不用把客户生拉硬拽过终点线,而是让他在不经意间通过终点。

高超的收尾技巧能够让客户在对话中随时感觉到自己可以自由地做出决定,他一旦觉得自己受到强迫,便会本能地采取防御态度。即使你强迫他到达终点,那你也可以确定,你永远不会再看到这位客户了。

只有带领客户轻松地跨越最后的终点线,才能为成功的长期业务关系奠定基础。千万不要将客户逼到角落,这会破坏你们之前已经建立起的信任关系。永远不要让自己陷入困境,这会破坏你与客户之间的平等关系。信任与平等都是取得长期销售成功的前提。

敦促客户做出购买决定,为什么让销售员如临大敌?

签署合同是销售会谈的理想终点。然而,许多销售员不愿意提出最后一个问题。理由很简单:害怕客户给出否定答案。他们将否定理解为个人的拒绝,而不是这些请求:还有、一个、推动力、是必须的。

他们缺乏正确的态度,因此不会成功。根据我的经验,最终失败的原因有很多,其中包括销售员错过了提出最后一个问题的最佳时间,而不是因为他们过早或过快地问了这个问题。

这种回避行为会如何影响客户呢?客户已经几次表示有兴趣购买,而销售员却根本不问最后一个问题，他会因此感到沮丧。他觉得在自己遇到困难的时候，销售员却留他独自一人。

做出一个积极的决定总是需要勇气，因此，客户需要你给予他动力而不是打击。销售员散发的安全感能够让客户对他的决定产生安全感，知道他的购买行为是正确且优秀的。客户本人没有安全感，不确定自己是否会后悔购买，所以如果你也因为害怕而不敢提出最后一个问题，并且表现出举棋不定的样子，那么客户应该如何克服这种双重的不确定性呢？

你提出最后一个问题的勇气，给予了客户做出购买决定的勇气。

内部压力也会产生反作用力

"内部压力会产生反作用力"的这条规则不仅适用于向客户施加压力的情况，也适用于客户能否注意到你在最后关头承受着压力的情况。

当他发现你有压力时，他会做出两种反应：要么他相信你真的在乎他的利益而不是佣金，不去购买无法带来好处的产品或服务；要么他掉转枪头攻击你，强迫你打折。

两种反应对你来说都没有好结果，因此你需要尽可能掩饰自己的压力。你要关注客户从购买中可以获得的利益以及他们对产品的满意程度。

遵循4个原则，让客户放心下单

做出购买决定始终与信任有关，因此，你在整个销售过程中要注意站在客户的角度，让他建立起对你的信任。对此你需要遵循4个原则：

1. **可靠性**：一丝不苟地履行你对客户的所有承诺。即使客观上的微小偏差也会影响客户对你的印象，因此你一定要仔细考虑你给予的承诺，不要为你无法做到的事情许下诺言。万一你无法"交付"承诺，就公开而诚实地告知你的客户，并为此提供可靠的理由。

2. **准备**：客户对你是否为销售会谈做好了充分准备有着敏锐的嗅觉。做好充分的准备是重视对方的标志，能够建立起客户对你的信任。

3. **专注**：对你的客户全神贯注。证明你拥有倾听的技巧，你的客户会自然产生信任并以开放的态度接纳你。这涉及语言和非语言部分。你需要保持目光接触，使用肢体语言来表明你的兴趣。

如果你的话语和身体语言透露出傲慢、无聊或不重视的迹象，就将一举摧毁原本充满信任的关系。

4. **言语比例低**：你要避免自己一人独白。如果你让客户说话而不是自己无休止地发言，那么你就可以提高他对你的信任度。你应该给客户留出三成或两成的时间说话。

牢记这4个基本原则，你将为最后的问题做好准备。

检查清单：建立信任

- ☐ 我做出的所有承诺都是可靠的。
- ☐ 我准备好了。
- ☐ 我很专注。
- ☐ 我会让客户自己说话。

建立信任时还要注意客户的色彩类型：

为了接近蓝色型客户来获取数据和事实描述等信息，你首先要用自己的能力和可靠去说服他。但不要太靠近他，也不要在私人对话或者闲聊上浪费时间。

这一点同样适用于红色型客户：首先聊业务，然后才是闲聊。你要高效务实，不要在套话上浪费时间，不要开始私人的对话。和他保持友好距离，在肢体语言上也是如此。给予他主导权，让他引领对话。

相反，你可以通过微小的手势接近绿色型客户。通过支持他或讲述一些私事来建立信任关系。无论如何都要始终保持友善的态度。

你需要在黄色型客户身上发现共同点。他善于交际和娱乐，你要向他介绍相关信息。你还要灵活幽默，并包容他的自由发挥，也要常常叫出他的名字。

提出最后一个问题的时机就是现在

经常有人问我，什么时候是提出最后一个问题的最佳时机。答案非常简单，

第五部分　业绩之神的销售技巧

那就是现在。没有理想的时机，现在永远都是正确的时机。也就是说，早早提出这个问题总比不提要好，剩下的就是要有敏锐的感知力。

你可以相信自己的直觉。直觉会给你一个明确的信号，告诉你何时应该收尾。你潜意识里会感觉到你的客户已经准备好了由你带着跨过最后的门槛。你的直觉比你的意识能更快地识别这些线索。只有你对销售工作用心了，才会觉察到提出最后一个问题的合适时机。如果你的直觉说"现在"，那么就提出最后一个问题，不要长时间犹豫。

客户的典型购买信号

语言

你的客户要求你提供订单执行过程中的关键时间点，例如服务和交货时间。这说明他已经将自己视为产品的使用者了。

他亲自阐述了产品的优势："我完全可以想象，你的产品将使我的生活更加轻松。"他已经可以感觉到自己在未来得到的满足感了。

他询问了长期合作的要点，例如他开始考虑在购买了新的归档系统之后，何时为公司进行第一次培训。

肢体语言

客户的手势远离自己而向你靠近。他寻求目光接触，他的身体向你倾斜。他通过这些信号表达了他对你的信任。

当你描述产品的好处时，他点了点头。

你在描述产品可以提供给客户什么好处的时候，他的面部表情既愉快又轻松。你从中还可以看到，他在肢体语言上表现出了自己未来得到的满足感。

他采取放松的姿势。

鼓励客户下单的杀手级话术

你可以采用多种方式来设计最后一个问题。我在这里向你介绍一些基本技巧，以及一些模板。你可以根据自己的提问能力以其他形式提出适合你本人、你的品牌和客户的问题。为你的最后一个问题制定至少三个或四个不同选项。

你要注意所有"适合销售会谈"的表达方式：积极，以客户及其利益为中心，针对客户量身定制。

1. 久经考验的选择性问题。 你在每一家比较好的餐厅里都会了解到这种询问技巧。友好的服务员会在饭后询问你对饭菜是否满意，要不要喝浓缩咖啡，因为他仍然想推动一些追加销售。大多数服务员会选择封闭式提问："是否要一杯浓缩咖啡？"由于人们更愿意说"是"而不是"否"，因此这种服务员的成功概率略高于50%。

如果他的最后一个问题是："来一杯浓缩咖啡，您觉得怎么样？"这个更为开放的问题几乎没有成功的机会。

而真正优秀的服务员会问："您今天要喝浓缩咖啡还是对甜点比较有胃口？"这时顾客选择其中一种的概率明显超过60%。

这个例子说明，你的表达要使客户明白，他不是在买和不买间进行选择，而是在买一个产品和买另一个产品之间进行选择。如此一来，实际上痛苦的决定，也就是基本的购买决定，已经做好了。

两个小词构成行家的选择性问题

如果你将第一种选择与"只"字组合在一起，将第二种选择与"也"字组合在一起，就可以锦上添花。在餐厅里，服务生会问："亲爱的客人，您是只喝一杯浓缩咖啡还是也来一份提拉米苏？"

这个建议非常明确。这时候服务员已坚定认为，顾客早已选择了第一种产品。使用"只"一词来表示你已经克服了更痛苦的决定，随之而来的痛苦就是决定要不要选择第二种产品。这个痛苦要比第一个小很多。

第二种选择也有较高的出售机会，因为销售员最后提供的选择在客户心中的停留时间最长，而且也经常得到购买。

2. 流行且有效的假设性问题。 如果你在最后一个问题中清楚地描述了客户希望产品能够提供的好处，你的情绪就会高涨。比如，你会问：

"客户先生，让我们假设一下，您看到了新型计算机的运行速度有多快、创建 CAD 图形时有多么顺畅。您会同意使用这款新产品吗？"

使用假设引导客户进行想象时再抛出封闭式问题，就会让购买与想象产生紧密的联系。你的客户不会感到被你逼迫，因为他只是"接受"了你的引导，同时愉快的想象也能让产品在他那里产生强大的吸引力。

3. 打包价：减法—加法技巧。如果你知道报价中不可避免地存在让客户不满的内容，你就要使用减法—加法技巧。直接提出打包价，然后立即将客户的想法引导到报价的积极方面。比如你可以说：

"客户先生，如果我们不必进行新的健康检查，那么这份整体打包的新保险服务是否可以给您带来特别的好处？"

客户将被你的问题引导并开始考虑产品的其他利益。

4. 强大的心理：短缺技巧。没有人想错过一个好机会，如果你的客户只需要很小的动力就能做出决定，那么你就可以使用短缺技巧。比如你可以说：

"客户先生，目前交货的周期很长，我们现在只有两个这样的特殊模型以及可以立即使用的配件。我可以将其中一个模型为您保留到明天，请您在明天前做出决定。"

你可以通过这种方式为客户的决策施加温和的压力，客户将把这种压力视为机遇而不是威胁。各种形式的促销活动都可以参照同样的方法来达到目的。

5. 协议的实施细节：一切都已决定。在谈判的早期阶段询问客户对协议的具体实施有什么想法。如此一来，他一想到什么，画面就会印刻在他的脑海中，仿佛自己已经拥有了产品。他不用再做出购买决定，因为这样的画面帮他预见了最终结果。

关于实施细节的问题，你可以这样问："亲爱的客户先生，这些东西什么时候需要完成安装？"或者"您想如何安排交货？"

永远不要质疑结果

无论你使用哪种技巧，都不要表达出你对结果的质疑。不要问："是什么还在阻挠我们达成协议？"而要问："我还要做些什么，才能让您真心实意地同意签字？"你始终要坚持内心的信念，相信自己最后一定能取得成功。即使做到这一点需要更长时间，但是你的内在态度仍然至关重要！

6. **用证人来说服**。如果客户仍然犹豫不决，那么你就可以使用参考法为他提供更多安全感，比如：

长期客户的证词；

类似情况下其他客户的体验；

权威的测试报告；

可信的专业媒体的报道。

你的公司有良好的声誉吗？把这张王牌也摆到台面上。尽可能多地收集"证人"，以便在合适的时候用到他们。你在进行销售会谈时要非常仔细地倾听，这样才能在各种情况下打出正确的牌，并找出那个最有可能说服客户的"证人"。

7. **沉默的力量**。如果你察觉到客户有签约意愿且所有详细条款都已澄清，但他仍然犹豫不决，那么请尝试以下操作：填写订单并输入协商好的详细条款，然后微笑着将订单推给客户看，同时保持沉默。这种沉默会产生巨大压力，所以你要谨慎地使用这个技巧，以免导致相反的效果。你要使用肢体语言来传递开放的态度和你的专注，同时你也能借此愉快地确定客户将立即签约。

如果签单的路仍然很长，你还有 4 种方法跑完它

如果你运用了经典的提问技巧却仍然一无所获，请不要气馁。

第五部分 业绩之神的销售技巧

对于这种情况，我推荐你使用另外 4 种方法。

1. 可伦坡技巧。这个技巧以美国犯罪连续剧《神探可伦坡》(Columbo) 中的警探名字命名，彼得·福尔克（Peter Falk）扮演了这个独一无二的角色。可伦坡的成功之处在于，当证人或嫌疑人认为审问已经结束，警察再也问不出什么的时候，他会看似随意地提出一个重磅问题。可伦坡使用了一种意想不到的策略打破了证人或嫌疑人脑海中的僵局。

如果你和客户在长时间的销售会谈后仍无法就一些问题达成共识，那么你可以默默地收拾自己的资料，看着客户，说出下面这句话来向他道别：

"您再把整件事仔细想一想吧。"

在去门口的路上，你可以短暂停留一下，并转身对客户说：

"我又有了一个主意……"

现在，你要提出一个对客户特别有吸引力的观点，就好像它是你一直藏在袖子中的王牌一样。但要注意，它必须是你在之前的需求分析中已经发现的一张真正王牌。

2. 道歉技巧。如果你的客户在销售会谈中认可了你的论点，那么你要一直有针对性地使用这个论点。如果他要求你给他更多时间考虑，就意味着销售会谈中显然还存在你不知道的障碍。只要你不知道这个障碍，你就无法与客户就其进行讨论。

道歉技巧的目标是让对方发现这种无声的阻挠，比如你可以说：

"亲爱的客户，我想向您表示歉意。您接受我的个人道歉吗？"

客户会惊讶地问"为什么？"然后你回答：

"我们的谈话出现了点问题。我是不是踩到了您的脚,还是我今天穿了错误的西装?"

这样一来,你便向客户敞开了心扉,将一直未能表达的担忧摆在了桌上。现在,你可以讨论它们并使用一些技巧将其消除。

3. **中奖牌**。如果谈话陷入长时间的僵局,所有的事实、论据都已被反复抛出,你使用的各种收尾技巧都没有取得任何进展,那么现在试试抽出中奖牌,说:

"亲爱的客户,让我们今天离开这里时都能成为赢家。"

你给客户一个诱人的前景,你们仍有可能满意地完成谈判。如果这个方法奏效,你会再次为谈话带来动力,同时可以用另一种收尾技巧重启谈判。

4. **信任问题**。如果你的客户总是提出新的、微弱的反对意见,那么这时候就该提出世界上最古老但仍然有用的最后一个问题——信任问题:

"亲爱的客户,我信任您。您也信任我吗?"

将你的这句话和开放的肢体语言一起使用,即张开双手并看着你的客户。用这种方式轻微地向客户施压,他必须自己做出决定。

无论他是犹豫还是坚定地同意了你的观点,你都要用肢体语言来帮他确认自己的回应:将你的手伸向他,他会与你击掌。也就是说,你要让他再次明白,他是信任你的。让他表达自己对你的信任,继续强化他的这种感觉,并且答应你的最后一个问题。

在谈判的最后阶段如何应对不同类型的客户

在最后阶段,除了要关注客户最主要的购买动机和他所遵循的语言模式,你还一定要注意他们的 INSIGHTS 色彩类型。

表 15-8　谈判最后阶段的特点

客户的色彩类型	最后阶段的特点
蓝色	• 你要给客户时间 • 你要暗示犹豫过久会带来的弊端 • 你要为客户提供激励，以使其迅速做出决定
红色	• 你要快速结束谈判 • 你要让客户来决定 • 你要让客户在某些方面获胜 • 你要以后再进行争论
绿色	• 你要给客户时间 • 你要小心地将客户带领到最后一步，并始终占据主动权 • 你要用产品或服务的特殊保障来引诱他
黄色	• 你要坚持各项条款 • 你要给客户奖励 • 他一般不会提出异议，靠直觉做出决定 • 你要提供后续联系方式

所有办法都行不通的时候，试试"噩梦销售法"

有时你会注意到，尽管你付出了所有努力，但仍然没有卖出任何产品，可能是因为客户不断地将苹果与梨进行比较，也可能是因为他想让你降低价格，还可能是因为他在不断地利用你的竞争对手向你施压。

鉴于此，我将推荐一种被我称为"噩梦销售法"的技巧。我承认这种方法并不适合每个人，因为你必须彻底掌握才能使它发挥作用。但无论如何你一定要了解它，利用"噩梦销售法"的话术使客户深思熟虑。利用这个办法，你要么能够将客户引导到最后一步，要么能够让客户稍后再来购买你的产品。

这个技巧包括 3 个步骤：

第一步：使用低调的赞美来抬高客户。

第二步：用最黑暗的语言色彩来描绘客户拒绝购买时会发生的情况。你要激活客户头脑中最关键的3个痛点，并举出一位"证人"。

第三步：保持沉默，让客户一个人留在那些沮丧的想象之中。

具体来说，你的表达应该像这样：

第一步：

"亲爱的客户，您确实很了解市场。"

第二步：

"如果对您来说，彻底的数据保护不是很重要，那么请至少确保服务器在欧盟，而不是在每个人都可以访问的美国。"

"但是，许多客户会要求您提供有关服务器位置的数据表，您要为此做好准备。"

"这很危险，因为如果客户知道您的服务器不在德国，那么他们会很快转向其他卖家。"

"更不用说您的公司上市后将会遭受到的风暴。"

第三步：保持沉默。

接下来，要么你的客户说"哦，我都还没有想到"，然后重新开始谈话；要么他说"好的，再次感谢"，接着就离开了。

但无论他坐在哪位竞争对手旁，他的脑海中都会始终保存着你积极沟通的形象，也许有一天他会重新回来找你。

如果你想在销售中使用这个技巧，请针对你的产品准备好3个文字模板并熟悉它。

表 15-9　练习："噩梦销售法"

版本	步骤	你的表达
1	低调的赞美	
	3 种噩梦	
	保持沉默	
2	低调的赞美	
	3 种噩梦	
	保持沉默	
3	低调的赞美	
	3 种噩梦	
	保持沉默	

达成交易的那一刻，客户更需要安全感

作为优秀的销售员，你很希望与客户保持长期合作关系，也就是说，你希望这次订单签署之后就会迎来下一份订单。所以，签字完成之后，你要像在销售谈话开始时那样对待你的客户：友好、礼貌、重视他。不要低估能够影响客户购买决定的不确定性，它是购买者后悔的先兆。你要为客户提供尽可能多的安全感：

明确表示你将继续亲自为他工作。

祝贺他做出的决定。

再次唤起客户脑海中的画面，让他知道，你的产品或服务会给他带来多大利益。

讨论将要采取的具体后续步骤，并询问相关的详细问题。这样你也能展现出责任感，并为客户带来安全感。

如果你在这个阶段取得了成功，那么你就已经为进一步的良好合作铺平了道路，这次订单签署后，你将迎来下一次的订单签署。这时候，想要保持你与客户的长期合作关系，非常重要的一点是不能松懈。你要继续努力，就像橘子的故事里所教导的那样。

这次没有签字？

如果你已经进行了良好的交谈，却仍然没有达到结果，也不要带着屈辱感退出谈判。

保持主动并与客户保持联系。一次又一次地联系他，为他提供他感兴趣的信息，邀请他参加公司的活动。向你的潜在客户表明你仍然有兴趣与他合作。你带着礼貌的坚持很可能会打动他，并且迟早会收获成果。

- 结束的技巧是你为支持客户做出购买决定而要做的一切。
- 你可以凭直觉判断什么时候是提出最后一个问题的正确时机。
- 学习最后一个问题的不同提问技巧，以便应对不同客户和不同情况。

第 16 章
怎样走出销售会谈中的"死胡同"？

坚持是每个优秀销售员的代名词，但总有一些客户让你在某一节点无法推进谈判。与这种客户会谈，你会感觉自己山穷水尽了。

如何寻找继续谈判的机会？

比较经典的情况是你在与客户交谈多次后突然走到了尽头，谈话的思路中断了。你联系不到客户，他不回复你的电话或者干脆挂断电话。总之，他消失了。

首先，不要因此感到气馁。这种现象背后可能还有其他原因：也许你的客户正在集中精力处理另一件事，或者你的联系人生病了并且没有指定其他人代理他的事务。但在寻找的原因时候，你要始终保持自我批评的态度：根据我的经验，在大多数情况下，是销售员自己的行为造成了这种情况，因为他们给予客户的承诺太少。能从你这里感受到互惠关系的客户不会简单消失。即使他们出于某种原因决定不与你达成合作，至少也会让你知道。因此，问问自己：

在上一次对话中，我是否足够清晰地表明了下一步要做什么？另外，我是否与客户达成了具有约束力的协议？

我是否进行了良好的需求评估？

我是否初步与他订立了道德上的合同？

我是否传达了以动机为导向的利益论点，并考虑了客户的色彩类型？

我是否自信地处理了所有反对意见？

我的报价是为客户的利益量身定制的吗？

我是否坚持跟进谈判？

我在整个过程中是否以最终结果为导向？

如果你必须否认某一项，那么请你管理好自己，因为你已经搞砸了自己的销售。你要学习如何做得更好。也许你还没有完全跌入深渊，因此无论如何都要坚持下去，直至找到客户。

如果你确定自己失败了，就要公开坦诚地告诉客户并做出弥补。这么做也许可以帮你恢复与客户的谈话。在这以后，你要在工作中表现出非常可靠的一面，以便重新获得失去的信任。

如果你长时间无法与客户取得联系，且不存在通信问题，那么你需要尽可能联系到他的助手等能够接近他的人。

如果你问了助手谈判中断的原因，却没有得到明确的答复，那么再次尝试与决策者取得联系就显得尤为重要。如果你能够与决策者通话，那就直接说出你的想法，例如：

"客户先生，我的感觉告诉我，一些状况导致我们的谈话陷入僵局。您实话实说，这与我个人有关系吗？"

或者：

"客户先生，我在过去两周都无法与您取得联系。请您告诉我，我们现在走到了哪个阶段，以便我们一起确定新的计划。"

如此一来，你就能继续与客户保持平等地位。无论你们是否建立了业务关系，这一点都是非常重要的。你需要保持开放、友好、随时愿意交流的态度。

没有结果的谈判，并不意味着业务关系的结束

你可以强调他对谈判的兴趣，继续推动销售进程。仔细倾听以便找到客户在谈话期间犹豫的原因，这样你才有较大的机会进一步解决这个问题，不让这个问题再妨碍到你。客户的答复会有以下 3 种可能：

他肯定了对谈判的兴趣，此时你可以继续推动销售进程。

明确拒绝了你。你可以借此机会问一下原因，以便为下一次销售积累经验教训。这么做也是在向客户发出信号：他对你来说很重要。

对你的询问闪烁其词。你可以继续询问一两次，他或许会给出更清晰的答案。如果他始终不愿意明确回应，那么你就不用理会真实原因了。此时，你是继续留在原地、与客户暂停谈判，还是将客户移交给同事，取决于你在客户身上看到的购买潜力，以及你所猜测的谈判中断的原因。

如果你已经决定不再继续谈判，请将你的意图和理由告知客户。要表现得自信而友善，语气中不要流露出责备或委屈的痕迹。只有这样，才能保持与客户的平等关系，并在将来继续愉快地合作。即使这次谈判没有结果，也并不意味着你们尚未真正开始的业务关系已经结束了。如果你已经与客户进行了长时间的深入交谈，那么我建议你不要中断或结束这种良好交流。

根据我的经验，如果你看到了客户的购买潜力并且记住了他，将来很有可能会有所收获。时不时给他打个电话，偶尔发个短信，在专业博览会上与他短暂地碰个面，这种坚持不懈的精神会给客户留下深刻印象，让他感到自己得到了重视。当他有了新的需求时，更有可能亲自联系你。

- 如果客户突然消失，你在澄清情况的时候要从积极的角度理解他的行为。
- 如果你决定终止谈判，就要以友好而自信的方式将理由告知客户。
- 如果你看到自己与客户之间具有继续谈判的潜力，就要与他保持联系。

第17章
如何挽回客户，并把他留在身边？

长期的客户关系是持续签单的基础

我是获取新客户的忠实拥护者，我相信许多销售员在这方面做得很少；我更是长期保留现有客户的支持者，我相信大多数销售员在这方面也肯定做得不够。数字可以清楚地说明这一点：要重新挽回失去的现有客户，你付出的努力会是留下客户的3倍，而获得新客户要付出的努力则是留下客户的7倍！

数十年前，这一发现导致了大客户概念的引入。大客户经理的任务很明确，不是鼓励客户做出一次性购买决策，而是要长期积极维护和鼓励这些客户，以便与他们达成越来越多的交易。大客户经理的这一核心任务在销售领域表现得更加明显，因为销售员都希望这次订单签署后，能从现在的客户那里迎来下一次签单。而只有客户信任他们并且对他们怀有热情，他们才能实现这个目标。

即使你是大客户经理，也不意味着你可以忽视新客户的获取。如果你没有激发新客户购买欲的战略准则，你也无法成功维护自己与客户的长期关系。这意味着，你应该制定一套维护客户关系的策略，以便在整体销售业绩上获得长期成功。就像销售中发生的许多事情一样，维护现有客户关系不是你付出多少的问题，而是态度问题。

据说在短短5年内，德国60%的公司失去了一半客户。为什么？原因很简单，这些公司没有向客户表明为什么客户要忠于他们。在这一点上，我听到了糟糕的销售员抱怨和诉苦的声音："令人讨厌的顾客只会去看价格。在这方面我们根本无法跟上竞争者的步伐。"客户确实很有可能在下一次采购中更加看重价格，但价格一直只是做出购买决定所需考虑的众多因素之一。

如果你的现有客户在下一次购买中只根据价格因素来做决定，这只能说明你以前在价格以外的其他方面表现得太差了。客户向你购买产品时，你没有在其他方面给他留下深刻的印象，他自然会将注意力转移到价格上。在从其他方面刺激客户的过程中，你必须使他兴奋，这样他才会继续找你采购。仅仅使客户满意显然不够。

如果客户只是感到满意，他按照自己期望的价格能买到东西，他就不会因此兴奋。只有当他惊讶于能从你这里得到更多利益时，他才会非常激动。增加了一点东西也会产生很大区别。

只有热情才会带来忠诚，这与相互性有关。客户从你这里得到了额外的利益，就会对你产生责任感。这也显示出，如果你对他忠诚，他也会对你忠诚。销售领域中的"更多"一词有一个神奇的同义词，那就是售后服务。

售后服务

"售后服务"或"售后管理"一词用于概括所有旨在将新签约客户长期与公司的产品或服务、公司自身，以及公司品牌绑定的营销和销售举措。

有效的售后服务在签单后就开始了

签约完成后，售后服务便开始了，客户从第一分钟起就在评估这项服务。签约一旦完成，销售员便将订单交给服务部门处理，然后自己不知所踪。对于这种情况，客户通常会怎么想？即使客户遇到困难，平庸的销售员也只会声称自己不负责这一块，让客户去找投诉部门或产品制造商；或告诉客户，问题的出现应该归咎于客户自身，因为货物在交付的时候还是完好无损的。就这样，平庸的销售员一次又一次地印证了这种偏见：销售员只是为了提成，不是为了客户。

一流的售后服务几乎可以帮你弥补每一次压价，但前提条件是，你确实为客户提供了全方位的愉悦体验，并且不断关心他们是否满意。这些服务包括你主动与客户联系而不是等客户与你联系。通过考虑周全的售后策略，你可以预防所有不满，使客户成为你的粉丝，乐意找你回购并向别人推荐你。

在客户还满意的时候，一定要尽心照顾好他。如果你在他已经不满的时候才表现出积极态度，那么你就要抓住机会让他兴奋起来。的确，这样的策略会给你增加一些工作量，但是从长远来看，这一额外的工作会给予你两三倍的回报，因为它能帮你不断巩固与现有客户的关系基础。

这次签约的结束就是下一次签约的开始，而且即刻就是。因此，在合同上的签字墨迹未干的时候，你就可以开始售后服务了，因为，此时客户迫切地想从你这里得到确认：他们确实做出了正确的购买决定。尤其是面对初次合作的客户，你需要从签约完成后的第一分钟起就提供安全感方面的支持，因为他们还在怀疑，这是否真的是一个正确的决定，你是否是一位可靠的合作伙伴，他们是否要选择现在退出合同。

如果你现在不给他安全感，而是飞快打包行李，继而消失，那你就是在告诉客户，你对他的忠诚已经结束了。你还在告诉客户，要谨慎地将自己的忠诚交付于你。你让他觉得他应该重新考虑自己的决定，并/或怀疑自己买到的产品或服务。

为什么感谢会让人产生怀疑

交易成功完成之后，不仅你的快速消失会让客户产生怀疑，甚至你的热情道谢也会让客户产生这样的想法："要么这个家伙从我身上挣到了大钱，要么整件事情哪里不靠谱。"

你可以这样说，你很期待也很高兴能够与他合作，他将会得到一份出色的解决方案。如果要感谢的话，最多对他的信任表示感谢。毕竟，你的客户至少得到了和你一样多的利益，因此严格来说，他们应该感谢你。

客户现在有两个方面需要再次得到肯定。

第一个方面是期望的利益能否真的实现。在他做决定的过程中出现的顾虑，现在又会冒出来。这时你必须立即再次为你在销售会谈中描绘的前景做出承诺，告诉他使用你的产品会得到非常好的效果。例如，你可以说：

"亲爱的客户先生，您很快就会发现生产线上的废品率大大降低了。那时，您会庆幸自己选择了我们的系统。"

这意味着你要引导客户去想象不久的未来，并预先得出一个积极的结论。用上你在销售会谈中了解到的购买动机，不要描述得过分夸张，否则会适得其反。

第二个方面是你的客户需要确定你会继续为他服务。在合作伙伴的名片上写下你的私人电话是一个非常了不起的举动。你可以说：

"亲爱的客户先生，您在任何时候遇到困难，都可以随时拨打我的私人电话。"

客户很可能永远不会用到这个电话，但是你给他们的感觉是无与伦比的。正是这些细节构成了优质的售后服务。细节不是全部，但细节决定成败，这在售后市场同样如此。

售后服务的关键在于主动和引导性的沟通。通常物质上的表示不必很昂贵，主要作用是传达出你对客户的专注和重视。每次寄送第一份账单时你都可以随附一块巧克力，就这么简单。如此一来，客户在收到账单的时候就会心情愉悦，而且通常也会按时付款。

在订单执行期间，你要与客户保持联系。例如，你可以问他，货物是否在约定好的日期送达，安装是否令人满意，交货时间是否合适，等等。

面对项目规模较大的长期客户，回顾双方关系是一个非常特别的办法。大多数公司只会在公司内部与员工沟通时用到这一方法。现在我们将它运用到销售员与客户的交流中，取得了很好的效果。

用问题与客户回顾双方关系

☐ 我们现在关系如何？

- □ 您还需要什么？
- □ 您认为哪些方面进展顺利？您对哪些方面感到满意？
- □ 我们需要改进什么？
- □ 您对我们的合作满意吗？
- □ 您还有什么其他愿望？

客户虽然一开始会感到惊讶，但马上会意识到你是真的在关注他，并对此感到满意。如果他并不满意，那么你仍有机会改善服务，以便最终打动他。

重要的是你要在执行项目的过程中定期与他展开对话。但是要注意，签约之后的沟通只能产生有限的效果，如果客户对产品或服务的真实体验不满意，你什么也改变不了。

如果你能随时掌握必要信息，那么在遇到这种情况的时候，你就能应对自如。这些信息既包括协商好的事实，如产品型号、交货日期、合同条件、公司服务等内容，也包括在销售过程中了解到的其他情况，如客户独特的愿望和要求。你最好在与客户见面之后就立即将所有信息输入数据库。有了这些详细的信息，你就能更好地打动客户，并使他的感受远远超出满意的层面。

如果在新的订单开始之前这份订单就已经结束，那么请你继续与客户保持接触，因为从现在起长期的售后服务就开始了。

检查清单：短期的售后服务

- □ 签约后，我立即肯定了客户的购买决定。
- □ 我一直都在积极回应客户。
- □ 我简单友好地向客户感谢他的信任。
- □ 在订单处理过程中，我会积极地使客户了解到最新的订单状态。

始终与客户保持联络，并定期给他惊喜

从长期的售后服务中可以看出你是否制定了良好、可行的售后策略。它要求你不能在出售新产品的时候才再次联系客户。客户对此非常敏感，会怀疑你是否

重视他们。他们会对你产生负面的预期,认为你只是出于销售的目的才联系他们。

你在提供下一份"难以抗拒"的报价时,初次合作的客户尤其会非常警觉。换言之,即使你没有这样的销售动机也应该经常联系客户。

为了确保你不会被湮没在日常生活的喧嚣里,你需要一个好的计划,安静而不叨扰地联系客户。最好是拥有一个维护得非常好的数据库,可以在正确的时间提醒你。

为你的电话或短暂拜访找一个良好契机,让客户在惊喜之余觉得十分舒服,例如你可以始终询问客户是否对产品感到满意。你要表现得非常真诚并认真听取客户的意见。许多销售员会因为担心得到负面的反馈而回避这些提问。如果你能够这样做,客户会更加相信你对他的真诚和专注,从而极有可能在下一次交易中与你签约。

对于你未来的销售而言,没有什么比一位对你不满的客户更危险的了。这样的客户非但不与你交流,还可能将你的信息透露给竞争对手。因此,你应该特意联络那些合作并不那么顺利的客户,让他们感受到你对他们的重视,用这种方式将不满意的客户转变为你的支持者。

同时,你要保持纯粹的问候性交流,例如打电话祝贺客户生日快乐。在周年纪念日通话也很巧妙,而且这对我来说还很特别。

我会对客户说:"亲爱的客户先生,祝您周年纪念日快乐。"他会愕然问道:"什么周年纪念日?"我回答:"我们第一次业务合作的一周年纪念日,我只是想祝贺您一下。"

问候客户的机会很多,尤其是当你与他一直保持联络时。如果你得知他搬家了,那么可以将一袋面包和盐作为新宅的幸运物寄给他,以恭贺乔迁之喜。

如果你想寄送圣诞节礼物,那就去做吧,但方式要特别。并不是每个人都会乐于收到的第 n 瓶葡萄酒。

选择礼物更需要创意。礼物中一定要放一张手写卡片,否则宁愿寻找更独特的时间寄出礼物,例如初春或圣尼古拉斯日,让你的与众不同为顾客带来惊喜。毕竟到了圣诞节,客户收到的贺卡堆积如山,而你的贺卡也可能会埋没其中。发挥你的创意,准备简单而又个性化的小礼物来表达你对客户的重视。

你也可以为客户提供可能对他有用的信息。无论如何，以下这句话都是很好的座右铭：在客户提出要求之前就让自己对客户有用。做到这一点之后，你便可以根据互惠原则为自己加分。此外，如果你的客户为你做了一些事情，例如将你推荐给了其他人，一定要利用这一契机亲自感谢他。你还要组织与众不同的客户活动，这样客户会乐意到你这里并传递一些信息。你也可以在推荐营销的管理中考虑这样的活动。

维护客户关系的办法很多，你可以根据客户特点、产品特点和你的品牌特点进行调整，用更多选择来不断扩展你的客户关系维护方法清单。

维护客户关系的方法清单

根据每个客户的特点发送个性化的邮件或消息。

为客户量身定制信息，如新产品的研发进展、特别促销等。

利用辅助数码营销工具、新闻小报、博客、视频播客、音频文件等。

安排信息发布类活动，例如有关新产品、流程等信息的客户研讨会。

安排特别活动，例如周年纪念日展、开放日参观、内部展等。

创立客户俱乐部，开展社交、健身、旅行等活动。

给 VIP 客户一些回馈，例如更好的座位和停车位。

组织与当前产品和服务相关的客户主题聚餐。

在网页端或移动端社交软件上建立用户组，以交流产品使用经验和服务体验，以及公司的发展动态。

通过这些方式你可以顺利地与客户保持联系，并带来以下积极效果：

你留在了客户的脑海中。

你加强了相互间的信任。

你可以随时了解客户的需求。

必要时你可以对客户的不满提出疑问。

客户觉得从你那里得到了很好的照顾。

你的客户觉得自己受到了重视。

他感到对你负有责任，因为你在这段关系中投入了很多精力和时间。

如此便在售后阶段生成了一个由订单、订单执行和无关销售的沟通构成的固定循环。请制定个性化的长期售后策略，这不仅仅是大客户经理需要做的。

请注意检查清单中的要点，以便你能够彻底取得成功。

检查清单：长期的售后策略

☐ 我不是只在想要销售产品时才与客户联系。

☐ 我利用生日或周年纪念日等契机联系客户，表示自己对他的重视。

☐ 长期以来，客户都可以随时联系我，并且我能够始终以客户为中心，快速地做出回复。

☐ 我组织特别的客户活动。

☐ 我继续为客户提供利益。

☐ 我为现有的客户付出额外的努力。

☐ 我与客户一起回顾过去，并与他一同展望未来。

- 即使竞争对手通过降价吸引客户，你也可以凭借优秀的售后策略把对你满意的客户转变为被你打动的客户，他们会对你保持忠诚。
- 有效的售后服务在签约结束时便立即开始了。
- 即使没有销售目的，或者说尤其在这样的时候，你也要一直与客户保持联系，定期给他真正的惊喜。

正确处理失误和投诉为你赢得忠实客户

买卖说到底是一项人与人之间的业务，也就是说，这一过程中会出现错误或无法满足客户期望的情况。

对于这些情况，人们的反应非常不同。你需要根据你面对的客户类型以不同的方式处理错误和投诉。

表 17-1　客户抱怨时的不同表现

类型	标志	失望时的反应
保镖	"我的房子、我的船、我的车"	・大声地抱怨 ・如果你没有立刻给予回应，他走得比他来得更快
徒步者	像游牧民族一样，到处挑刺，然后继续前进	・他抱怨得很快，而且总是想要离开 ・你只能以一流的反应留住他
钻孔工人	讲求精准，要求解决方案	・认真检查每项服务 ・即使是最小的偏差也不放过 ・如果他还能揪出某事，会感到很高兴
匹配者	失望的人	・如果他没有实现自己的期望，会屈服于自己的命运 ・他对自己说："好的，他们不能做更多的事情了。" ・他不会抱怨，而是会默默转向你的竞争对手
旗手	满意的人	・对于从你那里得到的东西，他会感到满意 ・他不抱怨，但也不会把你推荐给别人
传教士	支持者	・他原谅你的错误，并且希望在将来帮你做得更好 ・他只表达建设性的批评 ・他会继续为你打广告

无论如何，你没有任何理由因为客户的抱怨而生气或愤怒地回应。一旦你那样做，就会失去扩大销售成功范围的绝佳机会。

投诉悖论：过失也是赢得客户的机会

这听起来有些令人难以置信，但唤起一位不满的客户的热情确实比打动一位本就满意的客户容易得多。科学家对此做过充分研究，并形成了一个概念。它的专业名称叫作"投诉悖论"。

投诉悖论

这个概念是由美国经济学家迈克尔·A.麦科洛（Michael A. McCollough）和桑达尔·G.巴拉德瓦（Sundar G. Bharadwaj）于1992年提出的。它描述了这样一个观察结果：投诉得到完美解决的客户的满意度显著高于从未对产品或服务表达不满的客户。

后来，许多实证研究证明了这一现象。学者是这么阐述其中原因的：投诉的成功处理为客户提供了一种宝贵经历，使他们对你的可靠品质有了更深认识，也提高了对你或你的公司的信任。

客户表达不满，就像在为你提供一个机会来拯救充满不信任的关系，你甚至可以将其提升到另一个层次。你有机会通过行动向他证明，他对你来说确实很重要。因此，当客户给你这个机会时，你应该感到高兴。即使他在投诉时情绪激动、说话粗鲁或语带讽刺，他都只不过是在说："我仍然喜欢你，请、请、请帮助我！"

在社交媒体和网络评论的时代，积极回应客户的求助比起以前更加重要。任何感到不满的客户都可以通过网络渠道随心所欲地大声表达自己的愤怒，因此他们的影响范围比起以往任何时候都大。

投诉本身通常不会导致愤怒，愤怒往往源于令人不满的处理方式。不论你是在订单处理过程中就发现了错误，还是等客户投诉后才意识到错误，你都有许多不同的成功处理方式。我认为，ISAC法在处理错误时非常有用。

从"我做错了"到"我知道如何不再犯错"

例如，如果你在处理订单的过程中犯了一个错误，或者你向客户承诺了一些事情却忘记在约定的时间内去兑现，那么你就没有理由犹豫了。至关重要的是，你必须尽可能专业地去处理错误，并从中吸取教训。犯错误几乎是不可避免的，但同样的错误再犯第二遍则是愚蠢的。为了一举多得实现上面的要求，你可以使用ISCA法。ISCA代表：

I did it：我做错了。

Sorry：对不起。

Correction：改正。

Analysis：分析。

按顺序是这样的：

1. 我做错了：这是看起来最困难但从长远来看最简单的方法。如果你公开、诚实地承认错误而不是否认错误，那么客户便不会对你非常愤怒，你甚至会惊奇地发现，这种做法能够卸下客户的防备。总而言之，如果你发现错误，就请尽快联系你的客户，承认错误并直接进入下一步。如果你否认犯错，那么就只能失去客户对你的公平对待；如果你承认错误，反而会获得尊重。

2. 对不起：一旦你意识到自己的错误就应该为它道歉。即使你觉得很困难，也要保持冷静和礼貌。当你的客户非常生气时，你的镇静显得尤为重要。其他反应都会导致愤怒升级。而如果他辱骂你，那么你最好结束对话而不是与客户争吵，因为争吵无济于事。

3. 改正：你不必事先询问就应推迟报价，以便弥补错误。你要让客户知道你已经与公司中的所有参与者一起制定了解决方案。这么做是在向客户表明，你确实在认真对待他并且努力确保错误会得到改正。如果你的客户不同意你提出的解决方案，那就与他一起思考，还有什么方法可以使所有相关人员都感到满意。

4. 分析：仔细检查错误。问自己以下问题：

错误的起因是什么？

同一个或相似的错误再次发生的可能性有多大？

错误已经发生过几次？如果一再发生，为什么什么都没有改变？

你可以进行哪些调整，使错误不再出现？

你学到了什么来避免再次犯错？

坚持使用 ISCA 法，你将从每个错误中受益。你要一再检查自己是否严格遵守了以下顺序。

检查清单：ISCA 法

☐ 我已经承认了这个错误。

☐ 我已经为这个错误道歉了。

☐ 我已经向客户提出了改正的方案。

☐ 客户不满意这个方案，我和他一起找到了另一个解决方案。

☐ 我已经对这个错误做了分析，并且知道如何避免再犯。

想要再次打动客户，就要发自内心地接受投诉

处理错误时，诚实和礼貌是最必不可少的。大多数客户不喜欢投诉，在他们将不满告诉你之前，通常已经积累了许多失望和愤怒，所以会在表达中带上这些情绪。这就是许多销售员尽可能逃避客户投诉的原因，也是他们会声称自己并不对此负责甚至试图责怪客户的原因。但这么做只会使情况更坏。他们既没有看到机会，也没有看到这样的投诉处理所带来的风险。显然，他们不打算成功了。

如果你想要打动客户并利用公司的发展潜力取得成功，你就要发自内心地接受投诉。即使客户怒气冲冲甚至对你吼叫，或者即使你对错误不用负任何责任，也要以正确的态度沉着冷静地应对客户。因为在客户眼中，你应该为他的满意度负责，毕竟他是因为信任你才在你这里购买产品的。

正因如此，你要始终将投诉放在首位。在客户眼中，你是这项业务的负责人，因此你也要关心客户的投诉。只是通过从容应对，你就已经为平定局面做出了贡献，因为激动的情绪只能由放松的情绪来平复。客户在大声抱怨时向你提出的大部分要求都是情感层面上的：

客户希望直接与你交谈，而不是被你推到投诉部门或处理投诉的专员。

客户希望你保持礼貌和友善，即使他表现得很无礼。

客户希望你认真对待他。他认为自己有充分的理由为产品或服务带来的不满抱怨，而且当你忽略这个原因时他会非常愤怒。他需要得到的信号是你在认真倾听。

客户希望你能表示理解。他认为你或你的公司是他感到不满的原因。

客户希望你能尽快很好地解决这个问题。

客户希望你信守诺言。

客户希望你为他的不便表示歉意。

客户还想要其他形式的补偿。

客户希望你能够确保不会再发生这种情况。

避免进行反击。情绪激动的客户不会考虑事实如何，而只会将你的反击看作人身攻击并予以回击。良好的投诉处理策略正好考虑到了客户的这些要求。

成功处理投诉的 12 条法则

1. 你要积极而专注地倾听。

2. 让你的客户先说话，这样他可以发泄愤怒。也不要打断他，否则他没有被你重视的感觉。一个感觉自己没有被倾听的人会做什么？他会再说一遍，而且更加强硬、更加大声。

3. 做好记录，写下关于投诉的所有细节，以便你随后提出有针对性的问题。

4. 表现出对客户的愤怒的理解，并化解谈话中的消极情绪，因为在这个阶段做出积极的反应和表达尤为重要。注意避免所有应对方式和语言上的禁忌。保持冷静，并持续给出"客户先生，我明白您在说什么……"这样的反馈。

表 17-2　投诉对话中的禁忌

应对方式上的禁忌	语言上的禁忌
弱化投诉原因	·"没有那么严重" ·"其他人也遇到过这种情况"
让客户冷静下来	·"现在您可以先冷静一下" ·"没有必要如此激动"
教育客户	·"您真的阅读使用说明书了吗？" ·"这样做明显不行"

（续表）

应对方式上的禁忌	语言上的禁忌
不让客户把话说完	• "请先把订单号给我" • "我可以立即告诉您，这是不可能的"
反对客户	• "这不可能" • "这不可能是我们产品的原因"
推卸责任	• "这是由投诉部门负责的" • "我们只是经销商"
推卸过错	• "您得去找制造商" • "运输公司应该对您的这一损失负责，和我们没有关系"
长时间地泛泛而谈，为错误辩解	• "您知道，在圣诞节即将到来的这段时间里，我们的订单太多了，几乎无法全部完成。我们会尽力满足您所有的愿望，但是如果出现延误或交货问题，您必须多包涵，因为这场暴风雨现在给我们造成了极大的困难……"

5. 像这样去表达歉意："对不起，给您带来了不便。"只有在你很明显地犯错的情况下，你才要为自己的错误道歉。但即使不是你个人的过失，你也要为公司的错误承担责任。对于客户而言，你是整个公司的代表，因此你也负有整体责任。

6. 要感谢客户为你提供了澄清这一问题的机会，他给你的反馈也使你能够提高服务质量并改善公司经营。

7. 一旦你的客户冷静下来，请使用开放式问题来弄清实际情况。一直询问，直到了解清楚投诉的原因。你将以此传达他的投诉对你的重要性。

8. 与客户一起制定解决方案。向你的客户保证，如果有必要，你可能会邀请其他伙伴参与投诉处理，直到客户对问题的解决完全满意。但在这里你要千万小心，不要承诺无法完全做到的事情。

9. 找到了一个良好的解决方案时，你要表现得如释重负："我很高兴为您解决了这个问题。"

10. 在整个对话中保持客观态度，并在最后礼貌地告别。注意，只有当客户的情绪回到正轨时，他才能与你就解决方案进行客观的沟通。

11. 亲自处理投诉，并让客户了解最新进展。

12. 当所有问题都被解决之后，悄悄地送一些小礼物给客户表示感谢，例如一瓶酒或一盒巧克力。这样一来，你便可以向客户再次强调，自己对投诉并不生气，反而由衷地感到高兴。

两周后再给客户打电话并询问他现在是否一切满意，为你的投诉管理锦上添花。也许在处理投诉时你还有机会谈论下一个订单，当然这需要你具备敏锐的洞察力。始终对照以下这份清单检查你的投诉管理策略。

检查清单：投诉管理

- ☐ 我积极地倾听客户。
- ☐ 我让客户说话。
- ☐ 我不打断他，同时做好笔记。
- ☐ 我对客户表示理解，保持冷静和乐观。
- ☐ 在某些情况下，我会为自己或公司的错误给客户带来的不便表示歉意。
- ☐ 我对投诉表示感谢。
- ☐ 我在抚平对方情绪后询问投诉背后的事实。
- ☐ 我与客户一起寻找解决方案。
- ☐ 与客户找到解决方案后，我表现出如释重负的样子。
- ☐ 我礼貌地告别。
- ☐ 我快速地亲自处理投诉。
- ☐ 事情结束之后，我用一个小礼物表示感谢。
- ☐ 两周后，我再次询问客户是否满意。

即使投诉不合理，你也要迅速回应并表示理解

如果你的客户找到你，为没有得到满足的期待而愤愤不平，那么请始终相信他有充分理由来投诉，即使这是一场误会。根据我们的经验，大多数投诉都是真实的投诉，你应该迅速按照客户的要求去处理这些投诉。

如果这是一次不合理的投诉，你也要迅速地做出回应并表示理解。你拖延的时间越长，客户的失落感就越强烈，因为你的犹豫会让客户更加相信他的要求是正当合理的。

无论是哪种情况导致了现在的局面，你在处理时都要保持同理心并使用你的社交技巧。即使真是一场误会，也没有客户希望你向他证明这一点，因为那样一来他就丢脸了。如果存在欺骗行为，那么你在处理时应该把握分寸，因为这些客户是不会在不发生争执的情况下放弃他们所谓的索赔要求的。

如果投诉的原因是客户反应过度，说明他曾有过不好的体验，所以非常敏感，那么在这种情况下接受不合理的投诉并以极大的耐心去解决，可以重新建立客户对你的信任。当你面对臭名昭著而且自以为是的客户时，也要一如既往地对待他。如果你足够灵活老练，大多数客户都会确信他们的投诉是不合理的。

艰难的事情

少数客户会坚持不合理的投诉。他们从一开始就认为自己是正确的，并坚持要求你满足他们的索赔要求。与这类客户进行谈判需要大量耐心和毅力。最重要的是，在谈话过程中，你要控制自己的精神状态和情绪。

在事实层面你要保持强硬，但在表达层面你要避免冲突。如果你能在客户的加分本中一再加分，并且有意识地选择积极的表达方式，你将受益匪浅。

- 对客户的抱怨感到高兴，因为你可以通过投诉悖论将他们变成你真正的支持者。
- 在处理错误中，最好使用 ISCA 技巧：我做错了—对不起—改正—分析。
- 利用处理投诉的 12 个原则打动客户。

请用尽全力，让别人推荐你

推荐的价值对销售员而言是无法用金钱衡量的，因为每次推荐都是在为你和你的服务做营销（或提前营销）。它将让你从客户那里获得巨大的信任，这几乎是所有其他营销方式都无法做到的。所以我一直很惊讶，为什么只有那么少的销售员会积极主动地做推荐营销。

大多数人并没有意识到，他们的工作不仅仅是在营销活动中推广品牌、产品、价格和公司，推荐也是目标之一，至少如果他们希望获得长期成功的话。对推荐营销进行深思熟虑的投资，在短期内会获得巨大的成功，因为推荐人是最好的营销方式。

推荐比过去更重要

推荐在销售中一直是重要的好工具。但现在，推荐变得比以前更关键，因此我坚持认为，今天的销售员如果想要成功，没有系统性的策略是无法做到的。因为每个客户都会接收到洪水般的信息，无论是专业信息还是广告宣传信息。

对于零售商和制造商夸张的营销承诺，客户已经有过太多不好的经历。他无法再看懂报价，因为报价单的文字密度太大，许多产品和服务太复杂。另外，他无法再掌握产品之间的差异，又不相信自己从广告中获得的主观印象，所以他不再信任自己，而是倾向于信任其他人在某件产品或某项服务上获得的经验。

这是评论网站如雨后春笋般冒出来的基础。比起销售员、公司网站或广告手册的描述，客户更加信任完全陌生的网友的评价。

如果评价来自客户的熟人，而且他非常看重这个熟人的意见，那么即使这不是影响销售决定的最有力因素，也是非常重要的因素。如果评价是正面的，即这位熟人的推荐非常坚定，那么我们几乎可以肯定客户会亲自了解受到推荐的销售员和他的服务。

从 2016 年的一项哈里斯民意调查研究（Harris Poll）数据中可以看到，如今客户信任哪些推荐：

表 17-3　各国客户更信任的推荐来源

推荐来源	德国	英国	美国
朋友/熟人	81%	81%	85%
在线评价	65%	65%	70%
在线社区	45%	47%	50%
普通网友	37%	37%	47%
社交媒体	29%	39%	40%
传统广告	29%	33%	34%
VIP 品牌大使	17%	21%	23%

当你个人被推荐了的时候，你的报价会从众多报价中脱颖而出，你可以利用这个得天独厚的机会进行完全不同的展示。请用尽全力，让别人推荐你。

维护推荐

在有关推荐营销的讨论中，人们经常会忽略一个方面：推荐不仅会吸引新客户，也会强化你与推荐人的关系。经验表明，推荐你的人内心会觉得自己有义务忠于这个推荐。这意味着，你可以通过主动的推荐改善客户关系管理。

寻找明天就会见到目标客户的推荐人

推荐本身是非常有价值的，如果你被推荐给正确的客户，那就更有价值了。"正确"的客户指的是根据你的策略筛选出来的目标客户。实际上，你可以把控这个过程，因为它的原理非常简单：人们总是在同一个圈子里活动。例如董事会成员认识其他董事会成员，足球迷认识其他足球迷，企业负责人认识其他企业负责人，母亲认识其他母亲，采购员认识其他采购员。每个人转 6 个弯就可以认识另一个人，这不是猜测，而是事实，被称为"小世界现象"。

小世界现象

"小世界现象"这一概念来自美国社会心理学家斯坦利·米尔格拉姆（Stanley Milgram）在1967年进行的一次实验。他在实验中要求60名随机挑选的美国人将包裹寄给波士顿一个指定的陌生人。他们不能将包裹直接寄给这个人，而要寄给自己的熟人，这个熟人必须是他们猜测可能认识波士顿收件者的人。

根据包裹在到达收件者之前的经手人数，他计算出只需6个人就可以让2个互不认识的人发生联系，证明现代世界的社交网络非常紧密。

只有客户的满意度超出预期，他才会成为推荐人

感到满意的客户不会推荐你，因为他们认为自己得到的东西与自己付出的价格相符，不认为对你有所亏欠，也就不觉得对你负有义务。只有客户得到的比预期的更多时，他才会成为推荐人。也就是当你超出了他的期望并且一直这样做时，他们才会向别人推荐你。

根据互惠原则，他会觉得自己要兑现诺言，而借助推荐他就能将天平稍稍往自己的方向倾斜。当然，前提是他自己想到或你使他想到"推荐"这个主意。如果你知道自己想被推荐给谁，那么你就可以主动寻找推荐人。这正是所谓的专业推荐管理。好的推荐管理是维护长期客户关系的开始。

推荐勋章的另一面

从统计数据来看，一位被打动的客户会与其他3位潜在买家分享他的兴奋，一位不满的客户平均会与9位潜在客户分享他的负面经验。因此，将不满意的客户转变为被你打动的客户是很有价值的。根据投诉悖论，处理投诉时你有找到支持者的可能。

因此，你要关心向你抱怨的客户。至少同样重要的是，你要与现有客户保持联系，以便发现哪位客户不满意并努力打动他。具体怎么做你可以阅读第16章。

如果你能够持续为现有客户付出额外努力，而不仅仅在下一个订单到来时才这样做，那么你投资的就不仅是这位客户的忠诚度，还有通过推荐获取新客户的基础。始终努力使客户对你个人产生好感，客户再喜欢你的产品，也只会在觉得你为人不错的情况下才去推荐你。所以，你要辛勤地与每个客户维护关系，从众多选项中选择适合你和客户的产品，并始终如一地贯彻自己的客户管理策略。

7 步做到优秀的推荐管理

为了成功获取推荐人，你需要用好的方法来勤奋、自律地工作。对此，我会为你提供一些可行建议。在介绍这些方法之前，我对你还有其他要求：你需要积极对待推荐营销的正确态度。并不是所有销售员都具备这种态度。我遇到过非常优秀的销售员都很难做到这一点，因为他们会思考以下问题：

> 如果我要求客户推荐我，他会愿意吗？
>
> 他会生气吗？
>
> 他会怎么看待我？
>
> 他会如何看待我的公司？

最后他们还会愤慨地说："我做的是销售，不是传销！"这句话背后隐藏的观念是："优秀的销售员不需要提出要求就可以获得推荐。"但这是错误的。作为一名销售员，你必须像获取客户信任、准备精准的利益点论证和提出签约问题那样认真对待推荐营销。

如果你不敢提出推荐要求，请你好好审视一下自己的观念，并采取一些措施来改变它们。

你还可以使用 R-A-U-S-S® 测试来确认你的工作状态和需要学习的领域。R-A-U-S-S 代表敢于冒险、驱动力、坚定的信念、自律和自信。这些品质能够帮助你在广泛意义上的营销和推荐管理中取得成功。信念坚定地提出推荐要求是非常重要的，如果你对此敷衍了事，那么你只会得到敷衍的回应和推荐。

证言法

直接推荐是获取新客户最佳且最有效的工具。但是，一对一的引荐数量有限，这时，你就可以通过客户的证言来扩大影响范围。你可以在对话、演讲和网站上引用客户的推荐语为潜在客户提供参考。

即便这些推荐语不一定能产生那么强烈的营销效果，但对于潜在客户来说也绝对具有吸引力。因此，你不仅要向被你打动的客户请求个人推荐，还应该要求他们提供可供参考的评价。

书面材料是最简单也是最容易获得的，但如果你能为文字配上表情、肢体语言和声音，将会取得更加显著的效果。这也是为什么视频证言能在近年来成为有效的推荐工具。你也要利用这个机会。

怀抱正确的态度，你就可以轻松地将推荐管理纳入你的日常营销中。一个优秀的推荐管理由以下 7 个步骤组成。

步骤 1：系统生成推荐。这个步骤分为两个阶段，但包括优秀销售员在内的许多销售员只停留在第一阶段。

第一阶段是被动生成推荐。这意味着你忠实、勤勉地维护长期的客户关系，一直帮助你的现有客户，打动他们，希望他们能够自觉传递这种感动，并期待新客户来敲你的门。

用数据库辅助推荐管理

如果一位新客户在某人的推荐下找到你，那么这时维护良好的数据库将为你的销售成功起到极其重要的作用。你只需看一眼数据库中登记的推荐者信息，例如他上一次购买时的相关信息，就可以胸有成竹地对新客户说："穆勒先生有没有告诉您，他多么喜欢新的电话设备？我真的很高兴他向您推荐了我们！"这样一来，你的新客户会立即体验到你的诚意和专注。

这种被动生成推荐的方法确实可以发挥作用，但是你为什么满足于此呢？如果你已经在维护客户关系上做了大量功课，那为什么不去收获果实呢？你只要再为第二阶段的主动推荐营销做一点点努力即可。这是值得的！

在第二阶段，首先找到你的目标推荐人，然后问问自己：

> 我知道目标推荐人的哪些信息？
> 他是否在我目标客户圈中活动？
> 他是某个兴趣协会、社团或组织中的成员吗？
> 他的圈子中有哪些公司或成员是我感兴趣的？
> 谁是他的供应商和客户？

如果你已经确定好要与谁联系，那么你要做的就是在适当的时候向这位被打动的理想推荐人提出推荐请求。

提出推荐请求的合适时机

> 与销售和签约提问一样，只要心情平静、气氛和谐，任何时候都是提出推荐请求的正确时机。不要仓促提出请求，而是要不紧不慢地询问客户，例如你与客户坐在桌旁并刚好加了点咖啡的时候。相信你的直觉。唯一会让你感到犹豫的就是缺乏勇气。

我的经验证明，在业务关系中尽早获得推荐的承诺是非常有用的，因为这样一来，我可以随时让他进行推荐。当你培养好正确的态度之后，你提出推荐请求的合适时机就会自动出现。比何时提出推荐请求更重要的是正确的措辞。你可以练习能够打动客户的不同问题。我在这里为你介绍5种选择，你可以在此基础上根据自己的品牌、客户和产品特点进行调整。

1. 标准选择。首先从你的数据库中找出与客户开始合作的日期，然后在与客户坐到一起时问他：

> "亲爱的客户，您知道我们两个人一起合作多长时间了吗？"

他可能会回答:"两年?"然后你回答:

"客户先生,我非常仔细地查过了,您从 2016 年 8 月 27 日开始信任我。现在,我有一个非常私人的问题想要问您。"

现在提出你准备打动他的问题:

"哪三个主要原因使您选择了我和我们公司?"

如果你过去表现得确实非常出色,那么你已经通过不断突出安全性、可靠性和服务水平等关键词为他的回答留下了线索。如果你的客户给出了 3 个原因,你就直接请他帮忙推荐:

"亲爱的客户,我很高兴您在我们这里获得了愉快的经历。我们也非常高兴与您合作。您觉得您的业务合作伙伴中谁会希望获得类似的经历呢?您会乐意将我们推荐给谁,让他也能享受我们的服务带来的乐趣呢?"

当你提出意图打动客户的问题时,只需给出一个,至多两个思考方向。例如从他所在的地区、朋友圈、公司或同事中考虑人选。这样能为你带来更好的结果。关键是,你在提问后要留给客户足够多的思考时间。你要保持沉默,并忍受此时的安静。

另外重要的一点是,要通过打动客户的问题两次引导他往积极的方面思考。

第一次:让他回忆起在你这里获得的愉快经历,以便让他感受到当时决策的正确性。

第二次:给客户提供机会,让他可以像施惠者一样赠予合作伙伴同样的愉快经历。

2.XXL 选择。同样,首先从数据库中找出你与客户开始合作的日期,然后这样对客户说:

第五部分　业绩之神的销售技巧

"亲爱的客户先生，自……以来我们一直合作得很成功。您自己说过，我们的服务非常棒，十分可靠，而且个性化的支持也完全满足您的期望。客户先生，您认识许多人，您想让圈子里的哪个朋友也收获同样的快乐？谁有兴趣为自己添加一份靠谱的保险，获得我们的顶级服务或我的个性化支持？您觉得有谁一定要了解这个信息？我们不仅在本地，在全国范围内都能提供这项服务。您在过去的工作、展会或其他场合认识这样的人吗？对谁来说这可能是他感兴趣的话题？您会自动想到谁？"

在说完这一大段话之后，给客户足够的时间去思考。

3.XL 选择。这一方法是这样的：

"亲爱的客户先生，您已经在过去六个月中了解和肯定了我们的战略工作。在您身边，是否有一个或者两个业务伙伴还从未听说过这种方法，更不用说去尝试了？如果只是帮这些人一个小忙，告诉他们有这样一种方法，您会自动联想到谁？"

提出这个问题后，你也需要稍作停顿。

4.XS 选择。有时候，根据不同客户，精简提问会比较合适：

"亲爱的客户，您身边有谁跟您情况相同，也可以从我与他的会面中受益？您这时想起了谁，希望他也同样高兴？"

然后，停顿。

5.**交换选择**。只有当你的所思所想和表达内容完全一致时，才能使用这个方法。内心的任何怀疑都会让客户觉得你语带讽刺，这极其危险。

"尊敬的客户，我总是为您的聪明想法和远见感到惊讶。今天我有一个非常私人的问题：您正在和谁谈论这个话题？您是与谁一起研究这些想法的？您想不想让他也高兴一下，与我们进行一次共同谈话？您会自然而然地想把我推荐给谁？"

相比其他问题，对方在你提出这一问题时可能需要更多时间来思考，请让他思考。提问结束后的沉默才会孕育推荐。你不应该在这段时间里继续侃侃而谈，而要给予客户他所需的时间。

练习：打动客户的问题选择

为所有选择制定出自己的表达方式并进行练习。记住，在练习时就将提问后的停顿加进去。最后，根据自己的情况拓展选项。

表 17-4 打动客户的问题列表

方式选择	我的表达方式
标准选择	……
XXL 选择	……
XL 选择	……
XS 选择	……
交换选择	……

真正勇敢的秘诀

如果有一位客户虽然被你打动，却从不推荐你，那么你可以试试这种调皮的方式：在他夸赞你之后迅速表现出你的失望，并说："客户先生，如果您真的被打动了，为什么从未有人打电话说您推荐了我们，得知我们在基础设施领域是正确的合作伙伴？您认识那么多人……"

这时你要笑起来，当客户也跟着笑时，你要紧接着追问："您现在会自动想到谁呢？"客户不会因你的话而生气，也许他会再一次考虑推荐的事情。

如果客户给你提供了一个或若干个名字，那么非常好，你可以前往第 2 步。如果他不是这个反应，那么我建议你这样做：

如果客户完全拒绝了你的请求，请再次简短地询问理由。如果他还是坚持拒绝，那么就接受他的说法。这并不意味着你应该把这个客户从推荐人的列表中永久删除，而是要先将推荐请求搁置一段时间，并继续让他从你这里获得愉快的经历。

如果客户对你说需要时间考虑，那么你就两天后（或者约定一个时间）再次就推荐事宜询问他。如果到时候他仍然没有为你提供推荐目标的名字，那就收回你的请求，然后用前面建议的方式进行处理。

如果客户回答："好的，但是……"那么请你专注于这个"好的"，并处理他的反对意见。就像在销售会谈中所做的那样，你很早就为应对客户的典型反对意见做好了准备。

在这种情况下，通用的话术是："亲爱的客户先生，现在有两种可能。一种是您不希望另一家业务合作伙伴了解我们的平台。但我觉得这不太可能！所以更有可能的原因是：我们必须向您正面澄清一些事实后，您才愿意推荐我们。您就直接说吧，具体是哪个原因？"

如果你具备正确的态度，请即兴利用合适的场景进行积极的推荐管理。如果你在与一位被打动的客户进行谈话时发现了机会，那就根据场景提出让他兴奋的问题。例如，当一位客户告诉你他有一位朋友开了一家类似的公司，你便可以说："嘿，亲爱的客户先生，难道您不想让他也高兴一下，和您一样获得注重实际的成功培训吗？"或者使用更轻松的版本："亲爱的客户先生，您一直在说您有一位朋友拥有 300 名员工，为什么我还不认识他？您帮个忙吧。"

步骤 2：审核推荐目标。不要满足于推荐目标的名字，你需要考虑：

哪些信息可以帮助你在建立联系之前做好准备？

他具有哪些资质？

你需要哪些背景信息？

你可以提出下面这些问题：

"亲爱的客户先生，您是怎么看这位辛兹先生的呢？"
"辛兹先生工作的具体内容是什么呢？"
"他所在的公司规模多大？"
"您有他的直线电话和电子邮件地址吗？"

通过这种方法，你不仅可以问到一些客观事实，还可以获取关于推荐目标性格类型和爱好的有趣信息。

步骤3：联系推荐目标。 无论如何，你都要联系客户，让他把你介绍给推荐目标。如果你不这样做，就可能伤害你们之间的关系。这没有必要，更何况你还浪费了一个机会。但在打电话之前，先等待两三天，最多四天。这样你就能给推荐者留下时间，来告诉推荐目标你会联系他。你甚至要鼓励你的客户告诉推荐目标你会拜访他。这样做的好处在于，推荐目标在事前就获取了关于你的正面信息。利用这段时间来获取有关这个人的更多信息。如果你通过电话联系推荐目标预约见面时间，避免与总机或助理说"推荐"一词，因为这一听就像个营销电话。最好利用扩大事实的办法，比如，你可以这样说：

"XY公司的昆兹先生要求我给辛兹先生打电话。事关一场决策层面的会议。请帮我转接。"

此外，你还可以评估他们二人之间的关系如何。如果你直接联系的就是辛兹先生，也可以这么说：

"辛兹先生，XY公司的昆兹先生和您一起参加过企业家会议，他让我与您联系。现在，昆兹先生对他的物流非常满意，认为您和他一样会对量身定制的物流解决方案感兴趣。那么我们俩什么时候可以见个面，一起喝杯咖啡呢？"

你在步骤2中获得的信息将在这里为你提供很大帮助。

步骤4：使推荐者了解最新情况。一旦你联系到了推荐目标，就将此事告知你的推荐人。让他了解最新进展意味着你很尊重他。

> "昆兹先生，我是……。我只是告诉您我与辛兹先生打过电话并约好了见面时间。我会在……去拜访他。"

即使你还没有确定见面的时间，也要将这一事实简单地告诉推荐人。打电话的效果会更好，因为你可以借此问候一下客户。但是，不要透露任何细节，因为这是你和推荐目标之间的事情。

步骤5：第一次拜访。就像其他营销对话一样，你要根据BAP®技巧设计对话。无论如何，一开始就要提及推荐人、推荐目标与你之间的联系。

在此阶段，你要特别注意对方在肢体语言和口头语言上的反应。因为推荐人和推荐目标之间的关系越牢靠，你从推荐中获得的信任就越多。你可以用下面这个模板开始对话：

> "辛兹先生，我们今天能够在这里见面，是因为你的合作伙伴昆兹先生认为我们为他提供的服务也会令您激动。因此我就开门见山了，您对今天的会议有什么期望？"

如果你够勇敢，你可以立即和对方谈及推荐，并提出一个假设性的问题：

> "辛兹先生，我们与昆兹先生的公司成功合作了两年多。正如您现在所经历的，被打动的客户会将我们推荐给下一位同样会被打动的客户。想象一下，您将在我们的谈话结束后说：'完美！这就是我们所需要的！'如果您在后面与我们的合作中积累了许多愉快的经历，那么您能否像昆兹先生一样把我推荐给其他业务伙伴，以便我们和他们也能进行这样的会议？"

建立联系时的关键词是推荐人的名字。这个时候，你把他的名字提3遍将获得9倍的效果。

步骤6：在推荐人和推荐目标之间建立联系。如果推荐人没有想到要提前通过电话告知推荐目标你会联系他，那么你要促使他想到这件事。

如果他还是没有打电话，那么你应该在第一次拜访推荐目标时抓住这个机会。你要在谈话对象面前拨通电话，以便他可以亲耳听到推荐人说，他对你的表现有多满意。

步骤7：告知推荐人签约反馈。与推荐目标见面后将最新情况告知推荐人，让他大致了解你与推荐目标之间建立了什么样的关系。始终保证自己执行了每一个步骤，包括第4步，即告知你的现有客户你与推荐目标之间建立联系的情况。

检查清单：推荐管理

- [ ] 步骤1：我提出了推荐请求。
- [ ] 步骤2：我审核了接受推荐的目标客户。
- [ ] 步骤3：我已经与推荐目标建立联系。
- [ ] 步骤4：我将最新动态告知推荐人。
- [ ] 步骤5：我第一次拜访了推荐目标。
- [ ] 步骤6：我让推荐目标与推荐人直接交流。
- [ ] 步骤7：我将最新情况告知了推荐人。

客户活动

筹划特别的客户活动，以1∶1的比例邀请目标客户和现有客户参加。在指定座位时安排现有客户挨着销售员坐，再让销售员挨着目标客户坐，直到每个人的座位都得到妥善安排。

短暂休息后将客人的座位打乱，再按这一原则重新安排就座。你在活动期间更换座位的次数越多越好。

通过这种方式，你可以确保每个目标客户都能够与若干被打动的现有客户进行沟通交流，从而亲自获得多个参考意见。

推荐管理的关键部分是，活动结束后的第二天，你要进行后续跟踪，并打电话给你的新联系人。你可以按照以下方式完成这一步：

1. "我想再次对您昨天参加我们的活动表示感谢。"
2. "您觉得活动怎么样？"
3. "您有什么具体的建议吗？"
4. "您是否想被再次邀请参加其他活动？"
5. "请告诉我，我可以去哪里拜访您……"

根据互惠原则，他很有可能会答应你的请求，因为你已经预先在他的脑海中提供了服务。

升级你的推荐管理

为了使你在寻求推荐的过程中能够更有针对性并更有效地设计行动计划，有一件事是非常重要的：衡量你的成功并制定以下评判标准：

你采取了哪些行动来增加推荐者的数量。
哪些推荐引领你找到了目标客户。
哪些推荐能够为你带来新客户。

对于那些根据推荐找到你的客户，你应该提出以下问题，了解更多细节：

"谁向您推荐了我？"
"您是怎么关注到我的？"
"您是怎么找到我的？"

无论你的客户推荐是主动还是被动得到的，仔细分析它们可能带来的效果。下面列举了一些与此相关的问题，你还可以根据品牌、客户和产品补充更多问题。

有关推荐分析的问题示例

推荐我的客户占全部客户的多大比例?

推荐我的原因有哪些?

谁真正地推荐了我?

有多少订单来自推荐?

推荐的阶段性进展如何?

我以前多久被推荐一次,现在多久被推荐一次?

有多少新客户是我自己开拓的,有多少新客户是推荐得到的?

哪些客户的推荐是有效的?

有多少推荐过我的客户再次推荐了我?

哪些目标群体或哪些行业的人非常有可能推荐我?

地区之间是否存在差异?

性别有影响吗?

在未来几年中,好的推荐营销将成为越来越具有决定性的因素,在不断变化的销售世界将成功者与失败者区别开来。由你自己决定,你想成为哪一类人。

- 如果你想成功,那么就不能没有专业的客户推荐管理。
- 凭借系统而大胆的做法,你不仅可以获取更多推荐和更多新客户,还可以加强你与充满热情的客户之间的关系。
- 通过评价和反思你的成功来不断改进你的策略。

后　记
Limbeck. Verkaufen.

R-A-U-S-S® 销售力自测

在本书的结尾，我向你诚挚推荐 R-A-U-S-S® 测试，R-A-U-S-S 代表：

敢于冒险；

驱动力；

坚定的信念；

自律；

自信。

以上这些品质都是成功销售员的特征。如今，销售世界发生了翻天覆地的变化，并且正在经历更加猛烈的变革，只有那些不断为这些品质做出努力并持续进步的销售员才能生存下来。

你可以通过这个自测确定自己已经拥有了哪些优点，并发现那些你需要继续改善的方面。针对每个优点为自己打分，分值从 1 分至 4 分（1：非常符合；2：符合；3：有时符合；4：完全不符合）。

表1 R-A-U-S-S® 测试

序号	R-A-U-S-S 标准	分数
1	日常销售中的挑战会给我带来压力	
2	我只做自己喜欢的事	
3	我做事完全是自发的,其他因素都会束缚我	
4	我很少制订计划	
5	制订了一个计划后,我经常会偏离它	
6	我很容易分心	
7	做出更重大的决定时,我宁愿暂时将其搁置一边	
8	我做许多事情时都是不遗余力的	
9	我在白天无法完成的任务会在晚上困扰我	
10	我更喜欢先做愉快的事情	
11	我喜欢把不愉快的事情放在一边,因为它们有时会自动消失	
12	我可以轻而易举地解决日常销售中遇到的问题	
13	我希望将销售中的挑战控制在小范围内,这样我才有把握应对它们	
14	困难对于我来说始终是挑战	
15	我不喜欢"自律"这个概念	
16	我不能很好地应对失败	
17	在销售遇到压力的情况下,我很容易想到辞职	
18	我会立即处理紧急的事情	
19	我不清楚自己在3～5年之后会处于什么样的位置	
20	我通常认为,如果有人告诉我该怎么做,我会更容易取得成功	
21	我来者不拒	
22	我佩服那些知道自己想要什么的人	

（续表）

序号	R-A-U-S-S 标准	分数
23	我是一个行动者，而不是一个战略家	
24	我不能轻松地激励自己	
25	例行工作使我感到无聊	
26	我知道自己拥有什么，更喜欢将事情放在一边，不去理会	
27	目标让我感到压力，所以我没有为自己设定任何目标	
28	我无法专心致志地工作	

不管你现在得到的结果是什么，请将其作为激励，让自己变得更加优秀！我愿意不厌其烦地强调下面这个道理：你不是天生的销售员，因此你要练习的就是成为一名优秀的销售员。

如果你还没有成为优秀的销售员，就说明你练习得还不够。如果你已经是一名优秀的销售员，那么还要继续练习并保持自己的良好状态。在这里，我衷心祝愿你成功！

表2 R-A-U-S-S® 测试结果

分值	结果	建议
28~46	你很难始终如一地专注于目标。你拖延重要的事情，为日常销售中遇到的烦恼和责任感到厌烦、疲惫、毫无激情。你很难区分日常冲突和本质上的冲突。由于你不能准确地看到导致困难的真正原因，你会经常遭遇难题	你要积极、勤奋地克服阻碍你进步的难题。找到属于自己的方法，在日常生活中激发你的积极性并快乐地面对挑战。你要努力建立自信，做到独立自主
47~65	你在有计划的行动和放任自由之间来回摇摆。顺利解决冲突和挑战，通常会给你带来困难。你一直很难区分重要和不重要的事情。处理次要问题已经使你每天超负荷运转，这就是你经常将主导权留给别人的原因	你要增强决策能力和自信心，以便更好地处理冲突
66~84	你顺利完成了大部分计划，因为你很少分散注意力，经常以目标为导向来行动。但你仍会消耗大量精力，常感到筋疲力尽，有时还希望生活能够发生更多变化	你正在努力成为一名出色的销售员。正所谓熟能生巧，你要继续完善自己，达成目标。你也要学习在紧张和放松之间取得平衡，让自己更加沉着冷静
85~112	你有明确的目标，也会去完成它们。你不会让任何事情阻碍你，只会全力以赴地实施你的计划。你会毫不犹豫地努力战胜自己面临的重要挑战。不要过度要求自己，即使在倍感压力的情况下也要保持自信和放松的心态	继续保持。你拥有正确的态度和必要的自信，能够长期取得销售成功，但不要偷懒，每天都要去获得新的业绩

中 资 海 派 图 书

《绝对成交：一页纸营销计划》

[澳] 艾伦·迪布　著

曹　烨　译

定价：59.80 元

九宫格思维教你持续开发客户
实现业绩倍增

为帮助众多企业轻松依靠营销实现利润飙升，作者借助九宫格分解营销秘诀。从锁定目标市场、捕获准客户，到打造独特信息、转化首次消费，再到输出额外价值流、培养终身粉丝，你只需填满九个空格，就能获取惊人的营销成效：

- **可追溯、可衡量** - 每条广告创造了多少收益，全部肉眼可见；帮你砍掉无效渠道，使花掉的每分钱都能制造利润。

- **高价出售也能卖翻天** - 根据客户需求为产品价值持续赋能，以至于商品无论定价多高都能成为市场首选。

- **利润的系统性转化** - 标准步骤跟进目标群体，规律接触未转化对象，让每个客户都忍不住主动掏钱、重复购买。

超级畅销书《定位》作者力荐
市场营销极为复杂，但本书解决了这一问题

人与知识的美好链接

20年来，中资海派陪伴数百万读者在阅读中收获更好的事业、更多的财富、更美满的生活和更和谐的人际关系，拓展读者的视界，见证读者的成长和进步。

现在，我们可以通过电子书（微信读书、掌阅、今日头条、得到、当当云阅读、Kindle等平台）、有声书（喜马拉雅等平台）、视频解读和线上线下读书会等更多方式，满足不同场景的读者体验。

微信搜一搜
海派读书会

关注微信公众号"**海派阅读**"，随时了解更多更全的图书及活动资讯，获取更多优惠惊喜。读者们还可以把阅读需求和建议告诉我们，认识更多志同道合的书友。让派酱陪伴读者们一起成长。

也可以通过以下方式与我们取得联系：

- 采购热线：18926056206 / 18926056062
- 服务热线：0755-25970306
- 投稿请至：szmiss@126.com
- 新浪微博：中资海派图书

更多精彩请访问中资海派官网　www.hpbook.com.cn